孟子

슬기바다 02

맹자

맹자(孟子) 지음 | 박경환 옮김

홍익

.
.
.

『맹자』를 펴내며

　『맹자』와의 인연부터 말해야겠다. 처음으로 편린으로나마 『맹자』를 만난 것은 고등학교 시절 『국민윤리』 교과서에 순자의 성악설과 대비해서 실린 성선설이었다. 그때는 영어나 수학과 마찬가지로 국민윤리 역시 읽고 머리 속에 집어넣어야 하는 이런저런 '공부'의 하나일 뿐, 내용을 음미하거나 그것을 실마리로 생각을 이어갈 여지는 없었다.

　대학 입시를 치르고 나니 입학 때까지 고3 막바지의 하릴없는 자투리 시간이 기다리고 있었다. 그래서 그간의 외우기 공부에 대한 보속인 양 친한 친구 몇몇과 모여 고전들을 읽고 토론하곤 했다. 『맹자』는 아직 인연이 아니었는지 그 자리에 없었다.

　서울 생활과 서울 친구들에 대한 막연한 두려움과 위축감이 사라지고 경제학 전공의 대학 생활이 안정되어 갈 즈음, 교양과목으로 동양철학 강의를 들었다. 갓 부임한 김용옥 선생의 강의는 현란했고, 김충열 선생의 강의는 내면의 울림이 있었고, 윤사순 선생의 강의는 명쾌했다. 설왕

설래 속에 전전반측하다가 기어코 방향전환, 3학년 2학기에 동양 철학을 공부하겠다는 생각을 굳히고 우선 부전공으로 철학을 택했던 것이다. 이어서 경제학과 졸업 후 1년간 철학을 복수전공 하는 중에 대학원 입시 준비를 위해 『맹자』 강독 모임에 참여했다.

대학원에 들어가서는 『맹자』를 자주 만났다. 때로는 과정을 넘어가기 위한 외국어 시험 준비를 위해서, 때로는 대학원 입시를 준비하는 학부 후배들의 강독 지도나 동료들과의 스터디를 위해서였다. 무엇보다 내가 전공한 성리학 관련 공부에 『맹자』는 중요했다. 그렇게 10년이 지나갔다. 그 사이에 『맹자』는 언제나 무엇인가 공부에 써먹을 수 있는 '건수'를 찾아 나서는 대상이었다.

근래에 『맹자』와 새롭게 만났다. 공부 판에 속해 있지 않은 이들과 매주 한번씩 만나서 『맹자』를 읽은 것이다. 장자가 말한 '무하유지향'(無何有之鄕)의 나무 한 그루. 용처를 생각하지 않고 만날 때 느끼고 누릴 수 있는 즐거움. 그것은 우연한 기회에서 시작되었다. 시작할 때는 여럿이었지만, 1년하고도 6개월이 지난 금년 봄에 강독이 끝났을 때 남은 사람은 나를 포함해 넷이었다. 명목상 나는 그들의 강독을 지도하는 선생이었지만, 실은 내가 더 많이 배웠다.

강독이 한참 진행되는 중에 마침 도서출판 홍익에서 일반인들과 동양 고전의 만남을 위해 기획된 슬기샘 총서 중의 하나로 『맹자』를 선정하고 번역을 의뢰해 왔다. 그간 강독을 하면서 기존의 번역본에 많은 도움을 받았지만 내심 불만도 있었던 터여서 일반 독자를 위한 제대로 된 번역서를 내보자는 욕심에서 선뜻 승낙했다.

강독하면서 기존의 번역을 면밀하게 검토해서 바로 잡거나 특정한 주제들과 관련해 토론한 내용들이 적지 않았지만, 꼼꼼히 정리해 두지 못한 것이 후회스러웠다. 어쨌거나 다시 시작하는 마음으로 번역에 착수하면서, 하나의 원칙을 세웠다. 눈높이를 낮추어 일반 독자들이 쉽게 다가갈 수 있고 이해할 수 있는 이 시대의 말과 표현에 가까운 번역본을 만든다는 것이었다. 언해본이래 지금까지 번역된 『맹자』는 수십 종에 이른다. 따라서 단지 한 종의 책을 더 보태는 결과가 되지 않도록 하려면 이 원칙에서 출발해야 한다고 생각했다. 이러한 원칙은 다음과 같은 식으로 구체화되었다.

전체적으로 원문을 따라가는 직역보다는 의미의 전달을 위주로 번역을 했다. 그러나 의미 전달 위주의 번역이라고 해서 원문의 존재를 무시할 수는 없었다. 그래서 가능하면 원문에 없는 추가적인 문장 성분이나 단어를 덧붙이는 것은 피하면서 가장 적절한 우리말 식의 표현을 찾는 방법으로 의미 전달이 이루어지도록 했다.

지나치게 번다한 주석은 지양했다. 많은 번역본들이 단어 풀이에서 구절 풀이 그리고 문법 해설까지 갖춘 주석을 싣고 있는데, 오히려 그것들이 역자의 의도와 달리 독자를 질리게 해 고전에 가까이 가는 데 장애가 된다고 생각했기 때문이다. 그래서 번역 본문만으로는 의미 전달이 미진한 구절이나 본문을 이해하는 데 필요한 고유 명사와 개념을 대상으로 한정해 주석을 실었다.

다음으로 각 장(章)의 이름은 문장 중의 한 구절을 그대로 따와서 붙이는 전통적인 방식에서 벗어나 전체 내용이나 주제를 가장 잘 나타낼 수 있는 것으로 옮긴이가 만들어 붙였다. 예를 들면 「양혜왕 하」의 셋째 장(2·3)인 '과인호용'(寡人好勇)을 '외교의 방법과 참된 용기'로 한 것과 같은 것이다.

원문은 각 장 전체 글의 흐름이 단절되는 것을 피하기 위해서 각 장의 번역문이 끝나는 곳에 두었다. 그리고 원문에 붙이는 표점(標點)은 번역문을 기준으로 일치시켜서 달았다.

필요하다고 생각되는 경우 번역문과 원문 사이에 해설을 붙였다. 일률적으로 모든 장을 대상으로 하지는 않고, 추가적인 설명이 필요한 중요한 주제를 다루고 있거나 부분적인 주석을 통해서는 장 전체의 대의가 드러나지 않는 경우로 한정했다.

이처럼 나름의 원칙을 세우고 번역을 했지만 일반 독자를 위한 제대로 된 번역서를 내겠다는 것이 옮긴이의 단순한 의욕으로만 그친 것은 아닌지 염려스럽다. 독자들의 판단에 맡길 뿐이다. 옮기는 과정에서 참고로 삼았던 책들은 다음과 같다.

楊伯俊, 『孟子譯注』(中華書局, 1988)

安井衡, 『孟子定本』(漢文大系第一卷, 昭和42年)

차주환, 『신완역맹자』(명문당, 1988)

James Legge, 『The Works of Mencius』(Hong Kong Univ- ersity Press, 1960)

『맹자역주』는 역대의 주석들을 망라해 비교 검토하고 고증학 관련 성과들을 충실히 반영한 역작이다. 따라서 논란의 소지가 있는 구문의 해석에서 옮긴이의 능력이 미치지 못하는 문제에 대한 판단에서 주로 이 책에 의지했다. 『맹자정본』역시 조기, 주희, 초순 등 대표적 주석가들의 견해를 구비해서 싣고 '형안(衡案)'이라는 형식으로 이들을 절충한 자신의 견해를 싣고 있다. 그곳에는 종종 여타의 주석서들에서 볼 수 없는 독창적인 견해들이 있어서 유용한 참고가 되었다. 『신완역맹자』는 지나칠 정도라고 할 만큼 친절한 주석이 두드러진다. 옮긴이가 주를 다는 과정에서 들여야 할 수고를 많이 덜어 주었다. 제임스 레게의 책에서는 전혀 이질적인 언어권의 서구 독자에게 의미를 전달하는 과정에서 이룬 성취들이 돋보인다. 그래서 이 책은 원문에 대응하는 적절한 우리말 표현을 찾는 데 많은 참고가 되었다.

성큼 성큼 내딛지 못하는 천성 때문에 일찍이 청탁을 받고서도 이렇게 늦게야 책을 내게 되었다. 여기서 감사드릴 사람은 많지만, 특히 다음의 몇몇 분들은 빠뜨릴 수 없을 것 같다. 먼저 오랫동안 기다려 준 홍익의 이미숙 실장을 비롯한 편집자들, 원고를 꼼꼼히 읽어가면서 오역을 바로 잡아 주고 언어감각으로 드러나는 10년의 나이 차이를 실감하게 한 후배 홍성민에게 감사 드린다. 그리고 '무하유지향'의 나무 아래함께 쉬고 거닐었던 세 사람 – 책 만드는 사람 김병훈, 강증산 천지공사의 일꾼 이재옥, 고3 막바지 자투리 시간이래 오랜 벗인 생각하는 판관 권은민 – 에게 감사 드린다.

공부 길에 접어들어 고군분투하는 아들을 측은하게 바라보면서도 신뢰와 후원을 아끼지 않으시는 부모님의 사랑이 눈물겹지만 나는 드릴 것이 없다. 그래서, 때로는 보람되고 때로는 고단하셨을 40년간의 교직 생활을 접고 온전한 당신 자신만의 삶을 살고자 돌아오신 아버지와 그 옆에 함께 서 계신 어머니에게 이 책을 바친다.

1999년 12월
박경환 씀

『맹자』 차례

孟子卷之一

梁惠王章句上 凡七章

朱熹集注

孟子見梁惠王 梁惠王魏侯罃也都大梁僭稱王諡曰惠史記惠王三十五年卑禮厚幣以招賢者而孟軻至梁

王曰叟不遠千里而來亦將有以利吾國乎 叟長老之稱王所謂利蓋富國彊兵之類

孟子對曰王何必曰利亦

有仁義而已矣 仁者心之德愛之理義者心之制事之宜也此二句乃一章之大指下文乃詳言之後多放此

王曰何以利吾國大夫曰何以利吾家士

庶人曰何以利吾身上下交征利而國危矣萬乘之

國弒其君者必千乘之家千乘之國弒其君者必百

乘之家萬取千焉千取百焉不爲不多矣苟爲後義

一中華書局聚

『맹자』(『사부비요』본)

유학의 이상을 담은 정치 사상서, 『맹자』

1. 맹자는 누구인가?

맹자는 전국시대(기원전 403년~221년) 중기를 살았던 사람으로 이름은 가(軻) 이다. 맹자의 고국에 관해서 사마천의 『사기』에서는 "맹자는 추나라 사람〔鄒人〕이다"라고 기록하고 있고, 현존하는 최초의 『맹자』 주석서 『맹자장구』(孟子章句)를 지었던 조기(趙岐) 역시 "맹자는 추나라 사람이다.…추나라는 본래 춘추시대의 학자(郰子)의 나라인데, 맹자 때

왕도정치를 실현하고자 한 맹자

에 와서 추(鄒)라고 고쳤다. 노(魯)나라와 가까웠는데, 후에 노나라에 합병되었다"며 추나라 출신임을 말하고 있다. 그러나 『맹자』「공손추 하」 (公孫丑 下)(4·7)에는 맹자가 모친상을 당하자 객경의 벼슬을 하던 제나라에서 노나라로 돌아가 장례를 치렀다는 내용이 보인다. 그래서 맹자의 고국은 노나라이고 거처했던 곳이 추나라라는 설로부터 추가 실은 독립적인 나라가 아니라 노나라에 부속된 하읍(下邑)의 이름이므로 맹자의 모국은 노나라라는 설 등이 있다.

맹자가 나고 죽은 연대 역시 확실하지 않은데, 『맹자』 속의 여러 정황이나 여타의 기록들을 검토할 때 주나라 안공(安公) 17년(기원전 385년) 전후에 태어나서 난공(赧公) 51년(기원전 304년) 전후에 죽은 것으로 추

공자의 손자인 자사(왼편)와 성악설을 주장한 순자(오른편)

측된다. 그러므로 맹자가 태어난 때는 공자(기원전 551년~479년)가 죽은 지 이미 100년이 가까운 시대였다.

맹자의 출신이나 부모에 대해서도 별로 알려진 사실이 없다. 조기는 "맹자는 나면서부터 좋은 품성을 지니고 있었다. 일찍이 부친을 여의고 어려서 어머니의 삼천지교(三遷之敎)를 받았다"고 했는데, 『맹자』「양혜왕 하」(2·16)에서 맹자가 예를 어기고 모친상을 부친상보다 화려하게 치렀다는 구설수에 올랐을 때 제자인 악정자가 '선비'(士)의 신분으로 치른 부친상과 대부의 신분으로 치른 모친상이 다를 수 밖에 없다고 변호한 것에 비추어 볼 때, 어려서 부친을 여의었다는 것은 사실과 다른 것 같다. 맹자 어머니의 행적은 『열녀전』(列女傳)에 실려있는데, 여기에 이른바 '삼천지교'(三遷之敎)의 고사와 함께 널리 알려진 '맹모단기'(孟母斷機)의 고사가 있다.

맹자의 사상적 계보에 관해서 맹자 스스로는 「이루 하」(8·22)에서 다른 사람을 통해 공자의 사상을 사숙했다고만 밝히고 있는데, 사마천의 『사기』에서는 공자의 손자인 자사(子思)의 제자에게서 배웠다고 구체적으로 기록하고 있다. 자사가 지었다고 하는 『중용』과 『맹자』 속의 내용이 유사한 부분이 있을 뿐 아니라 두 사람의 사상적 경향이 이른바 '사맹학'(思孟學)으로 불릴 만큼 공통점이 있으므로 사마천의 주장은 믿을 만하다. 맹자보다 조금 늦은 시대를 살았던 순자(荀子) 역시 『순자』「비십이자」(非十二子)에서 자사와 맹자를 동일한 계열로 분류하고 있다. 『맹자』 전편에 걸쳐 『시경』(詩經)과 『서경』(書經) 그리고 『춘추』(春秋), 『예기』(禮記)에 관한 인용이 자주 나오는 것으로 보아, 대체로 이들 경전과 자사 계열의 학자들을 통해 배운 공자의 이념이 맹자의 사상적 토대가 되었던 것 같다.

2. 맹자의 삶

맹자의 행적을 『맹자』에 흩어진 단편들을 모아서 살펴보자. 맹자는 자신의 명성이 세상에 드러난 이래 '뒤에 따르는 수레 수십 대와 따르는 사람 수백 명'(6·4)을 이끌고 제후들을 찾아다니며 자신의 왕도정치의 이념을 실현하기 위한 여행[遊說]에 나선다. 『맹자』 전편의 내용들은 바로 이 유세 중에서 일어난 사건이나 맹자가 만난 제후를 비롯한 당시 인물들과의 대화로 이루어져 있다.

순임금과 그를 보필하는 대신들

어진 정치를 행하는 탕왕

맹자가 최초로 찾아간 것은 제나라의 위왕(威王)이었다. 그러나 맹자는 제나라에서 자신의 이념이 실현되지 못하자 위왕이 선물로 보내온 황금 100일(鎰)을 거절하고 떠나게 된다.(4·3) 제나라 사람들에 의해 불효자로 낙인 찍혀 비난받던 광장(匡章)이라는 인물의 속내를 이해하고 교유하며 예를 갖추어 대한 것(8·30)도 이때의 일이다.

이어서 제나라 위왕 30년에 맹자는 송(宋)나라가 왕도정치를 시행할 뜻을 전하자(6·5) 고무되어 송나라로 갔다. 거기서 송나라의 대신인 대불승(戴不勝)에게 군주가 선정을 행할 수 있도록 현능한 인재들을 적극적으로 추천하라고 충고하며(6·6) 정치에 관한 해법을 들려준다.(6·8) 그러나 송나라의 제후에게 왕도정치를 실행하려는 생각은 있었지만, 주변에 그를 보필할 현능한 사람들이 없어서 희망이 보이지 않자 송나라를 떠난다.

당시 맹자가 송나라에 머물고 있을 때 등(藤)나라 문공(文公)이 태자로 있으면서 초(楚)나라 방문을 위해 오가는 길에 송나라의 수도에 머물 때 두 차례에 걸쳐 그와 만나게 된다. 이때 맹자는 그에게 사람은 누구나 선한 본성을 지니고 있고 요순과 같은 성인이 될 자질이 있으므로 그것에 근거해 왕도정치를 실행하면 이상적인 정치를 이룰 수 있음을 강조한다.(5·1)

그런 얼마 후 맹자는 추나라로 갔는데, 추나라 목공(穆公)과의 문답을 통해 군주가 어진 정치를 실행하면 백성들은 그를 친근하게 여기고 그를 위해 기꺼이 죽으려고 할 것이라는 대답을 들려준다.(2·12) 등나라 정공(定公)이 죽고 태자로 있던 문공이 측근을 보내 상례에 대해 물어오자 옛날의 예에 따른 삼년상을 치를 것을 권한 것이 이 때의 일이다.(5·2)

이어서 맹자는 노나라 평공(平公)이 즉위해 맹자의 제자인 악정자를 중용해 정사를 맡기자(12·13) 노나라로 갔다. 그러나 맹자가 기대했던 평공과의 만남은 평공의 측근인 장창(藏倉)의 방해로 성사되지 못한다.

등나라 문공이 즉위하자 등나라로 갔는데, 문공이 정치의 방법을 묻자 왕도정치를 제시하고 그 출발점으로 정전제(井田制)를 실시할 것을 주장한다.(5·3) 이 때 제나라가 국경 지역에 성을 쌓고 위협해 왔는데, 위기 의식을 느낀 문공의 자문에 어진 정치를 실시하는 것만이 백성과 하나가 되어서 위협에 대처할 수 있는 방안임을 말한다.(2·14) 유가의 가르침을 등지고 농가(農家)인 허행(許行)의 설에 빠졌던 진상(陳相)과 논쟁한 것도 이 때의 일이다.

등나라에서도 왕도정치의 이념이 실현될 수 없음을 안 맹자는 양(梁)나라 혜왕(惠王) 15년에 양나라로 갔는데, 이때 맹자의 나이 이미 70세에 가까웠다. 맹자는 혜왕과의 여러 차례의 문답을 통해 정치를 행함에 이익(利益)이 아니라 인의(仁義)의 도덕적 가치를 우선시 해야 하며 인의를 내세운 어진 정치를 실행하면 천하에 누구도 대적할 자가 없게 될 것임을 말한다.(1·1-1·5) 이듬해에 혜왕이 죽고 그의 아들인 양왕(襄王)이 즉위했지만, 맹자는 한번 만나고 나서 그가 자신의 이념을 실천할 수 있는 그릇이 아님을 알아보게 된다.

이 때 제나라 위왕이 죽고 선왕(宣王)이 즉위했으므로, 맹자는 제나라로 간다. 맹자가 제나라의 객경(客卿)의 벼슬을 지내고(3·1) 제나라의 공무로 등나라에 문상을 간 것(4·6)도 이 때의 일이다. 맹자가 객경으로 있던 중 선왕 5년에 제나라는 연(燕)나라를 쳤는데 그 2년 후에 제후들이 연합해 제나라에 맞서 연나라를 구하려는 계획을 세웠다.(2·11) 이에 대한 대처 방안으로 맹자는 연나라의 포로들과 기물들을 돌려보내고 연나라의 백성들과 상의해서 군주를 세운 후 군대를 철수할 것을 건의했지만, 선왕은 따르지 않는다. 그 결과 2년 후 마침내 연나라와 제후국들이 연합해 제나라에 쳐들어왔고 제나라는 이들과 싸워서 대패하게 된다.(4·9)

이 일을 계기로 맹자가 객경의 직을 사직하자 선왕은 만류하면서 제나라의 수도에 학교를 지어서 맹자가 가르침을 펼 수 있게 하겠다는 새로운 제안을 하지만(4·10), 맹자가 원했던 것은 왕도정치의 실현이었으므로 거절하고 제나라를 떠난다. 제나라를 떠나면서 자신이 평생토록 힘을 쏟았던 왕도정치의 실현이 불가능함을 느낀다. 그러나 맹자는 이를 하늘에 뜻으로 돌리면서도, 하늘이 세상을 평화롭게 하려고 할 경우 자신이 아니면 누구에게 그 일을 맡기겠느냐며 유학의 도를 계승한 사람으로서의 자부심을 나타낸다. 이 때 맹자의 나이 70여 세였으므로 오랜 유세의 생활을 접고 제자인 만장(萬章), 공손추 등과 함께 추나라로 돌아와 『맹자』 7편을 완성한다.

3. 『맹자』라는 책에 대해

『맹자』를 지은 사람이 누구인지에 대해서는 역대로 여러 가지 설이 있다. 조기나 남송대의 주희(朱熹) 그리고 청대의 초순(焦循) 등은 맹자가 직접 지었다고 한다.

이들은 주로 공자 사후 여러 제자들에 의해 쓰여져서 문체가 한결같지 않은 『논어』와 비교해 볼 때 『맹자』는 문체가 일관된다는 점을 맹자가 직접 쓴 저작임을 주장한다.

반면에 당대의 한유(韓愈)나 북송대의 소철(蘇轍) 등은 맹자 사후 제자인 만장과 공손추에 의한 저작이라고 한다. 이러한 주장의 근거는 다음과 같은 것이다.

첫째, 『맹자』에서는 당시의 제후들을 죽은 후에 붙여진 시호(諡號)로 부르고 있는데, 이들 중에는 맹자보다 나중에 죽은 제후(예를 들면 노나라 평공)도 있다는 점이다. 둘째, 『맹자』에서는 맹자의 제자들을 이름이 아니라 성씨 다음에 자(字)를 붙인 존칭으로 부르고 있는데(예를 들면 악정자, 공도자) 맹자가 지었다면, 자신의 제자를 이처럼 존칭을 써서 언급하지 않을 것이라는 점이다. 셋째, 『맹자』의 전체 내용 중에서 만장과 공손추와의 문답이 여타의 제자들과의 그것보다 압도적으로 많고, 이 두 사람에 대해서만 유독 존칭을 쓰지 않고 이름을 부르고 있는 것이 무엇보다 『맹자』가 이 두 사람에 의해 쓰여졌다는 분명한 증거라고 한다.

그런데 『사기』의 저자인 사마천은 맹자와 순자의 행적을 적은 「맹순열전」(孟荀列傳)에서 위의 두 설을 절충한 설을 제시하고 있다. 즉 『맹자』는 맹자의 주도 아래 그의 두 제자인 만장, 공손추가 참여해 쓰여진 저작이라는 것이다. 이것은 앞의 두 설의 논거들을 모두 원만하게 포섭할 수 있다는 점에서 가장 사실에 가까운 주장이다. 즉 문체의 일관성은 한 사람 즉 맹자의 주도적 저작임을 보여주고, 공손추나 만장과의 문답의 비중이 가장 많거나 이들만을 이름으로 부르며 맹자 사후의 제후를 시호로 부르고 있는 것은 이들이 맹자의 저작 과정에 많은 부분 기초적

「사기」를 지은 사마천

인 자료들을 제공하거나 이후 책을 펴낼 때 교정을 했음을 말해 준다. 특히 『맹자』가 맹자 한 사람의 저작임을 주장하는 조기나 주희 역시 저작 과정 중에 만장과 공손추의 도움이 있었음을 부정하지 않고 있다.

『맹자』는 원래 「양혜왕」에서 「진심」까지 전체 7편으로 되어 있는데, 후한 대에 와서 조기가 『맹자장구』를 지으면서 전체 7편의 체재를 유지하되 각 편을 다시 상하로 나누어 14편의 체재로 만들었다. 현재 우리들이 볼 수 있는 『맹자』의 체재는 조기의 분류에 따른 것이다. 그런데 『한서』(漢書) 「예문지」(藝文志)를 비롯한 몇몇 기록에는 『맹자』는 모두 11편으로 되어있다고 한다. 조기 역시 『맹자』 7편외에도 「성선변」(性善辨), 「문설」(文說), 「효경」(孝經), 「위정」(爲政) 등의 4편이 전해지고 있다는 사실을 언급하고 있다. 그러나 그는 그 4편은 문체에 있어서 웅혼하고 심원한 여타의 7편과 전혀 다르므로 틀림없이 후대의 사람이 맹자의 이름을 빌려 쓴 위서(僞書)라고 단정하고 있다.

한대에 유학이 최초로 여러 학파들을 물리치고 통치이념이 된 이래 『맹자』는 유학의 사상을 담고 있는 중요한 저작으로 여겨져 중시되었다. 서한 문제(文帝) 때에는 『논어』, 『효경』, 『이아』(爾雅)와 더불어 『맹자』 연구를 전담하는 박사(博士) 제도를 두었고, 오대(伍代) 시기에는 『주역』, 『서경』, 『시경』, 『논어』 등과 더불어 유학의 십일경(十一經)으로 받들어졌다. 북송대에 성리학이 등장하면서 성리학적 사유의 주된 원천

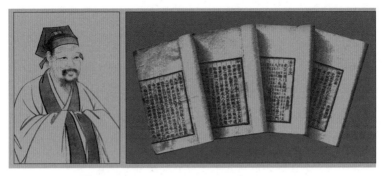

성리학을 집대성한 주희(왼편)와 그의 주석서인 사서(오른편)

이 됨으로써『맹자』는 더욱 중시되었다. 특히 성리학을 집대성한 남송의 주희가『맹자』를『논어』,『중용』,『대학』과 함께 '사서'(四書)로 삼음으로써 유학내에서『맹자』의 지위는 정점에 이르게 된다. 이후 명청대에는 '사서'가 과거시험의 출제 대상이 됨으로써『맹자』는 지식인들의 필독서가 되었다.

　『맹자』에 대한 중국 역대의 주석서는 70여 종이 있는데, 그 중에서 서한 시대 조기(趙岐)의『맹자장구』(孟子章句)와 남송 시대 주희의『맹자집주』(孟子集注), 청대 초순(焦循)의『맹자정의』(孟子正義)가 가장 대표적인 것이다. 현대의 대표적인 주석서로는 1962년 중국의 중화서국(中華書局)에서 나온 양백준(楊伯俊)의『맹자역주』(孟子譯注)가 있다.

4.『맹자』를 어떻게 읽을 것인가?

　맹자는 흔히 역사에서 전국시대(戰國時代)라고 부르는 시기(기원전 403년~221년)를 살았던 인물이다. 따라서『맹자』에 나타난 사상들은 전국시대의 상황에 대한 맹자의 문제의식과 대응의 산물이다.

맹자는 자신의 시대를 사회적 위기와 사상적 위기의 시대로 파악한다. 전국시대라는 말이 의미하듯이 시기는 전란의 시기였다. 이미 춘추시대에 주대의 혈연적 봉건제에 기초한 천자 중심의 일통(一統)의 체제가 붕괴되고 전통적인 사회질서의 원리인 예(禮)가 힘이라는 새로운 원리에 의해 대체되면서, 분열과 약육강식의 전란의 시대는 시작되었다. 전국시대는 춘추시대의 분열과 혼란의 국면이 한층 더 심화되고 그에 따른 사회적 모순도 더욱 첨예하게 나타난 시기였다. 진(晉)나라의 유력한 세 대부인 한(韓)씨·위(魏)씨·조(趙)씨가 자신들이 섬기던 제후를 축출하고 권력을 잡은 것이나 제나라에서 대부인 전화(田和)가 정권을 탈취해서 제후가 된 것은 전국시대 지배계층 내부의 권력투쟁의 상황을 보여주는 상징적인 사건들이다.

내부적인 권력투쟁과 더불어 제후국들 사이의 전쟁을 통한 세력 다툼도 한층 치열해졌다. 전쟁의 결과는 경제력에 바탕한 무력에 의해 결정되기 마련이므로, 피지배 계층인 백성들에 대한 수탈은 더욱 가혹해져 갔다. 맹자가 말한 대로 백성들은 풍년에는 죽도록 고생하고 흉년에는 죽음을 면치 못하며(1·7), 군주의 주방에는 살진 고기가 있고 마구간에는 살진 말이 있는데도 굶어죽은 시체가 들판에 나뒹구는(1·4) 상황이었다. 『맹자』는 바로 이러한 상황에 대한 유가의 대표적인 인물인 맹자의 진단과 처방을 담고 있다.

난세가 영웅을 낳는다고 하는데, 난세는 또한 사상가를 낳는다. 전국시대에는 내부적인 모순을 수습하고 제후국들 사이의 경합에서 최종적인 승자가 되려는 당시의 현실적인 수요에 부응해 나름의 대안들을 가진 수많은 학자와 학파들이 등장한다. 이른바 제자백가의 등장이 그것이다. 이들 중『맹자』에서 언급하고 있는 학파나 인물로는 외교 전문가인 종횡가(縱橫家)의 공손연(公孫衍)과 장의(張儀), 농가(農家)인 허행(許行)과 그의 추종자 진상(陳相), 도가 계열의 양주(楊朱)와 묵가(墨家)의 창시자인 묵적(墨翟)과 추종자들이 있다. 맹자는 이러한 다양한 학파들 중에서도 특히 양주와 묵적에 대해 이들의 가르침이 사라지지 않으면 공자의 가르침이 드러날 수 없다고 보고, 이들의 학설을 물리치는 것을 자신의 시대적 사명으로 삼고 있다.『논어』의 비체계적이고 단편적인 문장을 통해 제시된 유학적 이념들이『맹자』에서 논리적 체계를 갖추고 구체화되어 나타나는 것은 이러한 사상적 경쟁의 결과이다.

이제 전국시대의 사회적 혼란과 사상적 위기 상황 속에서 공자의 가르침을 지키고 그것을 현실에 접목시키려고 했던 맹자의 사상이『맹자』속에 어떻게 반영되고 있는지를 살펴보자.

맹자는 사상가이기 이전에 정치가이다. 맹자가 그의 생애의 대부분을 제후들을 찾아다니며 유세한 것은 단순히 유학적 이념을 전파하기 위한 것이 아니라, 제후에게 등용되어서 유학적 이념을 실제 정치에서 실현하기 위한 것이었다. 따라서『맹자』에 나타난 그의 사상들은 철학적인 논변이라기 보다는 실제 정치와 관련된 구체적인 대안과 그것을 위한 이론적 근거들이다. 예를 들면, 흔히 맹자 하면 떠올리게 되는 성선설은 인간의 내적 본질에 대한 지적 호기심에서 나온 철학적 주장이 아니다. 그것은 어디까지나 그가 실현하려고 했던 이상적인 정치의 가능 근거로서 제시된 것이다. 마찬가지로 그가 제시한 수양론 역시 이상적인 정치를 실현하기 위해 필요한 도덕적 인격을 갖추는 방법으로 제시된 것이다. 따라서『맹자』라는 책의 기본적인 성격은 정치사상서이다.

전국중기는 춘추시대이래 분열의 양상이 정점을 향해 가던 시기였다.

분열의 국면이 정점을 향해 간다는 것은 곧 통일의 시대가 가까이 오고 있음을 의미한다. 맹자의 말대로 역사는 '한 번 다스려지면 한 번 혼란하게 되는'[一治一亂] 순환의 연속이고, 『주역』에서 말한 대로 '사물의 변화가 정점에 이르면 다시 되돌아오기 마련이기'[物極必反] 때문이다. 그러므로 당시 제후들의 가장 큰 관심은 분열과 혼란의 시대가 끝나고 찾아올 통일과 안정의 시대를 맞을 최종적인 승자가 되는 것이었고, 당시의 여러 학파들이 제시한 사상들 역시 이러한 방안에 관한 내용이다. 맹자를 만난 양나라 양왕이 대뜸 현재의 추세가 어떤 방향으로 귀결될지를 묻자, 맹자가 통일로 귀결될 것이라고 대답하고 그 방법을 말하고 있는 「양혜왕 하」(1·6)의 내용이나 바로 다음 장(1·7)의 제나라 선왕과의 대화는 그러한 상황을 배경으로 할 것이다.

맹자는 당시 모든 제후들이 시행하는 정치를 힘에 의존하는 패도정치로 규정하고 비판하면서, 통일된 천하의 왕이 되는 가장 빠른 방법으로 왕도정치를 통한 민심의 획득을 제시한다.(3·3) 왕도정치란 곧 왕의 덕에 바탕한 어진 정치[仁政]인데, 맹자는 왕도정치의 조건으로 왕의 도덕적인 마음, 민생의 보장을 통한 경제적 안정, 현능한 관리의 등용, 적절한 세금의 부가와 도덕적 교화 등을 제시하고 있다.

맹자는 역사적 사례에 대한 고찰을 통해 천하를 잃거나 얻는 것은 모두 백성의 마음을 잃거나 얻는 것에서 결정된다고 본다. 따라서 백성의 마음을 얻기 위해서는 백성이 원하는 것은 얻게 해주고 백성이 싫어하는 것은 실행하지 않아야 하는데, 그것은 바로 군주의 도덕적인 마음에서 나온다고 한다.(7·9) 또 제나라 선왕과의 대화에서는 선왕이 사지로 끌려가며 우는 소를 측은히 여겨 풀어주도록 한 일을 예로 들면서 바로 그와 같은 도덕적인 마음[不忍人之心]을 정치를 통해 백성들에게 확대

적용하는 것이 왕도정치의 실현임을 말하고 있다.(1·7)

군주의 도덕적인 마음은 백성을 배려하는 구체적인 정책으로 드러나야 하는데, 그 가장 기본적인 것이 바로 민생의 보장을 통한 경제적 안정이다. 맹자는 백성은 항상적인 소득〔恒産〕이 없으면 항상적인 마음〔恒心〕을 가질 수 없으므로 배불리 먹으면서 부모와 처자식을 부양할 수 있는 안정적인 생업을 보장해 주는 것이 왕도정치의 실질적인 출발점임을 강조하고, 그 방법으로 정전제의 실시를 제안하고 있다. 즉, 사방 1리의 토지를 우물 정(井)자 모양으로 9등분 해 둘레의 8개 구역은 8가구에 사전(私田)으로 분배하고 거기서 나온 수확을 백성이 소유하게 하고, 가운데 1개 구역을 공전(公田)으로 정해 공동경작 하고 거기에서 나온 수확을 국가에 바치게 하는 제도이다.(3·5/ 5·3/ 5·5/ 1·7) 정전제는 맹자가 제시한 이상적인 토지제도이자 세금제도이다.

왕도정치를 위해서는 정전제를 통한 물적 토대의 정비와 함께 군주의 도덕적인 마음을 실제 정치에서 구현할 관리의 등용도 중요하다. 맹자는 당시 오직 군주의 이익만을 위해 가혹한 수취를 일삼거나 전쟁을 앞장서 수행해 백성을 수탈하거나 죽음으로 내몰던 관리들을 비판하고(7·14) 덕을 지닌 어진 인재를 기용할 것을 주장했다.(5·4)

또 백성의 경제적 안정이 이루어진 후에는 도덕적 교화가 필수적이다. 맹자는 사람은 "배불리 먹고 따스하게 입으며 편안하게 지내기만 하고 가르침이 없다면 금수와 가까워지므로"(5·3) 학교를 세워 인륜의 교육을 시행해야 한다고 했다.(5·4)

결국 왕도정치란 군주를 포함한 지배계층의 도덕적 각성을 바탕으로 백성의 경제적 복지를 보장하고 도덕적 교화를 실행하는 복지국가와 도덕국가를 목표로 하는 정치이다. 맹자는 백성에 대한 가혹한 수취를 통

정전제의 형태　　　　　　　　　고대 중국의 학교

한 부국강병을 통해 통일된 천하의 승자가 되기를 추구하는 것이 일반
적이었던 당시에 그것에 반대하고, 왕도정치의 실현을 통해 백성의 마
음을 얻는 것이야말로 통일된 천하의 승자에 이르는 가장 확실한 방법
임을 강조한다. 이것이 『맹자』 전편에 걸쳐 당시의 제후나 관리들과의
대화에서 일관되게 강조하고 있는 맹자의 정치적 주장이며 맹자 사상의
핵심적 내용이다.

　맹자는 이러한 왕도정치의 서행을 공리적 계산에 따라 선택하는 대상
이 아니라 군주의 본질적 직분으로 이해하고 있다. 맹자의 혁명이론은
바로 그러한 이해로부터 도출되는 자연스런 결론이다. 「양혜왕 하」(2·8)
에서 제나라 선왕은 탕임금이 자신이 군주로 섬기던 걸임금을 축출하고
무왕이 자신이 군주로 섬기던 주임금을 정벌한 사례를 인용하며 신하가
군주를 친 것이 옳은 행위인가를 물었다. 이 물음에 대해 맹자는 군주라
하더라도 군주의 직분을 망각하고 인의(仁義)를 해치는 학정(虐政)을 행
하게 되면 패덕한 보통 사람일뿐이므로, 두 경우는 모두 신하가 군주를
친 것이 아니라 반도덕적인 사람의 응징이라는 마땅히 해야 할 일을 한
것에 불과하다고 말하고 있다. 즉, 왕도정치를 실행하지 않고 백성에게

걸왕을 축출하는 탕왕

주왕을 정벌하러 가는 무왕

고통을 주는 군주는 이미 군주가 아니라 패악하고 무도한 사람에 불과하므로, 이 경우 혁명을 통한 군주의 교체는 당연하다는 것이다.

유학사에서 맹자의 주된 이론적 기여로 평가되는 성선설 역시 이러한 왕도정치 실현의 내면적 근거를 확보하는 과정에서 제시되는 이론이다. 즉, 맹자는 성선설을 통해 자신이 제시하는 왕도정치가 인간의 타고난 본성에 부합하는 정치이며 따라서 결코 실현하기 어려운 것이 아님을 강조한 것이다. 「양혜왕 상」(1·7)에서 맹자는 자신의 자질에 비추어 볼 때 왕도정치를 실행하는 것이 어렵다고 회의하는 선왕에게 왕도정치란 사람이라면 누구나 나면서부터 지니고 있는 도덕적인 마음의 자연스런 실현이므로 결코 어려운 것이 아님을 말하고 있다. 그러므로 맹자의 성선설은 도덕적인 본성의 선험적 보편성을 제시함으로써 군주에게는 왕도정치를 실현할 타고난 자질이 있고 백성들에게는 그러한 정치에 의한 도덕적 교화를 받아들일 수 있는 타고난 자질이 있음을 말하기 위한 것이다. 공자가 "사람의 타고난 본성은 서로 비슷한데, 습관에 의해서 다르게 된다"고 말하는 것에서 그쳤던, 인성의 문제에 맹자가 그토록 천착한 것은 바로 그러한 이유 때문이다.

욕망을 줄임으로써[寡欲] 도덕적인 마음을 간직하고[存心] 그러한 도덕적인 마음의 근원인 도덕적인 본성을 길러내는[養性] 것을 골자로 하는(14·35) 맹자의 수양론 역시 왕도정치 실행의 주체인 군주를 포함한 지배계층을 대상으로 왕도정치의 첫번째 조건인 도덕적인 마음의 각성과 구현하는 방법을 제시한 것이다.

인성론이나 수양론 외에도 맹자의 중요한 사상으로 사회 분업론이 있다. 맹자는 군주를 포함한 지배계층도 생산 노동에 종사해야 한다는 농가인 허행의 주장을 반박하면서 지배계층[大人]은 정치라는 정신 노동[勞心]에 종사하고 피지배 계층[小人]은 농업 생산이라는 육체 노동[勞力]에 종사하는 사회적 분업이 있어야 국가의 근간인 정치와 경제가 원만히 수행될 수 있음을 강조한다. 즉 지배계층은 도덕적 마음을 가지고서 백성들을 대상으로 왕도정치를 시행해 도덕적인 사회를 실현하고, 피지배 계층은 생산 노동에 종사함으로써 도덕적 사회의 물질적 기반을 제공해야 한다는 것이다. 그런 점에서 볼 때 맹자의 사회 분업론은 왕도정치의 실현을 위한 이들 두 계층의 사회적 역할 분담을 말하고 있다.

이처럼 『맹자』라는 책은 유가 철학의 추상적인 이론서가 아니다. 따라서 우리는 『맹자』를 유학의 근엄한 경전이 아니라 실용적인 정치사상서로 생각하고 전국시대의 구체적인 역사의 무대 위에 올려놓고 이해해야 한다. 그럴 때 인간과 사회, 그리고 역사 등을 대상으로 하는 맹자의 다양한 언급들이 구체적인 맥락 위에서 우리에게 다가오게 될 것이다.

양혜왕 상

1·1 이익보다는 의리를

맹자가 양혜왕[1]을 접견했다.

왕이 말했다.

"선생처럼 고명한 분이 천리 길을 멀다하지 않으시고 찾아주셨으니 장차 우리 나라에 이익이 있겠지요?"

맹자가 말했다.

"왕께서는 어째서 이익에 대해서만 말하십니까? 진정 중요한 것으로는 인의(仁義)가 있을 뿐입니다.

만약 한 나라의 왕이 '어떻게 하면 나의 나라를 이롭게 할 수 있을까'

---

1. 양혜왕(梁惠王)이란 양 땅의 혜왕이라는 의미이다. 양 땅은 진(晉)을 삼분해 세운 세 나라 중의 하나인 위(魏)나라의 수도 대량(大梁), 곧 현재의 개봉(開封)이다.

라고 생각하면, 그 아래에 있는 대부는 '어떻게 하면 내 집안을 이롭게 할 수 있을까'라고 생각하고, 선비[士]와 서민들은 '어떻게 하면 내 한 몸을 이롭게 할 수 있을까'를 생각하게 됩니다. 이처럼 위아래가 다투어 자신의 이익을 취하려 하면 나라는 위태로워집니다.

만 승[2]의 부유함을 지닌 나라에서 그 임금을 시해하는 자는 반드시 천 승의 부유함을 지닌 가문에서 나오게 마련이고, 천 승의 부유함을 지닌 나라에서 그 임금을 시해하는 자는 반드시 백 승의 부유함을 지닌 가문에서 나오게 마련입니다. 임금이 지닌 만 승의 부유함 중에서 천 승의 부유함을 봉록으로 받거나 임금이 지닌 천 승의 부유함 중에서 백 승의 부유함을 봉록으로 받았다면 결코 적은 것이 아닙니다. 그럼에도 만약 의리를 뒤로 돌리고 이익을 앞세운다면 더 많은 것을 빼앗지 않고는 만 족해하지 않을 것입니다.

사람됨이 어진데도 자기의 어버이를 버리거나, 의로운데도 자기의 임 금을 경시하는 자는 없습니다.

왕께서는 인의를 말씀하셔야지 어째서 이익에 대해서 말씀하십니까?"

해설

『맹자』 전편을 일관하는 인의(仁義) 중시의 사상이 잘 드러난 구절이 자 맹자 사상의 강령을 제시한 부분이다. 맹자가 살았던 전국시대는 혈

---

2. 승(乘)은 전투용 수레[兵車]를 세는 단위이다. 고대에 한 나라가 동원 가능 한 병거의 수는곧 그 나라의 부를 나타내는 지표였다. 유향(劉向)이 지은 『전국책』(戰國策)에 따르면 전국 말기의 제후국들 간의 세력 판도는 만 대의 병거를 동원할 수 있는 나라[萬乘之國]가 일곱, 천 대의 병거를 동원할 수 있 는 나라[千乘之國]가 다섯이었다고 한다.

연적 결속력에 기초한 종법적 봉건제도가 붕괴되면서 분열상이 심화되던 시대였다. 정치의 구심점인 천자의 힘이 약화되어 권력의 원심 분리 작용이 가속되는 상태에서 패자(覇者)의 지위에 이르는 빠른 길은 부국강병을 가능하게 해주는 더 넓은 땅과 더 많은 노동력을 확보하는 것이었다. 그리고 당시의 부국강병의 추구라는 현실적 수요에 부응해 독자적인 방안을 가진 여러 이론가들이 자신의 이념과 정책을 구매해 줄 제후들을 찾아다니고 있었다. 맹자는 그들 중에서도 정치가이자 이론가로서 두드러진 명성을 지닌 인물이었다.

공자 이래 유학이 지향하는 정치의 요체는 도덕적 사회를 목표로 하는 어진 정치 혹은 덕치(德治)이다. 그것은 곧 통치자가 도덕적 인격을 갖추고 모범이 되어서 백성을 덕으로 교화하는 것이다. 맹자 역시 이러한 유학적 입장에서 당시에 풍미한 이익 추구의 풍조에 일침을 가한 것이다. 그러나 당시의 모든 제후들이 한결같이 관심은 둔 것은 부국강병이라는 목표와 그것에 도움이 되는 현실적 이익이었다. 이러한 현실에서 일관되게 이익보다는 인의라는 도덕 원칙이 중요함을 강조하고 그것을 전면에 내세워야 함을 강조한 맹자에게 돌아온 반응은 한 마디로 "참 좋은 말씀이긴 하지만 현실성이 없는 이상론입니다"라는 것이었다. 그런 점에서 이 장은 인의도덕의 이상론이 부국강병을 위한 이익의 추구가 지배하던 현실 속에서 처할 운명의 전주에 해당된다.

이제 우리는 다음과 같은 의문을 가지고 맹자의 길을 따라가 보기로 하자. 왜 맹자는 당시 상황에서 인기 없는 인의 중심의 유학이라는 상품을 가지고 현실에 뛰어들어서 팔아보려고 그처럼 분투했을까? 또 당시에는 그처럼 인기 없었던 유학이 어째서 중국을 포함한 동양의 전통 사회에서 정치와 사상에 있어서 주도적 지위를 얻게 되었을까?

孟子見梁惠王. 王曰, "叟不遠千里而來, 亦將有以利吾國乎?"

孟子對曰, "王何必曰利? 亦有仁義而已矣. 王曰, '何以利吾國?' 大夫曰, '何以利吾家?' 士庶人曰, '何以利吾身?' 上下交征利, 而國危矣. 萬乘之國弒其君者, 必千乘之家, 千乘之國弒其君者, 必百乘之家. 萬取千焉, 千取百焉, 不爲不多矣. 苟爲後義而先利, 不奪不饜. 未有仁而遺其親者也, 未有義而後其君者也. 王亦曰仁義而已矣, 何必曰利?"

1·2 즐거움은 백성과 함께

맹자가 양혜왕을 접견했다. 마침 양혜왕은 정원 연못 가에 서서 기러기와 사슴들을 돌아보면서 "옛날의 현자들도 이러한 것을 즐겼습니까?"라고 물었다.

맹자가 대답했다.

"현자가 되고 나서야 이러한 것들을 즐길 수 있지, 현자가 아니면 비록 이러한 것들을 지니고 있다 하더라도 즐길 수 없습니다.

『시경』에는 문왕 때의 일을 노래한 '영대를 짓기 시작하여 설계하고 측량하고, 백성들이 작업하여 채 하루가 안 되어 그것을 완성했다. 영대를 만듦에 문왕이 서두르지 말라고 해도 자식이 아비의 일을 돕듯이 백성들이 달려왔도다. 다 만들어지고 문왕께서 영유에 머무니 사슴은 느긋하게 앉아있네. 사슴은 살쪄서 윤택하며 흰 기러기는 희디희었도다. 문왕께서 영소 가에 머무니 영소에 가득찬 물고기들이 뛰어놀았도다'라는 구절이 있습니다.

문왕은 백성들의 힘으로 누대를 만들고 연못을 만들었는데, 백성들이 그것을 기뻐하고 즐거워하며 그 누대를 영대라고 부르고 그 연못을 영소라고 부르며 그곳에 사슴과 물고기와 자라가 있는 것을 즐거워했던 것입니다. 옛날의 현자들은 이처럼 백성들과 즐거움을 함께 했기에 진정 즐길 수 있었습니다.

반면에 『서경』의 「탕서」[3]에는 폭군 걸의 일을 기록한 '이 해가 언제나 없어지려나. 내 너와 함께 망하련다'[4]는 구절이 있습니다. 만약 백성들이 이처럼 임금을 저주하여 차라리 함께 망하기를 바란다면, 비록 누대와 연못이 있고 거기에 새와 짐승이 있다 한들 어떻게 혼자서 그것을 즐길 수 있겠습니까?"

孟子見梁惠王. 王立於沼上, 顧鴻鴈麋鹿, 曰, "賢者, 亦樂此乎?"

孟子對曰, "賢者而後樂此, 不賢者, 雖有此, 不樂也. 詩云, '經始靈臺, 經之營之. 庶民攻之, 不日成之. 經始勿亟, 庶民子來. 王在靈囿, 麀鹿攸伏. 麀鹿濯濯, 白鳥鶴鶴. 王在靈沼, 於牣魚躍.' 文王以民力, 爲臺爲沼, 而民歡樂之, 謂其臺曰靈臺, 謂其沼曰靈沼, 樂其有麋鹿魚鼈. 古之人, 與民偕樂, 故能樂也. 湯誓曰, '時日害

---

3. 「탕서」(湯誓)는 『서경』(書經)의 편명으로, 은(殷)나라 탕왕(湯王)이 하(夏)나라 마지막 왕인 폭군 걸(桀)을 치러 가면서 군사들에게 포고했던 선서문이다.

4. 하나라 걸왕은 폭정을 일삼아 백성들을 고통에 빠뜨리면서 늘상 자신을 하늘의 해에 비유해 하늘의 해가 없어지는 일이 없듯이 자신의 권력도 영원할 것이라고 호언했다. 그래서 백성들은 하늘의 해인 걸왕이 하루라도 빨리 멸망하기를 기원하며 저주의 말을 했던 것이다.

喪, 予及女偕亡.' 民欲與之偕亡, 雖有臺池鳥獸, 豈能獨樂哉?"

1·3 어진 정치가 아닌 한 오십 보 백 보

양혜왕이 말했다.

"과인은 나라를 다스림에 있어서 온 마음을 다해서 할 뿐입니다. 하내(河內) 지방에 흉년이 들면 그곳의 백성들을 하동(河東)으로 이주시키고 떠나지 못하는 백성들을 위해서는 곡식을 그곳으로 옮겨주었으며, 하동 지방에 흉년이 든 경우에도 그렇게 했습니다. 이웃 나라의 정사를 살펴보면 과인처럼 마음을 쓰는 나라가 없습니다. 그런데도 이웃 나라의 백성들이 줄어들거나 과인의 백성들이 늘어나지 않으니 어찌된 일입니까?"

맹자가 대답했다.

"왕께서 전쟁을 좋아하시니 전쟁에 비유해 말씀드리겠습니다. 둥둥 북이 울리면 나아가 병기날을 부딪다가 패색이 짙어져 방패를 버리고 무기를 땅에 끌면서 도망가는데, 어떤 사람은 백 보를 도망간 후에 멈추고 어떤 사람은 오십 보를 도망간 후에 멈추었습니다. 이 경우 오십 보를 도망간 사람이 백 보를 도망간 사람을 보고서 비겁하다고 비웃는다면 어떻겠습니까?"

왕이 대답했다.

"옳지 않습니다. 단지 백 보가 아닐 뿐 도망간 것은 마찬가지입니다."

맹자가 말했다.

"왕께서 그 이치를 아신다면 이웃나라보다 백성들이 많아지기를 바라지 말아야 합니다.

　백성이 농사철을 놓치지 않게 하면 곡식이 이루 다 먹을 수 없을 정도로 넉넉해지고, 촘촘한 그물을 웅덩이와 못에 넣지 않게 하면 고기와 자라가 이루 다 먹을 수 없을 정도로 넉넉해지며, 도끼를 적절한 때를 지켜 산림에 들여놓게 하면 재목이 이루 다 쓸 수 없을 정도로 넉넉해지게 될 것입니다.[5] 곡식과 고기와 자라가 이루 다 먹을 수 없을 정도로 넉넉하고 재목이 이루 다 쓸 수가 없을 정도로 넉넉하면, 백성들이 산 사람을 봉양하고 죽은 사람을 장사 지냄에 유감이 없게 됩니다. 산 사람을 봉양하고 죽은 사람을 장사 지냄에 유감이 없게 하는 것이 왕도정치의 시작입니다.[6]

　오 무[7] 넓이의 집 둘레에 뽕나무를 심으면[8] 오십 세 된 노인이 비단옷

5.　이 문장은 원칙없이 백성들을 부역이나 전쟁에 동원하지 않아서 백성들이 농사지을 때를 놓치게 하지 않고, 촘촘한 그물의 사용을 금해서 물고기의 씨를 말리지 않게 하며, 초목의 생장이 왕성한 봄과 여름에 벌목을 금하고 생장이 멈춘 가을이 지나서만 벌목을 하게 하면, 먹고 쓸 곡식과 물고기 그리고 목재가 수요를 충당하고도 남을 정도로 넉넉해지게 된다는 의미이다. 즉 안정적인 생업 활동의 보장과 남획과 남벌의 금지를 근간으로 하는 경제 정책을 제시한 것이다.

6.　이 문장을 볼 때 맹자가 제시하는 왕도정치의 이상은 높지만, 그것을 실천하는 출발점은 지극히 현실적이고 구체적임을 알 수 있다. 즉, 먹고 쓰는 일상적인 생활의 자료들을 넉넉하게 함으로써 살아있는 가족들을 봉양하고 죽은 가족을 장사 지냄에 부족함이 없게 하는 것을 왕도정치의 출발점으로 설정하고 있다.

7.　무(畝)는 원래 밭의 이랑을 뜻하는 글자인데, 고대에 토지의 넓이를 재는 단위로 쓰였다. 일 무는 약 52평이므로 오 무면 약 260평 정도가 된다.

8.　경작지가 아닌 택지에 뽕나무를 심도록 하는 것은 뽕나무가 드리우는 그늘이 곡물이 자라는 데 장애가 되기 때문이다.

을 입을 수 있고, 닭과 돼지와 개 등의 가축을 기름에 그 때를 놓치지 않으면[9] 칠십 세 된 노인이 고기를 먹을 수 있습니다. 백 무 넓이의 밭[10]을 농사짓는데 일손 바쁠 때를 빼앗지 않으면 여러 식구의 가족이 굶주리지 않을 수 있을 것이며, 상서[11]에서의 교육을 엄격하게 시행해 효도와 공경의 의미를 거듭해서 가르치면 머리가 희끗희끗한 사람이 길에서 짐을 지거나 이고 다니지 않게 될 것입니다. 칠십 세 된 노인이 비단옷을 입고 고기를 먹으며 일반 백성들이 굶주리거나 헐벗지 않게 하고도 통일된 천하의 왕이 되지 못할 사람은 없습니다.

그러나 풍년에 양식이 넘쳐서 개와 돼지가 사람이 먹을 양식을 먹는데도 거두어 저장해둘 줄 모르고,[12] 흉년에 양식이 부족해서 길에 굶주려 죽은 시체가 있는데도 창고의 곡식을 풀어 나누어줄 줄 모르다가, 사람이 굶주려 죽게 되면 '나 때문이 아니다. 흉년이 들었기 때문이다'고 한다면, 이것이 사람을 찔러 죽이고도 '내가 죽인 것이 아니라 칼이 죽였다'고 하는 것과 무슨 차이가 있겠습니까? 왕이 흉년을 핑계삼지

---

9. 가축을 기름에 있어서 때를 놓치지 않는 것은 교미시키고 새끼를 받고 기르며 도축하는 것과 관련해서 적절한 시기를 지키도록 한다는 의미이다.

10. 백 무의 밭은 한 가구의 성인 남자[壯丁]가 배당받은 사전(私田)으로 5천여 평에 해당하는 면적이다.

11. 상(庠)과 서(序)는 모두 국가에서 지방에 설치한 교육 기관의 이름이다. 조기(趙岐)의 주에 따르면 은(殷)나라 때에는 그것을 상이라고 불렀고, 주(周)나라 때에는 서라고 불렀다고 하는데 확실한 설은 아니다.

12. '거두어 저장해둔다'는 것은 검(檢, 단속한다는 의미) 자를 옮긴 것이다. 고대에 '검'은 흔히 렴(斂, 거두어 들인다는 의미) 자와 통용되었고, 바로 뒷 문장에 나오는 발(發, 나라의 창고에 저장해 놓은 양곡을 풀어내는 것을 의미)자와 댓구를 이루고 있기 때문이다.

않으면 천하의 백성들이 왕에게로 모여들 것입니다.[13]"

해설

우리가 흔히 쓰는 '오십 보 백 보'라는 말이 나오는 구절로서 맹자의 특기인 촌철살인(寸鐵殺人)의 풍자와 비판이 유감없이 발휘되고 있다. 맹자는 정치의 유형을 왕도(王道)와 패도(覇道)의 두 가지로 분류하고, 왕도는 왕이 도덕적인 마음에 의해 백성을 배려하고 위하는 정치인 반면 패도는 힘으로 백성을 강제하면서도 도덕적 배려를 하는 척 꾸미는 정치[以力假仁]라고 규정한다. 이러한 관점에서 맹자는 혜왕이 수재를 당한 백성에 대한 구휼 정책을 예로 들며 백성을 위하는 왕인 척 하지만 그것은 어디까지나 혜왕 자신의 이익을 위해서 던진 미끼일 뿐이며, 따라서 혜왕의 정치 역시 이웃 나라의 폭압적인 왕의 정치와 본질적으로 다르지 않은 '오십 보 백 보'의 차이만이 있을 뿐이라고 비판하고 있다. "왕께서 전쟁을 좋아하시니"라는 말에서 이미 맹자의 혜왕에 대한 평가의 일단이 드러나고 있다.

梁惠王曰, "寡人之於國也, 盡心焉耳矣. 河內凶, 則移其民於河

---

13. 이 문장은 자연적인 조건에 따른 작황의 흉풍의 상황에 대처하는 적극적인 수요와 공급의 조절 정책을 통해, 극단적으로 넘쳐나고 모자라는 것을 막아야 함을 강조하고 있다. 농업 기술이 발달한 오늘날에도 모든 국가들에서 수요와 공급의 조절을 통한 물가관리가 중요한 정책이지만, 계절적 조건에 전적으로 의존하는 맹자 당시의 열악한 농업 생산력 수준으로서는, 풍년에 거두어 들여 비축했다가 흉년에 부족한 공급에 대처하는 수급관리 정책이 생산 정책 못지 않게 중요했을 것이다.

東, 移其粟於河內, 河東凶亦然. 察鄰國之政, 無如寡人之用心者. 鄰國之民不加少, 寡人之民不加多, 何也?"

孟子對曰, "王好戰, 請而戰喩. 塡然鼓之, 兵刃旣接, 棄甲曳兵而走, 或百步而後止, 或伍十步而後止. 以伍十步笑百步, 則何如?"

曰, "不可. 直不百步耳, 是亦走也."

曰, "王如知此, 則無望民之多於鄰國也. 不違農時, 穀不可勝食也, 數罟不入洿池, 魚鼈不可勝食也, 斧斤以時入山林, 材木不可勝用也. 穀與魚鼈不可勝食, 材木不可勝用, 是使民養生喪死無憾也. 養生喪死無憾, 王道之始也. 伍畝之宅, 樹之以桑, 伍十者可以衣帛矣, 雞豚狗彘之畜, 無失其時, 七十者可以食肉矣. 百畝之田, 勿奪其時, 數口之家可以無飢矣, 謹庠序之敎, 申之以孝悌之義, 頒白者不負戴於道路矣. 七十者衣帛食肉, 黎民不飢不寒, 然而不王者, 未之有也. 狗彘食人食而不知檢, 塗有餓莩而不知發, 人死, 則曰, '非我也, 歲也,' 是何異於刺人而殺之, 曰, '非我也, 兵也.' 王無罪歲, 斯天下之民至焉."

1·4 사람 잡는 정치

양혜왕이 "과인은 기꺼이 선생의 가르침을 받고 싶습니다"라고 했다.

맹자가 "사람을 죽이는 데 몽둥이로 죽이는 것과 칼로 죽이는 것이 다를 것이 있습니까?"라고 묻자, 왕은 "다를 것이 없습니다"라고 대답했다.

다시 맹자가 "칼로 죽이는 것과 정치로 죽이는 것이 다를 것이 있습니까?"라고 묻자, 왕은 "다를 것이 없습니다"라고 대답했다.

그러자 맹자가 말했다.

"지금 왕의 주방에는 살찐 고기가 있고 마구간에는 살찐 말이 있는데, 백성들은 굶주린 기색이 있고 들에는 굶어 죽은 시체가 있으니, 이 것은 짐승을 몰아서 사람을 잡아먹게 하는 것과 같습니다.[14] 사람들은 짐승들이 서로 잡아먹는 것조차 싫어합니다. 그런데 백성의 부모인 왕으로서 정치를 하면서 짐승을 몰아 사람을 잡아먹게 한다면 백성의 부모다움은 대체 어디에 있는 것입니까?

공자께서는 '처음으로 장례식에서 순장에 쓰는 인형[15]을 만든 자는 후손이 끊길 것이다[16]'고 했습니다. 그것은 사람의 모습을 본따서 사용했기 때문입니다. 그런데 어떻게 백성들을 굶어 죽게 할 수 있습니까?"

梁惠王曰, "寡人願安承敎."
孟子對曰, "殺人以梃與刃, 有以異乎?"
曰, "無以異也."

---

14. 백성들이 굶어 죽어가는 상황에서 백성들이 먹어야 할 곡식으로 군주의 소와 말을 살찌게 먹이는 것은 결국 짐승을 시켜 사람을 잡아먹게 하는 것과 같다는 뜻이다.

15. 죽은 사람을 장사지낼 때 함께 묻는 것으로 흙이나 나무로 사람의 형상을 본따서 만든 인형(俑)이다. 공자 당시는 산 사람을 묻는 순장의 풍속은 없어지고 사람을 닮은 인형으로 그것을 대신했다. 중국의 서안(西安)에 있는 진 시황의 능에서 발견된 대규모의 인형[秦俑]이 그 대표적인 사례이다.

16. 공자는 비록 산 사람이 아니라 사람의 모습을 빼닮은 인형이라도 그것을 땅속에 묻는 것은 인간의 존엄을 무시하는 불인(不仁)한 행위라고 생각했기에 인형을 묻는 풍속을 시작한 사람에 대해 이처럼 저주에 가까운 비난을 했다.

"以刃與政, 有以異乎?"

曰, "無以異也."

曰, "庖有肥肉, 廏有肥馬, 民有飢色, 野有餓莩, 此率獸而食人
也. 獸相食, 且人惡之. 爲民父母, 行政, 不免於率獸而食人, 惡在
其爲民父母也? 仲尼曰, '始作俑者, 其無後乎!'爲其象人而用之也.
如之何其使斯民飢而死也?"

1·5 어진 사람에게는 대적할 자가 없다

양혜왕이 말했다.

"예전 우리 진(晉)나라[17]가 천하에서 가장 강성했다는 것은 선생께서
도 아시는 사실입니다. 그런데 과인의 대에 이르러 동쪽으로는 제나라
에 패해서 내 큰아들이 죽었고[18], 서쪽으로는 진(秦)나라에게 땅을 칠백
리나 빼앗겼고[19], 남쪽으로는 초(楚)나라에 패배하여 모욕당하였습니

---

17. 양혜왕의 위나라는 진(晉)나라의 유력한 세 대부였던 한씨(韓氏), 조씨(趙
    氏), 위씨(魏氏)가 원래의 군주를 내쫓고 각각 셋으로 찢어서 세운 나라 중의
    하나였다. 이들 세 나라는 모두 자신들이 진의 정통성을 계승한 나라임을
    내세우기 위해 자칭 진이라고 했다. 양혜왕이 '우리 진나라'라고 한 것도 그
    때문이다.

18. 양혜왕 30년에 제나라가 위나라를 쳐들어와 태자 신(申)을 잡아갔는데, 그
    후 태자는 돌아오지 못하고 죽었다.

19. 양혜왕 17년, 진나라가 소량(少梁)땅을 빼앗아 간 이래 여러 차례에 걸쳐 침
    략해 15개에 이르는 성을 빼앗았다.

다.[20] 과인은 이것을 수치스럽게 여기고 있습니다. 죽은 사람들을 위해서 남김없이 설욕을 하고 싶은데, 어떻게 하면 좋겠습니까?"

맹자가 대답했다.

"땅이 사방 백 리[21]만 되어도 통일된 천하의 왕이 될 수 있습니다.

만약 왕께서 백성들에게 어진 정치[仁政]를 베풀어서 형벌을 감면해주고 세금을 적게 하며, 농지를 깊이 갈고 잘 김매게 하며, 장정들이 일이 없는 한가한 날에는 효제(孝悌)와 충신(忠信)의 덕을 닦아 집에 들어가서는 아버지와 형을 섬기고 밖에 나가서는 어른들을 섬기게 하면, 뭉둥이를 만들어 가지고도 진나라나 초나라의 견고한 갑옷과 예리한 무기에 맞서게 할 수 있을 것입니다.

반면 진나라와 초나라의 군주들은 지금 백성들이 농사지을 때를 빼앗아 밭갈고 김매서 그 부모를 봉양할 수 없게 하여, 부모는 추위에 떨고 굶어 죽으며 형제와 처자들은 사방으로 흩어지게 하고 있습니다.

이렇게 그들이 백성들을 고통의 구덩이에 빠뜨릴 때 왕께서 가서 정벌하면 누가 왕에게 대적할 수 있겠습니까? 그러므로 옛말에 '어진 사람에게는 대적할 자가 없다'고 했습니다. 왕께서는 제 말을 믿으십시오."

梁惠王曰, "晉國, 天下莫强焉, 曳之所知也. 及寡人之身, 東敗

---

20. 양혜왕 18년(기원전 353년) 위나라가 조(趙)나라의 수도를 포위했다가 초(楚)나라가 파견한 지원군에 패하고 도리어 위나라의 땅을 빼앗긴 사건을 말한다.

21. '사방 백 리'[方百里]는 네 변을 합한 길이가 백 리라는 의미가 아니라 네 변의 길이가 각각 백 리씩이라는 의미이다. 여기서 굳이 '사방 백 리'라고 거론한 것은 주나라 때 문왕이 사방 백 리의 작은 영토를 가지고도 어진 정치[仁政]을 베풀어 천하를 다스린 전례가 있었기 때문이다.

於齊, 長子死焉, 西喪地於秦七百里, 南辱於楚. 寡人恥之. 願比死者壹洒之, 如之何則可?"

孟子對曰, "地方百里而可以王. 王如施仁政於民, 省刑罰, 薄稅斂, 深耕易耨, 壯者以暇日, 修其孝悌忠信, 入以事其父兄, 出以事其長上, 可使制梃以撻秦楚之堅甲利兵矣. 彼奪其民時, 使不得耕耨以養其父母, 父母凍餓, 兄弟妻子離散. 彼陷溺其民, 王往而征之, 夫誰與王敵? 故曰, '仁者無敵.' 王請勿疑!"

1·6 천하의 통일을 이룰 사람

맹자가 양양왕[22]을 만나 보고는, 밖으로 나와서 사람들에게 말했다.

"멀리서 바라봐도 임금답지 않고 가까이 다가가도 위엄을 볼 수 없더군. 뜬금없이 '천하는 어떤 방향으로 결정날까요?'라고 묻길래, 내가 '통일로 결정날 것입니다'라고 했다네.

그러자 '누가 통일을 이룰 수 있을까요?'라고 묻더군.

나는 '사람 죽이기를 좋아하지 않는 사람이 통일을 이룰 것입니다'고 대답했다네.

그러자 '누가 그를 따르겠습니까?'라고 묻더군. 나는 이렇게 대답했네.

'천하의 사람들 중 따르지 않을 사람이 없을 것입니다. 왕께서는 벼의 싹에 대해 아십니까? 7, 8월 사이에 가물면 말랐다가, 하늘에 뭉게뭉게 구름이 생겨나 기세좋게 비가 내리면 다시 싱싱하게 자라납니다. 이와 같이

---

22. 양양왕(梁襄王)은 앞에 나왔던 양혜왕의 아들로 이름은 혁(赫)이다.

되면 누가 그것을 막을 수 있겠습니까? 지금 천하의 왕 중 사람 죽이기를 좋아하지 않는 사람이 없습니다. 만일 사람 죽이기를 좋아하지 않는 사람이 있다면 천하의 백성들이 다 목을 빼고서 그를 바라볼 것입니다. 진정이와 같다면 백성들이 그에게로 돌아가는 것이 물이 낮은 데로 흘러가는 것과 같을 것인데, 그 힘찬 기세를 누가 막을 수 있겠습니까?'"

孟子見梁襄王. 出, 語人曰, "望之不似人君, 就之而不見所畏焉. 卒然問曰, '天下惡乎定?' 吳對曰, '定於一.' '孰能一之?' 對曰, '不嗜殺人者, 能一之.' '孰能與之?' 對曰, '天下莫不與也. 王知夫苗乎? 七八月之閒旱, 則苗槁矣, 天油然作雲, 沛然下雨, 則苗浡然興之矣. 其如是, 孰能禦之? 今夫天下之人牧, 未有不嗜殺人者也. 如有不嗜殺人者, 則天下之民, 皆引領而望之矣. 誠如是也, 民歸之, 由水之就下, 沛然, 孰能禦之?'"

1·7 천하의 통일을 이루는 방법

제나라 선왕(齊宣王)이 "제나라 환공과 진나라 문공[23]의 일을 들어볼 수 있겠습니까?"라고 물었다.
맹자가 대답했다.
"우리 공자의 제자들 중에는 제나라 환공과 진나라 문공의 일을 이야

---

23. 환공과 문공은 춘추시대에 패권을 행사했던 다섯 제후[伍覇] 중 두 사람이다.

기한 이가 없었습니다.[24] 그래서 후세에 전해진 것이 없어서 저도 듣지 못했습니다. 그래도 굳이 말해보라고 하신다면 왕도에 대해서 말씀드리겠습니다.[25]"

왕이 "덕망이 어떠해야 통일된 천하의 왕이 될 수 있습니까?"라고 묻자, 맹자는 "백성들을 잘 보호해 주고서 왕이 된다면 그를 막을 사람이 없을 것입니다"고 대답했다.

다시 왕이 "과인과 같은 사람도 백성을 잘 보호할 수 있겠습니까?"라고 묻자, 맹자는 "할 수 있습니다"고 대답했다.

왕이 "어떤 근거에서 내가 할 수 있다는 것을 아십니까?"라고 묻자, 맹자가 대답했다.

"제가 호흘(胡齕)이라는 신하에게서 다음과 같은 이야기를 들었습니다. 왕께서 대청 위에 앉아 계실 적에 소를 끌고 대청 아래를 지나가는 사람이 있었는데, 왕께서 그것을 보시고 '소가 어디로 가느냐?'고 물

---

24. 제나라 환공이나 진나라 문공은 모두 유학의 근본적인 가치인 인의를 실천하지 않고 '강압적인 힘을 통치의 주된 수단으로 삼으면서도 어진 마음을 지닌 것처럼 가장한'[以力假仁] 패도의 왕이었으므로 공자의 제자, 즉 유학자들은 그들에 대해 언급하지 않았다는 의미이다. 그러나 제환공이나 진나라 문공의 일에 관해 유학자들이 말하지 않았고 전하지 않아서 아는 바가 없다는 맹자의 말은 사실이 아니다. 『논어』에서 공자는 제나라 환공에 대해 주나라 왕실의 해체로 인한 권력의 공백기에 패권을 행사해 이민족으로부터 중국의 문화를 수호한 공을 인정하고 있고, 맹자 자신도 다른 곳에서 그 일에 대해 언급하고 있기 때문이다. 그럼에도 맹자가 그렇게 말한 것은 아마도 그가 제시하려는 진정한 왕자가 되는 방법인 어진 정치[仁政]로 논의의 초점을 몰아가기 위해서였을 것이다.
25. 원문은 '무이즉왕호'(無以則王乎)인데, 주희의 설을 따라 '이'(以)를 '그만두다'[已]와 같은 의미로 풀었다.

으셨다더군요. 그 사람이 대답하기를 '피를 받아서 종에 바르려고 합니다'[26]고 대답하자, 왕께서는 '그 소를 놓아 주어라. 나는 그 소가 두려워 벌벌 떠는 것이 마치 아무런 죄도 없으면서 사지로 끌려가는 것 같아서 차마 볼 수 없구나'라고 했다면서요. 그래서 그 사람이 '그렇다면 종에 피를 바르는 의식을 그만둘까요?'라고 묻자 왕께서는 '어떻게 그것을 그만둘 수가 있겠느냐? 양으로 바꿔라'고 하셨다는데, 그런 일이 있었습니까?"

왕이 "그런 일이 있었습니다"고 대답하자, 맹자가 말했다.

"그런 마음이라면 통일된 천하의 왕이 되기에 충분합니다. 백성들은 모두 왕께서 소 한 마리가 아까워서 그랬다고 하지만, 저는 왕께서 끌려가는 소의 모습을 차마 볼 수가 없어서 그렇게 하셨다는 것을 잘 알고 있습니다."

왕이 말했다.

"그렇습니다. 실제로 그렇게 생각하는 백성들이 있습니다. 그러나 제 나라가 비록 작기는 하지만 내가 어찌 소 한 마리를 아까워하겠습니까? 그 소가 두려워 벌벌 떠는 것이 마치 아무런 죄도 없으면서 사지(死地)로 끌려가는 것 같아서 차마 볼 수 없었기에 양으로 바꾸라고 했던 것입니다."

맹자가 말했다.

"왕께서는 백성들이 왕이 소 한 마리가 아까워서 그렇게 했다고 말하는 것을 이상하게 생각하지 마십시오. 백성들은 단지 왕께서 작은 양으

---

26. 고대에 종을 새로 주조했을 때 제사를 지내고 희생의 피를 받아서 종에 바르는 의식[釁鍾]을 가리킨다.

로 큰 소를 바꾸는 것만을 보았을 뿐이니, 어떻게 왕의 깊은 뜻을 알 수 있겠습니까? 그런데 왕께서 그 소가 아무런 죄도 없으면서 사지로 끌려가는 것을 측은하게 생각하였다면 어째서 소와 양을 차별하셨는지요?"

왕이 웃으며 말하기를 "정말 무슨 마음에서 그랬을까요? 내가 재물이 아까워서 작은 양으로 바꾸라고 한 것은 아니었습니다. 그러나 선생님의 말씀을 듣고 보니 백성들이 내가 재물을 아까워했다고 말하는 것도 당연하겠습니다"라고 했다.

맹자가 말했다.

"괜찮습니다. 그것이 바로 인을 실천하는 방법입니다. 왕께서 소와 양을 차별하신 것은 소는 직접 눈으로 보았지만 양은 보지 못했기 때문입니다. 군자는 금수를 대함에 있어서 살아 있는 모습을 보고서는 차마 그것이 죽어 가는 것을 보지 못하며, 애처럽게 우는 소리를 듣고서는 차마 그 고기를 먹지 못합니다. 그래서 군자는 주방을 멀리하는 것입니다."

왕이 기뻐하며 말했다.

"『시경』에서 '남의 마음을 내가 헤아리네'라고 했는데, 바로 선생을 두고 한 말입니다. 내가 그렇게 해놓고 안으로 돌이켜 그 이유를 찾아봐도 내 마음을 알 수 없었는데, 선생께서 그렇게 말씀하시니 내 마음에 느끼는 바가 있습니다. 그런데 그런 마음이 통일된 천하의 왕이 되는 데 적당하다는 것은 어째서입니까?"

맹자가 "만일 왕에게 어떤 사람이 와서 '제 힘은 백 균[27]의 무게는 충분히 들 수는 있지만 깃털 하나는 들 수 없고, 제 시력은 가을날의 짐승

---

27. 균(鈞)은 고대의 무게를 재는 단위로 일 균은 약 305근이다.

터럭을 살필 수는 있지만[28] 수레에 실은 땔감 더미는 볼 수 없습니다'라고 한다면 왕께서는 그 말을 인정하겠습니까?"라고 묻자, 왕은 "아닙니다"고 했다.

그러자 맹자가 말했다.

"지금 왕의 은혜가 금수에게 미칠 정도로 충분하면서도 그 공적이 백성들에게 미치지 않는 것은 유독 무슨 까닭입니까? 그렇게 볼 때 깃털 하나를 들지 않는 것은 힘을 쓰지 않기 때문이고, 수레에 실은 땔감 더미를 보지 않는 것은 '시력'을 쓰지 않기 때문이며, 백성들이 제대로 보호받지 못하는 것은 은혜를 베풀지 않기 때문입니다. 그러므로 왕께서 통일된 천하의 왕이 되지 못하는 것은 실은 하지 않기 때문이지 못 해서가 아닙니다."

왕이 "하지 않는 것과 못 하는 것의 모습이 어떻게 다릅니까?"라고 묻자 맹자가 대답했다.

"태산을 옆구리에 끼고서 북해를 뛰어넘는 것에 대해 남에게 '나는 할 수 없다'고 말하는 경우, 그것은 참으로 할 수 없는 것입니다. 그러나 어른을 위해서 안마를 해드리는 것[29]에 대해 '나는 할 수 없다'고 말하는 경

---

28. 가을이 되면 짐승의 터럭[秋毫]은 겨울의 추위를 대비하기 위해 가늘어진다고 한다. 따라서 여기서는 아주 눈에 잘 보이지 않을 정도의 미세한 물건의 비유로 쓰였다. 우리가 흔히 '추호의 후회도 없다'고 할 때의 '추호'가 바로 그것이다.

29. 원문의 '위장자절지'(爲長者折枝)에 대해서는 풀이가 분분하다. 조기 등은 어른을 위해 사지와 몸을 안마해 주는 것으로 풀었고, 주희는 어른의 명에 따라 나무 가지를 꺾는다는 것으로 풀었다. 비록 구체적인 내용에 있어서는 이처럼 다르지만 모두 지극히 행하기 쉬운 일을 의미한다고 본 점에서 일치한다. 여기서는 조기의 설을 따랐다.

우, 그것은 하지 않는 것이지 못하는 것이 아닙니다. 그러므로 왕께서 왕도정치를 실행하지 않는 것은 태산을 옆구리에 끼고 북해를 뛰어넘는 것과 같은 경우의 일이 아닙니다. 왕께서 왕도정치를 실행하지 않는 것은 어른을 위해 안마를 해주는 것과 같은 경우의 일에 해당됩니다.

내 집안의 어른을 공경하는 마음을 미루어서 남의 어른에게까지 이르게 하고, 내 아이를 사랑하는 마음을 미루어서 남의 아이에게까지 이르게 한다면 천하를 손바닥 위에 놓고 움직일 수 있습니다.『시경』에서 '나의 처에게 모범이 되고 형제에게 미치게 함으로써 집안과 나라를 다스린다'고 했습니다. 이것은 이 마음을 가지고서 다른 사람들에게 적용하는 것을 말한 것입니다. 그러므로 은혜를 미루어 나아가면 사해[30]를 보존할 수 있고, 은혜를 미루어 나아가지 않으면 처자조차도 보존할 수 없습니다. 옛 성현들이 다른 사람보다 훨씬 뛰어났던 까닭은 다른 것이 아니라 도덕적인 행위를 잘 미루어 나아갔기 때문입니다. 지금 왕의 은혜가 금수에게까지 미칠 정도로 충분하면서도 그 공적이 백성들에게는 미치지 못하는 것은 유독 무슨 까닭입니까?

원래 저울에 달아 보아야 가볍고 무거운 것을 알 수 있고, 자로 재 보아야 길고 짧은 것을 알 수 있습니다. 어떤 사물이든 그렇지만 마음은 더욱 그러합니다. 왕께서는 왕의 마음을 잘 헤아려 보시길 바랍니다. 왕께서는 군대를 일으켜 군사와 신하들을 위태롭게 하고 다른 제후들과 원한을 맺은 후에라야 마음이 유쾌해지겠습니까?"

---

30. 사해(四海)는 천하(天下)와 같은 의미로 세계 전체를 가리킨다. 고대 중국인들은 세계의 밖 사면에 바다가 있고, 그 가운데에는 9개의 땅[九州]이 있다고 생각하였다.

왕이 말했다.

"아닙니다, 난들 어찌 그것을 유쾌하게 여기겠습니까? 그렇게 하는 것은 장차 내가 간절히 원하는 것을 얻기 위해서 입니다."

맹자가 "왕께서 간절히 원하는 것이 무엇인지 들어 볼 수 있겠습니까?"라고 묻자, 왕은 웃으며 말을 하지 않았다.

맹자가 말했다.

"입에 기름지고 단 음식이 먹기 부족해서입니까? 몸에 가볍고 따스한 옷이 입기 부족해서입니까? 그렇지 않으면 눈에 아름다운 색채들이 보기 부족하거나, 귀에 음악이 듣기 부족하거나, 주위의 측근들이 부리기에 부족하기 때문입니까? 왕의 여러 신하들이 그것들을 충분히 공급할 터인데 왕께서 이런 것들 때문에 그러시기야 하겠습니까?"

왕이 "아니지요. 그것들 때문에 그렇게 하려는 것이 아닙니다"고 대답하자 맹자가 말했다.

"그렇다면 왕께서 간절히 원하는 것을 알 만 합니다. 영토를 넓히고 진나라와 초나라로 하여금 조공을 바치게 하며, 중국의 중심에 자리잡고서 사방의 이민족들을 주무르려고 하는 것일테지요. 그러나 그런 방법으로써 그러한 소원을 이루려고 하는 것은 나무에 올라가서 물고기를 잡으려는 것과 같습니다."

왕이 "그 정도로 심하단 말입니까?"라고 하자, 맹자가 대답했다.

"아마 그보다도 더 심할 것입니다. 나무에 올라가 물고기를 잡으려는 경우는 비록 물고기를 잡지 못한다 하더라도 뒤탈은 없습니다. 그러나 그러한 방법으로써 그러한 소원을 이루려고 할 경우는 마음과 힘을 다 쓰더라도 뒤에 반드시 재앙이 있을 것입니다."

왕이 "그것에 대해서 들려주실 수 있습니까?"라고 말했다. 맹자는

"추나라와 초나라가 싸울 경우, 왕께서는 누가 이길 것이라 생각하십니까?"라고 물었다. 왕이 "초나라가 이길 것입니다"라고 대답하자, 맹자가 말했다.

"그렇다면 작은 나라는 원래 큰 나라에 대적할 수 없고, 인구가 적은 나라는 원래 인구가 많은 나라에 대적할 수 없으며, 약한 나라는 원래 강한 나라에 대적할 수 없습니다. 지금 사해 내의 땅에서 사방이 각각 천리인 땅이 아홉 주인데, 제나라의 땅을 모두 합쳐도 그 중의 하나를 차지할 뿐입니다. 하나를 가지고 여덟을 항복시키려는 것이 추나라가 초나라에 대적하려는 것과 무엇이 다르겠습니까? 왜 근본으로 돌아가지 않으십니까?

이제 왕께서 훌륭한 정치를 하고 어진 마음을 베푸신다면, 천하의 벼슬하는 자들을 모두 왕의 조정에서 벼슬하고 싶게 하고, 농사짓는 사람들을 모두 왕의 들에서 농사짓고 싶게 하며, 장사꾼들을 모두 왕의 시장에서 물건을 쌓아두고 장사하고 싶게 하며, 여행하는 자들을 모두 왕의 나라의 길을 통해 나가고 싶게 할 수 있을 것이며, 자기 군주를 원망하는 모든 백성들이 모두 왕에게 달려와 하소연하고 싶게 할 수 있습니다. 이와 같이 된다면 누가 그것을 막을 수 있겠습니까?"

왕이 말했다.

"내가 밝지 못해서 그러한 경지에까지 나아갈 수 없으니, 선생께서는 내 뜻을 도와서 밝게 가르쳐 주시기 바랍니다. 내가 비록 못났기는 하지만 한번 실천해 보도록 하겠습니다."

맹자가 말했다.

"고정적인 생업[恒産]이 없으면서도 항상적인 마음[31]을 지니는 것은 오직 선비만이 할 수 있습니다. 일반 백성의 경우는 고정적인 생업이 없으면 그로 인해 항상적인 마음도 없어집니다. 만일 항상적인 마음이 없다면 방탕하고 편벽되고 간사하고 사치스러운 행위를 하지 않음이 없을 것입니다. 백성들이 죄에 빠지는 데 이른 이후에 그것을 좇아서 형벌에 처한다면, 그것은 백성들을 그물질해 잡는 것입니다. 어떻게 어진 사람이 임금의 지위에 있으면서 백성들을 그물질해 잡는 짓을 할 수 있겠습니까?

그러므로 밝은 왕은 백성들의 생업을 제정해 주되 반드시 위로는 부모를 섬기기에 충분하게 하고 아래로는 처자를 먹여 살릴 만하게 하여, 풍년에는 언제나 배부르고 흉년에도 죽음을 면하게 합니다. 그렇게 한 후에 백성들을 몰아서 선한 데로 가게 하므로 백성들이 따르기가 쉽게 됩니다.

지금은 백성들의 생업을 제정해 주되 위로는 부모를 섬기기에 부족하고 아래로는 처자를 먹여 살리기에 부족하여, 풍년에는 내내 고생하고 흉년에는 죽음을 면하지 못하게 합니다. 이래 가지고서는 죽음에서 자신을 건져 낼 여유조차 없는데 어느 겨를에 예의를 익히겠습니까? 왕께서 만일 어진 정치를 시행하려고 하신다면 어째서 근본으로 돌아가지 않으십니까?

오 무(畝) 넓이의 집 둘레에 뽕나무를 심으면 오십 세 된 노인이 비단옷을 입을 수 있고, 닭과 돼지와 개 등의 가축을 기름에 있어서 적절한 시기들을 놓치지 않으면 칠십 세 된 노인이 고기를 먹을 수 있습니다. 백 무

---

31. 항상적인 마음[恒心]이란 흔들림 없는 도덕적인 마음을 말한다.

넓이의 밭을 농사짓는 데에 일손 바쁠 때를 빼앗지 않으면 여러 식구의 가족이 굶주리지 않을 수 있을 것이며, 상(庠)과 서(序)에서의 교육을 엄격하게 시행해 효도와 공경의 의미를 거듭해서 가르치면 머리가 희끗한 사람이 길에서 짐을 지거나 이고 다니지 않게 될 것입니다. 칠십 세 된 노인이 비단옷을 입고 고기를 먹으며 일반 백성들이 굶주리거나 헐벗지 않게 하고도 통일된 천하의 왕이 되지 못할 사람은 없습니다."

해설

맹자가 살았던 전국 중기에 이르면 춘추시대 이래 분열의 상황은 더욱 심화되어 갔다. 그러나 "사물의 변화가 한계에 이르면 반드시 되돌아온다"[物極必反]는 『주역』의 이치대로 분열이 깊어가는 가운데 통일의 기운도 생겨나고 있었다. 따라서 머지않아 다가올 통일의 시대에 최종적인 승자[王者]가 되려는 것은 당시 모든 제후들의 희망이었다. 제선왕도 그러한 관심에서 맹자에게 춘추시대에 패권을 행사했던 제나라의 환공이나 진나라 문공의 통치비결이 무엇이었던가를 물었다. 제선왕의 물음에 대해 맹자는 패도에 대해서는 아는 바가 없다고 묵살하고는 진정으로 왕자가 되는 방법을 일러 주고 있다.

齊宣王問曰, "齊桓晉文之事, 可得聞乎?"

孟子對曰, "仲尼之徒, 無道桓文之事者. 是以後世無傳焉, 臣未之聞也. 無以, 則王乎?"

曰, "德何如, 則可以王矣?"

曰, "保民而王, 莫之能禦也."

曰, "若寡人者, 可以保民乎哉?"

曰, "可."

曰, "何由知吾可也?"

曰, "臣聞之胡齕曰, 王坐於堂上, 有牽牛而過堂下者, 王見之, 曰,'牛何之?'對曰,'將以釁鐘.'王曰,'舍之! 吾不忍其觳觫, 若無罪而就死地.'對曰,'然則廢釁鐘與?'曰,'何可廢也? 以羊易之!' 不識有諸?"

曰, "有之."

曰, "是心足以王矣. 百姓皆以王爲愛也, 臣固知王之不忍也."

王曰, "然. 誠有百姓者. 齊國雖褊小, 吾何愛一牛? 卽不忍其觳觫, 若無罪而就死地. 故以羊易之也."

曰, "王無異於百姓之以王爲愛也. 以小易大, 彼惡知之? 王若隱其無罪而就死地, 則牛羊何擇焉?"

王笑曰, "是誠何心哉? 我非愛其財而易之以羊也. 宜乎百姓之謂我愛也."

曰, "無傷也. 是乃仁術也. 見牛未見羊也. 君子之於禽獸也, 見其生, 不忍見其死. 聞其聲, 不忍食其肉. 是以君子遠庖廚也."

王說曰, "詩云,'他人有心, 予忖度之.'夫子之謂也. 夫我乃行之, 反以求之, 不得吾心. 夫子言之, 於我心有戚戚焉. 此心之所以合於王者, 何也?"

曰, "有復於王者曰,'吾力足以擧百鈞, 而不足以擧一羽, 明足以察秋毫之末, 而不見輿薪', 則王許之乎?"

曰, "否."

"今恩足以及禽獸, 而功不至於百姓者, 獨何與? 然則一羽之不擧, 爲不用力焉, 輿薪之不見, 爲不用明焉, 百姓之不見保, 爲不用恩焉.

故王之不王, 不爲也, 非不能也."

曰,"不爲者與不能者之形, 何以異?"

曰,"挾大山, 以超北海, 語人曰, '我不能', 是誠不能也. 爲長者折枝, 語人曰, '我不能', 是不爲也, 非不能也. 故王之不王, 非挾大山以超北海之類也. 王之不王, 是折枝之類也. 老吳老, 以及人之老, 幼吳幼, 以及人之幼, 天下可運於掌. 詩云, '刑于寡妻, 至于兄弟, 以御于家邦.' 言擧斯心, 加諸彼而已. 故推恩足以保四海, 不推恩無以保妻子. 古之人所以大過人者, 無他焉, 善推其所爲而已矣. 今恩足以及禽獸, 而功不至於百姓者, 獨何與? 權, 然後知輕重, 度, 然後知長短. 物皆然, 心爲甚. 王請度之! 抑王興甲兵, 危士臣, 搆怨於諸侯, 然後快於心與?"

王曰,"否. 吳何快於是? 將以求吳所大欲也."

曰,"王之所大欲, 可得聞與?"

王笑而不言.

曰,"爲肥甘不足於口與? 輕煖不足於體與? 抑爲釆色不足視於目與? 聲音不足聽於耳與? 便嬖不足使令於前與? 王之諸臣, 皆足以供之, 而王豈爲是哉!"

曰,"否. 吳不爲是也."

曰,"然則王之所大欲可知已. 欲辟土地, 朝秦楚, 莅中國, 而撫四夷也. 以若所爲, 求若所欲, 猶緣木而求魚也."

王曰,"若是其甚與?"

曰,"殆有甚焉. 緣木求魚, 雖不得魚, 無後災. 以若所爲, 求若所欲, 盡心力而爲之, 後必有災."

曰,"可得聞與?"

曰, "鄒人與楚人戰, 則王以爲孰勝?"

曰, "楚人勝."

曰, "然則小固不可以敵大, 寡固不可以敵衆, 弱固不可以敵强. 海內之地, 方千里者九, 齊集有其一. 以一服八, 何以異於鄒敵楚哉? 蓋亦反其本矣. 今王發政施仁, 使天下仕者, 皆欲立於王之朝, 耕者, 皆欲耕於王之野, 商賈, 皆欲藏於王之市, 行旅, 皆欲出於王之塗, 天下之欲疾其君者, 皆欲赴愬於王. 其若是, 孰能禦之?"

王曰, "吾惛, 不能進於是矣. 願夫子輔吾志, 明以教我. 我雖不敏, 請嘗試之."

曰, "無恒產而有恒心者, 惟士爲能. 若民, 則無恒產, 因無恒心. 苟無恒心, 放辟邪侈, 無不爲已. 及陷於罪, 然後從而刑之, 是罔民也. 焉有仁人在位, 罔民而可爲也? 是故, 明君制民之産, 必使仰足以事父母, 俯足以畜妻子. 樂歲終身飽, 凶年免於死亡. 然後驅而之善, 故民之從之也輕. 今也制民之産, 仰不足以事父母, 俯不足以畜妻子. 樂歲終身苦, 凶年不免於死亡. 此惟救死而恐不贍, 奚暇治禮義哉? 王欲行之, 則盍反其本矣? 伍畝之宅, 樹之以桑, 伍十者可以衣帛矣. 雞豚狗彘之畜, 無失其時, 七十者可以食肉矣. 百畝之田, 勿奪其時, 八口之家可以無飢矣. 謹庠序之教, 申之以孝悌之義, 頒白者不負戴於道路矣. 老者衣帛食肉, 黎民不飢不寒, 然而不王者, 未之有也."

양혜왕 하

2·1 즐거움은 백성과 함께

제나라의 신하 장포(莊暴)가 맹자를 만나고서 "제가 왕을 뵙자 왕께서
는 음악을 좋아한다고 하셨는데, 저는 뭐라고 대답해야 할지 몰랐습니
다"고 말하고는, "음악을 좋아하는 것은 어떻습니까?"라고 물었다. 맹
자는 "왕께서 음악을 매우 좋아하신다면 제나라는 잘 다스려질 것이오"
라고 대답했다.

다른 날에 맹자가 왕을 만나 보고는 "왕께서는 언젠가 장포에게 음악
을 좋아한다고 말씀하셨다는데, 그런 사실이 있습니까?"라고 물었다.
왕은 안색이 변하면서 "과인은 요순과 같은 선왕의 음악을 좋아하는 것
이 아니라 그저 세속에서 유행하는 음악을 좋아할 뿐입니다"고 했다.

맹자가 "왕께서 음악을 매우 좋아하신다면 제나라는 잘 다스려질 것
입니다. 요즈음의 음악도 옛날의 음악과 마찬가지입니다"라고 말했다.

그러자 왕은 "그것에 관해 말씀을 들을 수 있겠습니까?"라고 했다.

맹자가 "혼자만 음악을 즐기는 것과 다른 사람과 함께 음악을 즐기는 것 중에서 어느 것이 더 즐겁겠습니까?"라고 묻자, 왕은 "혼자 즐기는 것은 다른 사람과 함께 즐기는 것보다 못합니다"라고 했다. 다시 맹자가 "몇몇 사람들과 음악을 즐기는 것과 많은 사람들과 함께 음악을 즐기는 것 중 어느 것이 더 즐겁겠습니까?"라고 묻자, 왕은 "몇몇의 사람들과 즐기는 것은 많은 사람들과 함께 즐기는 것보다 못합니다"라고 했다.

맹자가 말했다.

"제가 왕께 음악에 대해서 말씀드리겠습니다. 만약 왕께서 여기에서 음악을 연주하시는데, 백성들이 왕의 종과 북이 울리는 소리와 생황과 피리 소리를 듣고는 모두들 머리를 아파하고 이마를 찡그리며 서로 말하기를 '우리 왕은 음악을 연주하길 좋아하는구나. 그런데 어찌해서 우리들을 이토록 고통스럽게 만드는 것인가! 부자는 서로 만나 보지 못하고, 형제와 처자는 흩어졌구나'라고 하며, 또 만약 왕께서 여기에서 사냥을 하실 경우, 백성들이 왕의 수레와 말의 소리를 듣고 깃털로 아름답게 장식한 왕의 깃발을 보고 모두들 머리를 아파하며 이마를 찡그리며 서로 말하기를 '우리 왕은 사냥을 좋아하는구나. 그런데 어찌해서 우리들을 이토록 고통스럽게 만드는 것인가! 부자가 서로 만나지 못하고 형제와 처자는 흩어졌구나'라고 한다고 가정해 봅시다. 그것은 다른 이유 때문이 아니라, 왕께서 백성들과 즐거움을 같이 하지 않기 때문일 것입니다.

만약 왕께서 여기서 음악을 연주하시는데, 백성들이 왕의 종과 북 소리를 듣고 생황과 피리 소리를 듣고는 모두들 즐거운 마음으로 기쁜 낯빛을 띠며 서로 말하기를 '우리 왕께서는 아마도 편찮으신 데가 없으신 모양이야. 그렇지 않다면 어떻게 음악을 연주하실 수 있겠는가?'라고 하고, 또 만약 왕께서 사냥을 하실 경우, 백성들이 왕의 수레와 말의 소리를 듣고 깃털로 아름답게 장식한 왕의 깃발을 보고는 모두들 즐거운 마음으로 기쁜 낯빛을 띠며 서로 말하기를 '우리 왕께서는 아마도 편찮으신 데가 없으신 모양이야. 그렇지 않다면 어떻게 사냥을 하실 수 있겠는가?'라고 한다고 가정해 봅시다. 그것은 다른 이유 때문이 아니라, 왕께서 백성들과 즐거움을 같이 하기 때문일 것입니다.

만약 왕께서 백성들과 즐거움을 같이 하신다면 통일된 천하의 왕이 되실 것입니다."

莊暴見孟子, 曰, "暴見於王, 王語暴以好樂, 暴未有以對也."

曰, "好樂何如?"

孟子曰, "王之好樂甚, 則齊國其庶幾乎!"

他日, 見於王, 曰, "王嘗語莊子以好樂, 有諸?"

王變乎色, 曰, "寡人非能好先王之樂也, 直好世俗之樂耳."

曰, "王之好樂甚, 則齊其庶幾乎! 今之樂猶古之樂也."

曰, "可得聞與?"

曰, "獨樂樂, 與人樂樂, 孰樂?"

曰, "不若與人."

曰, "與少樂樂, 與衆樂樂, 孰樂?"

曰, "不若與衆."

"臣請爲王言樂. 今王鼓樂於此, 百姓聞王鐘鼓之聲, 管籥之音, 擧疾首蹙頞而相告曰, '吾王之好鼓樂, 夫何使我至於此極也? 父子不相見, 兄弟妻子離散.' 今王田獵於此, 百姓聞王車馬之音, 見羽旄之美, 擧疾首蹙頞而相告曰, '吾王之好田獵, 夫何使我至於此極也?

父子不相見, 兄弟妻子離散.' 此無他, 不與民同樂也. 今王鼓樂於
此, 百姓聞王鐘鼓之聲, 管籥之音, 擧欣欣然有喜色而相告, 曰吳王
庶幾無疾病與! 何以能鼓樂也?'今王田獵於此, 百姓聞王車馬之音,
見羽旄之美, 擧欣欣然有喜色而相告曰, '吳王庶幾無疾病與! 何以
能田獵也?'此無他, 與民同樂也. 今王與百姓同樂, 則王矣.'

2·2 제나라 선왕의 동산

제나라 선왕이 "문왕의 동산은 사방이 각각 칠십 리였다고 하는데 그
렇습니까?"라고 묻자. 맹자가 "전해 오는 기록에 그런 말이 있습니다"
고 했다.

왕이 "그렇게나 컸습니까?"라고 묻자, 맹자는 "백성들은 오히려 작다
고 생각했습니다"고 했다. 그러자 왕이 "과인의 동산은 사방이 각각 사
십 리인데도 백성들이 오히려 크다고 생각하는 것은 무엇 때문입니까?"
라고 물었다. 맹자가 대답했다.

"문왕의 동산은 사방이 각각 칠십 리였지만, 풀 베는 사람과 땔나무
를 하는 사람들도 들어가고 꿩과 토끼를 잡는 사람들도 들어갔으니, 그
것을 백성과 함께 했습니다. 그러니 백성들이 작다고 생각한 것이 당연
하지 않습니까?

제가 처음 제나라의 국경에 이르렀을 때에 제나라의 중요한 금령(禁
令)을 물어 본 후에 들어왔습니다[1]. 제가 들으니 제나라에는 교외와 국
경의 관문 사이에 사방 각 사십 리의 동산이 있는데, 이곳의 사슴을 잡
는 사람에 대해서는 사람을 죽인 죄와 동일하게 다스린다고 하더군요.

정말 그렇다면 이것은 사방 각 사십 리의 동산으로써 나라 안에 함정을 만들어 놓은 것입니다. 그러니 백성들이 크다고 생각하는 것도 당연하지 않습니까?"

齊宣王問曰, "文王之囿, 方七十里, 有諸?"

孟子對曰, "於傳有之."

曰, "若是其大乎?"

曰, "民猶以爲小也."

曰, "寡人之囿, 方四十里. 民猶以爲大, 何也?"

曰, "文王之囿, 方七十里, 芻蕘者往焉, 雉兎者往焉, 與民同之. 民以爲小, 不亦宜乎? 臣始至於境, 問國之大禁, 然後敢入. 臣聞郊關之內, 有囿方四十里, 殺其麋鹿者, 如殺人之罪. 則是方四十里, 爲阱於國中. 民以爲大, 不亦宜乎?"

2·3 외교의 방법과 참된 용기

제선왕이 "이웃 나라와 사귀는 데 지켜야 할 도리가 있습니까?"라고 묻자 맹자가 다음과 같이 대답했다.

"있습니다. 오직 어진(仁) 사람만이 대국으로서 소국을 섬길 수 있습니다. 그래서 탕(湯)왕은 갈(葛)을 섬겼고, 문왕(文王)은 곤이(昆夷)라는

---

1. 다른 나라에 들어갈 때에는 국경에서 그 나라에서 시행하고 있는 중요한 금지령이 무엇인지를 물어보고 들어가는 것이 옛날 중국의 예법이었다.

작은 나라를 섬겼습니다. 또 오직 지혜로운 사람만이 소국으로서 대국을 섬길 수 있습니다. 그래서 주나라의 태왕[2]은 훈육(獯鬻)이라는 작은 나라를 섬겼고 구천[3]은 오(鳴)나라를 섬겼습니다.

대국의 통치자인데도 소국을 섬기는 자는 하늘의 이치를 즐겁게 받아들이는 사람이고, 소국의 통치자로서 대국을 섬기는 자는 하늘의 이치를 경외하는 사람입니다. 하늘의 이치를 즐겁게 받아들이는 사람은 천하를 보전할 수 있고, 하늘의 이치를 경외하는 사람은 나라를 보전할 수 있습니다. 그래서 『시경』에서는 '하늘의 위엄을 두려워하므로 나라를 보전하도다'라고 했습니다."

왕이 말했다.

"선생의 말씀은 참으로 훌륭하십니다. 그런데 과인에게는 결점이 있으니 과인은 용맹함을 좋아합니다."

맹자가 대답했다.

"왕께서는 사소한 용기를 좋아하지 마십시오. 칼을 어루만지고 노려보면서 '저 녀석이 어떻게 감히 나를 당해내겠는가?'라고 하는 것은 보통 사람의 용기일 뿐으로 겨우 한 사람만을 대적할 수 있을 뿐입니다. 왕께서는 용기를 크게 발휘하십시오.

위대한 용기는 『시경』(詩經)에서 '왕이 불끈 성을 내고서 군대를 정비하여 거(莒)나라를 침략하는 적을 막고 주나라의 복을 두텁게 해 천하

---

2. 태왕(太王)은 주나라의 조상인 고공단보(古公亶父)로 문왕의 할아버지이다.

3. 구천(句踐)은 월(越)나라의 왕으로 오나라 왕인 부차(夫差)와의 전쟁에서 대패하여 치욕스러운 조건으로 오나라와 화약을 맺었고, 자신은 부차의 마부 노릇을 하는 굴욕을 감수해야 했다. 그러나 굴욕을 참고 와신상담(臥薪嘗膽)함으로써 결국에는 복수를 하고 오나라를 멸망시켰다.

사람들의 기대에 보답했도다'라고 한 것과 같은 것이니, 이것이 문왕의 용기입니다. 문왕은 한 번 성을 내어 천하의 백성을 편안하게 했습니다.

또 『서경』(書經)에서 '하늘이 백성들을 세상에 내보내시고 임금을 만들고 스승을 만든 것은 상제를 도와서 사람들을 사랑하도록 한 것이다. 사방의 죄가 있는 자든 없는 자든 오직 내 책임에 달렸다. 천하 사람들 중 누가 감히 그 뜻을 어기고 제멋대로 행동할 수 있겠는가?'라고 했습니다. 당시 주(紂)왕 한 사람이 천하에서 제멋대로 행동하자 무왕은 그것을 치욕스럽게 여겼습니다. 이것이 바로 무왕의 용기로, 무왕은 한 번 성을 내어 천하의 백성을 편안하게 했습니다.

이제 왕께서도 한 번 성내어 천하 백성들을 편안하게 하시면 백성들은 도리어 왕께서 용맹함을 좋아하지 않을까 걱정할 것입니다."

齊宣王問曰, "交鄰國有道乎?"

孟子對曰, "有. 惟仁者爲能以大事小, 是故湯事葛, 文王事昆夷. 惟智者爲能以小事大, 故大王事. 獯鬻, 句踐事吳. 以大事小者, 樂天者也, 以小事大者, 畏天者也. 樂天者保天下, 畏天者保其國. 詩云, '畏天之威, 于時保之.'"

王曰, "大哉, 言矣! 寡人有疾, 寡人好勇."

對曰, "王請無好小勇. 夫撫劒疾視, 曰, '彼惡敢當我哉?' 此匹夫之勇, 敵一人者也. 王請大之! 詩云, '王赫斯怒, 爰整其旅. 以遏徂莒, 以篤周祜, 以對于天下.' 此文王之勇也. 文王一怒而安天下之民. 書曰, '天降下民, 作之君, 作之師, 惟曰其助上帝寵之. 四方有罪無罪惟我在. 天下曷敢有越厥志?' 一人衡行於天下, 武王恥之. 此武王之勇也, 而武王亦一怒而安天下之民. 今王亦一怒而安天下之民, 民惟恐王之不好勇也."

2·4 백성을 위한 순수

제나라 선왕이 별궁인 설궁(雪宮)에서 맹자를 접견했다. 왕이 "현자도 이렇게 아름다운 별채에서 지내는 즐거움을 누리는지요?"라고 묻자 맹자가 대답했다.

"현자도 이러한 즐거움을 누립니다. 그러나 보통 사람들은 이러한 즐거움을 얻지 못하면 윗사람을 비난합니다. 그러한 즐거움을 얻지 못했다고 윗사람을 비난하는 것도 잘못이고, 백성들의 윗사람으로서 즐거움을 백성들과 함께 하지 못하는 것도 잘못입니다.

백성들의 즐거움을 자신의 즐거움으로 여기면 백성들도 임금의 즐거움을 자신들의 즐거움으로 여길 것입니다. 백성들의 근심을 자신의 근심으로 여기면 백성들도 임금의 근심을 자신들의 근심으로 여길 것입니다. 천하 사람들과 즐거움을 함께 하고 천하 사람들과 근심을 함께 하고서도 통일된 천하의 왕이 되지 못할 사람은 없습니다.

예전에 경공(景公)이 안자[4]에게 '과인은 전부산(轉附山)과 조무산(朝儛山)을 여행하고 바다를 따라 남쪽으로 내려가서 낭야(瑯邪)에까지 가려고 합니다. 과인은 어떻게 준비하면 옛 선왕들이 행했던 순방에 견줄만하겠습니까?'라고 물었습니다.

---

4. 안자(晏子)는 제나라의 현능한 재상이다. 현재 그가 지은 것이라고 알려진 『안자춘추』(晏子春秋)가 전해지고 있다.

그러자 안자가 말했습니다. '참 좋은 질문입니다. 천자가 제후에게로 가는 것을 순수(巡狩)라고 합니다. 순수라는 것은 제후가 지키는 영토를 순시한다는 뜻입니다. 제후가 천자에게 조회하러 가는 것을 술직(述職)이라 합니다. 술직이라는 것은 맡은 직무를 보고한다는 뜻입니다. 그러니 일과 관련되지 않은 것이 없습니다. 봄에는 밭 가는 것을 살펴서 부족한 것을 보충해 주고, 가을에는 수확하는 것을 살펴서 부족한 것을 도와줍니다. 그러므로 하(夏)나라의 속담에 '우리 임금께서 여행하지 않으시면 우리가 어떻게 쉴 수 있으며, 우리 임금께서 여행하지 않으시면 우리가 어떻게 도움을 받을 수 있겠는가?'라는 말이 있습니다. 천자께서 한 번 유람하시고 한 번 순방하시는 것이 제후들의 법도가 되었던 것입니다.

그러나 요즘에 전국을 순방하는 왕은 그렇지 않습니다. 군대를 몰고 다니면서 양식을 걷어 가기 때문에 백성들은 굶주렸어도 먹지 못하고 피곤하여도 쉬지 못하며 서로를 흘겨보고 비방하다가, 마침내 서로가 해치고 빼앗는 나쁜 짓을 하게 되었습니다. 그런데도 여전히 선왕의 명을 거역하고 백성을 학대하며 물을 흘려버리듯 음식을 낭비하고, 즐거움에 빠져 멈출 줄 모르고〔流〕, 억지로 즐길 거리를 만들어 맘껏 즐기며〔連〕, 자신을 어지럽힐 만치 사냥질에 몰두하고〔荒〕, 자신을 망쳐버릴만치 술을 마셔대서〔亡〕, 제후들의 근심거리가 되고 있습니다.

뱃놀이를 하면서 물살을 따라 내려가며 즐기다가 돌아갈 줄 모르는 것이 즐거움에 빠져 멈출 줄 모르는 것이고〔流〕, 사람들에게 배를 끌고 물살을 거슬러 오르게 하며 즐거워하다가 돌아갈 줄 모르는 것이 억지로 즐길 거리를 만들어 마음대로 즐기는 것〔連〕입니다. 또 사냥을 하면서 부족한 대로 만족하고 그만두려 하지 않는 것이 자신을 어지럽힐 만

큰 사냥질에 몰두하는 것[荒]이고, 술을 마시면서 적당한 정도에서 멈추려 하지 않는 것이 자신을 망칠 만큼 술을 마셔대는 것[亡]입니다.

옛날의 선왕은 멈출 줄 모르고 즐거워하거나 억지로 즐길 거리를 만들어 즐기려하지 않았고, 자신을 어지럽힐 만큼 사냥질에 몰두하거나 자신을 망칠 만큼 술을 마시는 행동도 않았습니다. 어느 것을 따를 지는 오직 군주께서 결정하실 일입니다.'

이 말을 들은 경공은 매우 기뻐하며, 나라 안에 대대적으로 명령을 내린 후 교외로 나가서 머물면서 창고의 양곡을 풀어 부족한 사람을 도와주었습니다. 그리고 음악을 관장하는 태사(太師)를 불러 '나를 위해서 임금과 신하가 함께 즐길 수 있는 음악을 지으라'고 했습니다. 치소(徵招)와 각소(角招)라는 음악이 바로 그것입니다. 그 가사에서 '군주의 욕심을 가로막는 것이 무슨 잘못인가?'라고 했습니다. 군주의 욕심을 가로막는 것이 군주를 사랑하는 것임을 말한 것입니다."

齊宣王見孟子於雪宮, 王曰, "賢者亦有此樂乎?"

孟子對曰, "有. 人不得, 則非其上矣. 不得而非其上者, 非也, 爲民上而不與民同樂者, 亦非也. 樂民之樂者, 民亦樂其樂, 憂民之憂者, 民亦憂其憂. 樂以天下, 憂以天下, 然而不王者, 未之有也. 昔者, 齊景公問於晏子曰, '吾欲觀於轉附·朝儛, 遵海而南, 放于琅邪. 吾何脩而可以比於先王觀也?' 晏子對曰, '善哉, 問也! 天子適諸侯曰巡狩. 巡狩者, 巡所守也, 諸侯朝於天子曰述職. 述職者, 述所職也. 無非事者. 春省耕而補不足, 秋省斂而助不給. 夏諺曰:'吾王不遊, 吾何以休? 吾王不豫, 吾何以助?'一遊一豫, 爲諸侯度. 今也不然. 師行而糧食, 飢者弗食, 勞者弗息, 睊睊胥讒, 民乃作

戾. 方命虐民, 飮食若流, 流連荒亡, 爲諸侯憂. 從流下而忘反謂之
流. 從流上而忘反謂之連. 從獸無厭謂之荒. 樂酒無厭謂之亡. 先
王無流連之樂, 荒亡之行. 惟君所行也.' 景公說, 大戒於國, 出舍於
郊, 於是始興發補不足. 召大師, 曰, '爲我作君臣相說之樂.' 蓋徵
招角招是也. 其詩曰, '畜君何尤!' 畜君者, 好君也."

2·5 왕도정치와 욕심

제나라 선왕이 물었다.

"사람들이 모두 날더러 명당을 헐어버리라고 말하는데 헐어버릴까
요, 그만둘까요?"[5]

맹자가 대답했다.

"명당이라는 것은 통일된 천하의 왕이 정치를 할 때 사용되는 건물입
니다. 왕께서 왕도정치를 하실 생각이라면 허물지 마십시오."

왕이 "왕도정치가 어떤 것인지 들어볼 수 있겠습니까?"라고 묻자, 맹
자가 대답했다.

---

5. 명당(明堂)은 천자가 제후국을 순방[巡狩]할 때 제후들을 접견하는 용도로
   쓰던 건물이다. 여기서 말하는 명당은 태산(泰山) 동북 산록에 자리 잡고 있
   었던 것으로 천자가 동쪽 지역을 순방할 때 사용하던 것이다. 맹자 당시인
   전국 중엽에 이르면 주왕실의 천자는 실질적인 권력을 상실한 채 이름뿐인
   존재로 전락하게 된다. 따라서 전통적인 천자의 통치 행위 중의 하나였던
   제후국 순방의 예도 더이상 시행되지 않게 되어 명당은 쓸모가 없게 되었
   다. 제나라 선왕이 명당의 존폐 여부를 물은 것은 바로 그러한 상황을 염두
   에 둔 것이었다.

"옛날에 문왕은 기[6]라는 지역을 다스릴 적에 농사짓는 사람에게서는 1/9의 세금을 거두었고[7], 관리에게는 대를 이어서 봉록을 주었으며, 세관과 시장에서는 감시하기만 하고 세금은 거두지 않았고, 물고기 잡는 보를 설치하는 것을 금하지 않았으며, 죄인에 대해서는 처자까지 연좌해 처벌하지 않았습니다.

늙고 아내가 없는 이를 홀아비[鰥]라고 하고, 늙고 지아비가 없는 이를 과부[寡]라고 하며, 늙은데 부양해줄 자식이 없는 이를 무의탁자[獨]라 하고, 어린데 보살펴줄 부모가 없는 이를 고아[孤]라고 합니다. 이 네 부류의 사람은 천하에서 곤궁한 백성들로서 어디에도 호소할 데가 없는 이들입니다. 문왕은 정사를 펴서 어진 마음[仁]을 베풀 때 반드시 이 네 부류의 사람을 가장 먼저 배려했습니다. 그래서 『시경』에서는 '부유한 이들은 괜찮지만, 애처럽도다 곤궁하고 외로운 사람들이여'라고 했던 것입니다."

왕이 "참으로 훌륭한 말씀입니다"고 말했다. 맹자가 "왕께서 만일 이 말을 훌륭하다고 여기신다면 어째서 그렇게 실행하지 않는 것입니까?"라고 묻자, 왕은 "과인에게는 결점이 있으니, 과인은 재물을 좋아합니

---

6. 기(岐)는 문왕이 은나라의 제후인 서백(西伯)으로 있을 때 다스리던 곳이다.
7. 여기서 말하는 1/9의 세금이란 정전제를 근간으로 한 징세율을 의미한다. 정전제는 900무의 땅을 우물 정(井)자 모양으로 9등분 한 후 8가구에게 각기 100무씩을 사전(私田)으로 배당해 거기에서 생긴 수확을 가지게 한다. 그리고 가운데의 100무의 땅을 공전(公田)으로 정해서 각 8가구가 공동으로 경작해서 거기에서 생긴 수확은 국가에 납부하게 한다. 정전제는 맹자가 강조했던 이상적인 토지제도이다. 이러한 제도의 실재 여부는 확실하지 않지만, 맹자는 그러한 제도가 주나라때에 실제로 시행되었다고 확신하고 있을 뿐 아니라 이러한 토지제도의 회복이 왕도정치의 출발점이라고 생각했다.

다"고 했다.

맹자가 대답했다.

"옛날 공유(公劉)라는 현자가 재물을 좋아했습니다. 그런데 『시경』에서 공유에 대해 '양식을 노적가리에 쌓고 창고에 저장하고 말린 양식을 싸서 전대와 자루에 넣었도다. 백성들을 편안하게 하여 나라의 위세를 크게 떨쳤도다. 활과 화살을 마련하고 방패와 창 그리고 크고 작은 도끼를 준비해서 행군을 시작했도다'고 했습니다.

즉 공유는 남은 사람들에게는 노적가리와 창고에 곡식을 마련해주고, 길 떠나는 사람들에게는 양식을 싼 전대와 자루를 마련해준 후에 행군을 시작할 수 있었습니다. 왕께서 재물을 좋아하더라도 백성들과 함께 한다면 왕도정치를 실행하는 데 무슨 문제가 있겠습니까?"

왕이 "과인에게는 또 다른 결점이 있으니, 과인은 여색을 좋아합니다"고 하자, 맹자가 대답했다.

"옛날 대왕(大王)은 여색을 좋아해 왕비를 사랑했습니다. 그래서 『시경』에서 대왕의 행적을 기려서 '고공단보(古公亶父)는 아침에 말 달려 서쪽 물가를 따라 기산(岐山) 아래 이르러 강씨 부인과 함께 와서 사실 곳을 살폈도다'고 했습니다.

대왕이 다스릴 당시 안으로는 남편이 없어 원망하는 여자가 없었고, 밖으로는 아내가 없어 외로운 사내가 없었습니다. 왕께서 여색을 좋아하더라도 백성들과 함께 한다면 왕도정치를 실행하는 데 무슨 문제가 있겠습니까?"

齊宣王問曰, "人皆謂我毁明堂. 毁諸? 已乎?"

孟子對曰, "夫明堂者, 王者之堂也. 王欲行王政, 則勿毁之矣."

王曰, "王政可得聞與?"

對曰, "昔者, 文王之治岐也, 耕者九一, 仕者世祿, 關市譏而不征, 澤梁無禁, 罪人不孥. 老而無妻曰鰥, 老而無夫曰寡, 老而無子曰獨, 幼而無父曰孤. 此四者, 天下之窮民而無告者. 文王發政施仁, 必先斯四者. 詩云, '哿矣富人, 哀此煢獨.'"

王曰, "善哉, 言乎!"

曰, "王如善之, 則何爲不行?"

王曰, "寡人有疾, 寡人好貨."

對曰, "昔者, 公劉好貨. 詩云, '乃積乃倉, 乃裹餱糧, 于橐于囊, 思戢用光. 弓矢斯張, 干戈戚揚, 爰方啓行.' 故居者有積倉, 行者有裹糧也, 然後可以爰方啓行. 王如好貨, 與百姓同之, 於王何有?"

王曰, "寡人有疾, 寡人好色."

對曰, "昔者, 大王好色, 愛厥妃. 詩云, '古公亶父, 來朝走馬, 率西水滸, 至于岐下. 爰及姜女, 聿來胥宇.' 當是時也, 內無怨女, 外無曠夫. 王如好色, 與百姓同之, 於王何有?"

2·6 군주의 책임

맹자가 제선왕에게 "왕의 신하 중에 자기의 아내와 자식을 친구에게 맡기고 초나라로 여행간 사람이 있다고 합시다. 그가 돌아오니 아내와 자식이 추위 떨고 굶주리고 있다면 그 친구를 어떻게 하겠습니까?"라고 묻자, 왕은 "그와 절교하지요"라고 대답했다.

맹자가 "만약 형벌을 관장하는 사법관[8]이 아랫사람을 잘 다스리지 못한다면, 어떻게 하겠습니까?"라고 묻자, 왕은 "파면시킬 것이오"라고 대답했다.

맹자가 "나라 안이 잘 다스려지지 못하면 어떻게 하겠습니까?"라고 묻자, 왕은 좌우를 돌아다보며 딴 소리를 했다.[9]

孟子謂齊宣王曰, "王之臣有託其妻子於其友, 而之楚遊者. 比其反也, 則凍餒其妻子, 則如之何?"

王曰, "棄之."

曰, "士師不能治士, 則如之何?"

王曰, "已之."

曰, "四境之內不治, 則如之何?"

王顧左右而言他.

---

8. 원문은 '사사'(士師)이다. 고대에 형벌을 담당하던 사법관이다. 사사 아래에는 향사(鄕士), 수사(遂士) 등의 관리가 있었는데, 본문의 '아랫사람'은 바로 향사와 수사를 말한다.

9. 제선왕은 자신과 직접 관련이 없는 두 질문에 대해서는 믿음을 저버린 친구는 버려야 하고, 직무를 저버린 관리는 파면해야 한다며 자신있게 대답했다. 이쯤에서 그쳤다면 그저 흔한 질문과 대답일 뿐이다. 그러나 맹자는 여기서 나아가 나라를 잘 다스려야 할 책무를 진 군주가 그것을 저버렸을 때 어떻게 해야 하느냐며 제선왕의 아픈 곳을 찌르는 질문을 던졌다. 제선왕의 당황하는 모습이 눈에 보이는 듯하다. 맹자는 그가 던진 이 질문에 대한 답을 바로 뒤의 대화(2·9)에서 제시하고 있다.

2·7 인재를 얻는 방법

맹자가 제선왕을 알현하고 말했다.

"이른바 오래된 나라(故國)라는 것은 우람한 나무(喬木)가 있음을 가리켜 말하는 것이 아니라 대를 이어서 나라에 봉사하는 신하가 있는 것을 말합니다. 그런데 왕에게는 지금 신임할 만한 신하가 없습니다. 예전에 채용했던 사람은 지금 모두 파면되어 버렸다는 것을 알지 못하십니다."

왕이 물었다.

"파면된 자들은 모두 능력이 없어서 그렇게 된 것입니다. 지금부터 과인이 어떻게 하면 사람의 재능을 알아보고 등용하거나 파면할 수 있겠습니까?"

맹자가 대답했다.

"나라의 왕이 현능한 이를 기용할 때에는 매우 신중히 해야 합니다. 그가 재능이 있다면 신분이 낮은 사람이라도 신분이 높은 사람을 뛰어넘게 하며, 사이가 먼 사람이라도 가까운 사람을 뛰어넘게 해야 하는데, 어찌 신중히 하지 않을 수 있겠습니까?[10]

---

10. 맹자의 이러한 관리의 등용에 관한 언급에서 전국시대의 변화를 확인할 수 있다. 주나라의 전통적인 규범인 예에서는 '타고난 신분이 높은 사람을 높게 대우하고'(尊尊) '혈연적으로 사이가 가까운 사람을 가까이 대우한다'(親親)는 원칙을 강조한다. 이것은 씨족 국가라는 주나라의 특수성을 반영한 것이다. 주나라는 관리 등용에 있어서 신분의 고하나 군주와의 혈연적 친소를 주된 기준으로 삼았다. 그러나 춘추 중기 이후 씨족공동체의 해체와 더불어 신분이나 혈연적 친소보다 한 개인이 지닌 실제적인 덕성과 능력이 중시된다. 전국시대에 이르면 이러한 사고는 한층 더 구체화되어, 여기서 맹

어떤 사람에 대해 주위의 사람들이 모두 현능하다고 말해도 믿어서는 안되고, 여러 대부들이 다 현능하다고 말해도 믿어서는 안됩니다. 나라 사람들이 모두 현능하다고 말한 후에 그를 잘 살펴보고 현능한 점을 발견하고 나서 그를 기용하십시오.

어떤 사람에 대해 주변의 사람들이 모두 좋지 않다고 말해도 믿어서는 안되고, 여러 대부들이 모두 좋지 않다고 말해도 믿어서는 안됩니다. 나라 사람들이 모두 좋지 않다고 말한 후에 그를 살펴보고 좋지 못한 점을 발견하고 나서 내치십시오.

어떤 사람에 대해 주변의 사람들이 모두 죽여야 한다고 말해도 듣지 마시고, 여러 대부들이 모두 죽여야 한다고 말해도 듣지 마십시오. 나라 사람들이 모두 죽여야 한다고 말한 후에 그를 살펴보고 죽여야 할 점을 발견하고 나서 죽여야 합니다. 그래야 나라 사람들이 그 사람을 죽인 것이 됩니다. 이렇게 한 후에라야 백성들의 부모가 될 수 있습니다."

孟子見齊宣王曰, "所謂故國者, 非謂有喬木之謂也, 有世臣之謂也. 王無親臣矣. 昔者所進, 今日不知其亡也."

王曰, "吾何以識其不才而舍之?"

曰, "國君進賢, 如不得已. 將使卑踰尊, 疏踰戚, 可不愼與? 左右皆曰賢, 未可也, 諸大夫 皆曰'賢'. 未可也. 國人皆曰'賢', 然後察

자가 말하는 것처럼 신분이나 혈연에 구애되지 않고 재주와 능력이 있는 사람을 등용할 것을 강조하는 것으로 나타난다. 유가 외에도 묵가(墨家)의 '현능한 이를 높여라'[尙賢]라는 주장이나 법가(法家)가 변법(變法)이라는 제도 개혁을 통해 실행한 귀족의 세습적 특권의 박탈 등도 동일한 시대적 요구를 반영한 것이다.

之. 見賢焉, 然後用之. 左右皆曰不可, 勿聽. 諸大夫皆曰不可, 勿
聽. 國人皆曰不可, 然後察之, 見不可焉, 然後去之. 左右皆曰可殺,
勿聽, 諸大夫皆曰可殺, 勿聽. 國人皆曰可殺, 然後察之, 見可殺焉,
然後殺之. 故曰 國人殺之也. 如此, 然後可以爲民父母."

2·8 무도한 왕의 제거

제나라 선왕이 "탕왕은 걸왕을 내쫓았고,[11] 무왕(武王)은 주왕을 정벌
했다[12]고 하는데, 그런 사실이 있습니까?"라고 묻자, 맹자가 "전해 오는
기록에 그러한 사실이 있습니다"고 대답했다.

왕이 물었다.

"신하가 임금을 시해하는 것이 옳습니까?"

맹자가 대답했다.

"인(仁)을 해치는 자는 남을 해치는 사람이라고 하고, 의(義)를 해치는
자는 잔인하게 구는 사람이라고 합니다. 남을 해치고 잔인하게 구는 자
는 인심을 잃어 고립된 사람일 뿐입니다. 저는 인심을 잃어 고립된 사람
인 걸과 주를 처형했다는 말은 들었어도 군주를 시해했다는 말은 듣지
못했습니다.

---

11. 하나라의 마지막 걸왕이 포악한 정치를 행하자 하나라의 제후로 있던 탕왕
　　이 군대를 일으켜 하나라를 정벌하고 걸왕을 남소(南巢) 지역에 유배시킨
　　사실을 말한다.
12. 은나라 주왕이 무도한 정치를 행하자 은의 제후로 있던 무왕이 군대를 거느
　　려 은을 정벌했고 주왕은 스스로 몸에 불을 질러 죽은 사실을 말한다.

해설

　제선왕은 탕왕이나 무왕이 그들이 천자로 섬기던 걸임금과 주임금을
내쫓은 것은 신하의 도리를 저버린 것이 아닌지를 묻고 있다. 이러한 물
음에 담긴 의도는 탕이나 무왕을 어진 군주로 받들던 유가를 비판하려
는 것이었다. 즉 제선왕은 '당신들이 그렇게도 떠받드는 탕이나 무왕은
군신 간의 의리를 저버린 인물들이 아닌가?'라고 묻고 있는 것이다. 맹
자에 이러한 힐난조의 물음에 대해 공자의 정명(正名) 사상을 빌어 대답
하고 있다. 공자의 정명 사상은 "군주는 군주다워야 하고,〔君君〕 신하는
신하다워야 하고,〔臣臣〕 아비는 아비다워야 하고,〔父父〕 자식은 자식다워
야 한다〔子子〕"는 명제에서 잘 드러난다. 유가에서 말하는 군주다움이란
덕을 지니고 백성을 위한 어진 정치를 행하는 것이다. 군주다운 군주만
이 진정 왕이라고 할 수 있고, 포악하고 백성을 억압함으로써 군주다움
을 상실한 군주는 이미 군주가 아니라 한 명의 무도한 사내에 불과하다
는 것이다. 따라서 맹자는 탕왕과 무왕이 걸왕과 주왕을 내쫓거나 죽인
것은 신하가 군주를 죽인 것이 아니라 인과 의를 해치는 무도한 한 사내
를 처벌한 것일 뿐이라고 설명하고 있다.

　齊宣王問曰, "湯放桀, 武王伐紂, 有諸?"
　孟子對曰, "於傳有之."
　曰, "臣弑其君, 可乎?"
　曰, " 賊仁者謂之賊, 賊義者謂之殘. 殘賊之人謂之一夫. 聞誅一
夫紂矣, 未聞弑君也."

맹자가 제나라 선왕을 알현하고 말했다.

"왕께서 큰 집을 지을 경우 반드시 도편수를 시켜 재목을 구하게 할 것입니다. 도편수가 큰 나무를 구해오면 왕께서는 기뻐하여 그가 맡은 바 임무를 다할 수 있다고 생각하실 것입니다. 그러나 목수가 그것을 깎아서 작게 만들어 버리면 왕께서는 화를 내며 그가 맡은 바 임무를 다하지 못한다고 생각하실 것입니다.

어떤 사람이 어릴 적부터 배워서 자라서는 그것을 실행하려고 하는데, 왕께서 그에게 '잠시 네가 배운 것을 버리고 나를 따르라'고 하신다면 어떻겠습니까?

만약 여기에 옥돌 원석이 있다면, 비록 비용이 20만 냥이 들더라도 반드시 옥을 다루는 기술자에게 다듬도록 할 것입니다. 그런데 나라를 다스리는 일에 있어서는 '잠시 네가 배운 것을 버리고 나를 따르라'고 하신다면 옥을 다루는 기술자에게 옥을 다듬는 것을 가르치려는 것과 뭐가 다르겠습니까?"

孟子見齊宣王曰, "爲巨室, 則必使工師求大木. 工師得大木, 則王喜, 以爲能勝其任也. 匠人斲而小之, 則王怒, 以爲不勝其任矣. 夫人幼而學之, 壯而欲行之. 王曰, '姑舍女所學, 而從我.' 則何如? 今有璞玉於此, 雖萬鎰, 必使玉人彫琢之. 至於治國家, 則曰, '姑舍女所學, 而從我.' 則何以異於敎玉人彫琢玉哉?"

2·10 백성을 고통에서 구하는 해방 전쟁 1

제나라가 연(燕)나라를 공격하여 승리했다.

제나라 선왕이 물었다.

"어떤 사람은 과인더러 연나라를 합병해 버리라고 하고, 어떤 사람은 합병하지 말라고 합니다. 만승의 부강함을 가진 우리 제나라가 비등한 부강함을 가진 연나라를 공격해서 겨우 오십 일 만에 해치울 수 있었던 것은 사람의 힘으로 된 일이 아닌 듯합니다. 합병하지 않는다면 반드시 하늘의 재앙이 있을 것입니다. 합병하는 것이 어떻겠습니까?"[13]

맹자가 대답했다.

"합병해서 연나라 백성들이 기뻐할 것 같으면 합병하십시오. 옛사람 중에도 그러한 일을 행한 이가 있었으니, 무왕이 바로 그분입니다. 합병해서 연나라 백성이 기뻐하지 않을 것 같으면 합병하지 마십시오. 옛사람 중에도 그러한 일을 실행한 이가 있었으니, 문왕이 바로 그분입니다.

만승의 제나라가 만승의 연나라를 정벌하는데 연나라 백성들이 대그릇에 밥을 담고 병에 마실 것을 담아서 왕의 군대를 환영하는 것이 어찌 다른 이유 때문이겠습니까? 물에 빠지고 불에 데는 것 같은 고통에서 벗어나기 위해서입니다. 만약 물이 더욱 깊어지고 불이 더욱 뜨거워진다면 백성들은 다른 나라로 옮겨 갈 뿐입니다."

---

13. 제나라와 연나라는 나란히 전국시대의 일곱 패권국가[戰國七雄]에 들 만큼 국력이 강성했던 나라들이다. 제선왕은 전쟁용 수레 1만대[萬乘]를 동원할 수 있는 강국끼리의 싸움에서 이렇게 금세 승부가 난 것은 하늘의 뜻이라고 합리화하면서, 이 기회에 자신의 오랜 야욕을 실현할 생각으로 맹자에게 물었다.

齊人伐燕, 勝之. 宣王問曰, "或謂寡人勿取, 或謂寡人取之. 以萬乘之國, 伐萬乘之國, 伍旬而擧之, 人力不至於此. 不取, 必有天殃. 取之, 何何如?"

孟子對曰, "取之而燕民悅, 則取之. 古之人有行之者, 武王是也. 取之而燕民不悅, 則勿取. 古之人有行之者, 文王是也. 以萬乘之國伐萬乘之國, 簞食壺漿, 以迎王師, 豈有他哉? 避水火也. 如水益深, 如火益熱, 亦運而已矣."

2·11 백성을 고통에서 구하는 해방전쟁 2

제나라가 연나라를 정벌해서 합병해 버리자 제후들이 연나라를 구원하려고 모의했다. 제나라 선왕이 "많은 제후들이 과인을 치려고 모의하는데, 어떻게 대처해야 하겠습니까?"라고 묻자, 맹자가 대답했다.

"신은 사방 칠십 리인 작은 나라를 가지고서 천하를 다스렸다는 말을 들었으니, 탕왕이 바로 그러한 경우입니다. 그러나 사방 각 천리나 되는 큰 나라를 가지고서 남을 두려워했다는 것은 아직 들어본 적이 없습니다.

『서경』에 말하기를 '탕왕이 정벌함에 갈(葛)나라부터 시작했도다'라고 했습니다. 천하가 모두 그를 믿었으므로 동쪽으로 향해 정벌하자 서쪽의 오랑캐가 원망하고 남쪽을 향해 정벌하자 북쪽의 오랑캐가 원망하며 '어째서 우리 나라의 정벌을 뒤로 미루시는가?'라고 했습니다. 백성들이 그를 바라보기를 마치 큰 가뭄에 구름과 무지개를 바라보는 것같이 했습니다. 시장으로 가는 사람들은 발길을 멈추지 않았고, 밭 가는 사람들도 변함이 없었습니다.[14] 그들 나라의 포악한 군주를 죽이고 백성들을 위로하는 것이 마치 때 맞춘 비가 내리는 것 같았기에 백성들이 크게 기뻐하였습니다. 그러므로 『서경』에서 말하기를 '우리 임금께서 오시기를 기다린다네. 임금님께서 오시면 우리는 살아나리라'고 했습니다.

이제 연나라가 그 백성들을 학대했으므로 왕께서 가서 정벌하자 연나라 백성들은 자신들을 물과 불의 고통 속에서 건져줄 것으로 생각해 대그릇에 담은 밥과 병에 담은 마실 것을 가지고 왕의 군대를 환영하였습니다. 그런데 어떻게 연나라의 부형들을 죽이고 자제들을 포박하며 연나라의 종묘를 헐어 버리고 귀중한 기물들을 빼앗아가 버릴 수 있단 말입니까?

천하가 원래부터 제나라의 강성함을 두려워했습니다. 이제 또 나라를 배로 늘리고도 어진 정치를 실행하지 않으시니, 이것이 바로 제후국 연합군의 공격을 불러들이는 것입니다.

왕께서 빨리 명령을 내려서 연나라의 노인과 어린이들을 돌려보내고 귀중한 기물들을 실어 내는 것을 그만두게 하고, 연나라 백성들과 의논하여 새 군주를 세워 준 후에 연나라에서 떠난다면, 제후국의 연합군이 들고 일어나는 것을 그치게 할 수 있습니다."

齊人伐燕, 取之, 諸侯將謀救燕. 宣王曰, "諸侯多謀伐寡人者, 何以待之?"

孟子對曰, "臣聞七十里爲政於天下者, 湯是也. 未聞以千里畏人

---

14. 전쟁이 일어났지만, 쳐들어 오는 군대가 자신들을 고통에서 구하러 오는 것임을 알았기에 아무런 동요없이 일상의 일에 종사했다는 의미이다.

者也. 書曰, '湯一征, 自葛始.' 天下信之, 東面而征, 西夷怨, 南面
而征, 北狄怨. 曰, '奚爲後我?' 民望之, 若大旱之望雲霓也. 歸市
者不止, 耕者不變. 誅其君而弔其民, 若時雨降, 民大悅. 書曰, '徯
我后, 后來其蘇.' 今燕虐其民, 王往而征之, 民以爲將拯己於水火
之中也, 簞食壺漿, 以迎王師. 若殺其父兄, 係累其子弟, 毀其宗廟,
遷其重器, 如之何其可也? 天下固畏齊之强也. 今又倍地而不行仁
政, 是動天下之兵也. 王速出令, 反其旄倪, 止其重器, 謀於燕衆,
置君而後去之, 則猶可及止也."

2·12 죽음의 두려움도 없애는 어진 정치

추나라가 노나라와 싸웠다. 노나라 목공이 물었다.

"나의 지휘관들 중에서 죽은 사람이 33명이나 되지만, 전쟁에 징집된
백성들은 그들을 위해 죽지 않았습니다. 그들을 죽이자니 이루 다 죽일
수가 없고, 죽이지 않자니 윗사람이 죽는 것을 보고도 구하지 않은 것이
괘씸합니다. 어떻게 하면 좋겠습니까?"

맹자가 대답했다.

"흉년으로 기근이 들었던 해에 왕의 백성들 중 굶어 죽어 도랑에서
뒹구는 노약자들과 사방으로 흩어져 도망간 장정들의 수만도 거의 천명
이었습니다. 그런데 왕의 곡식 창고는 가득 차 있었고 재물 창고도 가득
차 있었지만, 관리들 중 한 사람도 그 사실을 아뢴 이가 없었으니, 이것
은 윗사람이 태만해서 아랫사람을 해친 것입니다.

증자[15]가 말하기를 '경계하고 또 경계하라. 너에게서 나간 것은 너에게로 돌아온다'고 했습니다. 백성들은 이제서야 되갚을 기회를 얻었던 것입니다. 군주께서는 그들을 나무라지 마십시오. 만약 군주께서 어진 정치를 행하면 백성들은 윗사람을 친애하게 되어 윗사람을 위해 죽을 것입니다."

鄒與魯鬨. 穆公問曰, "吾有司死者三十三人, 而民莫之死也. 誅之, 則不可勝誅, 不誅, 則疾視其長上之死而不救. 如之何則可也?"

孟子對曰, "凶年饑歲, 君之民老弱轉乎溝壑, 壯者散而之四方者, 幾千人矣. 而君之倉廩實, 府庫充, 有司莫以告, 是上慢而殘下也. 曾子曰, '戒之戒之! 出乎爾者, 反乎爾者也.' 夫民今而後得反之也. 君無尤焉. 君行仁政, 斯民親其上, 死其長矣."

2·13 등나라의 외환 1

등(滕)나라 문공(文公)이 물었다.

"등나라는 작은 나라로서 제나라와 초나라 사이에 끼어 있습니다. 제나라를 섬겨야 할까요, 초나라를 섬겨야 할까요?"

맹자가 대답했다.

"그런 계책은 내가 언급할 수 있는 일이 아닙니다. 그래도 꼭 말해야

---

15. 증자(曾子)는 공자의 제자로 이름은 삼(參)인데, 지극한 효성으로 유명하다.

한다면 한 가지 방법이 있습니다. 못[16]을 파고 성을 쌓아서 백성들과 함께 지켜서 죽을 때까지라도 백성들이 도망치지 않게 되는 것, 이런 것이라면 해볼 만합니다."

滕文公問曰, "滕, 小國也, 閒於齊楚. 事齊乎? 事楚乎?"

孟子對曰, "是謀, 非吾所能及也. 無已, 則有一焉. 鑿斯池也, 築斯城也, 與民守之, 效死而民弗去, 則是可爲也."

2·14 등나라의 외환 2

등나라 문공이 물었다.

"제나라 사람들이 설[17] 지역에 성을 쌓으려 하므로 나는 매우 두려운데 어떻게 하면 좋겠습니까?"

맹자가 대답했다.

"옛날에 태왕이 빈(邠) 지역에 살 적에 북쪽 오랑캐들이 침략하자 그곳을 떠나 기산(岐山) 아래로 옮겨가 사셨습니다. 그것은 적극적으로 선택해서 그렇게 한 것이 아니라 마지못해서 그렇게 한 것입니다.

---

16. 여기서 말하는 못은 성을 둘러싸고 인공적으로 조성한 방어용 수로를 말한다.

17. 설(薛)나라는 본래 주나라 초부터 있었던 나라인데, 전국시대에 제나라에 의해 멸망했다. 제나라는 설나라를 멸망시킨 후 전영(田嬰)을 이곳에 봉했다. 맹자가 등나라를 방문한 그 때, 전영은 여기에 군사적 목적으로 성을 축조하려고 했던 것 같다.

만약 선한 정치를 실천하면 후세의 자손중에서 반드시 훌륭한 왕이 나올 것입니다. 군자가 왕업을 창건하여 국통을 전하는 것은 그것을 계속 이어가도록 하기 위해서입니다. 그러나 왕업을 완성하는 것은 하늘에 달린 것입니다. 군주께서 제나라 사람들을 어떻게 하겠습니까? 단지 선한 정치를 실천하는 데 힘쓰야 할 것입니다."

　滕文公問曰, "齊人將築薛, 吳甚恐, 如之何則可?"
　孟子對曰, "昔者, 大王居邠, 狄人侵之, 去, 之岐山之下居焉. 非擇而取之, 不得已也.. 苟爲善, 後世子孫必有王者矣. 君子創業垂統, 爲可繼也. 若夫成功, 則天也. 君如彼何哉? 强爲善而已矣."

2·15 등나라의 우환

등나라 문공이 물었다.

"등나라는 작은 나라입니다. 모든 노력을 다해서 큰 나라들을 섬겨도 우환에서 벗어날 수가 없으니 어떻게 하면 좋겠습니까?" 맹자가 대답했다.

"옛날에 태왕이 빈 지역에 사실 적에 북쪽 오랑캐가 침입했습니다. 짐승 가죽과 비단을 바쳐 그들을 섬겨도 우환에서 벗어날 수 없었고, 개나 말을 바쳐 그들을 섬겨도 우환에서 벗어날 수 없었으며 구슬과 옥을 바쳐 섬겨도 우환에서 벗어날 수 없었습니다.

태왕이 장로들을 불러놓고 '북쪽 오랑캐들이 원하는 것은 우리들의 땅이오. 나는 군자는 사람을 길러주는 수단에 불과한 땅 때문에 사람을 해치지 않는다고 들었소. 여러분들에게 군주가 없은들 무슨 걱정이겠소? 나는 백성들이 다치는 것을 원하지 않으니 이 땅을 내주고 떠나려하오'라고 말하고는, 빈을 떠나서 양산(梁山)을 넘어서 기산 아래에 가서 성읍을 세우고 거기에 사셨습니다. 그런자 빈나라 사람들은 '어지신분이니 놓쳐서는 안된다'고 하며, 마치 사람들이 시장으로 몰려들듯이 그를 따랐습니다.

이렇게 하지 않고 혹 '대대로 지켜 오던 땅이니 나 한사람의 생각대로처리할 수 있는 것이 아니다. 죽는 한이 있더라도 떠나지 말고 이 땅을 지켜야겠다'고 할 수도 있을 것입니다. 군주께서는 이 두 가지 가운데서 하나를 택하십시오."

滕文公問曰, "滕, 小國也. 竭力以事大國, 則不得免焉. 如之何則可?"

孟子對曰, "昔者, 大王居邠, 狄人侵之. 事之以皮幣, 不得免焉, 事之以犬馬, 不得免焉, 事之以珠玉, 不得免焉. 乃屬其耆老而告之曰, '狄人之所欲者, 吾土地也. 吾聞之也. 君子不以其所以養人者害人. 二三子何患乎無君? 我將去之.' 去邠, 踰梁山, 邑于岐山之下居焉. 邠人曰, '仁人也, 不可失也.' 從之者如歸市. 或曰, '世守也, 非身之所能爲也. 效死勿去.' 君請擇於斯二者."

2·16 맹자의 모친상을 둘러싼 시비

노나라 평공(平公)이 출타하려고 하는데 총애하는 측근인 장창(臧倉)

이 "전에 임금께서 밖에 나가실 때에는 반드시 해당 관리에게 가실 곳을 일러주셨습니다. 지금 이미 수레가 출발할 채비를 다 갖추었는데도 관리는 아직도 임금께서 어디를 가시려는지 알지 못하고 있습니다. 어디로 가시려는지 말씀해 주십시오"라고 말했다. 평공이 "맹자를 만나 보려고 한다"고 하자, 장창이 "무엇 때문입니까? 군주께서 한 나라의 임금이라는 귀중한 신분을 가볍게 여기시고 일반인을 먼저 찾아가시는 것은 그 사람이 어질다고 생각하시기 때문인지요? 어진 사람의 행위는 예에 부합해야 하지만 맹자는 자신의 모친의 장례식을 이전의 부친의 장례식보다 지나치게 성대하게 치렀을 만치 예의를 모르는 자입니다. 군주께서 먼저 찾아가 만나실 필요는 없습니다"라고 했다. 그러자 평공은 "그러마"라고 했다.

맹자의 제자인 악정자(樂正子)가 들어가 평공을 만나 보고 "군주께서는 어째서 맹자를 만나지 않으셨습니까?"라고 묻자, 평공이 "어떤 사람이 나더러 '맹자는 모친의 장례식을 이전 부친의 장례식보다 지나치게 성대하게 치렀다'고 했기에 가서 만나 보지 않았던 것이오"라고 했다.

악정자가 물었다. "군주께서 지나치게 성대하게 치렀다고 하시는 것은 무엇을 말씀하시는 것인지요? 이전의 부친의 상에는 사(士)의 예를 썼는데 뒤의 모친의 상에는 대부(大夫)의 예를 쓴 것을 가리키는 것인지요? 이전의 부친의 상에는 삼정(三鼎)의 제물을 썼는데 뒤의 모친의 상에는 오정(伍鼎)의 제물을 쓴 것은 가리키는 것인지요?[18]" 평공이 "그런

18. 정(鼎)은 고대의 제사에서 제물을 담았던 그릇이다. 고대의 예에 따르면 제사를 지내는 이의 신분에 따라서 올리는 제물의 숫자를 달리 했다. 천자의 경우는 아홉 가지 제물(九鼎)을 사용하고, 제후는 일곱 가지 제물(伍鼎)을 사

것이 아니오. 관곽과 수의가 화려한 것을 말하는 것이오"라고 했다. 그러자 악정자는 "그것은 지나쳤다고 말할 만한 것이 아닙니다. 단지 부친의 상 때와 모친의 상 때의 재력이 달랐기 때문입니다"고 했다.

악정자가 맹자를 뵙고 말했다.

"제가 군주께 말씀을 올려 군주께서 선생님을 찾아뵈려고 하였습니다. 그런데 측근인 장창이 만류해서 군주께서 오시지 못하고 말았습니다."

맹자가 말했다.

"어진 정치를 행하게 되는 것은 어떤 힘이 시켜서 하게 되는 것이고, 어진 정치를 못하게 되는 것도 어떤 힘이 시켜서 못하게 되는 것이다. 어진 정치를 행하게 되는 것과 행하지 못하게 되는 것은 사람이 그렇게 할 수 있는 것이 아니다. 내가 노나라 임금을 만나지 못한 것은 하늘의 뜻이다. 어찌 장가 녀석이 내가 임금을 만나지 못하게 할 수 있겠느냐?"

魯平公將出. 嬖人臧倉者請曰, "他日君出, 則必命有司所之. 今乘輿已駕矣, 有司未知所之. 敢請."

公曰, "將見孟子."

曰, "何哉? 君所爲輕身以先於匹夫者, 以爲賢乎? 禮義由賢者出, 而孟子之後喪踰前喪. 君無見焉!"

公曰, "諾."

樂正子入見, 曰, "君奚爲不見孟軻也?"

曰, "或告寡人曰, '孟子之後喪踰前喪.' 是以不往見也."

용하고, 대부는 다섯 가지 제물(伍鼎)을 사용하고, 선비는 세 가지 제물(三鼎)을 사용했다.

曰, "何哉君所謂踰者？ 前以士, 後以大夫. 前以三鼎, 而後以伍鼎與?"

曰, "否. 謂棺槨衣衾之美也."

曰, "非所謂踰也, 貧富不同也."

樂正子見孟子, 曰, "克告於君, 君爲來見也. 嬖人有臧倉者沮君, 君是以不果來也."

曰, "行, 或使之, 止, 或尼之. 行止, 非人所能也. 吳之不遇魯侯, 天也. 臧氏之子, 焉能使予不遇哉?"

공손추 상

3·1 왕도정치의 때를 만난 제나라

맹자의 제자인 공손추(公孫丑)가 물었다.

"선생님께서 제나라에서 요직에 오르신다면 관중과 안자[1]의 공적을 다시 한번 실현하실 수 있겠습니까?"

맹자가 대답했다.

"그대는 영락없는 제나라 사람이구나, 오직 관중과 안자만을 알 뿐이니. 예전에 어떤 사람이 증서[2]에게 '그대와 자로[3] 중에서 누가 더 현

---

1. 관중(管仲)과 안자(晏子)은 모두 춘추시대 제나라의 뛰어난 재상이었다. 관중은 환공(桓公)을 보좌해 패자가 되게 했고, 안자는 경공(景公)을 보좌해 국력을 신장시켰다.
2. 증서(曾西)는 공자의 제자인 증자(曾參)의 아들이다.
3. 자로(子路)는 공자의 제자로 사람됨이 질박하고 용맹했으며, 스승인 공자를 지극하게 받들고 가르침의 실천에 힘쓴 인물이다.

명한가?'라고 묻자 증서는 불안한 기색을 띠면서 '그분은 우리 선친께서 경외하신 분이다'고 했다. 그러자 또 '그렇다면 그대와 관중은 누가 더 어진가?'라고 묻자, 증서는 얼굴을 붉히고 불쾌해 하며 '그대는 어떻게 나를 관중에 비교하는가? 관중은 저렇듯 전적으로 임금의 신임을 얻었고 저렇듯 오래도록 국정을 맡았건만, 공적은 저렇듯 보잘 것 없었다. 그대는 어떻게 나를 관중과 비교하는가?'라고 했다."

이어서 맹자가 말했다.

"관중은 증서조차도 비교되길 원치 않은 인물인데, 그대는 내가 관중이 한 일을 따라하고 싶어할거라 생각하는가?"

공손추가 물었다.

"관중 덕분에 제환공은 패자가 될 수 있었고, 안자 덕분에 제경공은 세상에 이름을 드날릴 수 있었습니다. 그런데도 관중과 안자가 따라할 만하기에 부족합니까?"

맹자가 대답했다.

"제나라와 같이 큰 나라를 가지고 통일된 천하의 왕이 되는 것은 손바닥을 뒤집는 것처럼 쉬운 일이다."

공손추가 말했다.

"그렇게 말씀하시면 저는 더 혼란스러워집니다. 문왕은 훌륭한 덕을 백년동안이나 오래 사시면서 널리 베푸셨지만, 그 덕으로 천하를 충분히 교화시키지 못하셨습니다. 그래서 무왕과 주공이 그 뜻을 이어받아 힘써 실천한 후에야 천하를 크게 교화시킬 수 있었습니다. 그런데 지금 통일된 천하의 왕이 되는 것이 쉬운 것인 양 말씀하신다면, 문왕은 본받을 만한 분이 못된다는 것입니까?"

맹자가 말했다.

"어떻게 문왕같은 분에 비교할 수 있겠느냐? 당시 상황을 보면 탕왕부터 20대 임금인 무정(武丁)에 이르기까지 어질고 성스러운 임금 6, 7명이 있어 어진 정치를 하였기에 천하 사람들의 마음이 은나라로 돌아간 지가 오래되었고, 오래 되었기에 쉽게 바뀌지 않았다. 따라서 무정이 제후들의 조공을 받고 천하를 다스리는 것은 손바닥에 놓고 움직이는 것같이 쉬웠다. 주왕은 무정과의 시간적 거리가 오래되지 않았으므로 오랜 가문과 좋은 습속과 선대가 남긴 기풍과 어진 정사가 아직도 남아 있었다. 또 미자(微子)와 미중(微仲), 왕자 비간(比干)과 기자(箕子) 그리고 교격(膠鬲)과 같은 이들이 있었는데, 모두 어진 이들이었다. 그들이 서로 주왕을 도왔던 까닭에 포악한 정치를 하면서도 오랜 시간이 지난 뒤에야 천하를 잃어버리게 되었다. 당시에 한 치의 땅도 주왕의 소유가 아닌 것이 없었고, 한 사람의 백성도 주왕의 신하가 아닌 사람이 없었던 반면, 문왕은 사방 각 백리의 땅 만을 가지고 왕도정치의 위업을 세우려 하였으므로 어려움이 있었던 것이다.

제나라 사람들이 하는 말에 '출중한 지혜를 갖는 것보다 유리한 기회를 잡는 것이 낫고, 좋은 농기구를 갖는 것보다 적절한 농사철을 기다리는 것이 낫다'는 것이 있는데, 지금이야말로 왕도정치를 행하기 쉬운 때이다.

하나라와 은나라, 주나라는 가장 번성한 때에도 땅이 사방 각 천리를 넘지 못했지만 제나라는 그만큼 넓은 땅을 가지고 있다. 또 제나라에는 현재 수도에서 사방의 국경에 이르기까지 어디서든지 닭우는 소리와 개 짖는 소리를 들을 수 있을 정도로 많은 백성이 살고 있다. 그러니 땅을 더 넓힐 필요도 없고 백성을 더 모을 필요도 없다. 이제 단지 어진 정치를 베풀고 왕도정치를 실행하기만 한다면, 누구도 제나라 군주가 통일된 천하의 왕이 되는 것을 막을 수는 없을 것이다.

어진 왕이 나타나 어진 정치를 펴지 않은 적이 요즘처럼 오래된 적이 없었고, 백성들이 포악한 정치에 시달리는 것이 요즘처럼 심한 적이 없었다. 주린 사람은 먹는 음식에 까탈스럽지 않고 목마른 사람은 마실 물에 까탈스럽지 않다.

공자께서도 말씀하시기를 '덕이 흘러 퍼져 나가는 것은 파발마가 명령을 전달하는 것보다 빠르다'고 했다.

지금 이러한 때에 제나라와 같은 만승의 경제력을 지닌 큰 나라가 어진 정치를 행하면 백성들은 마치 거꾸로 매달렸다가 풀려난 것처럼 기뻐할 것이다. 그러므로 일은 옛날 사람의 절반만을 해도 그 효과는 틀림없이 갑절이나 될 것이다. 바로 지금이 그러한 때이다."

公孫丑問曰, "夫子當路於齊, 管仲晏子之功, 可復許乎?"

孟子曰, "子誠齊人也, 知管仲·晏子而已矣. 或問乎曾西曰, '吾子與子路孰賢?' 曾西蹴然曰, '吾先子之所畏也.' 曰, '然則吾子與管仲孰賢?' 曾西艴然不悅曰, '爾何曾比予於管仲? 管仲得君, 如彼其專也, 行乎國政, 如彼其久也. 功烈, 如彼其卑也. 爾何曾比予於是?'"

曰, "管仲, 曾西之所不爲也, 而子爲我願之乎?"

曰, "管仲以其君霸, 晏子以其君顯. 管仲晏子猶不足爲與?"

曰, "以齊王, 由反手也."

曰, "若是, 則弟子之惑, 滋甚. 且以文王之德, 百年而後崩, 猶未洽於天下. 武王·周公繼之, 然後大行. 今言王若易然, 則文王不足法與?"

曰, "文王何可當也? 由湯至於武丁, 聖賢之君六七作, 天下歸殷

久矣, 久則難變也. 武丁朝諸侯有天下, 猶運之掌也. 紂之去武丁
未久也, 其故家遺俗, 流風善政, 猶有存者. 又有微子微仲王子比干
箕子膠鬲, 皆賢人也, 相與輔相之, 故久而後失之也. 尺地莫非其
有也, 一民莫非其臣也. 然而文王猶方百里起, 是以難也. 齊人有
言曰, '雖有智慧, 不如乘勢; 雖有鎡基, 不如待時.' 今時則易然也.
夏后殷周之盛, 地未有過千里者也, 而齊有其地矣. 雞鳴狗吠相聞,
而達乎四境, 而齊有其民矣. 地不改辟矣, 民不改聚矣. 行仁政而
王, 莫之能禦也. 且王者之不作, 未有疏於此時者也. 民之憔悴於
虐政, 未有甚於此時者也. 飢者易爲食, 渴者易爲飮. 孔子曰, '德之
流行, 速於置郵而傳命.' 當今之時, 萬乘之國行仁政, 民之悅之, 猶
解倒懸也. 故事半古之人, 功必倍之. 惟此時爲然."

3·2 맹자의 장점

공손추가 물었다.

"선생님께서 제나라 재상의 직책을 맡아서 선생님의 뜻을 펼치게 되
면, 그로 말미암아 작게는 패업을 이루게 되실 것이고, 크게는 왕업을
이루게 되실 것은 분명한 사실입니다. 그런데 그러한 지위에 있으면 선
생님께서는 마음이 동요되겠습니까, 그렇지 않겠습니까?"

맹자가 대답했다.

"그렇지 않을 것이다. 나는 사십이 되고부터 마음의 동요가 없어졌다."

공손추가 말했다.

"그렇다면 선생님은 맹분[4]보다도 훨씬 더 뛰어나십니다."

맹자가 대답했다.

"마음이 동요되지 않는 것은 어렵지 않다. 고자(告子)[5]같은 사람도 나보다 더 일찌기 마음의 동요가 없게 되었다."

공손추가 물었다.

"마음이 동요되지 않게 하는 데 방법이 있습니까?"

맹자가 말했다.

"있다. 북궁유[6]는 용기를 기르고 마음을 동요하지 않게 하는데 있어서 칼에 찔려도 살갗조차 움찔하지 않고 눈이 찔려도 부릅뜨고 쳐다보았다. 털끝만큼이라도 남에게서 모욕을 당하면 저자거리나 조정에서 뭇사람이 보는 가운데 매를 맞는 것같이 생각했다. 누더기를 걸친 천한 사람은 물론 만승의 부유함을 지닌 군주에게서조차도 모욕을 당하는 것을 참지 않았다. 만승의 부를 지닌 군주를 찔러 죽이는 것을 누더기를 걸친 천한 사람을 찔러 죽이는 것같이 생각했다. 제후도 무서워하지 않았고 자신에 대한 나쁜 소문을 들으면 반드시 보복하였다.

맹시사[7]는 용기를 기르고 마음을 동요하지 않게 하는 데에 있어서 '나

---

4. 맹분(孟賁)은 용기로 유명한 인물이다. 살아있는 소의 뿔을 맨손으로 뽑을 정도로 힘이 셌고, 맹수와 마주쳐도 두려워하지 않는 용기를 지녔다고 한다.

5. 고자(告子)의 성은 고(告)씨이고, 이름은 불해(不害)로 사람의 본성에는 선도 악도 없다는 성무선무악설(性無善無惡說)을 주장했다. 맹자는 「고자 상」(11 · 1/ 11 · 2/ 11 · 3/ 11 · 4)에서 집중적으로 고자의 설을 반박하면서 성선설을 논증하고 있다.

6. 북궁유(北宮黝)는 북궁이 성이고 유가 이름이라고 하는데, 구체적인 행적은 알려지지 않았다. 주희는 그가 아마도 자객이었을 것이라고 했다.

7. 맹시사(孟施舍)는 구체적인 행적이 알려지지 않은 인물이다. 주희는 그가 본

는 이길 수 없을 것 같은 적군도 이길 것처럼 상대한다. 만약 적군의 역량을 가늠해 본 후에 전진하고 승패를 가늠해 본 후에 진격한다면, 이는 적군의 대병력을 두려워하는 것일 뿐이다. 난들 어떻게 전쟁에서 매번 이길 수만 있겠는가? 단지 나는 어떤 것도 두려워하지 않을 뿐이다'고 했다.

맹시사는 증자와 비슷하고 북궁유는 자하(子夏)와 비슷하다. 두 사람의 용기 중 어느 것이 나은지 모르겠지만 맹시사는 간략한 요령을 지켰다.[8]

옛날에 증자가 제자인 자양(子襄)에게 '그대는 용기를 좋아하는가? 나는 용기에 대해서 선생님께 들은 적이 있다. 스스로를 돌이켜보아서 옳지 않다면 누더기를 걸친 비천한 사람에 대해서도 두려움을 느끼게 될 것이고, 스스로 돌이켜보아서 옳다면 천군만마가 쳐들어와도 나아가 용감하게 대적할 수 있을 것이다'고 했다.

맹시사가 용기를 기름에 단지 두려워하지 않는 기(氣)를 지닌 것은 증자가 간략한 요령을 지닌 것만 못하다."[9]

공손추가 물었다.

문 중에서 자신을 '사'(舍)라고 지칭하고 있는 것 때문에 맹은 성이고 이름이 사이며 시는 발음의 편의상 붙은 글자라고 보았다. 또 어떤 이는 맹시가 성이고 사가 이름이라고도 했다.

8. 북궁유는 아무런 원칙이 없이 그저 자신의 용기를 과시했던 반면에 맹시사는 '두려워하지 않는다'는 하나의 원칙에 따랐다는 점에서 맹자는 '맹시사는 간략한 요령을 지켰다'고 평가하고 있다.

9. 맹시사의 용기는 단지 두려워하지 않는 기운, 기세에서 나온 것인 반면, 증자의 용기는 도덕적 정당성이라는 간략한 원칙에서 나온 것이다. 맹자는 증자의 용기를 더 우월한 것으로 평가하고 있고, 도덕적 용기야말로 참된 용기라고 주장하고 있다.

"선생님의 부동심과 고자의 부동심에 대해 여쭈어보려고 하는데, 들어볼 수 있겠습니까?"

맹자가 대답했다.

"고자가 말하기를 '남의 말에서 이해되지 않는 것이 있더라도 자신의 마음에서 그것을 이해하려고 고민하지 말고, 자신의 마음에서 편안하지 못한 것이 있더라도 기(氣)에서 그것을 해결하려고 하지 말아라'고 했다.

자신의 마음에서 편안하지 못한 것이 있더라도 기에서 그것을 해결하려고 하지 말라는 말은 옳지만, 남의 말에서 이해되지 않는 것이 있더라도 자신의 마음에서 그것을 이해하려고 고민하지 말라는 말은 옳지 않다. 의지(志)는 기를 통솔하는 것이고 기는 몸을 가득 채우고 있는 것이다. 의지가 먼저 있고 기는 그것을 따라간다. 그러므로 의지를 굳게 지니며 기를 함부로 움직여서는 안된다."

공손추가 물었다.

"선생님께서 '의지가 먼저 있고 기는 그것을 따라간다'고 하시고서 또 '의지를 굳게 지니며 기를 함부로 움직여서는 안된다'고 하신 것은 무슨 뜻인지요?"[10]

맹자가 대답했다.

"일반적으로는 의지가 전일하게 되면 기를 움직이지만, 간혹 기가 전일하게 되어 의지를 움직이기도 한다. 예를 들면 사람이 엎어지거

---

10. 맹자의 말대로 '의지가 먼저 있고 기는 그것을 따라간다'면 오직 의지를 굳게 지니기만 하면 자연히 기는 그것에 따르게 마련이므로 따로 기를 다스리는 노력은 불필요할 것이다. 그런데도 맹자는 그 말을 이어서 '기를 함부로 움직이지 말라'며 기를 다스리는 노력에 관해 말을 하고 있기 때문에, 공손추가 이렇게 질문한 것이다.

나 달리는 것은 기의 작용이지만,[11] 도리어 그것이 마음을 움직이기도 한다."[12]

공손추가 물었다.

"선생님은 어떤 점에서 뛰어나십니까?"

맹자가 대답했다.

"나는 남의 말을 잘 이해하며 나의 호연지기(浩然之氣)를 잘 기른다."

공손추가 물었다.

"호연지기란 무엇인지요?"

맹자가 대답했다.

"말하기가 어렵다. 그 기의 됨됨이는 지극히 크고 지극히 강한데, 올 곧음으로써 기르고 해치지 않는다면 하늘과 땅 사이를 가득 채우게 된다. 그 기의 됨됨이는 의(義)와 도(道)를 짝으로 삼기에 이것들이 없으면 위축되고 만다.

그것은 의가 쌓여서 생겨나는 것이지 우연히 한번 나의 어떤 행위가 의에 부합되었다고 해서 호연지기를 지니게 되는 것이 아니다. 행동하면서 마음에 흡족하지 않은 데가 있다면 이 호연지기는 위축되고 만다. 내가 고자는 아직 의(義)에 대해서 모른다고 한 것은 그가 의를 외재적

---

11. 엎어지거나 달리는 것과 같이 갑작스러운 동작의 경우는 전적으로 기가 작용하는 것이라는 의미이다.

12. 맹자는 의지와 기의 관계에 있어서 의지는 기를 통솔하는 주체이므로 대개는 의지가 전일하게 작용하면 기는 그것에 따르게 마련이라고 본다. 그러나 예외적인 경우이기는 하지만 이처럼 때로는 기가 전일하게 작용함으로써 그것이 사람의 마음, 즉 의지를 동요시키는 경우도 있음을 인정하고 있다. 따라서 맹자는 의지를 굳게 지키는 노력과 함께 기 자체를 다스리는 노력도 필요하다고 한 것이다.

인 것으로 여기기 때문이다.[13]

반드시 의를 실천하는 일을 하되 결과에 집착하지 말아야 하고, 의를 실천해야 한다는 것을 마음에서 잊어서도 안되지만 억지로 조장해서도 안된다. 다음의 송나라 사람과 같이 해서는 안된다. 송나라 사람 중에 곡식의 싹이 자라지 않는 것을 안타깝게 여겨 싹을 뽑아 올려 준 자가 있었다. 그가 피로한 기색으로 집으로 돌아와서는 가족들에게 '오늘은 참 힘들었다. 내가 싹이 자라는 것을 도와주었다'고 했다. 그의 아들이 달려가서 보니 싹은 이미 시들어 버렸다.

천하에서 곡식이 자라나는 것을 조장하지 않는 사람이 적다. 호연지기를 기르는 것이 무익하다고 해서 내팽개치는 것은 김매지 않는 것과 같고, 호연지기를 억지로 조장하는 것은 싹을 뽑아 올려 주는 것과 같다. 조장하면 무익할뿐 아니라 또 해를 끼치게 된다."

공손추가 물었다.

"남의 말을 안다는 것은 어떤 의미입니까?"

맹자가 대답했다.

"편파적인 말[詖辭]을 들으면 그 말을 하는 사람이 어떤 것에 의해 가려져 있음을 안다. 도를 지나친 말[淫辭]을 들으면 그 말을 하는 사람의 마음이 어떤 것에 빠져 있음을 안다. 사특한 말[邪辭]을 들으면 그 말을

___

13. 고자는 도덕적 원리인 의(義)가 사람의 마음속에 있다는 맹자의 주장에 반대하면서 그것은 어디까지나 사람의 마음 밖에 있다고 한다. 예를 들어 나이 많은 사람을 공경하는 경우, 우리가 그렇게 하는 것은 어디까지나 그 대상이 나이가 많다는 객관적 사실[이것은 나의 마음 밖에 있다]때문이지 나의 마음속에 원래부터 공경의 원리가 있기 때문에 그렇게 하는 것이 아니라는 말이다.

하는 사람이 올바른 도리에서 벗어나 있음을 안다. 둘러대는 말[遁辭]을 들으면 그 말을 하는 사람이 궁지에 빠져 있음을 안다. 이 네가지의 말들은 마음에서 생겨서 정치에 해를 끼치게 되며, 정치를 하는 속에 횡행하면, 국가의 대사를 망치게 된다. 성인이 다시 살아나시더라도 틀림없이 내 말을 따르실 것이다."

공손추가 말했다.

"공자의 제자들 중 재아(宰我)와 자공(子貢)은 말을 잘 했고, 염우(冉牛)와 민자(閔子) 그리고 안연(顏淵)은 덕행을 말하기를 잘 했습니다. 공자께서는 두 가지를 다 갖추었으면서도 '나는 말하는 데에는 재능이 없다'고 하셨습니다. 그런데 선생님께서는 사람들의 말에 대해서도 잘 아시는 데다가 호연지기를 잘 기르셔서 덕행에도 뛰어나시니, 이미 성인이십니다."

맹자가 말했다.

"아니, 그게 무슨 말이냐? 옛날에 자공이 공자께 '선생님은 성인이십니다'고 하자, 공자께서는 '성인의 경지는 내가 넘볼 수 없으며, 나는 단지 배우기를 싫어하지 않고 가르치기를 게을리하지 않는 사람일 뿐이다'고 하셨다. 그러자 자공이 '배우기를 싫어하지 않는 것이 지혜로움[智]이고 가르치기를 게을리하지 않는 것이 어짊[仁]입니다. 어질고 또 지혜로우시니 선생님은 이미 성인이십니다'고 했다. 성인의 경지는 공자께서도 자처하지 않으셨던 것인데, 그게 무슨 말이냐?"

공손추가 물었다.

"제가 예전에 듣기를 자하(子夏)와 자유(子游) 그리고 자장(子張)은 모두 성인의 한 요소씩만을 지니고 있었고, 염우와 민자 그리고 안연은 성인의 전체적인 요소를 갖추고 있었으나 그 정도가 미미했다고 했습니다. 선생님은 이들 중 어떤 경우에 해당된다고 생각하시는지요?"

맹자가 대답했다.

"그런 이야기는 그만 하자."

공손추가 물었다.

"백이[14]와 이윤[15]은 어떠했습니까?"

맹자가 대답했다.

"처세의 방법이 달랐다. 백이는 자신이 생각하는 이상적인 군주가 아니면 섬기지 않고 자신이 생각하는 이상적인 백성이 아니면 부리지 않으며, 세상이 평화로우면 벼슬에 나아가고 어지러우면 물러난 인물이었다. 이윤은 누구를 섬긴들 내 군주가 아니며 누구를 부린들 내 백성이 아니겠는가라고 생각해서 평화로워도 벼슬에 나아가고 어지러워도 또한 벼슬에 나아간 인물이었다. 공자는 벼슬할 만하면 벼슬하고, 그만둘 만하면 그만두며, 오래 머물 만하면 오래 머물고 빨리 떠날만 하면 빨리 떠난 인물이었다.

그들은 모두 옛날의 성인이었다. 나는 아직 실제로 그렇게 실행한 적은 없지만, 내가 하고 싶은 일은 공자를 따라 배우는 것이다."

공손추가 물었다.

"백이와 이윤이 공자와 이렇게도 대등합니까?"

맹자가 대답했다.

---

14. 백이(伯夷)는 주나라 무왕이 은나라의 주왕을 토벌하자, 의롭지 못하다고 여기고 아우인 숙제와 수양산에 들어가 고사리만 캐먹다가 굶어 죽은 인물이다.
15. 이윤(伊尹)은 하나라의 무도한 걸왕을 피해 숨어서 농사를 짓고 살다가, 은나라 탕왕을 도와 걸왕을 토벌하고 백성들을 폭정에서 구한 인물이다.

"아니다, 사람이 생겨난 이래로 아직도 공자같은 분은 없었다."

공손추가 물었다.

"그렇다면 세 성인에게 공통점이 있습니까?"

맹자가 대답했다.

"있다. 만약 그분들이 백 리의 땅을 얻어 군주 노릇을 한다면 모두 제후들이 조근(朝覲)[16]을 오게 하고 천하를 소유할 수 있을 것이다. 그러나 설령 옳지 않은 일을 한 가지만 저지르거나 죄없는 사람을 하나만 죽인다면 곧바로 천하를 얻게 될 것이라 유혹할지라도, 그분들은 모두 결코 그런 일을 하지 않을 것이다. 이것이 그분들의 공통점이다."

공손추가 물었다.

"그분들의 차이는 무엇인지요?"

맹자가 대답했다.

"재아와 자공과 유약(有若) 같은 이들은 지혜가 성인을 이해하기에 충분했다. 그러므로 설령 그들이 아무리 못난 사람들이라고 할지라도 사사로이 좋아하는 이에게 근거없이 아첨하는 따위의 일은 하지 않았다.[17]

재아는 '내가 선생님을 관찰해 본 바로는 요임금이나 순임금보다 더 현명하시다'고 했다. 자공은 '한 나라의 예법을 보면 그 군주의 정치를

---

16. 맹자는 「고자 하」(12·7)에서 '제후가 한번 조근의 예를 행하지 않으면 그 지위를 떨어뜨리고, 두 번 조근의 예를 행하지 않으면 그 영토를 삭감하고, 세 번 조근의 예를 행하지 않으면 천자의 군대를 동원해 제후를 교체한다'고 했다. 이것으로 볼 때 조근(朝勤)은 단순한 정무보고의 예라기보다 천자에 대한 지속적인 충성을 확인하는 예임을 알 수 있다.

17. 이 구절은 공자에 대한 이들의 평가를 인용하기에 앞서 그들의 말이 신빙성이 있음을 강조한 것이다. 즉 공자에 대한 평가가 단지 스승에 대한 사사로운 편애로 인해 근거없이 아첨하려는 마음에서 한 말은 아니라는 뜻이다.

알 수 있고, 한 나라의 음악을 들으면 그 군주의 덕을 알 수 있다. 백세의 뒤에서 백세 동안의 군주들을 평가해 본다면 어떤 군주도 이러한 평가 기준에서 벗어날 수 없다. 이런 기준으로 볼 때 사람이 생겨난 이래로 선생님만한 분은 없었다'고 했다.

유약은 '어떻게 사람의 경우에만 그렇겠는가? 기린과 땅을 달리는 짐승이, 봉황과 나는 새가, 태산과 흙 둔덕이, 황하나 바다와 작은 길위의 물 웅덩이 모두 같은 부류이고 보통 사람과 성인 역시 같은 부류이기는 하지만, 같은 부류에서 빼어나며 같은 무리들 중에서 우뚝 솟아 오른 존재들이다. 사람이 생겨난 이래로 공자만큼 위대한 분은 없었다'고 했다."

公孫丑問曰, "夫子加齊之卿相, 得行道焉, 雖由此霸王不異矣. 如此, 則動心否乎?"

孟子曰, "否. 我四十不動心."

曰, "若是, 則夫子過孟賁遠矣."

曰, "是不難. 告子先我不動心."

曰, "不動心有道乎?"

曰, "有. 北宮黝之養勇也, 不膚撓, 不目逃. 思以一豪挫於人, 若撻之於市朝. 不受於褐寬博, 亦不受於萬乘之君. 視刺萬乘之君, 若刺褐夫. 無嚴諸侯, 惡聲至, 必反之. 孟施舍之所養勇也, 曰, '視不勝猶勝也. 量敵而後進, 慮勝而後會, 是畏三軍者也. 舍豈能爲必勝哉? 能無懼而已矣.' 孟施舍似曾子, 北宮黝似子夏. 夫二子之勇, 未知其孰賢, 然而孟施舍守約也. 昔者, 曾子謂子襄曰, '子好勇乎? 吾嘗聞大勇於夫子矣. 自反而不縮, 雖褐寬博, 吾不惴焉, 自反而縮, 雖千萬人, 吾往矣.' 孟施舍之守氣, 又不如曾子之守約也."

曰, "敢問夫子之不動心, 與告子之不動心, 可得聞與?"

"告子曰, '不得於言, 勿求於心, 不得於心, 勿求於氣.' 不得於心, 勿求於氣, 可, 不得於言, 勿求於心, 不可. 夫志, 氣之帥也, 氣, 體之充也. 夫志至焉, 氣次焉. 故曰, '持其志, 無暴其氣.'"

"旣曰, '志至焉, 氣次焉.' 又曰, '持其志, 無暴其氣', 何也?"

曰, "志壹則動氣, 氣壹則動志也. 今夫蹶者趨者, 是氣也, 而反動其心."

"敢問夫子, 惡乎長?"

曰, "我知言, 我善養吳浩然之氣."

"敢問何謂浩然之氣?"

曰, "難言也. 其爲氣也, 至大至剛, 以直養而無害, 則塞于天地之間. 其爲氣也, 配義與道, 無是, 餒也. 是集義所生者, 非義襲而取之也. 行有不慊於心, 則餒矣. 我故曰, '告子未嘗知義.' 以其外之也. 必有事焉而勿正, 心勿忘, 勿助長也. 無若宋人然. 宋人有閔其苗之不長而揠之者, 芒芒然歸, 謂其人曰, '今日病矣, 予助苗長矣.' 其子趨而往視之, 苗則槁矣. 天下之不助苗長者寡矣. 以爲無益而舍之者, 不耘苗者也, 助之長者, 揠苗者也. 非徒無益, 而又害之."

"何謂知言?"

曰, "詖辭知其所蔽. 淫辭知其所陷. 邪辭知其所離. 遁辭知其所窮. 生於其心, 害於其政, 發於其政, 害於其事. 聖人復起, 必從吳言矣."

"宰我子貢善爲說辭, 冉牛閔子顏淵, 善言德行. 孔子兼之, 曰, '我於辭命, 則不能也.' 然則夫子旣聖矣乎?"

曰, "惡! 是何言也? 昔者, 子貢問於孔子曰, '夫子聖矣乎!' 孔子曰, '聖則吳不能, 我學不厭而敎不倦也.' 子貢曰, '學不厭, 智也, 敎不倦, 仁也. 仁且智, 夫子旣聖矣!' 夫聖, 孔子不居, 是何言也?"

"昔者, 竊聞之, 子夏子游子張, 皆有聖人之一體, 冉牛閔子顔淵, 則具體而微. 敢問所安?"

曰, "姑舍是."

曰, "伯夷伊尹, 何如?"

曰, "不同道. 非其君不事, 非其民不使, 治則進, 亂則退, 伯夷也. 何事非君, 何使非民, 治亦進, 亂亦進, 伊尹也. 可以仕則仕, 可以止則止, 可以久則久, 可以速則速, 孔子也. 皆古聖人也. 吳未能有行焉, 乃所願, 則學孔子也."

"伯夷·伊尹於孔子, 若是班乎?"

曰, "否. 自有生民而來, 未有孔子也."

曰, "然則有同與?"

曰, "有. 得百里之地而君之, 皆能以朝諸侯有天下. 行一不義, 殺一不辜而得天下, 皆不爲也. 是則同."

曰, "敢問其所以異?"

曰, "宰我子貢有若, 智足以知聖人. 汙不至阿其所好. 宰我曰, '以予觀於夫子, 賢於堯舜遠矣.' 子貢曰, '見其禮而知其政, 聞其樂而知其德. 由百世之後, 等百世之王, 莫之能違也. 自生民以來, 未有夫子也.' 有若曰, '豈惟民哉? 麒麟之於走獸, 鳳凰之於飛鳥, 太山之於邱垤, 河海之於行潦, 類也, 聖人之於民, 亦類也, 出於其類, 拔乎其萃. 自生民以來, 未有盛於孔子也.'"

3·3 왕자와 패자의 차이

맹자가 말했다.

"무력을 사용하면서 인(仁)을 실천하는 것처럼 가장하는 사람은 패자인데, 패자에게는 반드시 큰 나라가 있어야 한다.[18] 덕으로써 인을 실행하는 자는 왕자(王者)이다. 왕자는 큰 나라를 필요로 하지 않는다. 탕왕은 사방 칠십리의 땅으로 인을 실행했고, 문왕은 사방 백리의 땅으로 인을 실천했다.

무력으로써 사람을 복종시킨다면 사람들이 진심으로 복종하지 않고, 단지 자신의 힘이 부족하기 때문에 억지로 복종한다. 덕으로써 사람을 복종시킨다면 진심으로 기뻐하며 진정으로 복종하니, 칠십 명의 제자들이[19] 공자에게 복종한 것이 그 예이다. 『시경』에서 문왕이 천하를 다스린 것에 대해 '서쪽에서 그리고 동쪽에서, 남쪽에서 그리고 북쪽에서 복종하지 않는 이가 없다'고 한 것은 그것을 말한 것이다."

孟子曰, "以力假仁者霸, 霸必有大國. 以德行仁者王, 王不待大. 湯以七十里, 文王以百里. 以力服人者, 非心服也, 力不贍也. 以德服人者, 中心悅而誠服也, 如七十子之服孔子也. 詩云, '自西自東, 自南自北, 無思不服.' 此之謂也."

---

18. 패자(霸者)는 무력으로 다른 제후들을 굴복시켜 따르게 하므로 경제력과 군사력을 지니기 위해서는 넓은 영토와 많은 백성을 갖춘 큰 나라가 필요하다는 뜻이다.

19. 사마천의 『사기』(史記) 「공자세가」(孔子世家)에 따르면 공자의 문하에는 육예(六藝)에 통달한 뛰어난 제자가 72명이었다고 한다.

3·4 어진 정치를 실행하면 영화롭게 된다

맹자가 말했다.

"어진 정치를 실행하면 영화롭게 되고 어진 정치를 실행하지 않으면 치욕을 당하게 된다. 치욕을 당하는 것을 싫어하면서도 어진 정치를 실행하지 않는 것은 마치 축축한 것을 싫어하면서도 물이 고이는 낮은 곳에 머물러 있는 것과 같다.

만일 치욕을 당하는 것을 싫어한다면 덕을 귀하게 여기고 선비를 존중해 덕을 지닌 현자가 합당한 지위에 있고 능력 있는 사람이 합당한 직책에 있게 하는 것이 가장 좋다. 그렇게 해서 나라에 내우외환이 없어지거든 그 때에 이르러서 정치와 형벌을 밝게 시행하면 아무리 큰 나라라 할지라도 반드시 그 나라를 두려워할 것이다.

『시경』에서 '하늘이 흐리고 비 내리기 전에 뽕나무 뿌리 껍질을 벗겨서 창과 문을 단단히 얽어매니, 이제 저 아래의 사람들이 혹시라도 나를 업신여길 수 있겠는가'[20]라고 했다. 공자께서는 '이 시를 지은 사람은 정치의 도리를 알았구나. 국가를 잘 다스릴 수 있다면 누가 감히 업신여기겠는가?'라고 했다.

이제 나라에 내우외환이 없게 되면 그 때에 이르러서는 꺼리낌 없이 즐기고 태만하고 오만해지는데, 이것은 스스로 재앙을 부르는 것이다. 재앙과 복은 모두 스스로 부르는 것이다.

---

20. 나무 위에 사는 작은 새[鴟鴞]를 내세워 비바람 치는 때가 오기 전에 미리 둥지를 수리함으로써 화를 면하듯, 국가의 환란을 미연에 방지할 것을 이야기하는 시이다.

『시경』에서 '영원토록 하늘의 명을 따름으로써 스스로 많은 복을 구한다'고 하고, 『서경』의 「태갑」(太甲)에서는 '하늘이 만든 재앙은 오히려 피할 수 있어도 스스로 만든 재앙으로부터는 빠져나갈 길이 없다'고 했으니, 바로 이것을 말한 것이다."

孟子曰, "仁則榮, 不仁則辱. 今惡辱而居不仁, 是猶惡濕而居下也. 如惡之, 莫如貴德而尊士, 賢者在位, 能者在職. 國家閒暇, 及是時, 明其政刑, 雖大國, 必畏之矣! 詩云, '迨天之未陰雨, 徹彼桑土, 綢繆牖戶. 今此下民, 或敢侮予?' 孔子曰, '爲此詩者, 其知道乎! 能治其國家, 誰敢侮之?' 今國家閒暇, 及是時, 般樂怠敖, 是自求禍也. 禍福無不自己求之者. 詩云, '永言配命, 自求多福.' 太甲曰, '天作孽, 猶可違, 自作孽, 不可活.' 此之謂也."

3·5 천하의 왕이 되는 다섯 가지 방법

맹자가 말했다.

"현자를 존중하고 능력 있는 사람을 기용해서 덕과 재능이 뛰어난 사람이 합당한 지위에 있게 되면, 천하의 선비가 모두 기뻐하며 그 나라의 조정에서 벼슬하기를 원할 것이다.

시장에서 점포세만을 거두고 물건에 세금을 매기지 않거나 법에 의거해 단속만 하고 점포세를 받지 않으면 천하의 백성들이 모두 기뻐하며 그 나라의 시장에서 장사하기를 원할 것이다.

세관에서 감시만 하고 세금을 거두지 않으면 천하의 여행자들이 모두 기뻐하며 그 나라의 길로 다니기를 원할 것이다.

농사짓는 사람에게 조법[21]을 적용하고 따로 세금을 거두지 않으면 천하의 농부들이 모두 기뻐하며 그 나라의 땅에서 농사 짓기를 원할 것이다.

거주지에 대해 인두세와 공한지세[22]를 거두지 않으면 천하의 백성들이 그 나라의 백성이 되기를 원할 것이다.

진실로 이 다섯 가지를 잘 시행한다면 이웃나라 백성들이 그 군주를 마치 부모처럼 우러러 보게 될 것이다. 자식들을 거느리고 그들의 부모를 공격하는 것은 사람이 생겨난 이래로 성공한 경우가 없었다.

이와 같이 된다면 천하에 대적할 사람이 없게 될 것이다. 천하에 대적할 자가 없는 사람은 하늘이 내린 관리이다. 이렇게 되고서도 통일된 천하의 왕이 되지 못하는 사람은 없었다."

孟子曰, "尊賢使能, 俊傑在位, 則天下之士, 皆悅而願立於其朝矣. 市廛而不征, 法而不廛, 則天下之商, 皆悅而願藏於其市矣. 關譏而不征, 則天下之旅, 皆悅而願出於其路矣. 耕者助而不稅, 則天下之農, 皆悅而願耕於其野矣. 廛, 無夫里之布, 則天下之民, 皆悅而願爲之氓矣. 信能行此伍者, 則鄰國之民, 仰之若父母矣. 率其子弟, 攻其父母, 自生民以來, 未有能濟者也. 如此, 則無敵於天下.

---

21. 조법(助法)은 정전제에 의거한 취수 방법이다. 정전제에 관한 구체적인 설명은 「등문공 상」(5·3)에 보인다.

22. 인두세[夫布]는 부역에 나오지 않은 사람에게 부역을 대신해 부과한 한 사람분의 세금이고, 공한지세[里布]는 집 둘레의 땅에 뽕나무를 심지 않고 묵히는 가구에 부과한 세금이다.

無敵於天下者, 天吏也. 然而不王者,未之有也."

3·6 네 가지 선의 단서

맹자가 말했다.

"사람들은 누구나 차마 남의 고통을 외면하지 못하는 마음[不忍人之心]을 가지고 있다.

선왕들에게는 차마 남의 고통을 외면하지 못하는 마음이 있었으므로 차마 남의 고통을 외면하지 못하는 정치[不忍人之政]를 하였다. 차마 남의 고통을 외면하지 못하는 마음으로 차마 남의 고통을 외면하지 못하는 정치를 실천한다면, 천하를 다스리는 것은 손바닥 위에서 움직이는 것 같이 쉬울 것이다.

사람들은 누구나 차마 남의 고통을 외면하지 못하는 마음이 있다고 하는 것은 다음과 같은 근거에서이다. 만약 지금 어떤 사람이 문득 한 어린아이가 우물 속으로 빠지게 되는 것을 보게 된다면, 누구나 깜짝 놀라며 측은하게 여기는 마음을 가지게 된다. 그렇게 되는 것은 어린아이의 부모와 교분을 맺기 위해서가 아니고, 마을 사람과 친구들로부터 어린 아이를 구했다는 칭찬을 듣기 위해서도 아니며,[23] 어린 아이의 울부짖는 소리가 싫어서 그렇게 한 것도 아니다.[24]

---

23. 이 구절은 자신의 마을 사람과 친구들에게서 어린 아이의 생명을 구하는 장한 일을 했다는 칭찬을 듣기 위해서 그렇게 한 것이 아니라는 뜻이다.

24. 이 구절의 원문은 '비오기성이연야'(非惡其聲而然也)이다. 이 중 '오기성'(惡

이것을 통해서 볼 때 측은하게 여기는 마음〔惻隱之心〕이 없다면 사람이 아니고, 부끄러워하는 마음〔羞惡之心〕이 없다면 사람이 아니며, 사양하는 마음〔辭讓之心〕이 없다면 사람이 아니고, 옳고 그름을 판단하는 마음〔是非之心〕이 없다면 사람이 아니다.

측은하게 여기는 마음은 인(仁)의 단서〔端〕이고, 부끄러워하는 마음은 의(義)의 단서이며, 사양하는 마음은 예(禮)의 단서이고, 시비를 가리는 마음은 지(智)의 단서이다.

사람이 이 네가지 단서〔四端〕를 가지고 있는 것은 그가 사지를 가지고 있는 것과 같다. 이 네가지 단서를 가지고 있는데도 자신은 선을 실천할 수 없다고 하는 말하는 사람은 스스로를 해치는 자이고, 자기의 군주는 선을 실천할 수 없다고 말하는 사람은 자기의 군주를 해치는 자이다.

무릇 나에게 갖추어져 있는 네가지 단서를 모두 확대시켜 가득 차게 할 줄 알면 마치 불이 타오르기 시작하고 샘이 쏟아나기 시작하는 것과 같아 진다. 진실로 그것을 확대시켜 가득 차게 할 수 있으면 천하라도 보존할 수 있고, 만일 확대시켜 가득 차게 하지 않으면 부모조차도 부양할 수 없다."

해설

맹자는 여기에서 유명한 '어린아이가 우물에 빠지는'〔孺子入井〕 비유

其聲)에 대해서 '어린아이가 우물에 빠지는 것을 보고도 외면했다며 남들이 비난하는 소리를 듣기 싫어하다'라고 풀기도 한다. 그러나 이미 앞에서 사람들의 평판(칭찬과 비난)에 관한 언급이 있으므로 여기서는 '어린아이가 울부짖는 소리를 싫어하다'는 뜻으로 풀었다.

를 통해 자신의 근본사상인 성선론(性善論)을 주장하고 있다. 맹자는 사람은 누구나 나면서부터 선한 본성과 그것에 근거한 선한 마음을 지니고 있다고 본다. 맹자는 위에서 든 사건에서처럼 어떤 사람이든 어린아이가 우물에 빠지려는 것을 보면 측은하게 여기는 마음에서 어린아이를 구하기 마련이라고 한다. 그것은 이해득실을 계산한 결과 나온 의도적인 행위가 아니라 무의식적이고 본능적인 행위이다. 따라서 맹자는 그것이 바로 사람들에게 타고나면서 부터 선한 본성이 있다는 증거라고 본다. 즉 사람의 내면에 갖추어져 있는 선한 본성이 특정한 상황을 경험할 때 순간적으로 선한 마음으로 드러난다는 것이다.

선한 마음은 선한 본성이 드러난 단서이자 싹이며 그것은 누구에게나 있는 것이다. 따라서 중요한 것은 그러한 싹이 자신에게 있음을 확신하고 그것을 기르는 노력이다. 작게는 자신의 부모를 잘 봉양하는 것에서부터 천하를 잘 다스리는 것에 이르기 까지 모든 것의 성패는 바로 이러한 싹을 키우는 노력에 여부에 달려 있다.

孟子曰, "人皆有不忍人之心. 先王有不忍人之心, 斯有不忍人之政矣. 以不忍人之心, 行不忍人之政, 治天下可運於掌上. 所以謂人皆有不忍人之心者, 今人乍見孺子將入於井, 皆有怵惕惻隱之心. 非所以內交於孺子之父母也, 非所以要譽於鄕黨朋友也, 非惡其聲而然也. 由是觀之, 無惻隱之心, 非人也, 無羞惡之心, 非人也, 無辭讓之心, 非人也, 無是非之心, 非仁也. 惻隱之心, 仁之端也, 羞惡之心, 義之端也, 辭讓之心, 禮之端也, 是非之心, 智之端也. 人之有是四端也, 猶其有四體也. 有是四端而自謂不能者, 自賊者也, 謂其君不能者, 賊其君者也. 凡有四端於我者, 知皆擴而充之矣, 若火之始然, 泉之始達. 苟能充之, 足以保四海, 苟不充之, 不足以事父母."

3·7 인(仁)을 행하라

맹자가 말했다.

"화살을 만드는 사람이라고 어찌 갑옷을 만드는 사람보다 어질지 않겠는가? 그러나 화살을 만드는 사람은 오직 사람을 해치지 못할까 걱정하고, 갑옷을 만드는 사람은 오직 사람을 해칠까 걱정한다. 무당과 관을 짜는 목수의 경우도 역시 그러하다.[25] 그렇기 때문에 직업의 선택은 신중하지 않을 수 없다.

공자께서 '인에 머무는 것이 좋다. 스스로 선택함에 인에 머물지 않는다면 어떻게 지혜롭다 하겠는가?'[26]라고 했다. 인이라는 것은 하늘이 내린 높은 벼슬이고 사람의 편안한 집이다. 누가 그렇게 하는 것을 막지도 않는데 어질게 행동하지 않는 것은 지혜롭지 못한 것이다.

어질지 않고 지혜롭지 않고 예가 없고 의가 없으면 남에게 부림을 당한다. 남에게 부림을 당하면서도 부림을 당하는 것을 수치스러워하는 것은, 활을 만드는 사람이 활 만드는 것을 수치스러워하고 화살 만드는

---

25. 무당의 직업은 병든 사람을 치유하는 것이므로 병이 낫지 않으면 어쩌나 염려하고, 관을 짜는 목수는 병든 사람이 나아서 관이 팔리지 않으면 어쩌나 염려한다는 뜻이다.

26. 원문의 '리인위미'(里仁爲美)에 대한 해석은 다양하다. 여기서는 '리'(里)를 동사로 새겨서 '인에 머무는 것이 좋다'거나 '인과 함께 하는 것이 좋다'는 뜻으로 풀었다.

사람이 화살 만드는 것을 수치스러워하는 것과 같다. 만일 수치스러워
한다면 인을 행하는 것이 가장 좋다.

　인을 행하는 사람은 활쏘기 하는 사람과 같다. 활을 쏘는 사람은 먼저
몸을 바르게 한 후에 화살을 발사한다. 설령 발사해서 명중시키지 못해
도, 자기를 이긴 사람을 원망하지 않고 자신에게 돌이켜 반성할 뿐이다.”

　孟子曰. “矢人豈不仁於函人哉? 矢人唯恐不傷人, 函人唯恐傷
人. 巫匠亦然. 故術不可不慎也. 孔子曰, ‘里仁爲美. 擇不處仁, 焉
得智?’夫仁, 天之尊爵也. 人之安宅也. 莫之禦而不仁, 是不智也.
不仁不智, 無禮無義, 人役也. 人役而恥爲役, 由弓人而恥爲弓, 矢
人而恥爲矢也. 如恥之, 莫如爲仁. 仁者如射. 射者正己而後發. 發
而不中, 不怨勝己者, 反求諸己而已矣.”

3·8 선을 남과 함께 한 순임금

　맹자가 말했다.

　“자로(子路)는 남들이 그에게 잘못이 있음을 일러 주면 기뻐하였다.
우임금은 선한 말을 들으면 절을 하였다. 위대한 순임금은 또 그들보다
더 뛰어나서 선한 일을 남들과 함께 하여, 자신의 사사로움을 버리고 다
른 사람을 따르고 즐거운 마음으로 다른 사람에게서 좋은 점을 받아들
여 선행을 실천했다. 농사짓고 질그릇을 굽고 물고기를 잡을 때부터 황
제의 자리에 오를 때까지, 다른 사람에게서 좋은 점을 받아들이지 않은
적이 없었다.

다른 사람에게서 좋은 점을 받아들여서 선행을 실천하는 것은 그 사람이 선행을 실천하도록 도와주는 것이다. 그러므로 군자에게 다른 사람이 선행을 실천하는 것을 도와주는 것보다 더 큰 일은 없다."

孟子曰, "子路, 人告之以有過, 則喜. 禹聞善言, 則拜. 大舜有大焉. 善與人同. 舍己從人, 樂取於人以爲善. 自耕稼陶漁, 以至爲帝, 無非取於人者. 取諸人以爲善, 是與人爲善者也. 故君子莫大乎與人爲善."

3·9 백이와 유하혜의 비교

맹자가 말했다.

"백이는 자신이 생각하는 이상적인 군주가 아니면 섬기지 않았고 자신이 생각하는 이상적인 벗이 아니면 사귀지 않았다. 또 악인의 조정에서 벼슬을 하지 않았고 악인과 더불어 말을 나누지 않았다. 악인의 조정에서 벼슬을 하고 악인과 더불어 말을 나누는 것을 마치 조정에 들어갈 때 입는 옷을 입고 조정에서 들어갈 때 쓰는 관을 쓴 채 진흙탕이나 숯 구덩이에 앉아 있는 것처럼 여겼다. 이처럼 악인을 미워하는 마음을 미루어서 생각하기를, 마을 사람과 함께 서 있을 때에 그 사람이 쓴 관이 바르지 않으면 아무 미련 없이 그곳을 떠나며 마치 자신이 더럽혀질 듯이 여겼다. 그러므로 비록 제후들이 비록 초빙의 글을 훌륭하게 써서 보내와도 받아들이지 않았다. 그가 받아들이지 않은 까닭은 제후에게 나아가는 것을 떳떳하게 여기지 않았기 때문이다.

노나라 대부였던 유하혜(柳下惠)는 더러운 군주라도 부끄럽게 여기지 않고, 작은 관직이라도 하찮게 여기지 않았다. 관직에 나아가서는 자신의 재능을 숨기지 않고 반드시 자신의 도에 따라 일을 처리했다. 군주에게 버림받아 기용되지 않아도 원망하지 않았고, 곤궁한 상황에 처해도 근심하지 않았다. 그래서 '너는 너고 나는 나다. 네가 아무리 내 옆에서 옷을 벗고 알몸을 드러내는 무례한 짓을 한들 네가 어떻게 나를 더럽힐 수 있겠는가?'라고 했던 것이다. 그러므로 태연자약하게 남들과 함께 있으면서도 스스로를 잃어버리지 않았고, 남이 끌어당겨서 만류하면 머물렀다. 남이 끌어당기며 만류하면 머물렀던 까닭은 떠나가는 것을 떳떳하게 여기지 않았기 때문이다."

맹자가 말했다.

"백이는 마음이 좁고 유하혜는 공경스럽지 못했다. 마음이 좁고 공경스럽지 못한 것을 군자는 따르지 않는다."

孟子曰, "伯夷, 非其君不事, 非其友不友. 不立於惡人之朝, 不與惡人言. 立於惡人之朝, 與惡人言, 如以朝衣朝冠, 坐於塗炭. 推惡惡之心, 思與鄕人立, 其冠不正, 望望然去之, 若將浼焉. 是故諸侯雖有善其辭命而至者, 不受也. 不受也者, 是亦不屑就已. 柳下惠不羞汙君, 不卑小官. 進不隱賢, 必以其道. 遺佚而不怨, 阨窮而不憫. 故曰, '爾爲爾, 我爲我. 雖袒裼裸裎於我側, 爾焉能浼我哉?'故由由然與之偕而不自失焉, 援而止之而止. 援而止之而止者, 是亦不屑去已." 孟子曰, "伯夷隘, 柳下惠不恭. 隘與不恭, 君子不由也."

공손추 하

4·1 중요한 것은 사람들 사이의 화합

맹자가 말했다.

"하늘의 때[1]는 땅의 이로움[2]보다 못하고 땅의 이로움은 사람 사이의 화합[人和]보다 못하다.

내성의 둘레가 3리(里)이고 외성의 둘레가 7리인 작은 성을 포위하여 공격해도 이기지 못하는 경우가 있다. 대개 포위하여 공격할 때에는 반드시 유리한 하늘의 때를 얻었을 것이다. 그런데도 이기지 못한 것은 하늘의 때가 땅의 이로움보다 못하기 때문이다.

---

1. 하늘의 때[天時]는 음양가(陰陽家)에서 말하는 간지(干支)에 따른 길흉의 때를 의미하기도 하며, 흐리고 맑거나 춥고 더운 등 공격이나 방어와 관계된 기후적 조건을 의미하기도 한다.
2. '땅의 이로움'[地利]은 높은 성이나 깊은 방어용 인공 수로, 그리고 산과 강 같이 전쟁에 유익한 지리적 조건들을 말한다.

성이 높지 않은 것이 아니고 방어용 수로가 깊지 않은 것이 아니며 병기가 견고하고 예리하지 않은 것이 아니고 군량이 많지 않은 것이 아닌데도, 성을 포기하고 도망가는 경우가 있다. 이것은 땅의 이로움이 사람 사이의 화합보다 못하기 때문이다.

그런 까닭에 백성들의 이동을 제한할 때 영토의 경계에만 의지하여 제한해서는 안되고,[3] 나라를 굳게 방어할 때 험난한 산과 계곡에만 의존하여 방어해서는 안되며, 천하에 위엄을 행사할 때 예리한 병기만 믿고 위엄을 보여서는 안된다. 어진 정치의 도를 얻은 사람에게는 도와주는 자가 많고 어진 정치의 도를 잃은 사람에게는 도와주는 자가 적은 법이다. 도와주는 자가 적은 극단의 경우에는 친척조차도 배반하게 되고, 도와주는 자가 많은 극단의 경우에는 온 천하의 사람들이 그를 따르게 된다.

천하의 사람들이 따르는 역량을 가지고 친척조차 배반하는 대상을 공격하는 까닭에, 군자는 잘 싸우지 않지만 싸우면 이기게 마련이다."

해설

전쟁에서 가장 중요한 요소는 사람들 사이의 화합임을 강조하고 나아가서 통치행위 전반에 있어서도 그러한 화합을 가능하게 하는 것은 옳바른 도에 의한 어진 정치의 실천임을 말하고 있다.

孟子曰, "天時不如地利, 地利不如人和. 三里之城, 七里之郭, 環而攻之而不勝. 夫環而攻之, 必有得天時者矣. 然而不勝者, 是天

---

3. 국경에 관문을 세워서 다른 나라로 빠져나가는 것을 막는 방법으로 백성을 붙들어 매어서는 안된다는 뜻이다.

時不如地利也. 城非不高也, 池非不深也, 兵革非不堅利也, 米粟非
不多也, 委而去之. 是地利不如人和也. 故曰, 域民不以封疆之界,
固國不以山谿之險, 威天下不以兵革之利. 得道者多助, 失道者寡
助. 寡助之至, 親戚畔之, 多助之至, 天下順之. 以天下之所順, 攻
親戚之所畔, 故君子有不戰, 戰必勝矣."

4·2 군주가 함부로 부르지 못하는 신하

맹자가 조회에 나아가 제나라 왕을 알현하려고 하는데, 왕이 사람을
보내서 "과인이 선생을 찾아뵈야 하지만 감기가 들어서 바람을 쐴 수가
없습니다. 아침에 조회에서 뵐까하오니 과인이 선생을 뵐 수 있게 해 주
실지 모르겠습니다"라고 했다.

맹자가 대답했다.

"불행하게 저도 병이 나서 조회에 나갈 수 없습니다."

그 다음날 맹자가 제나라 대부 동곽씨(東郭氏) 집에 문상을 가려 하는
데 공손추가 물었다.

"어제 병을 핑계로 조회에 나가는 것을 거절하시고서 오늘 문상을 가
시는 것은 옳지 못한 것이 아닌지요?"

맹자가 말했다.

"어제는 병이 났지만 오늘은 나았는데 어째서 문상을 못하겠느냐?"

왕이 사람을 보내어 문병을 하게 하고 어의가 찾아왔다.

맹자의 사촌인 맹중자(孟仲子)가 "어제 왕이 부르셨으나 병이 나서 조
회에 나가지 못했습니다. 오늘은 병이 다소 나아서 조정으로 달려가셨

는데, 도착하셨는지 모르겠습니다"고 대답했다. 그리고는 사람을 시켜서 맹자가 돌아오는 길목을 지켰다가 맹자에게 "제발 집으로 돌아오지 마시고 조회에 나가십시오"라고 전하게 했다.

그러자 맹자는 어쩔 수 없어서 대부인 경추씨(京丑氏)의 집으로 가서 묵었다.

경추가 말했다.

"안으로는 부자간의 도리와 밖으로는 군신간의 도리가 사람에게 큰 윤리입니다. 부자간에는 은혜를 위주로 하고 군신간에는 공경을 위주로 하는 법입니다. 저는 왕께서 선생을 공경하는 것은 봤어도 선생께서 왕을 공경하는 것은 보지 못했습니다."

맹자가 말했다.

"아니, 이것이 무슨 말씀이오? 제나라 사람들 중에는 한 사람도 인(仁)과 의(義)의 도리를 가지고 왕과 더불어 말을 하는 이가 없는데, 그것이 어찌 인과 의가 좋지 못한 것이라고 생각해서 그렇게 하는 것이겠소? 그들은 속마음으로 '이 사람과 더불어 어떻게 인의의 도리를 어떻게 말할 수 있겠는가'라고 생각하고 있기에 그렇게 하는 것이니, 불경함이 이보다도 더 큰 것은 없소이다. 그러나 나는 요순의 도가 아니면 감히 왕 앞에서 말씀드리지 않으니, 제나라 사람들 중 누구도 내가 왕을 공경하는 것처럼 하는 이가 없소이다."

경추가 말했다.

"아닙니다. 그것을 가지고 말하는 것이 아닙니다. 예(禮)에 따르면 아버지께서 부르시면 '예'하고 대답하면서 곧장 달려가야지 다른 말을 하며 지체해서는 안되고, 임금이 부르시면 수레가 말에 매어지기를 기다리지 말고 달려가야 한다고 했습니다. 본래 조회에 나가려고 했다가 왕의 명을 듣고서는 도리어 조회에 나가지 않은 것은 아무래도 예에 부합하지 않은 것 같습니다.”

맹자가 말했다.

“아니 그게 무슨 말이오? 증자께서는 ‘진나라와 초나라의 부유함에는 내가 미치지 못한다. 그러나 저들에게 그들의 부유함이 있다면 나에게는 나의 인(仁)이 있고 저들에게 그들의 작위가 있다면 나에게는 나의 의(義)가 있다. 내가 무엇이 저들보다 부족하겠는가?’라고 하셨소. 어찌 증자께서 옳지 않은 것을 말씀했겠소? 이것도 또 하나의 도리인 것이오.

천하에서 공통적으로 존귀한 것이 세 가지가 있는데, 작위가 그 하나이고 나이가 그 하나이며 덕이 그 하나이오. 조정에서는 작위가 제일이며 마을에서는 나이가 제일이고 세상을 돕고 백성을 이끄는 데는 덕이 제일이오. 어떻게 그 세 가지 중에서 하나만을 가지고서 나머지 두 가지를 가진 이를 소홀하게 대할 수 있단 말이오?

그러므로 장차 큰 일을 하려는 군주에게는 반드시 앉아서 부를 수 없는 신하가 있는 법이니, 군주가 큰 일을 도모할 때는 자신이 직접 그에게 가야 하오. 군주가 덕을 존중하고 도를 즐거워함이 이와 같지 않다면 함께 일을 하기에 부족하오.

그런 까닭에 탕왕은 이윤을 대함에 있어서 그에게 배우고 나서 신하로 삼았기에 힘들이지 않고 통일된 천하의 임금이 되었던 것이오. 또 환공(桓公)은 관중을 대함에 있어서 그에게서 배우고 나서 신하로 삼았기에 힘들이지 않고 패자가 되었던 것이오.

이제 천하의 제후들이 영토가 서로 비슷하고 덕도 서로 비슷해서 서로를 능가하지 못하는 것은 다른 이유 때문이 아니라, 자신이 가르칠 만한 사람을 신하로 삼기만 좋아하고, 가르침을 받을 만한 사람을 신하로 삼는 것을 좋아하지 않기 때문이오. 탕왕이 이윤을 대할 때나 환공이 관중을 대할 때에는 함부로 오라고 부르지 않았소. 관중같은 사람조차도 임금이 함부로 부를 수가 없었는데, 하물며 관중같은 사람이 되기를 원하지 않는 나 같은 사람이야 더 말할 나위가 있겠소?"

孟子將朝王, 王使人來曰, "寡人如就見者也, 有寒疾, 不可以風. 朝, 將視朝, 不識可使寡人得見乎?"

對曰, "不幸而有疾, 不能造朝."

明日, 出弔於東郭氏.

公孫丑曰, "昔者, 辭以病, 今日弔, 或者不可乎?"

曰, "昔者疾; 今日愈, 如之何不弔?"

王使人問疾, 醫來.

孟仲子對曰, "昔者, 有王命, 有采薪之憂, 不能造朝. 今病少愈, 趨造於朝, 我不識能至否乎?"

使數人要於路, 曰, "請必無歸, 而造於朝!"

不得已而之景丑氏宿焉.

景子曰, "內則父子, 外則君臣, 人之大倫也. 父子主恩, 君臣主敬. 丑見王之敬子也, 未見所以敬王也."

曰, "惡! 是何言也? 齊人無以仁義與王言者, 豈以仁義爲不美也? 其心曰, '是何足與言仁義也?'云爾, 則不敬莫大乎是. 我非堯舜之道, 不敢以陳於王前, 故齊人莫如我敬王也."

景子曰, "否. 非此之謂也. 禮曰, '父召無諾, 君命召, 不俟駕.'固將朝也, 聞王命而遂不果, 宜與夫禮若不相似然."

曰, "豈謂是與? 曾子曰, '晉楚之富, 不可及也. 彼以其富, 我以吳仁, 彼以其爵, 我以吳義. 吳何慊乎哉?'夫豈不義而曾子言之?
是或一道也. 天下有達尊三, 爵一, 齒一, 德一. 朝廷莫如爵, 鄕黨
莫如齒, 輔世長民莫如德. 惡得有其一, 以慢其二哉? 故將大有爲
之君, 必有所不召之臣. 欲有謀焉, 則就之. 其尊德樂道, 不如是不
足與有爲也. 故湯之於伊尹, 學焉而後臣之, 故不勞而王. 桓公之於
管仲, 學焉而後臣之, 故不勞而霸. 今天下地醜德齊, 莫能相尙, 無
他, 好臣其所敎, 而不好臣其所受敎. 湯之於伊尹, 桓公之於管仲,
則不敢召. 管仲且猶不可召, 而況不爲管仲者乎?"

4·3 선물과 뇌물의 차이

제자인 진진(陳臻)이 물었다.

"지난 날에 제나라에 계실 때에 왕이 품질 좋은 황금 백 일[4]을 선물로
보냈는데 받지 않으셨지만, 송나라에 계실 때에는 칠십 일을 선물로 보
내자 받으셨고 설나라에 계실 때는 오십 일을 보내오자 받으셨습니다.
지난 날에 받지 않으신 것이 옳다면 오늘날 받으신 것은 잘못이고, 오늘
날 받으신 것이 옳다면 지난 날 받지 않으신 것은 잘못입니다. 선생님께
서는 틀림없이 이 두 가지 잘못 가운데 하나에는 해당되십니다."

맹자가 말했다.

"전부 옳다. 송나라에 있을 때에는 내가 장차 먼 길을 떠나려던 참이
었다. 먼 길을 떠나는 사람에게는 반드시 노자를 주는 법이다. 송나라

---

4. 일(鎰)은 무게를 세는 단위로 1일은 2양(兩)에 해당된다고 한다.

임금이 '노자로 주는 것입니다'고 하는데 내 어찌 받지 않을 수 있었겠느냐? 설나라에 있을 때에는 내가 신변의 위험을 경계하는 마음이 있었다. 설나라 임금이 '신변의 위험을 경계하고 계신다는 말을 들었으므로 경호할 사람을 구하는데 쓰도록 보냅니다'고 하는데 내 어찌 받지 않을 수 있었겠느냐? 제나라에 있었던 때에는 이러한 사유가 없었다. 아무런 사유도 없이 황금을 보내주는 것은 뇌물로 나를 매수하려는 것이다. 군자가 어찌 뇌물에 매수될 수 있겠느냐?"

陳臻問曰, "前日於齊, 王餽兼金一百而不受, 於宋, 餽七十鎰而受, 於薛, 餽伍十鎰而受. 前日之不受是, 則今日之受非也. 今日之受是, 則前日之不受非也. 夫子必居一於此矣."

孟子曰, "皆是也. 當在宋也, 予將有遠行. 行者必以贐. 辭曰, '餽贐,' 予何爲不受? 當在薛也, 予有戒心. 辭曰, '聞戒, 故爲兵餽之', 予何爲不受? 若於齊, 則未有處也. 無處而餽之, 是貨之也. 焉有君子而可以貨取乎?"

4·4 정치와 목축의 비유

맹자가 제나라 변경의 평륙(平陸)지방에 가서 그곳의 대부인 공거심(孔距心)에게 물었다.

"만약 창을 든 당신의 병사가 하루 동안 세 번씩이나 대오를 이탈한다면 처벌하겠소, 그대로 두겠소?"

대부가 대답했다.

"세 번까지 기다리지 않을 것입니다."

맹자가 말했다.

"그렇다면 당신도 대오에서 이탈한 적이 많았소. 흉년으로 기근이 든 해에 당신의 백성들로서 노약자들 중에 굶어 죽어서 도랑에 구르고 장정들 중 흩어져 사방으로 떠나간 사람이 거의 천 명이나 되었소."

대부가 대답했다.

"그것은 제 능력으로 어떻게 할 수 있는 일이 아니었습니다."

맹자가 말했다.

"만약 남의 소와 양을 받아서 길러 주기로 한 사람이 있다고 한다면, 그 사람은 반드시 소와 양을 위해서 목장과 목초를 구해야 하오. 만약 목장과 목초를 구해도 얻지 못할 경우, 소와 양을 원래 주인에게 돌려주어야 하겠소, 아니면 가만히 서서 소와 양이 죽어가는 것을 보고 있어야 하겠소?"

대부가 말했다.

"이것은 저의 죄입니다."

후에 맹자가 왕을 알현하고서 "신은 왕의 도성을 다스리는 자 중에 다섯 명을 알고 있는데, 자신의 죄를 알고 있는 사람은 공거심뿐이었습니다"며 왕에게 알려주었다.

그러자 왕이 말했다.

"이것은 과인의 죄입니다."

孟子之平陸, 謂其大夫曰, "子之持戟之士, 一日而三失伍, 則去之否乎?"

曰, "不待三."

"然則子之失伍也, 亦多矣. 凶年饑歲, 子之民, 老羸轉於溝壑, 壯者散而之四方者, 幾千人矣."

曰, "此非距心之所得爲也."

曰, "今有受人之牛羊而爲之牧之者, 則必爲之求牧與芻矣. 求牧與芻而不得, 則反諸其人乎? 抑亦立而視其死與?"

曰, "此則距心之罪也."

他日, 見於王曰, "王之爲都者, 臣知伍人焉, 知其罪者, 惟孔距心." 爲王誦之.

王曰, "此則寡人之罪也."

4·5 직책을 맡은 자와 그렇지 않은 자의 차이

맹자가 대부인 지와(蚳鼃)에게 말했다.

"그대가 영구(靈丘) 땅의 지방관 자리를 사양하고 사사(士師)[5]가 되기를 청했던 것이 합당해 보였던 것은, 왕에게 간언을 할 수 있기 때문이다. 이제 사사가 된 지 벌써 수개월이 지났는데도 왜 아직 왕에게 진언을 하지 않는 것인가?"

지와가 그 말을 듣고 왕에게 간언했으나 받아들여지지 않자 관직을 사양하고 떠나 버렸다. 그러자 제나라 사람들이 "맹자가 지와를 위해서 한 일은 잘한 것이다. 그러나 정작 그 자신을 위해서는 어떻게 하는지

---

5. 법을 관장하는 사법관으로 형벌이 올바로 시행되지 않을 때 임금에게 간언을 해서 그것을 시정하도록 하는 일도 겸하고 있다.

우리는 모르겠다"[6]고 했다.

맹자의 제자인 공도자(公都子)가 그 말을 아뢰자 맹자는 다음과 같이 말했다.

"내가 들은 바로는 관직을 맡은 사람은 자기 직책을 완수할 길이 없으면 떠나고, 간언의 책임을 맡은 사람은 간언이 받아들여지지 않으면 떠난다고 했다. 나는 일정한 직책을 맡은 것도 없고 진언할 책임도 없으니, 내가 나아가고 물러남에 있어서 어찌 넉넉히 여유가 있지 않겠는가?"

孟子謂蚳鼃曰, "子之辭靈丘而請士師, 似也, 爲其可以言也. 今旣數月矣, 未可以言與?"

蚳鼃諫於王而不用, 致爲臣而去.

齊人曰, "所以爲蚳鼃, 則善矣. 所以自爲, 則吾不知也."

公都子以告. 曰, "吾聞之也. 有官守者, 不得其職則去, 有言責者, 不得其言則去. 我無官守, 我無言責也, 則吾進退, 豈不綽綽然有餘裕哉?"

---

6. 이 문장은 맹자에 대한 힐난의 말이다. 즉 맹자가 지와에게 직책에 충실하도록 충고한 것은 잘 한 일이지만, 정작 그 자신은 자신의 도가 실행되지 않는데도 거취를 분명히 하지 않고 왕 주변에 머물고 있는 것을 이해할 수 없다는 뜻이다.

4·6 등나라에 문상을 간 맹자

맹자가 제나라의 객경[7]으로 있을 때 등나라 문공(文公)의 문상을 갔는데, 왕이 개(蓋) 땅의 대부인 왕환(王驩)[8]에게 맹자를 수행하게 하였다. 왕환이 아침저녁으로 맹자를 만났지만, 제나라와 등나라 사이의 길을 갔다가 돌아올 때까지 맹자는 왕환과 공무에 대해서 한 마디로 말하지 않았다.

공손추가 물었다.

"제나라 객경의 지위가 작은 것이 아니고 제나라와 등나라 사이의 거리가 가까운 것도 아닙니다. 그런데 갔다가 돌아오실 때까지 그와 공무에 대해 한 마디도 말씀하시지 않은 까닭이 무엇입니까?"

맹자가 대답했다.

"이미 어떤 자가 제멋대로 다 처리했는데 내가 무슨 말을 하겠느냐?"

해설

왕환은 왕의 총애를 믿고 수행원의 직분을 넘어서서 안하무인의 행동을 했던 것이다. 맹자는 그의 그러한 오만한 태도를 싫어하여 공무인 문상과 관련한 한 마디 말도 나누지 않았다. 맹자의 '깐깐한' 성격을 짐작하게 하는 내용이다. 「이루 하」(8·27)에도 왕환의 인물됨에 대한 비판적

---

7. 객경(客卿)은 다른 나라에서 와서 빈객으로 머물면서 제후의 자문에 응하는 형식으로 국정을 보좌하는 자리를 말한다.
8. 제나라 왕의 총애를 받던 신하로 당시 개 땅의 장관[邑宰]으로 있었다. 왕환에 대한 기록은 「이루 하」(8·27)에도 보인다.

인 평가가 실려있다.

孟子爲卿於齊, 出弔於滕, 王使蓋大夫王驩爲輔行. 王驩朝暮見,
反齊滕之路, 未嘗與之言行事也.

公孫丑曰, "齊卿之位, 不爲小矣, 齊滕之路, 不爲近矣. 反之而
未嘗與言行事, 何也?"

曰, "夫旣或治之, 予何言哉?"

4·7 군자는 어버이에게 인색하지 않다

맹자가 제나라에서 노나라로 가서 어머니의 장례[9]를 치르고 제나라
로 돌아오다가 영(嬴) 땅에서 유숙했다.

제자인 충우(充虞)가 물었다.

"저번에 저의 변변치 못함을 알지 못하시고 저에게 관을 마련하는 일
을 맡아보게 하셨습니다. 당시에는 일이 급했던지라 제가 감히 여쭈어
보지 못했습니다. 이제 여쭙습니다만, 관으로 쓴 재목이 너무 좋았던 것
은 아니었는지요?"

맹자가 대답했다.

"먼 옛날에는 내관과 외관을 쓰는 데 정해진 두께가 없었다. 세월이

---

9. 이 장례는 맹자 어머니의 상을 가리킨다. 맹자가 제나라에 객경으로 있을
    당시 모시고 있던 어머니의 상을 당하자 선영이 있는 노나라에 가서 장사를
    지냈다.

좀 지나고 나서야 내관을 7촌(寸)으로 하고 외관도 그에 맞추어서 썼다. 천자로부터 일반 평민에 이르기까지 동일하였는데, 이것은 단지 보기에 좋게 하기 위해서가 아니라 그렇게 한 후에라야 장사지내는 이의 마음을 극진하게 할 수 있었기 때문이다.

법제로 인해 그렇게 할 수 없어도 마음이 흡족할 수 없었고, 재력이 없어서 그렇게 할 수 없어도 마음이 흡족할 수 없었다. 법제로도 그렇게 할 수 있고 재력도 그렇게 할 수 있는 경우 옛사람들도 모두 그렇게 사용했는데, 어찌 나만 그렇게 하지 못하겠는가? 또 돌아가신 부모님을 위해서 흙이 살갗에 닿지 않게 한다면 자식된 사람의 마음이 어찌 흡족하지 않겠는가? 내가 듣기로는 군자는 어떤 경우에도 어버이에게 인색하게 하지 않는다고 했다."

孟子自齊葬於魯, 反於齊, 止於嬴.

充虞請曰, "前日, 不知虞之不肖, 使虞敦匠事. 嚴, 虞不敢請. 今願竊有請也, 木若以美然."

曰, "古者, 棺槨無度, 中古, 棺七寸, 槨稱之. 自天子達於庶人, 非直爲觀美也, 然後盡而人心. 不得, 不可以爲悅, 無財, 不可以爲悅. 得之爲有財, 古之人皆用之, 吾何爲獨不然? 且比化者, 無使土親膚, 於人心獨無恔乎? 吾聞之也, 君子不以天下儉其親."

4·8 천명을 받은 자만이 정벌을 할 수 있다

심동(沈同)이 개인적으로 맹자에게 "연나라를 쳐도 될까요?"라고 묻자 맹자는 다음과 같이 대답했다.

"쳐도 되오. 연나라 왕 자쾌(子噲)는 다른 사람에게 연나라를 넘겨 줘서는 안되었고, 연나라 재상인 자지(子之)도 연나라를 자쾌에게서 받아서는 안되었소. 만약 여기에 한 관리가 있는데, 당신이 그를 좋아한다고 해서 왕에게 아뢰지도 않고 사사로이 당신의 봉록과 작위를 그에게 주고, 그 사람 역시 왕의 명령도 없이 사사로이 당신으로부터 그것을 받는다면, 그 일이 옳은 일이겠소? 자쾌가 자지에게 사사로이 연나라를 넘겨 준 것이 어찌 이것과 다르겠소?"

제나라 사람이 연나라를 쳤다.

어떤 사람이 맹자에게 물었다.

"선생이 제나라에게 연나라를 치도록 권했다고 하는데, 그것이 사실입니까?"

맹자가 대답했다.

"아니다. 심동이 '연나라를 쳐도 되는지요?'라고 묻기에 내가 응수하기를 '됩니다'고 하자 그렇게 연나라를 친 것이다. 그가 만일 '누가 연나라를 칠 수 있습니까?'라고 물었다면 나는 '하늘의 뜻을 대신해서 다스리는 사람[10]이라면 칠 수 있다'고 했을 것이다.

만약 살인자가 있는데 어떤 사람이 '저 사람을 죽여도 되는가?'라고 묻는다면 나는 '된다'고 할 것이다. 그 사람이 만일 '누가 그를 죽일 수 있는가?'라고 묻는다면 나는 응수하기를 '사사(士師)의 직책에 있는 사

---

10. 원문은 '천리'(天吏)이다. 하늘의 뜻을 대신해서 다스리는 자라는 의미이다. 그것은 결국 천명을 받은 자를 말한다. 맹자는 천명을 받기 위해서는 덕을 지녀서 백성의 마음을 얻어야 한다고 했다.

람이면 죽일 수 있다'고 할 것이다. 그러나 지금의 경우는 연나라가 연나라를 치는 격인데 무엇 때문에 내가 치라고 권했겠는가?"

해설

맹자는 영토를 확장하고 백성을 확보해 군주의 야욕을 충족시키려는 당시의 침략전쟁에 적극적으로 반대한 반전론자였다. 그러나 그도 덕이 있는 군주가 이웃 나라의 백성들을 학정에서 구하기 위해 행하는 해방전쟁의 필요성은 인정한다. 즉, 전쟁은 도덕적 우위에 있는 제후만이 행할 수 있고 그러한 전쟁은 이웃 나라의 재물이나 생명을 빼앗지 않고 단지 군주를 갈아치우고 폭정에 시달린 백성들을 위로하는 것이어야 한다.

그런데 당시 제나라는 연나라를 정벌하고 나서 연나라의 장로들을 죽이고 청년들을 포로로 끌고 왔으며 재물을 약탈하고 종묘를 헐어버렸다. 그것은 맹자가 주장한 해방전쟁이 아니라 침략전쟁이었다. 본문의 내용대로 맹자는 제나라의 대부인 심동의 자문에 응해서 연나라를 쳐도 된다고 했으므로 결과적으로 침략전쟁을 부추킨 책임을 면할 길이 없게 되었다.

그러나 여기서 맹자는 그의 뛰어난 변론 솜씨와 해방전쟁론으로 자신의 책임을 부인한다. 즉 자신은 어디까지나 연나라를 쳐야한다고 했을 뿐 제나라가 쳐도 된다고 한 적은 없다는 것이다. 제나라가 연나라를 친 것은 '연나라가 연나라를 친' 것, 즉 무도한 연나라를 똑같이 무도한 나라가 친 것이고 자신은 그러한 전쟁을 권한 적이 없다는 것이다.

제나라가 연나라를 친 일에 관한 기록은 「양혜왕 하」(2·10, 2·11)에도 나온다.

沈同以其私問曰, "燕可伐與?"

孟子曰, "可. 子噲不得與人燕, 子之不得受燕於子噲. 有仕於此, 而子悅之, 不告於王, 而私與之吳子之祿爵, 夫士也, 亦無王命而私受之於子, 則可乎? 何以異於是?"

齊人伐燕. 或問曰, "勸齊伐燕, 有諸?"

曰, "未也. 沈同問, '燕可伐與?' 吳應之曰, '可', 彼然而伐之也. 彼如曰, '孰可以伐之?' 則將應之曰, '爲天吏, 則可以伐之.' 今有殺人者, 或問之曰, '人可殺與?' 則將應之曰, '可.' 彼如曰, '孰可以殺之?' 則將應之曰, '爲士師, 則可以殺之.' 今以燕伐燕, 何爲勸之哉?"

4·9 옛날의 군자와 오늘날의 군자

연나라 사람들이 반란을 일으켰다.

제나라 왕이 말했다.

"나는 맹자를 보기가 너무 부끄럽다."[11]

대부의 진가(陳賈)가 말했다.

"왕께서는 걱정하지 마십시오. 왕께서는 왕과 주공(周公) 중에서 누가

---

11. 이 문장은 맹자의 충고를 따르지 않은 것을 후회하는 말이다. 전에 제나라가 연나라를 치고 나서 연의 백성을 죽이고 약탈한 적이 있다. 당시 맹자가 제나라 왕에게 포로들을 돌려 보내고 재물을 약탈하는 것을 멈추고 새로운 군주를 세운 후 은나라에서 물러나올 것을 건의했지만 왕은 듣지 않았다. 그 결과 지금 연나라 백성들이 원한을 품고 태자인 평(平)을 제후로 옹립하고서 제나라에 대한 저항을 시도한 것이다.

더 어질고 지혜롭다고 생각하십니까?"라고 했다.

왕이 말했다.

"아니 그게 무슨 말인가?"

진가가 말했다.

"주공이 관숙(管叔)에게 은나라를 감독하게 하였는데, 관숙이 은나라 유민들을 거느리고 반란을 일으켰습니다.[12] 주공이 관숙이 그럴 줄 알았으면서도 은나라를 감독하게 했다면 그것은 어질지 못한 것이고,[13] 그럴 줄 모르고 은나라를 감독하게 했다면 그것은 지혜롭지 못한 것입니다. 어짊과 지혜로움에 있어서 주공과 같은 분조차 완전하지 못함이 있었는데 하물며 왕과 같은 분은 어떻겠습니까? 제가 맹자를 만나서 해명하겠습니다."

진가가 맹자를 뵙고 물었다.

"주공은 어떤 사람입니까?"

맹자가 대답했다.

"옛날의 성인입니다."

진가가 물었다.

"주공이 관숙에게 은나라를 감독하게 하자 관숙은 은나라 유민들을

---

12. 무왕이 은나라를 쳐서 천하를 얻은 후 주왕의 아들 무경(武庚)으로 은나라의 후사를 잇게 하고 관숙(管叔)을 비롯한 형제들을 파견하여 은나라의 유민들을 다스리게 하였다. 그런데 무왕이 죽은 후 어린 아들인 성왕(成王)이 제위에 오르자 주공이 섭정을 하였다. 그러자 관숙을 비롯한 주공의 형제들은 무경과 은나라의 유민들을 부추겨 반란을 일으켰다.

13. 주공이 형인 관숙이 반란을 일으킬 것을 알았으면서도 은나라 지역을 감독하게 한 것이라면 빌미를 만들어서 형을 제거하려 한 것이므로 어질지 못한 행동이었다는 것이다.

부추겨서 반란을 일으켰다고 하는데, 그런 사실이 있습니까?"

맹자가 대답했다.

"그렇습니다."

진가가 물었다.

"주공은 관숙이 반란을 일으킬 줄 미리 알면서도 그에게 은의 유민을 감독하게 했습니까?"

맹자가 대답했다.

"알지 못했습니다."

또 진가가 물었다.

"그렇다면 성인도 잘못을 범하는 일이 있습니까?"

맹자가 대답했다.

"주공은 동생이고 관숙은 형이었으니, 주공이 당연히 그러한 잘못을 범할 만도 하지 않겠습니까?[14] 또 옛날의 군자[15]는 잘못이 있으면 고쳤는데, 오늘날의 군자는 잘못이 있어도 그대로 밀고 나갑니다. 옛날의 군자의 경우 그의 잘못이 일식이나 월식과 같아서 사람들이 모두 그것을 그것을 알아 차렸고 그가 잘못을 고치면 백성들이 모두 우러러보았습니다. 오늘날의 군자는 잘못을 밀고 나갈 뿐 아니라 그것을 변명하기까지 합니다."

燕人畔. 王曰, "吾甚慙於孟子."

---

14. 관숙이 반란을 일으킬 것을 알지 못하고 은의 유민을 감독하는 자리에 있게 한 것은 주공의 잘못이지만, 아우의 입장에서 형이 차마 반란을 일으키리라고는 의심하지 않은 것은 당연하지 않느냐는 말이다.

15. 『맹자』에서 '군자'는 대체로 두 가지 의미로 쓰인다. 하나는 통치자를 가리키는 것이고 다른 하나는 도덕적 인격[덕]을 갖춘 사람을 가리킨다. 여기서 말하는 '군자'는 첫번째의 의미이다.

陳賈曰, "王無患焉. 王自以爲與周公, 孰仁且智?"

王曰, "惡! 是何言也?"

曰, "周公使管叔監殷, 管叔以殷畔. 知而使之, 是不仁也, 不知而使之, 是不智也. 仁智, 周公未之盡也, 而況於王乎? 賈請見而解之."

見孟子問曰, "周公何人也?"

曰, "古聖人也."

曰, "使管叔監殷. 管叔以殷畔也, 有諸?"

曰, "然."

曰, "周公知其將畔而使之與?"

曰, "不知也."

"然則聖人, 且有過與?"

曰, "周公, 弟也, 管叔, 兄也, 周公之過, 不亦宜乎? 且古之君子, 過則改之, 今之君子, 過則順之. 古之君子, 其過也, 如日月之食, 民皆見之, 及其更也, 民皆仰之. 今之君子, 豈徒順之? 又從而爲之辭."

4·10 이익을 농단함

맹자가 객경(客卿)의 자리에서 물러나 고향으로 돌아가려고 했다. 왕이 가서 맹자를 만나고서 말했다.

"예전부터 선생을 뵙기를 바랐으면서도 그렇게 하지 못하다가 선생을 모셔 함께 조정에 있게 되어 매우 기뻤습니다. 그런데 이제 과인을 버리고 돌아가신다니, 앞으로도 계속 뵐 수 있을런지요?"

맹자가 대답했다.

"감히 그렇게 해달라고 청하지는 못하지만 진정 제가 바라는 바입니다."

훗날에 왕이 신하인 시자(時子)에게 말했다.

"나는 나라의 한 가운데[16]에다 맹자의 집을 마련해 주고 만종[17]의 녹을 지급해 제자들을 기르게 하며, 여러 대부와 나라 사람들이 모두 맹자를 존경하고 본받게 하려고 한다. 그대는 어째서 나를 위해 맹자에게 그 말을 해주지 않는가?"

시자는 진진을 통해 맹자에게 알리게 했고, 진진은 시자의 말을 맹자에게 아뢰었다.

맹자가 말했다.

"그런가? 시자같은 자가 어찌 그것이 안될 일이라는 것을 알겠는가? 가령 내가 부유해지기를 원했다면 십만 종의 녹을 사양하고서 만종의 녹을 받는 것이 부유해지기를 원하는 것이겠는가?[18] 계손(季孫)이 이런 말을 했다. '자숙의(子叔疑)는 정말 이상하구나. 자신이 정사를 맡아 행

---

16. 여기서 나라의 한 가운데 중국(中國)이란 제나라의 수도인 임치(臨淄)를 가리킨다.

17. 종(鍾)은 곡물의 양을 재는 단위이다. 일종은 여섯 섬 네 되[六石四斗]이므로, 만 종은 육만 사천 섬이고, 오늘날의 단위로 환산하면 약 일만 사천 섬에 해당된다. 참고로 만 종의 곡식은 당시 맹자가 객경의 직책에 있을 때 받은 1년치의 녹이다.

18. 이 문장은 자신은 결코 부귀를 추구하는 사람이 아님을 강조하기 위한 우회적인 표현이다. 즉, 왕은 내가 부귀를 원하는 것으로 생각하고 이런 제안을 하지만, 설사 부귀를 추구하는 사람이라 하더라도 객경의 직책에 오랫 동안 있을 경우 얻을 십만 종의 녹을 포기하고서 지금 만 종의 녹을 받겠는가 하는 말이다.

하려고 했다가 자신의 의견이 채택되지 않으면 그만 두어야 하는데도, 또 자기 제자들을 경(卿)이 되게 하는구나. 사람이 누군들 부귀해지기를 원하지 않겠는가마는 유독 부귀 가운데서 높은 곳[19]을 혼자 차지하려는 자가 있다.'

옛날에 시장에서 교역하는 것은, 자신이 가지고 있는 물건을 가지고 와서 자기가 가지고 있지 않은 물건과 맞바꾸는 것이었고, 시장을 맡은 관리는 그것을 감독할 뿐이었다. 그런데 한 천한 사내가 있어서 반드시 사방이 훤히 보이는 높은 곳[龍斷]을 찾아 올라가서는 좌우로 둘러보고서 시장의 이익을 그물질 하듯 싹 거둬가버리니 사람들이 모두 그를 천하게 여겼다. 그래서 그러한 행위에 대해 세금을 징수하였다. 시장에서의 교역에 대한 세금의 징수는 이 천한 사내로부터 시작되었던 것이다."

孟子致爲臣而歸. 王就見孟子, 曰, "前日, 願見而不可得, 得侍, 同朝甚喜. 今又棄寡人而歸, 不識可以繼此而得見乎?"

對曰, "不敢請耳, 固所願也."

他日, 王謂時子曰, "我欲中國而授孟子室, 養弟子以萬鍾, 使諸大夫國人, 皆有所矜式. 子盍爲我言之?"

時子因陳子而以告孟子, 陳子以時子之言告孟子.

孟子曰, "然. 夫時子惡知其不可也? 如使予欲富, 辭十萬而受萬, 是爲欲富乎? 季孫曰, '異哉, 子叔疑! 使己爲政, 不用, 則亦已矣,

---

19. 원문은 '농단'(龍斷)으로, 언덕이 올라가다 딱 끊겨서 생긴 높은 곳을 가리키는 말이다. 현재는 '혼자서 이익을 독차지한다'는 의미로 쓰이고 있다. 이런 의미로 전화된 유래를 본 절에서도 볼 수 있다.

又使其子弟爲卿. 人亦孰不欲富貴? 而獨於富貴之中, 有私龍斷焉.'
古之爲市也, 以其所有, 易其所無者, 有司者治之耳. 有賤丈夫焉.
必求龍斷而登之, 以左右望, 而罔市利, 人皆以爲賤. 故從而征之.
征商, 自此賤丈夫始矣."

4·11 군주가 현자를 대하는 태도

맹자가 제나라를 떠날 때에 주[20]읍에서 유숙했다. 왕을 위해서 맹자
가 떠나가는 것을 만류하려는 사람이 자리에 앉아서 말을 했다. 그런데
맹자는 응대하지 않고 안석〔几〕에 기대어 누워 버렸다.

그러자 그 사람이 불쾌해하며 말했다.

"제가 하루 동안 재계하고 나서 감히 말씀을 드리는데, 선생님께서는
누워 버리시고 들어주지 않으시니 다시는 뵙지 않겠습니다."

맹자가 말했다.

"앉게나. 내 그대에게 분명하게 알려 주겠다. 옛날에 노나라 목공(穆
公)은 공자의 손자인 자사(子思)를 대우함에 있어서 자사 곁에 자신의 마
음을 전할 사람이 없으면 자사를 편안하게 해주지 못한다고 생각했고,

---

20. 주(晝)는 제나라 수도인 임치에서 가까운 서남쪽에 있었던 읍이다. 맹자는
자신의 정치적 이념인 왕도정치가 받아들여지지 않자 제나라를 떠나던 길이
었다. 이곳은 맹자의 고국인 추나라로 가는 길에 반드시 거쳐야 하는 곳이기
때문이기도 했지만, 바로 다음(4·12)에서 밝히고 있듯이 제나라 선왕이 맹
자가 주장하는 왕도정치를 시행하기로 마음을 고쳐먹고 자신을 다시 불러
주기를 기대했기 때문에, 수도에서 멀지 않은 이 곳에서 유숙한 것이다.

설류[21]와 신상(申詳)같은 현자들은 목공 주변에 자신의 뜻을 전해 줄 사람이 없으면 스스로 편안하게 여기지 못했다. 그대가 나를 위해 염려해 주었지만 목공이 자사를 대우한 것에는 미치지 못했다. 그렇다면 그대가 나를 거부한 것인가, 내가 그대를 거부한 것인가?"

孟子去齊, 宿於晝. 有欲爲王留行者, 坐而言. 不應, 隱几而臥.
客不悅曰, "弟子齊宿而後敢言, 夫子臥而不聽. 請勿復敢見矣."
曰, "坐! 我明語子. 昔者, 魯繆公無人乎子思之側, 則不能安子思, 泄柳申詳, 無人乎繆公之側, 則不能安其身. 子爲長者慮, 而不及子思. 子絶長者乎? 長者絶子乎?"

4·12 맹자가 제나라를 떠남에 지체했던 이유

맹자가 제나라를 떠났다. 제나라 사람인 윤사(尹士)가 사람들에게 말했다.

"맹자가 왕이 탕왕이나 무왕과 같은 사람이 될 수 없다는 것을 몰랐다면 그것은 현명하지 못했던 것이고, 그것이 불가능할 것임을 알았으면서도 제나라에 왔었다면 그것은 왕이 주는 녹을 바랐던 것이다. 천리의 먼 길을 와서 왕을 만나보고 서로 뜻이 맞지 않아서 떠나면서도 주읍에서 사흘이나 묵고 난 후 주읍을 떠났으니, 어째서 이렇게도 지체한단

---

21. 설류(泄柳)는 노나라 목공 때의 현자이다. 「고자 하」(12·6)에 나오는 자류(子柳)와 같은 사람이다.

말인가? 나로서는 그 점이 못마땅하다."

맹자의 제자인 고자(高子)가 그 말을 맹자에게 아뢰었다.

맹자가 말했다.

"윤사가 어떻게 나를 이해하겠느냐? 천리 길을 찾아와서 왕을 만났던 것은 내가 원해서 그렇게 한 것이었지만, 뜻이 맞지 않아서 떠나는 것이 어찌 내가 원해서 그렇게 한 것이겠느냐? 나로선 어쩔 수 없어서 그렇게 한 것이다.

내가 주읍에서 사흘을 유숙하고서 떠났지만, 내 마음으로는 그것도 오히려 서둘렀던 것이라고 생각한다. 그것은 왕께서 행여나 마음을 고쳐먹지 않을까, 만일 왕께서 마음을 고쳐먹는다면 반드시 나를 다시 부르실 것이라고 생각했기 때문이다. 그런데 주읍을 떠나는데도 왕께서 나를 만류하러 좇아오지 않자 그제서야 꺼리낌 없이 떠날 마음을 가지게 된 것이다. 내 비록 그렇다 하더라도 어떻게 왕을 저버릴 수야 있겠는가?

왕은 그래도 선을 실천할 만한 분이다. 그런 왕께서 만일 나를 기용하신다면 어찌 제나라 백성들만이 편안하게 될 뿐이겠는가? 천하의 백성들이 모두 편안하게 될 것이다. 왕께서 행여나 생각을 고치실 것을 나는 매일같이 바라고 있다. 내가 어떻게 이같은 못난 사내처럼 굴겠는가? 왕에게 간언했지만 받아들여지지 않았다고 해서 버럭 성을 내며 화난 얼굴을 하고, 떠나갈 때는 하루안에 쓸 수 있는 힘을 다써 갈 데까지 간 후에 유숙하는 따위의 행동을 하겠는가?"

윤사가 그 말을 듣고는 말했다.

"나야말로 진정 소인이구나."

孟子去齊. 尹士語人曰, "不識王之不可以爲湯武, 則是不明也, 識其不可, 然且至, 則是干澤也. 千里而見王, 不遇故去, 三宿而後 出晝, 是何濡滯也? 士則玆不悅."

高子以告. 曰, "夫尹士惡知予哉? 千里而見王, 是予所欲也, 不遇 故去, 豈予所欲哉? 予不得已也. 予三宿而出晝, 於予心猶以爲速. 王庶幾改之. 王如改諸, 則必反予. 夫出晝而王不予追也, 予然後浩 然有歸志. 予雖然, 豈舍王哉? 王由足用爲善. 王如用予, 則豈徒齊民 安? 天下之民擧安. 王庶幾改之, 予日望之. 予豈若是小丈夫然哉? 諫於其君而不受, 則怒, 悻悻然見於其面, 去則窮日之力而後宿哉?"

尹士聞之曰, "士誠小人也."

4·13 그 때도 한 시기이고 지금도 한 시기

맹자가 제나라를 떠날 때 충우[22]가 길을 가는 중에 물었다.

"선생님의 안색이 유쾌해 보이지 않습니다. 전에 제가 선생님께 '군 자는 하늘을 원망하지 않고 남을 탓하지 않는다'[23]고 들었습니다."

맹자가 말했다.

"그 때도 한 시기이고 지금도 한 시기이다. 오백 년 마다 반드시 훌륭한 임금이 나타났고 그 사이에는 반드시 세상에 이름을 떨친 인물들이 있었

---

22. 충우(充虞)는 맹자의 제자이다. 「공손추 하」(4·7)에 맹자 어머니의 상례에서 관을 준비하는 책임을 맡은 제자로 나온다.

23. 이 구절은 원래 『논어』 「헌문」에 나오는 공자의 말이다.

다. 주나라 이래로 칠백년년이 지났으니 그 수를 가지고 본다면 오백년은 훨씬 지났고, 시대적 추세를 가지고 보더라도 훌륭한 임금이 일어날 만하다. 하늘은 아직 천하를 평화롭게 다스리려고 하지 않아서 그렇지, 만일 천하를 평화롭게 다스리려 한다면 오늘날의 세상에서 나 말고 누가 그렇게 하겠는가? 그런데 내가 무엇때문에 유쾌해하지 않겠느냐?"

해설

맹자는 제나라에서 자신의 이념을 실현할 가능성을 보았기에 객경(客卿)의 지위에 있으면서 제나라 왕을 왕도정치로 이끌려는 노력을 기울였다. 그러나 끝내 왕은 맹자가 바라던 길로 나아가지 않았으므로 맹자는 제나라를 떠나가던 길이었다. 제나라를 떠나면서도 제나라 왕이 마음을 고쳐먹고 자신을 불러주기를 기대했지만 그런 기대도 역시 실현되지 않았다. 그런 과정에서 제자인 충우는 맹자의 얼굴에서 좌절과 원망의 기미를 읽고서 '평소에 선생님이 가르쳐 주시던 것과 지금 선생님의 태도는 일치하지 않으신 것 같습니다'는 힐난하는 투의 질문을 던진 것이다. 맹자도 인간이기에 이상과 현실의 괴리로 인해 번뇌하고 실망하면서도 역사에 대한 관찰을 통해 얻은 낙관적 신념과 자신이 진 시대적 책임을 다잡으려는 모습이 보인다.

孟子去齊, 充虞路問曰, "夫子若有不豫色然. 前日, 虞聞諸夫子曰, '君子不怨天, 不尤人.'"

曰, "彼一時, 此一時也. 伍百年必有王者興, 其間必有名世者. 由周而來, 七百有餘世矣, 以其數則過矣, 以其時考之則可矣. 夫天未欲平治天下也, 如欲平治天下, 當今之世, 舍我其誰也? 吾何爲不豫哉?"

4·14 벼슬하면서도 녹을 받지 않은 이유

맹자가 제나라를 떠나서 추나라로 가면서 휴(休) 땅에 머물렀다. 공손 추가 물었다.

"벼슬하면서도 녹을 받지 않는 것이 옛날의 법도였습니까?"

맹자가 말했다.

"그렇지 않다. 숭(崇) 땅에서 내가 제나라 왕을 뵈었는데, 물러나오면 서 제나라를 떠날 생각을 했고 내 생각을 바꾸고 싶지 않았으므로 녹을 받지 않았던 것이다. 그런데 제나라에는 전쟁 상황이 연이어 계속되었 으므로 떠나겠다는 말을 못했을 뿐이다. 제나라에 오래 머물렀던 것은 나의 본의가 아니었다."

孟子去齊居休, 公孫丑問曰, "仕而不受祿, 古之道乎?"

曰, "非也. 於崇, 吾得見王, 退而有去志, 不欲變, 故不受也. 繼 而有師命, 不可以請. 久於齊, 非我志也."

등문공 상

5·1 성인과 우리는 다르지 않다

등나라의 문공(文公)이 세자로 있을 때, 초나라에 가다가 송나라를 지나면서 맹자를 만났다. 그 때 맹자는 문공에게 사람의 본성이 선하다는 것을 말했는데, 말할 때마다 요임금과 순임금을 거론했다. 세자가 초나라에서 돌아오다가 다시 맹자를 만났다. 맹자가 말했다.

"세자께서는 제 말을 의심합니까? 무릇 길은 하나일 뿐입니다. 성간(成覵)이라는 사람은 제나라 경공에게 '성인도 사나이이고 나도 사나이인데, 내가 무엇 때문에 성인을 두려워하겠습니까?'라고 했습니다. 안연은 '순임금은 어떤 사람이고 나는 어떤 사람인가? 노력하는 사람이라면 순임금과 같아질 것이다'고 했습니다. 노나라의 현자인 공명의(公明儀)는 '주공께서는 '문왕은 나의 스승이다'라고 말씀하셨는데, 주공께서 어찌 우리에게 거짓말을 하셨겠는가?'라고 했습니다. 지금 등나라는 긴 곳을 잘라 내어 짧은 곳에 보태어도, 크기가 대략 사방 각 50리밖에 안

되는 작은 나라이지만, 잘 다스려지는 나라가 될 수 있습니다. 『서경』에서 '약이라는 것은 먹고 나서 어쩔어쩔하지 않으면 그 병이 낫지 않는다'[1]고 했습니다."

해설

맹자는 등나라의 세자에게 모든 사람의 타고난 본성은 선하므로 자신의 노력을 통해 그것을 실현시키기만 하면 요순과 같은 성인이 될 수 있다고 했던 모양이다. 그러나 성인이란 감히 자신과 같은 사람이 미칠 수 있는 존재가 아니라고 생각하고 있던 세자로서는 맹자의 그 말을 믿지 못했다. 그래서 맹자는 그가 자신이 지닌 가능성을 확신하고 그것을 실천하는 노력을 분발하도록 하기 위해 '감히' 성인의 경지를 넘봤던 여러 사람들의 말을 인용한 것이다.

滕文公爲世子, 將之楚, 過宋而見孟子. 孟子道性善, 言必稱堯舜. 世子自楚反, 復見孟子. 孟子曰, "世子疑吾言乎? 夫道一而已矣. 成覸謂齊景公曰, '彼丈夫也, 我丈夫也, 吾何畏彼哉?' 顏淵曰, '舜何人也? 予何人也? 有爲者亦若是.' 公明儀曰, '文王我師也, 周公豈欺我哉?' 今滕, 絶長補短, 將伍十里也, 猶可以爲善國. 書曰, '若藥不瞑眩, 厥疾不瘳.'"

---

1. 이 구절은 『위고문상서』(僞古文尙書)에 있는 말로서, 약이라는 것은 독해서 먹은 사람이 현기증을 느낄 정도가 되어야 제대로 병을 낫게 할 수 있다는 뜻이다. 여기서는 등나라가 소국이라고 해서 자포자기하여 안일함에 빠지지 말고 쓴 약을 참고 먹듯이 각고의 노력으로 어진 정치를 실천해 간다면 지금의 문제를 해결하고 잘 다스릴 수 있게 될 것임을 강조한 것이다.

등나라의 정공(定公)이 죽자 세자인 문공이 스승 연우(然友)에게 말했다.

"전에 맹자께서 나와 송나라에서 이야기를 한 적이 있었는데, 마음에서 끝내 잊혀지지가 않소. 이제 불행하게도 아버님의 상을 당하게 되었으니, 나는 그대를 시켜 맹자께 여쭈어 본 후에 장례를 치르고자 하오."

연우가 추나라에 가서 맹자에게 물었다.

맹자가 말했다.

"참으로 훌륭한 일이오.[2] 어버이의 상은 본래 스스로 극진하게 해야 하는 것이오. 증자가 말하기를 '어버이가 살아 계시면 예를 갖추어서 섬기고, 돌아가시면 예를 갖추어 장례를 지내고 예를 갖추어 제사를 지내면 효성스럽다고 할 수 있다'고 했소.

제후가 지켜야 할 예에 대해서는 내가 배운 적이 없소. 그러나 나는 일찍이 다음과 같은 사실은 들은 적이 있소. 즉 삼년상을 치름에 거친 삼베로 만든 상복을 입고 된 죽을 먹는 것은 천자로부터 서민에 이르기까지 하·은·주 삼대 이래로 공통적으로 지켜 왔다고 하오."

연우가 돌아와 아뢰자 삼년상을 치를 것을 결정했다. 그러나 왕실의 친척들과 뭇 관리들이 모두 그렇게 하기를 원치 않으며 말했다.

---

2. 당시 제후들 중에서 전통적인 상례를 따르거나 관심을 기울인 이가 없었는데, 유독 문공만 어버이 상을 당해 상례에 대해 물어왔으므로 그의 태도를 칭찬한 것이다.

"우리의 종주국인[3] 노나라의 선군도 삼년상을 치르지 않았고, 우리 선군도 그것을 시행하지 않았는데, 그대 대에 와서 전례를 어기는 것은 옳지 않습니다. 또 전하는 기록에 따르면 '상을 치르고 제사를 지낼 때에는 선조가 해온 방식을 좇아야 한다'고 했는데, 이는 우리에게는 물려받은 풍속이 있음을 말한 것입니다"

세자가 연우에게 말했다.

"나는 전날에 학문을 하지 않고 말달리기와 칼쓰기를 좋아했소. 그래서 지금 왕실의 친척과 뭇 관리들은 나를 자질이 부족한 자라고 여기는 것 같으니, 나는 그들이 장례를 극진하게 치르지 않을까 걱정됩니다. 어떻게 해야 할지 그대가 나를 위해 맹자에게 물어보시오."[4]

연우가 다시 추나라에 가서 맹자에게 물었다.

맹자가 말했다.

"그럴 법도 하겠군요. 그러나 다른 사람 탓을 해서는 안될 것이오.[5] 공자께서는 '임금이 죽으면 그 세자는 나랏일을 재상에게 모두 맡긴 채

---

3. 노나라는 주공이 제후로 봉해진 나라이고 그 주공의 아우인 숙수(叔繡)가 등나라의 제후로 봉해졌기 때문에 노나라를 종주국이라 한 것이다.

4. '그들이 대사를 극진하게 치르지 않을까 걱정됩니다'라는 구절은 '걱정'을 하는 주체가 세자라고 보고 해석한 것이다. 해석자에 따라서 '왕실의 친척과 뭇 관리들이 세자가 대사를 극진하게 치르지 않을까 걱정을 하다'는 뜻으로 보기도 한다. 그러나 이후 세자가 예에 따라 극진히 장례에 임하기만 하면 다른 사람들은 세자를 따를 것이라는 맹자의 충고나 그러한 충고에 대한 세자의 반응을 고려할 때 이 해석이 더 적절하다고 생각된다.

5. 이 구절에 대해서는 여러 가지의 해석이 있다. 그러나 뒤에 이어서 나오는 '이 문제는 세자하기 나름이오'라는 구절이나 '참으로 나 하기에 달렸다'라는 구절과 연결지어 본다면, 본문과 같이 해석하는 것이 타당하다.

죽을 마시며 짙게 검어진 얼굴로 상주의 자리에 나아가 곡을 하는 법이
니, 그렇게 하면 뭇 관리들 중 슬퍼하지 않을 사람이 없을 것이다. 왜냐
하면 세자가 솔선수범하였기 때문이다'고 했소. 윗 사람이 무엇을 좋아
한다면 아랫사람들은 윗사람을 좇아 그것을 더 좋아하게 되는 법이오,
그래서 공자께서는 군자의 덕은 바람과 같고 소인의 덕은 풀과 같아서
풀 위로 바람이 불면 풀은 반드시 쓰러진다고 했소. 그러므로 이 문제는
세자 하기 나름이오."

　연우가 돌아가 아뢰었다.

　세자가 말했다.

　"그렇군요. 이 문제는 참으로 내가 하기에 달려 있는 것이군요."

　이에 세자는 다섯 달 동안 움막에 거처하고 정사에 관한 명령이나 금
지령을 내리지 않았다.[6] 그러자 뭇 관리들과 친족들이 모두 세자가 예를
안다고 했다. 장례를 치르게 되자 사람들이 사방에서 와서 보았는데, 세
자의 얼굴이 수척하고 곡하며 우는 것이 애통하자 조문온 사람들이 크
게 감동하였다.

　滕定公薨, 世子謂然友曰, "昔者, 孟子嘗與我言於宋, 於心終不
忘. 今也不幸至於大故, 吾欲使子問於孟子, 然後行事."

　然友之鄒, 問於孟子. 孟子曰, "不亦善乎! 親喪, 固所自盡也. 曾
子曰, '生, 事之以禮, 死, 葬之以禮, 祭之以禮, 可謂孝矣.' 諸侯之

---

6. 고대의 예법에서는 제후가 죽으면 5개월이 지나고서 땅에 매장하였는데,
　그 기간 동안 세자는 움막에 거처하면서, 거적 위에서 자고 죽을 마시며 곡
　을 하였다.

禮, 吾未之學也. 雖然, 吾嘗聞之矣. 三年之喪, 齊疏之服, 飦粥之
食, 自天子達於庶人, 三代共之."

然友反命, 定爲三年之喪. 父兄百官皆不欲, 曰, "吾宗國魯先君
莫之行, 吾先君亦莫之行也, 至於子之身而反之, 不可. 且志曰, '喪
祭從先祖.'

曰, '吾有所受之也."

謂然友曰, "吾他日, 未嘗學問, 好馳馬試劍. 今也, 父兄百官, 不
我足也, 恐其不能盡於大事. 子爲我問孟子."

然友復之鄒問孟子. 孟子曰, "然. 不可以他求者也. 孔子曰, '君
薨, 聽於冢宰, 歠粥, 面深墨, 卽位而哭. 百官有司, 莫敢不哀, 先之
也.' 上有好者, 下必有甚焉者矣. '君子之德, 風也, 小人之德, 草也.
草上之風, 必偃.' 是在世子."

然友反命. 世子曰, "然. 是誠在我."

伍月居廬, 未有命戒. 百官族人, 可謂曰知. 及至葬, 四方來觀之, 顏色之戚,
哭泣之哀, 弔者大悅.

5·3 정전제에 관해서

등나라 문공이 나라를 다스리는 것에 대해 물었다.

맹자가 대답했다.

"백성들의 일에 적극적인 관심을 가져야 합니다. 『시경』에 '낮에는 띠
풀을 베고 밤에는 새끼를 꼬아 서둘러 지붕을 덮고나서 비로소 백곡을
파종한다'고 했습니다. 백성들이란 안정적인 생업[恒産]이 있으면 안정

된 마음[恒心]을 가지게 되고 안정적인 생업이 없으면 안정된 마음이 없게 됩니다. 만약 안정된 마음이 없으면 방탕하고 편벽되고 사특하고 사치한 행동을 하지 않음이 없게 될 것입니다.

그들이 죄에 빠지기를 기다린 후에 쫓아가서 처벌한다면, 그것은 백성을 그물질해 잡는 것과 같습니다. 어떻게 인자한 사람이 군주의 지위에 있으면서 백성들을 그물질 해 잡는 일을 할 수 있단 말입니까? 그러므로 어진 군주는 반드시 공손하고 검소하며 신하들을 예로써 대하며 백성들에게서 세금을 거두어 들이는 데에는 일정한 법도가 있습니다. 양호(陽虎)[7]가 말하기를 '부유해지려고 하면 인자할 수 없고, 인자하려고 하면 부유해 질 수 없다'고 했습니다.

하나라는 각 가구에 오십 무씩 토지를 나누어 주고 공(貢)이라는 세법을 시행했고, 은나라는 각 가구에 칠십 무씩 토지를 나누어 주고 조(助)라는 세법을 시행했으며, 주나라는 각 가구에 백 무씩 토지를 나누어 주고 철(徹)이라는 세법을 시행했는데,[8] 그 실질은 모두 수확량의 10분의

---

7. 양호(陽虎)는 공자와 동시대의 사람이며, 노나라의 실권자였던 계씨(季氏)의 가신이다. 계씨의 권력을 끼고 노나라의 정치를 좌지우지했다.

8. 각 제도의 구체적인 내용에 관해서 설이 분분하지만, 맹자의 설명에 따를 때 다음과 같다. 공은 각 가구당 오십 무씩의 토지를 분배하고 수년 동안의 평균 수확량의 십분의 일을 고정적으로 매 해의 세금으로 바치게 하는 제도이다. 조는 각 가구당 칠십 무씩의 토지를 분배하고 그 가구들이 공동으로 노동력을 제공해 칠 무의 공전을 경작하고 거기서 나는 수확을 세금으로 바치게 하는 제도이다. 철은 각 가구당 백 무의 토지를 분배하고 거기서 나는 수확의 십분의 일을 세금으로 거두어 가는 제도이다. 그러나 이상의 공과 조 그리고 철의 제도는 역사적 사실이라기보다는 맹자가 토지제도와 조세에 관한 자신의 이상을 설명하기 위해 옛 제도의 이름으로 가탁한 것으로 보아야 한다.

1을 세금으로 거두는 것이었습니다. 철(徹)은 천하에 보편적으로 적용한다는 뜻이고, 조(助)는 백성의 노동력의 도움을 받는다는 뜻입니다.

옛날의 현자였던 용자(龍子)는 '토지를 다스리는 데는 조법보다 더 좋은 것이 없고 공법보다 더 나쁜 것이 없다'고 했습니다. 공이란 여러 해 동안의 수확을 비교하여 일정한 평균치의 세액을 확정하는 것입니다. 그래서 풍년이 든 해에는 양식이 도처에 남아 돌므로 세금을 많이 거두더라도 괜찮은데 도리어 적게 거둬가고, 흉년이 든 해에는 다음 해에 밭에 거름을 주기에도 부족한데 반드시 정해진 세액을 다 채워서 거둬갑니다.

왕은 백성들의 부모인데도 불구하고, 백성들이 허덕이며 일년 내내 고생하고도 그들의 부모조차 제대로 봉양할 수가 없게 할 뿐 아니라, 빚을 내어서 정해진 세액을 채워 넘음으로써 노인과 어린 아이들을 굶어죽어 구덩이에서 뒹굴게 한다면, 왕이 백성의 부모라는 뜻은 어디에서 찾을 수 있는 것이겠습니까?

대를 이어서 봉록을 주는 제도[世祿]는 원래 등나라도 시행하고 있는 것입니다. 『시경』에서 '우리 공전(公田)에 비를 내리고 나서 우리 사전(私田)에도 내리소서'라고 했습니다. 조법은 오직 공전에서만 적용되는 것인데, 이 시를 통해서 볼 때 주나라도 역시 조법을 시행했던 것입니다.

백성의 생업이 안정된 후에는 상(庠)과 서(序), 학(學)과 교(校)를 세워서 백성을 가르쳐야 합니다. 상은 봉양한다는 뜻이고, 교는 가르친다는 뜻이고, 서는 활쏘기를 익힌다는 뜻입니다. 하나라에서는 교라고 했고, 은나라에서는 서라고 했고 주나라에서는 상이라 했으며 학은 하·은·주 삼대가 공통적으로 그렇게 불렀는데 그것들은 모두 인륜을 밝히기 위한 것이었습니다. 인륜이 윗 사람에게서 밝혀지면 백성들은 서로 친밀하게 지내게 될 것입니다. 그러면 통일된 천하의 임금이 나타나더라도 반드시 등나라로 와서 본받을 것이니, 그것은 통일된 천하의 임금의 스승이 되는 것입니다.

『시경』에서 '주나라는 비록 오래된 나라이지만 하늘에서 받은 천명은 새롭다'[9]고 한 것은 문왕에 대해 말한 것입니다. 그대가 힘써 어진 정치를 실천한다면 등나라를 새롭게 할 수 있을 것입니다."

등나라 문공이 신하인 필전(畢戰)을 시켜 정전법에 대해서 물었다.

맹자가 말했다.

"그대의 군주가 어진 정치를 실천하려고 그대를 가려 뽑아서 나에게 묻도록 시켰으니 그대는 반드시 노력해야 할 것이오. 어진 정치는 반드시 토지의 경계를 확정하는 것에서 시작되오. 경계의 확정이 바르지 않으면 정전의 토지가 균등하지 못하고 토지의 수확에서 얻는 봉록 역시 공평하지 못하게 되오. 그러므로 폭군과 탐관오리는 토지의 경계를 확정하는 것을 태만하게 하기 마련이오. 경계의 확정이 바르게 되면 백성에게 토지를 분배하고 관리들의 봉록을 정하는 것은 가만히 앉아서도 할 수 있게 되오.

---

9. 주나라가 은나라를 칠 때 내세웠던 이념이 '천명은 한 왕조에 고정적으로 머물지 않는다'는 것이었다. 즉, 한 왕조가 권력을 얻고 유지하게 해 주는 것은 천명인데, 그 천명은 통치자의 덕이 있고 없음에 따라 끊임없이 옮겨 다닌다는 것이다. 이 시의 뜻은 주나라는 오래된 나라이기는 하지만 천명을 받아 은나라를 쳐서 천하를 소유하게 된 것은 덕이 있는 왕인 문왕에서 비롯되었다는 뜻이다. 맹자는 등나라 문공이 문왕과 같이 덕을 닦고 왕도정치를 행함으로써 등나라의 천명을 새롭게 할 수 있음을 충고하기 위해 이 시를 인용한 것이다.

등나라는 영토가 협소하지만 그 중에는 반드시 군자[10]가 될 사람도 있고 야인이 될 사람도 있소이다. 군자가 없으면 야인을 다스릴 수 없고, 야인이 없으면 그 군자를 먹여살릴 수 없소. 지방에서는 수확량의 9분의 1을 세금으로 정하여 조법을 실시하고, 수도에서는 수확량의 10분의 1을 세금으로 정하여 스스로 세금을 납부하게 하시오. 경(卿) 이하의 관리들은 반드시 규전[11]이 있어야 하는데, 규전은 각 가구당 오십 무씩 주되, 장정이 더 있을 경우는 각 장정당 이십오 무씩을 주도록 하시오.[12]

이렇게 한다면 죽거나 이사를 해도 마을을 벗어나지 않을 것이오. 마을의 정전을 같이 나누어 경작해 정전에 드나들며 서로 친구처럼 지내고, 도적에 대비해 지키고 망을 볼 때에도 서로 도와주며, 질병을 걸렸을 때에도 서로가 돌봐준다면, 백성들은 서로 친애하고 화목하게 될 것이오.

사방 각 일 리의 토지가 한 단위의 정(井)이고 각 정의 넓이는 구백 무인데, 그 정의 중앙을 공전(公田)으로 합니다. 여덟 가구가 각각 그 주위에 있는 백 무의 땅을 사전(私田)으로 가지며 공전을 여덟 가구가 공동

---

10. 맹자에게서 군자는 두 가지 의미로 쓰인다. 하나는 전통적인 어법에 따른 것으로 통치계급 일반을 가리키는 것이다. 이 경우 군자는 군주와 관리들을 모두 포함하는 개념이다. 다른 하나는 도덕적 인격을 갖춘 사람을 가리키는 것이다. 여기서 군자는 전자를 가리킨다.

11. 규전(圭田)은 관직에 있는 사람들이 제사에 쓸 곡식을 충당하도록 분배해 준 토지이다.

12. 한 가구당 한 명의 장정이 있는 것을 기준으로 오십 무의 규전을 주는 것을 원칙으로 하되, 한 명의 장정 외에 그의 동생과 같은 장정이 더 있는 경우에는 각 장정당 이십오 무씩을 추가해서 준다는 뜻이다.

으로 경작합니다. 공전의 농사일을 끝낸 후에 사전의 농사일을 하는데, 이것은 야인을 군자와 구분하기 위한 것이오.[13]

이것이 정전제에 관한 대체적인 내용이오. 그것을 적절하게 보완해서 적용하는 것은 군주와 그대에게 달려 있소."

滕文公問爲國. 孟子曰, "民事不可緩也. 詩云, '晝爾于茅, 宵爾索綯, 亟其乘屋, 其始播百穀.' 民之爲道也. 有恒産者有恒心, 無恒産者無恒心. 苟無恒心, 放辟邪侈, 無不爲已. 及陷乎罪, 然後從而刑之, 是罔民也. 焉有仁人在位, 罔民而可爲也? 是故賢君必恭儉禮下, 取於民有制. 陽虎曰, '爲富不仁矣, 爲仁不富矣.' 夏后氏伍十而貢, 殷人七十而助, 周人百畝而徹, 其實皆什一也. 徹者, 徹也. 助者, 藉也. 龍子曰, '治地, 莫善於助, 莫不善於貢. 貢者, 校數歲之中以爲常. 樂歲, 粒米狼戾, 多取之而不爲虐, 則寡取之. 凶年, 糞其田而不足, 則必取盈焉. 爲民父母, 使民盼盼然, 將終歲勤動, 不得以養其父母, 又稱貸而益之, 使老稚轉乎溝壑, 惡在其爲民父母也? 夫世祿, 滕固行之矣. 詩云, '雨我公田, 遂及我私.' 惟助爲有公田, 由此觀之, 雖周亦助也. 設爲庠序學校以敎之. 庠者, 養也. 校者, 敎也. 序者, 射也. 夏曰校, 殷曰序, 周曰庠, 學則三代共

---

13. 야인(野人)이란 사전을 분배받는 생산자이자 피지배 계층[맹자는 이를 노력자라고 했다]이다. 군자는 사전을 분배받은 생산자들이 공동 경작한 공전에서 나오는 수확을 봉록으로 지급받는 지배 계층[맹자는 이를 노심자]이다. 맹자의 설명은 공전의 농사일을 사전의 농사일보다 우선적으로 하도록 하는 것은 지배 계층인 군자가 피지배 계층인 야인보다 중요하고 우선적임을 나타내기 위한 것이라는 뜻이다.

之, 皆所以明人倫也. 人倫明於上, 小民親於下. 有王者起, 必來取法, 是爲王者師也. 詩云, ‘周雖舊邦, 其命惟新.’文王之謂也. 子力行之, 亦以新子之國.”

使畢戰問井地. 孟子曰, “子之君將行仁政, 選擇而使子, 子必勉之! 夫仁政, 必自經界始. 經界不正, 井地不均, 穀祿不平. 是故暴君汙吏必慢其經界. 經界旣正, 分田制祿, 可坐而定也. 夫滕, 壤地褊小, 將爲君子焉, 將爲野人焉. 無君子莫治野人, 無野人莫養君子. 請野九一而助, 國中什一使自賦. 卿以下, 必有圭田, 圭田伍十畝. 餘夫二十伍畝. 死徙無出鄕. 鄕田同井, 出入相友, 守望相助, 疾病相扶持, 則百姓親睦. 方里而井, 井九百畝, 其中爲公田. 八家皆私百畝, 同養公田. 公事畢, 然後敢治私事, 所以別野人也. 此其大略也. 若夫潤澤之, 則在君與子矣.”

5·4 허행의 설을 비판하다

신농[14]의 설을 실천하는 허행(許行)이라는 사람이 초나라에서 등나라로 가서 궁궐 문에 이르러 문공에게 아뢰었다.

“먼 곳의 사람이 군주께서 어진 정치를 실천한다는 말을 듣고 살 집을 받아 살면서 이 나라 백성이 되고자 합니다.”

문공은 그 사람에게 거처할 곳을 주었다.

---

14. 신농(神農)은 중국 고대의 전설상의 제왕인데, 처음으로 농기구를 만들어 농사 짓는 법을 가르쳤다고 한다.

그를 따르는 무리 수십 명 모두 갈옷을 입고 짚신을 삼고 자리를 짜서 먹고 살았다.

당시 진량(陳良)의 제자인 진상(陳相)이 그의 동생 진신(陳辛)과 함께 농기구를 짊어지고 송나라에서 등나라로 가서 말했다.

"군주께서 성인의 정사를 실천한다고 들었는데, 그렇다면 군주는 곧 성인이니 성인의 백성이 되고자 합니다."

진상이 허행을 만나 보고 크게 기뻐하면서 자신이 배운 학문을 남김없이 버리고 그에게서 배웠다.

진상이 맹자를 뵙고 허행의 설에 대해 설명하고서 말했다.

"등나라 군주는 진실로 어진 군주입니다. 비록 그렇긴 하나 아직 도를 듣지 못했습니다. 현자는 백성과 함께 농사 지으며 먹고 살며 아침과 저녁 밥을 손수 지어 먹고 나라를 다스립니다. 그런데 지금 등나라에는 곡식 창고와 재물 창고가 있으니, 곧 이것은 백성을 괴롭혀서 자신을 기르는 것입니다. 어떻게 현명한 군주이겠습니까?"

맹자가 물었다.

"허행은 반드시 손수 농사를 지어서 밥을 해 먹는가?"

진상이 대답했다.

"그렇습니다."

맹자가 물었다.

"허행은 반드시 손수 베를 짜서 옷을 해 입는가?"

진상은 대답했다.

"아닙니다. 저희 선생님께서는 갈옷을 입습니다."

맹자가 물었다.

"허행은 머리에 관을 쓰는가?"

진상이 대답했다.

"관을 씁니다."

맹자가 물었다.

"어떤 관을 쓰는가?"

진상이 대답했다.

"흰 비단으로 만든 관을 씁니다."

맹자가 물었다.

"손수 그것을 짜는가?"

진상이 대답했다.

"그렇지 않습니다. 곡식을 주고 바꿉니다."

맹자가 물었다.

"허행은 어째서 손수 짜지 않는가?"

진상이 대답했다.

"농사 짓는 데 방해가 되기 때문입니다."

맹자가 물었다.

"허행은 솥과 시루로 밥을 짓고 쇠로 된 농기구로 밭을 가는가?"

진상이 대답했다.

"그렇습니다."

맹자가 물었다.

"손수 그것들을 만드는가?"

진상이 대답했다.

"아닙니다. 곡식을 주고 바꿉니다."

맹자가 말했다.

"곡식을 주고 솥과 시루 그리고 농기구와 바꾸는 것이 도공과 대장장이에게 손해를 입히는 것이 아니라면, 도공과 대장장이가 자신이 만든 기계와 그릇을 주고 곡식과 바꾸는 것 역시 어떻게 농부에게 손해를 입히는 것이겠는가? 또 허행은 어째서 손수 도기와 철기를 만들어 모든 것을 자기 집에서 가져다 쓰지 않고 번거롭게 여러 장인들과 교역을 하는가? 어째서 허행은 그처럼 번거로운 것을 꺼리지 않는가?"

진상이 대답했다.

"백공들이 하는 일은 원래 농사를 지으면서 동시에 할 수가 없습니다."

맹자가 말했다.

"그렇다면 천하를 다스리는 일은 유독 농사를 지으면서 동시에 할 수 있다는 것인가? 대인이 할 일이 있고 소인[15]이 할 일이 있다. 또 한 사람의 몸에는 백공이 만드는 것들이 다 필요한데, 만일 반드시 모든 것을 손수 만들어서 사용해야 한다면 그것은 천하의 사람들을 이끌어서 지쳐 떨어지게 하는 것이다.

그러므로 어떤 사람은 마음을 수고롭게[勞心] 하고 어떤 사람은 몸의 힘을 수고롭게[勞力] 한다. 마음을 수고롭게 하는 자는 남을 다스리고, 몸의 힘을 수고롭게 하는 자는 남에게 다스림을 받는다. 남에게 다스림을 받는 자는 남을 먹여 살리고, 남을 다스리는 자는 남에 의해 먹고 사는 것이 천하의 보편적인 원리이다.

요임금 시대에는 천하가 평안하지 못했다. 큰 물이 멋대로 흘러 천하에 범람하고 초목이 무성하고 금수가 번식하며 오곡[16]이 여물지 못하

---

15. 여기서 말하는 대인(大人)과 소인(小人)은 각각 지배 계층과 피지배 계층을 가리키는 말이다.

16. 오곡(伍穀)은 벼[稻], 수수[黍], 피[稷], 보리[麥], 콩[菽]이다.

고, 금수가 사람에게 달려들며 짐승과 새 발자국이 나라 한 가운데에 어지럽게 나 있었다. 요임금 한 사람만이 이것을 근심하여 순을 기용해 다스리게 했다. 순이 익(益)에게 불을 관장하게 해 익이 산과 늪에 불을 질러 태워 버리자 금수가 도망가 숨었다. 또 우임금은 범람하는 황하에 아홉 개의 물길을 내고 황하의 지류인 제수와 탑수[17]의 바닥을 쳐서 바다로 흘러들게 하고 여수(汝水)와 한수(漢水)의 물길을 터고 회수(淮水)와 사수(泗水)를 배수하여 양자강으로 흐르게 했는데,[18] 그렇게 한 후에야 나라의 가운데가 농사를 지어 먹을 수 있게 되었다. 당시 우임금은 8년 동안 집 밖에 머물렀고 세 번이나 자기 집 문 앞을 지나가면서도 들어가지 못했으니, 비록 손수 농사를 지으려고 해도 할 수 있었겠는가?

후직[19]이 백성들에게 농사 짓는 법을 가르치고 오곡을 기르게 하자, 오곡이 익었고 백성들은 그것을 배불리 먹고 자신을 기를 수 있게 되었다. 백성들이란 배불리 먹고 따스하게 입으며 편안하게 지내기만 하고 가르침이 없다면 금수에 가까워진다. 성인은 이것을 근심하여 설(契)[20]을 교육을 관장하는 사도로 삼아서 인륜을 가르치게 했으니, 부자 사이에는 친애함이 있고 군신 사이에는 의리가 있고 부부 사이에는 구별이 있고 어른과 아이 사이에는 차례가 있고 친구 사이에는 믿음성이 있어

---

17. 제수(濟水)와 탑수(濕水)는 황하의 대표적인 두 지류이다.
18. 여기서 거론한 여수, 한수, 회수, 사수 네 가지 지류 중에서 양자강으로 흘러들어가는 것은 오직 한수뿐이므로 맹자의 설명은 사실과 부합되지 않는다.
19. 후직(后稷)은 주나라의 시조로 요임금 때 농사를 관장하던 인물로 알려져 있다.
20. 계(契)는 우임금의 신하로 교육을 관장하는 사도(司徒)의 직위에 있던 사람이다.

야 한다는 것이 그것이다. 방훈[21]께서 '백성들을 격려하고 따라 오게 하며, 바로 잡아 주고 곧게 펴주며, 도와주고 거들어 주어서 스스로 선한 본성을 깨닫게 하고, 또 그들에게 은덕을 베풀어 주어라'고 했다. 성인이 백성을 근심하는 것이 이러한데 어느 겨를에 농사를 짓겠는가?

요임금은 순과 같은 사람을 얻지 못하는 것을 자신의 근심으로 삼았고, 순임금은 우나 고요(皐陶)같은 현인을 얻지 못하는 것을 자신의 근심으로 삼았다. 백무의 땅을 다스리지 못하는 것을 자신의 근심으로 삼는 것은 농사꾼이다.

재물을 남에게 나누어 주는 것을 일러 은혜롭다(惠)고 하고, 선을 남에게 가르쳐 주는 것을 일러 충직하다(忠)고 하며, 천하의 사람들을 위해 재능있는 사람을 얻는 것을 어질다(仁)고 한다. 그러므로 천하를 남에게 주는 것은 쉽지만, 천하의 사람들을 위해 재능있는 사람을 얻는 것은 어렵다.

공자께서 '위대하구나, 요의 임금다운 덕이여. 오직 하늘만이 위대한데, 요임금은 그것을 본받으셨도다. 그분의 덕은 넓디 넓어서 백성들이 무어라 이름붙일 수 없다. 임금답도다, 순이여. 그분의 덕은 높디 높아서 천하를 가졌지만 사사로이 자신의 것으로 누리지 않았다'고 했다. 요임금과 순임금이 천하를 다스림에 있어서 어찌 마음을 씀이 없었겠는가마는, 농사짓는 데 마음을 쓰지는 않았다.

나는 중국의 문화로써 오랑캐의 것을 변화시켰다는 말은 들었어도 중국이 오랑캐에 의해 변화되었다는 말은 듣지 못했다. 진량은 남방 초나라 출신이지만 주공과 공자의 도를 좋아하여 북쪽으로 중국에 와서 공

---

21. 방훈(放勳)은 요임금의 호이다.

부하였다. 북방의 학자들 중 아직 그보다 뛰어난 사람이 없었으니, 그는 걸출한 선비이다. 그대 형제는 그를 수십년 동안 섬겼는데, 스승이 죽자 마침내는 배반하고 말았구나.

옛날에 공자가 돌아가시자, 3년이 지난 후 문인들이 모두 짐을 정리해서 장차 고향으로 돌아가려 할 적에 들어가서 자공에게 절을 하고 서로 마주보며 곡하다 모두가 목이 쉰 후에 돌아갔다. 자공은 다시 가서 스승의 묘가 있는 곳에다 여막을 짓고서 홀로 3년을 지낸 후에 돌아갔다. 훗날에 자하와 자장 그리고 자유는 유약이 공자를 닮았다면서 공자를 섬기던 예로써 그를 섬기자며 증자에게 강청했다.[22] 그러자 증자는 '그럴 수 없다. 선생님의 덕은 양자강과 한수의 물로 씻은 듯하고 가을볕에 쪼인 듯해서 더할 나위 없이 희디희게 깨끗하다'고 했다.

이제 남쪽 오랑캐로서 왜가리같은 소리를 지껄이는 자[23]가 선왕의 도를 비난하는데 그대는 도리어 스승을 배반하고 그것을 배우니, 그대의 태도는 증자의 그것과 다르다.

나는 새가 어두운 골짜기에서 나와서 높은 나무로 옮겨간다는 말은 들었어도, 높은 나무에서 내려와 어두운 골짜기로 들어간다는 말은 듣지 못했다.[24]

---

22. 자하와 자장 그리고 자유는, 유약이 언행이나 용모에서 돌아가신 스승을 닮았으므로 스승을 섬기듯 그를 섬기자고 제안했다. 당시 유약은 언행이나 용모뿐 아니라 나이도 공자와 13세 밖에 차이가 나지 않으므로 이들은 돌아가신 스승을 그리워하는 마음에 그러한 제안을 했던 것이다.

23. 남쪽 오랑캐로서 왜가리같은 소리를 지껄이는 자란 허행을 가리켜 말한 것이다. 맹자 당시 초나라는 남방의 미개한 나라로 알려졌다.

24. 진상이 유학의 가르침을 버리고 맹자가 보기에 이단인 허행의 가르침을 따

「노송」(魯頌)에서 '서쪽 오랑캐와 북쪽 오랑캐를 치고 남쪽의 초나라와 서나라를 응징했다'고 했다. 주공조차도 오랑캐를 응징했는데 그대는 지금 그것을 배우고 있으니, 나쁘게 변하려는 것이다.

진상이 말했다.

"허행의 도를 따른다면 시장의 물건 값이 두 가지가 있지 않게 되고, 나라 안에 거짓이 없게 됩니다. 그래서 비록 어린아이를 시장에 보내더라도 누구도 그를 속이는 일이 없을 것입니다. 마포와 비단은 길이가 같으면 값이 서로 같고, 삼실과 명주실은 무게가 같으면 값이 서로 같으며, 오곡은 분량이 같으면 값이 서로 같고, 신발은 크기가 같으면 값이 서로 같을 것입니다."

맹자가 말했다.

"대개 사물들이 서로 똑같지 않은 것은 사물들의 실정이다. 그러므로 그 가치가 어떤 경우에는 서로 두 배나 다섯 배의 차이가 나며, 어떤 경우에는 서로 열 배나 백 배의 차이가 나며, 어떤 경우에는 서로 천 배나 만 배의 차이가 난다. 그런데 그대는 일률적인 기준을 적용하여[25] 값을 같게 하려고 하는데, 이것은 천하를 혼란하게 하는 것이다. 만일 아무렇게나 만든 신발과 정교하게 만든 신발의 크기가 같다고 해서 값이 같다면, 사람들이 무엇하러 정교한 신발을 만들겠는가? 허행의 도를 따른다는 것은 곧 서로를 이끌어서 거짓을 일삼는 것이니 어떻게 나라를 다스

르는 것을 비난하는 말이다. 여기서 높은 나무는 유학을, 어두운 골짜기는 허행의 설을 가리킨다.

25. 원문은 '비'(比)이다. 이 말은 각 물건의 질적인 차이를 무시하고 무게나 길이 부피 등을 기준으로 적용한다는 말이다.

릴 수 있겠는가?"

有爲神農之言者許行, 自楚之滕, 踵門而告文公曰, "遠方之人,
聞君行仁政, 願受一廛而爲氓."

文公與之處. 其徒數十人, 皆衣褐, 捆屨織席以爲食. 陳良之徒陳
相, 與其弟辛, 負耒耜而自宋之滕, 曰, "聞君行聖人之政, 是亦聖人
也. 願爲聖人氓." 陳相見許行而大悅, 盡棄其學而學焉. 陳相見孟
子, 道許行之言曰, "滕君則誠賢君也. 雖然, 未聞道也. 賢者與民並
耕而食, 饔飧而治. 今也, 滕有倉廩府庫, 則是厲民而以自養也. 惡
得賢?"

孟子曰, "許子必種粟而後食乎?"

曰, "然."

"許子必織布而後衣乎?"

曰, "否. 許子衣褐."

"許子冠乎?"

曰, "冠."

曰, "奚冠?"

曰, "冠素."

曰, "自織之與?"

曰, "否. 以粟易之."

曰, "許子奚爲不自織?"

曰, "害於耕."

曰, "許子以釜甑爨, 以鐵耕乎?"

曰, "然."

"自爲之與?"

曰, "否. 以粟易之."

"以粟易械器者, 不爲厲陶冶. 陶冶, 亦以其械器易粟者, 豈爲厲農夫哉? 且許子何不爲陶冶, 舍皆取諸其宮中而用之? 何爲紛紛然與百工交易? 何許子之不憚煩?"

曰, "百工之事, 固不可耕且爲也."

"然則治天下獨可耕且爲與? 有大人之事, 有小人之事. 且一人之身, 而百工之所爲備, 如必自爲而後用之, 是率天下而路也. 故曰, '或勞心, 或勞力.' 勞心者治人, 勞力者治於人. 治於人者食人, 治人者食於人, 天下之通義也. 當堯之時, 天下猶未平. 洪水橫流, 氾濫於天下, 草木暢茂, 禽獸繁殖, 伍穀不登, 禽獸偪人, 獸蹄鳥跡之道, 交於中國. 堯獨憂之, 舉舜而敷治焉. 舜使益掌火, 益烈山澤而焚之, 禽獸逃匿. 禹疏九河, 瀹濟漯, 而注諸海, 決汝漢, 排淮泗, 而注之江, 然後中國可得而食也. 當是時也, 禹八年於外, 三過其門而不入, 雖欲耕, 得乎? 后稷敎民稼穡, 樹藝伍穀, 伍穀熟而民人育. 人之有道也, 飽食煖衣, 逸居而無敎, 則近於禽獸. 聖人有憂之. 使契爲司徒, 敎以人倫, 父子有親, 君臣有義, 夫婦有別, 長幼有序, 朋友有信. 放勳曰, '勞之來之, 匡之直之, 輔之翼之, 使自得之, 又從而振德之.' 聖人之憂民如此, 而暇耕乎? 堯以不得舜爲己憂, 舜以不得禹皋陶爲己憂. 夫以百畝之不易爲己憂者, 農夫也. 分人以財謂之惠, 敎人以善謂之忠, 爲天下得人者謂之仁. 是故以天下與人易, 爲天下得人難. 孔子曰, '大哉堯之爲君! 惟天爲大, 惟堯則之. 蕩蕩乎, 民無能名焉! 君哉, 舜也! 巍巍乎, 有天下而不與焉!' 堯舜之治天下, 豈無所用心哉? 亦不用於耕耳. 吾聞用夏變夷者, 未聞變

於夷者也, 陳良, 楚産也. 悅周公仲尼之道, 北學於中國. 北方之學
者, 未能或之先也. 彼所謂豪傑之士也, 子之兄弟, 事之數十年, 師
死而遂倍之. 昔者, 孔子沒, 三年之外, 門人治任將歸, 入揖於子貢,
相嚮而哭, 皆失聲, 然後歸. 子貢反, 築室於場, 獨居三年, 然後歸.
他日, 子夏子張子游, 以有若似聖人, 欲以所事孔子事之, 彊曾子.
曾子曰, '不可. 江漢以濯之, 秋陽以暴之, 皜皜乎不可尙已.' 今也,
南蠻鴃舌之人, 非先王之道, 子倍子之師而學之, 亦異於曾子矣. 吾
聞出於幽谷, 遷于喬木者, 未聞下喬木而入於幽谷者. 魯頌曰, '戎狄
是膺, 荊舒是懲.' 周公方且膺之, 子是之學, 亦爲不善變矣."

"從許子之道, 則市賈不貳, 國中無僞. 雖使伍尺之童適市, 莫之
或欺. 布帛長短同, 則賈相若, 麻縷絲絮輕重同, 則賈相若, 伍穀多
寡同, 則賈相若, 屨大小同, 則賈相若."

曰, "夫物之不齊, 物之情也. 或相倍蓰, 或相什伯, 或相千萬. 子
比而同之, 是亂天下也. 巨屨小屨同賈, 人豈爲之哉? 從許子之道,
相率而爲僞者也, 惡能治國家?"

5·5 묵가의 설을 비판하다

묵가인 이지(夷之)가 맹자의 제자 서벽(徐辟)을 통해 맹자를 뵙기를
청했다.

맹자가 말했다.

"나도 진실로 만나보고 싶지만 지금은 병중에 있으니 병이 낫거든 내
가 직접 가서 만나볼 것이다. 이지는 올 필요가 없다."

그 뒤에 또 맹자를 뵙기를 청하자, 맹자가 말했다.

"나도 이제는 만날 수 있다. 그러나 내가 직설적인 비판으로 그의 잘못을 바로 잡지 않으면 도가 드러나지 않을 것이다. 나는 직설적인 비판으로 그의 잘못을 바로 잡겠다. 내가 듣기로 이지는 묵가라고 하는데, 묵가는 상을 치름에 검소하게 하는 것을 도리로 삼는다. 이지는 묵가의 도리로써 세상의 풍속을 바꾸려고 생각하고 있을 것이니 당연히 묵가의 도리를 옳다고 여기고 존중할 것이다. 그런데도 이지는 자기 어버이의 장례를 성대하게 치렀으니, 이는 그 자신이 천하게 여기는 방법으로써[26] 그 어버이를 섬긴 것이다.

서벽이 그 말을 이지에게 알렸다.

이지가 말했다.

"유가의 도에 따르면 옛날 사람은 '백성을 사랑하기를 어린아이를 돌보듯이 한다'[27]고 했는데, 이 말은 무슨 뜻이겠습니까? 나는 사랑함에는 차별이 없어야 하되 사랑을 실천하는 것은 어버이로부터 시작해야 한다는 뜻이라고 생각합니다."[28]

서벽이 이 말을 맹자에게 알렸다.

---

26. 자신이 천하게 여기는 것이란 곧 장례를 성대하게 치르는 유가의 방법을 가리킨다.

27. 『서경』「주서·강고」에 '갓난아기를 보살피듯 한다면 백성은 편안히 다스려지리라'(若保赤子, 惟民其康乂)라는 비슷한 구절이 있다.

28. 여기서 이지는 『서경』의 '백성을 사랑하기를 어린아이를 돌보듯이 한다'는 구절을 인용해서 옛날의 유가들도 묵가에서 말하는 것과 같은 '차별없는 사랑'(兼愛)을 말했음을 증명하는 동시에, 자신이 어버이의 상례에 성대한 장례(厚葬)를 치른 것은 단지 그 실천의 방법에서 어버이를 우선한 것이므로 묵가의 '겸애'와 모순되지 않는다고 자신의 행동을 합리화하고 있다.

맹자가 말했다.

"이지는 정말로 사람들이 그의 조카를 사랑하기를 그의 이웃집 아이를 사랑하는 것같이 한다고 생각하는가? 옛사람들의 그 말은 이지의 해석과 다른 뜻을 취한 것이다. 그것은 어린아이가 기어서 우물 속에 빠져 들어 가려고 하는 것이 어린 아이의 죄는 아니라는 것이다.[29] 더구나 하늘이 만물을 낼 적에 근본을 하나로 하였는데, 이지는 근본을 둘로 여겼기 때문에 그처럼 잘못 이해한 것이다.[30]

아주 오랜 옛날에 그 어버이를 장례지내지 않은 자가 있었는데, 어버이가 죽자 들어다가 골짜기에 버렸다. 나중에 그곳을 지나는데 여우와 살쾡이가 뜯어먹고 파리와 모기가 빨아먹고 있자, 이마에 진땀을 흘리며 눈길을 돌리고 차마 똑바로 쳐다보지 못했다. 이마에 진땀이 나는 것은 남이 보기 때문이 아니라 아픈 마음이 얼굴에서 드러나기 때문인 것이다. 그래서 그는 집으로 가 삼태기와 삽을 가지고 가서 시신을 흙으로 덮었다. 이처럼 시신을 가리는 것이 진실로 옳은 일이라고 한다면, 효자

---

29. 『서경』의 그 구절의 원래 의도는 이지가 해석한 것처럼 백성들을 자기 자식과 같이 사랑해야 한다는 뜻이 아니며, 묵가에서 주장하는 것과 같은 '차별 없는 사랑'을 주장한 것이 아니라는 말이다. 맹자는 그 말은 어린 아이가 무지해서 우물에 빠지는 것이 어린 아이의 죄가 아니듯, 백성들이 죄를 짓는 것도 무지해서 그런 것이므로 통치자는 마치 어린 아이를 돌보듯 백성들을 보호하고 교화하여 그들이 죄에 빠지지 않게 해야 한다는 뜻이라고 보고 있다.

30. 근본을 하나로 한다는 것은 나의 근본은 오직 나를 낳아준 어버이 하나일 뿐이다는 의미이다. 반면에 근본을 둘로 여긴다는 것은 묵가의 학설을 비난하는 말인데, 묵가는 차별없는 사랑을 표방해서 남의 어버이도 나의 어버이와 차별없이 사랑해야 한다고 주장하지만 이것은 바로 근본 즉, 어버이를 둘이 있는 것으로 여기는 것이라는 뜻이다.

와 어진 사람이 그의 어버이를 가리는 데에도 역시 적절한 방법이 있을 것이다."

서벽이 그 말을 이지에게 전하자, 이지는 멍하게 한동안 있다가 말했다.

"선생께서 나를 가르쳐 주셨구나."

墨者夷之, 因徐辟而求見孟子. 孟子曰, "吾固願見, 今吾尚病, 病愈, 我且往見. 夷子不來!"他日, 又求見孟子. 孟子曰, "吾今則可以見矣. 不直則道不見, 我且直之. 吾聞夷子墨者, 墨之治喪也, 以薄爲其道也. 夷子思以易天下, 豈以爲非是而不貴也? 然而夷子葬其親厚, 則是以所賤事親也."

徐子以告夷子. 夷子曰, "儒者之道, 古之人若保赤子, 此言何謂也? 之則以爲愛無差等, 施由親始."

徐子以告孟子. 孟子曰, "夫夷子, 信以爲人之親其兄之子爲若親其鄰之赤子乎? 彼有取爾也. 赤子匍匐將入井, 非赤子之罪也. 且天之生物也, 使之一本, 而夷子二本故也. 蓋上世嘗有不葬其親者, 其親死, 則擧而委之於壑. 他日過之, 狐狸食之, 蠅蚋姑嘬之, 其顙有泚, 睨而不視. 夫泚也, 非爲人泚, 中心達於面目. 蓋歸反虆梩而掩之. 掩之誠是也, 則孝子仁人之掩其親, 亦必有道矣."

徐子以告夷子. 夷子憮然, 爲閒曰, "命之矣."

등문공 하

6·1 올바른 부름이 아니면 가지 않는다

제자 진대(陳代)가 말했다.

"선생님이 제후를 만나 보지 않는 것은 사소한 지조에 집착하는 행동인 것 같습니다. 지금 한번 만나 보신다면, 크게는 그를 왕자(王者)가 되게 하고, 작게는 그를 패자(覇者)가 되게 할 수 있습니다. 전하는 말에 '한 자를 굽혀서 한 길을 바르게 편다'고 했으니 해 볼만한 일인것 같습니다."

맹자가 말했다.

"옛날에 제나라 경공(景公)이 사냥을 할 때 사냥터를 관리하는 자를 새 깃털 장식이 달린 깃발[1]을 사용해서 불렀는데 그가 오지 않자 죽이려 한 일이 있었다. 공자는 이 사람을 칭찬하여 '뜻있는 선비는 죽어서 도

---

1. 새의 깃털 장식이 달린 깃발[旌]은 제후가 대부를 부를 때 사용하는 것이다.

랑과 골짜기에 버려질 수 있음을 잊지 않고, 용기 있는 선비는 전쟁터에서 자기의 머리가 베어질 수 있음을 잊지 않는다'[2]고 했다. 공자께서 사냥터를 관리하는 자의 어떤 점을 높이 샀겠느냐? 자신을 부르는 것이 옳은 방법이 아니기에[3] 불러도 가지 않았던 점을 높이 산 것이다. 그런데도 어떻게 내가 합당한 부름을 기다리지 않고 갈 수 있겠는가?[4]

'한 자를 굽혀서 한 길을 바르게 편다'는 것은 이익을 가지고서 말한 것이다. 만일 이익만을 가지고 따질 경우, 여덟 자를 굽혀서 한 자를 펴는 것도 이익이 된다면 해도 된다는 것이냐?

옛날에 진나라 경(卿)인 조간자(趙簡子)가 마차를 잘 모는 왕량(王良)에게 그의 총신인 해(奚)와 함께 수레를 타고 사냥을 하게 했는데, 해는 종일토록 새 한 마리도 잡지 못했다. 해가 돌아와 '천하에 형편없는 말몰이꾼입니다'라고 보고했다. 어떤 사람이 그 말을 왕량에게 알렸다. 그러자 왕량은 '다시 한번 해 보겠습니다'고 하고는 강요하다시피 청해서 해의 승낙을 얻고 함께 사냥을 나섰는데, 하루 아침 사이에 열 마리의 새를 잡았다. 해가 돌아와서 '천하에 훌륭한 말몰이꾼입니다'라고 보고했다. 그러자 조간자가 '내 그에게 너와 함께 수레를 타는 일을 맡기겠다'고 하고는 왕량에게 그렇게 분부했다.

---

2. 앞의 사냥터 관리인의 행동을 칭찬하면서 평한 공자의 말로서, 『논어』「위령공」(衛靈公)에 보인다.

3. 제후가 사냥터 관리인을 부를 때는 가죽으로 된 관[皮冠]으로 신호를 보내서 부르는 것이 예이다.

4. 사냥터 관리인과 같은 하찮은 직위에 있는 사람도 예에 어긋나는 방법으로 부르면 죽을 각오로 응하지 않았는데, 제후가 합당한 예를 갖추어서 부르지도 않았는데 먼저 달려 갈 수 있겠는가라는 뜻이다.

그런데 왕량은 그 분부에 응하지 않으면서 다음과 같이 말했다. '제가 그를 위해 말 모는 것을 법도대로 했더니 종일토록 새 한 마리도 잡지 못했고, 그를 위해 법도에 어긋나게 했더니 하루 아침 사이에 열마리의 새를 잡았습니다.『시경』에 말 달리는 법도를 잃지 않으니 활을 쏨에 깨뜨리는 것처럼 명중한다는 말이 있습니다. 저는 소인과 함께 수레를 타는 데 익숙하지 않사오니, 사양하겠습니다'고 했다.

말몰이꾼조차 법도를 무시하고 활 쏘는 사람과 영합하는 것을 수치스럽게 생각하기 때문에, 법도를 무시하고 활쏘는 사람과 영합하면 산더미처럼 많은 짐승을 잡을 수 있다 해도 그렇게 하지 않는다. 그런데 내가 어떻게 도를 굽혀서 제후를 따를 수 있겠느냐? 너는 잘못 생각하고 있다. 자기 지조를 굽힌 자가 남을 바르게 한 경우는 없다."

陳代曰, "不見諸侯, 宜若小然, 今一見之, 大則以王, 小則以霸. 且志曰, '枉尺而直尋', 宜若可爲也."

孟子曰, "昔齊景公田, 招虞人以旌, 不至, 將殺之. '志士不忘在溝壑, 勇士不忘喪其元.' 孔子奚取焉? 取非其招不往也. 如不待其招而往, 何哉? 且夫枉尺而直尋者, 以利言也. 如以利, 則枉尋直尺而利, 亦可爲與? 昔者, 趙簡子使王良與嬖奚乘, 終日而不獲一禽. 嬖奚反命曰, '天下之賤工也.' 或以告王良. 良曰, '請復之.' 彊而後可, 一朝而獲十禽. 嬖奚反命曰, '天下之良工也.' 簡子曰, '我使掌與女乘.' 謂王良, 良不可, 曰, '吾爲之範我馳驅, 終日不獲一, 爲之詭遇, 一朝而獲十. 詩云, 不失其馳, 舍矢如破.' 我不貫與小人乘, 請辭.' 御者且羞與射者比, 比而得禽獸, 雖若丘陵, 弗爲也. 如枉道而從彼, 何也? 且子過矣! 枉己者, 未有能直人者也."

6·2 진정한 대장부

종횡가의 인물인 경춘[5]이 말했다.

"공손연과 장의[6]는 어찌 진정한 대장부가 아니겠습니까? 그들이 한번 성을 내면 제후들이 두려워하고, 가만히 있으면 천하가 조용합니다."

맹자가 말했다.

"그들이 어찌 대장부일 수 있느냐? 그대는 예를 배우지 않았는가? 남자가 관례를 치를 때에는 아버지가 훈계를 한다. 또 여자가 시집을 갈 때에는 어머니가 훈계를 하는데, 시집가는 딸을 문간까지 전송하면서 타이르기를 '너의 시집에 가거든 반드시 공경하고 삼가하여서 남편의 뜻을 어기는 일이 없도록 해라'고 한다. 순종하는 것을 올바른 것으로 여기는 것은 아녀자의 도리이다.[7]

---

5. 경춘(景春)과 같은 종횡가는 일종의 외교전문가 집단으로 당시 제후국들 간의 세력 다툼의 틈바구니에서 뛰어난 언변으로 제후들을 설득하여 제후국 사이의 다양한 연합(합종연횡)을 주선하는 일을 했다.

6. 공손연(公孫衍)과 장의(張儀)는 모두 맹자 당시 위(魏)나라 출신으로 소진(蘇秦)과 더불어 종횡가의 대표적인 세 인물들이다. 공손연은 일찍기 다섯 나라의 제후를 설복시켜 동시에 다섯 제후국의 재상을 지냈으며 후에는 진나라의 재상을 지냈다. 장의는 진나라의 혜왕(惠王)을 도와서 진에 대항하는 합종세력을 깨뜨리고 진을 지지하는 연횡을 성사시켰다.

7. 뛰어난 언변과 외교술로써 천하를 좌지우지하던 종횡가의 대표적인 인물들인 공손연과 장의를 아녀자의 도리를 실천한 인물로 폄하하고 있다. 맹자에게서 대장부란 어떠한 위력이나 유혹에도 굴하지 않고 의연히 자신이 지닌 올바른 원칙(道)을 실천하는 사람을 의미하기 때문이다. 그런 기준에서 보면 공손연과 장의는 왕의 이해득실에 영합하고 그들의 명령에 순종해 정도에 벗어난 행동을 서슴지 않는 인물들인 것이다.

천하의 넓은 집에 살고 천하의 올바른 자리에 서서 천하의 큰 길을 걸어
간다.[8] 관직에 등용되었을 때에는 백성들과 함께 그 길을 걸어가고, 관직
에 등용되지 못했을 때에는 홀로 그 길을 걸어간다. 부귀해져도 마음이
동요되지 않고 빈천한 상황에 처해도 의지가 변함이 없고 위세와 무력에
도 지조를 굽히지 않는다. 이러한 사람을 대장부라고 하는 것이다."

景春曰, "公孫衍·張儀, 豈不誠大丈夫哉? 一怒而諸侯懼, 安居而
天下熄."

孟子曰, "是焉得爲大丈夫乎? 子未學禮乎? 丈夫之冠也, 父命之.
女子之嫁也, 母命之, 往送之門, 戒之曰, '往之女家, 必敬必戒, 無
違夫子!' 以順爲正者, 妾婦之道也. 居天下之廣居, 立天下之正位,
行天下之大道. 得志, 與民由之, 不得志, 獨行其道. 富貴不能淫,
貧賤不能移, 威武不能屈. 此之謂大丈夫."

---

8. 천하의 넓은 집은 인을 말하고, 천하의 올바른 자리는 예를 말하고, 천하의
   큰 길은 의를 말한다. 맹자는 인과 의에 관해 「진심 상」(13·33)에서 '인에 머
   물고 의를 따라 간다'〔居仁由義〕고 하고, 「공손축 상」(3·7)에서 '인은 사람이
   머무는 편안한 집이다'〔仁, 人之安宅也〕고 하며, 「고자 상」(11·11)에서 '의는
   사람이 걸어가는 길이다'〔義, 人路也〕고 말하고 있다. 비록 예에 관해 다른
   곳에서 '천하의 올바른 자리'라고 표현한 것이 없지만, 『논어』의 '예에 입각
   한다'〔立於禮〕는 말을 참고할 때 같은 의미로 해석할 수 있다.

위나라 사람인 주소(周霄)가 물었다.

"옛날의 군자는 벼슬을 했습니까?"

맹자가 대답했다.

"벼슬을 했소. 전해오는 기록에 '공자는 석달이 되도록 섬길 군주가 없으면 어쩔줄 몰라 했고, 국경을 벗어나 다른 나라로 갈 때에는 반드시 예물을 싣고 갔다'고 했고, 또 공명의(公明儀)는 '옛날 사람은 어떤 사람이 석달이 되도록 섬길 군주가 없으면 그를 위문했다'고 하오."

주소가 물었다.

"석달이 되도록 섬길 임금이 없으면 위문한다는 것은 지나치게 성급한 것이 아닙니까?"

맹자가 말했다.

"선비가 직위를 잃는 것은 제후가 나라를 잃는 것과 같소. 예(禮)에 따르면 '제후는 친히 밭갈이에 참여해 제사에 바칠 곡식을 대고, 부인은 누에를 쳐 실을 뽑아서 제사 때 입는 옷을 만든다. 제사에 바칠 희생이 제대로 자라지 않고 음식이 정결하지 않고 제복이 마련되지 않으면 제사를 지낼 수 없다'고 했소. 선비도 또한 제사에 바칠 곡식을 마련할 밭이 없으면 제사를 지내지 못하오. 제사에 쓸 짐승과 그릇 그리고 옷이 마련되지 않아서 제사를 지내지 못한다면 연회[9]도 열 수 없게 될 것이니 위문할 만 하지 않소?"

주소가 물었다.

---

9. 제사가 끝난 후에 베푸는 연회를 말한다.

"공자께서 국경을 벗어나 다른 나라로 갈 때에 반드시 예물을 싣고 가신 것은 어째서입니까?"

맹자가 대답했다.

"선비가 벼슬하는 것은 농부가 밭을 가는 것과 같소. 농부가 어떻게 국경을 벗어나 다른 나라로 갈 때에 농기구를 버리고 가겠소?"

주소가 물었다.

"저희 진(晉)나라도[10] 벼슬을 살 만한 나라이지만 벼슬하는 것이 그토록 급하다는 말을 들어본 적이 없습니다. 벼슬하는 것이 그처럼 급한 일이라면 군자가 쉽게 벼슬길에 나아가지 않는 것은 어째서입니까?"[11]

맹자가 대답했다.

"사내가 태어나면 그가 자라서 장가들 수 있게 되기를 바라고, 여자가 태어나면 그녀가 자라서 시집을 갈 수 있게 되기를 바라는 것은 부모의 마음인데, 모든 사람은 이러한 마음을 지니고 있소. 그렇지만 부모의 말씀과 중매인의 소개를 기다리지 않고 담구멍을 뚫고 서로 들여다보며 담장을 넘어 서로 어울리면, 부모나 나라 사람들이 모두 그들을 천하게 여깁니다.

옛날 사람들은 벼슬하기를 원하지 않은 것이 아니었지만 또한 올바른

---

10. 진나라란 앞에서 나온 양혜왕이 다스리는 위나라를 가리키는 것이다. 위나라는 진나라의 유력한 세 대부였던 한씨, 조씨, 위씨가 원래의 군주를 내쫓고 각각 셋으로 찢어서 세운 나라 중의 하나였다. 이들은 모두 자신들이 진나라의 정통성을 계승한 나라임을 내세우기 위해 자칭 '진'이라고 했다.

11. 여기서 말하는 군자는 실은 맹자를 가리킨 것이다. 주소는 선비에게 있어서 벼슬하는 것이 그렇게 중요하다고 하면서도 정작 맹자 자신은 왜 벼슬길에 나서는 데 까다롭게 구는가라고 힐난의 의도로 묻고 있는 것이다.

방법을 따르지 않는 것도 싫어했습니다. 올바른 방법을 따르지 않고 벼슬 길에 나아가는 것은 담구멍을 뚫고 서로 들여다 보는 것과 같은 경우요."

周霄問曰, "古之君子仕乎?"

孟子曰, "仕. 傳曰, '孔子三月無君, 則皇皇如也, 出疆必載質.' 公明儀曰, '古之人, 三月無君則弔.'"

"'三月無君則弔', 不以急乎?"

曰, "士之失位也, 猶諸侯之失國家也. 禮曰, '諸侯耕助, 以供粢盛. 夫人蠶繅, 以爲衣服. 犧牲不成, 粢盛不潔, 衣服不備, 不敢以祭. 惟士無田, 則亦不祭.' 牲殺器皿衣服不備, 不敢以祭, 則不敢以宴, 亦不足弔乎?"

"'出疆必載質', 何也?"

曰, "士之仕也, 猶農夫之耕也. 農夫豈爲出疆, 舍其耒耜哉?"

曰, "晉國, 亦仕國也, 未嘗聞仕如此其急. 仕如此其急也, 君子之難仕, 何也?"

曰, "丈夫生而願爲之有室, 女子生而願爲之有家, 父母之心, 人皆有之. 不待父母之命媒妁之言, 鑽穴隙相窺, 踰牆相從, 則父母國人皆賤之. 古之人未嘗不欲仕也, 又惡不由其道. 不由其道而往者, 與鑽穴隙之類也."

6·4 선비의 역할

제자 팽경(彭更)이 물었다.

"뒤 따르는 수레 수십 대와 따르는 사람 수백 명을 거느리고 제후들을 찾아다니며 밥을 얻어 먹는 것은 너무한 일이 아닐까요?"

맹자가 말했다.

"올바른 방법에 의한 것이 아니라면 한 그릇의 밥이라도 남들로부터 받아서는 안된다. 올바른 방법에 의한 것이라면 순임금이 요임금에게서 천하를 물려 받은 것도 지나친 것이 아니다. 너는 우리들이 너무하다고 생각하느냐?"

팽경이 말했다.

"그런 말이 아닙니다. 선비가 하는 일 없이 얻어먹는 것이 옳지 못하다는 것입니다."

맹자가 말했다.

"네가 각 사람들이 이룬 성과들을 서로 융통시키고 각 사람들이 하는 일을 교역하게 해[12] 남는 것으로 부족한 것을 보충시키지 않으면 농부에게는 곡식이 남아돌고 여자들에게는 삼베가 남아돌 것이다. 그러나 네가 그것들을 융통시키면 목수와 수레 만드는 사람이 모두 너에게서 먹을 것을 얻을 수 있게 된다.

어떤 사람이 집에 들어가서는 효도하고 밖에 나와서는 어른을 공경하며, 선왕의 도를 지키고 후대의 학자들에게 그것을 전해 주는 일을 하는데도, 너에게서 먹을 것을 얻을 수 없다고 해보자. 너는 어째서 목수와 수레를 만드는 사람은 존중하면서 인의를 실천하는 사람은 경시하느냐?"

팽경이 말했다.

---

12. 이룬 성과들을 서로 융통시키고, 하는 일을 교역시킨다는 것은 생산물의 교환과 분업을 의미한다.

"목수와 수레를 만드는 사람은 그 목적이 먹을 것을 구하려는 것입니다. 군자가 도를 실천하는 것도 그 목적이 먹을 것을 구하려는 것입니까?"

맹자가 되물었다.

"너는 어째서 그 목적을 따지는가? 네가 보기에 어떤 사람이 공로가 있어서 먹여 줄 만하면 그 사람을 먹여 주는 것이다. 도대체 너는 그 사람이 지닌 목적을 보고 먹여주겠느냐, 그렇지 않으면 그 사람이 이룬 공로를 보고 먹여 주겠느냐?"

팽경이 대답했다.

"저는 그의 목적을 보고 먹여 줄 것입니다."

맹자가 말했다.

"어떤 사람이 너의 집 기와를 부수고 담벼락 장식에 낙서를 하지만, 그의 목적이 너에게서 먹을 것을 얻으려는 것이라도 그대는 먹여 주겠는가?

팽경이 대답했다.

"아닙니다."

맹자가 말했다.

"그렇다면 너도 그 사람이 가진 목적을 보고 먹여 주는 것이 아니라 그가 이룬 공로를 보고 먹여 주는 것이다."

彭更問曰, "後車數十乘, 從者數百人, 以傳食於諸侯, 不以泰乎?"

孟子曰, "非其道, 則一簞食不可受於人. 如其道, 則舜受堯之天下, 不以爲泰. 子以爲泰乎?"

曰, "否. 士無事而食, 不可也."

曰, "子不通功易事, 以羨補不足, 則農有餘粟, 女有餘布. 子如通

之, 則梓匠輪輿, 皆得食於子. 於此有人焉, 入則孝, 出則悌, 守先
王之道, 以待後之學者, 而不得食於子. 子何尊梓匠輪輿, 而輕爲
仁義者哉?"

曰, "梓匠輪輿, 其志將以求食也. 君子之爲道也, 其志亦將以求
食與?"

曰, "子何以其志爲哉? 其有功於子, 可食而食之矣. 且子食志乎?
食功乎?"

曰, "食志."

曰, "有人於此, 毁瓦畫墁, 其志將以求食也, 則子食之乎?"

曰, "否."

曰, "然則子非食志也, 食功也."

6·5 왕도정치를 하려는 송나라의 걱정

만장(萬章)이 물었다.

"송나라는 작은 나라입니다. 이제 왕도정치를 실행하려고 하는데, 제
나라와 초나라가 그것을 싫어해서 침공한다면 어떻게 해야 할까요?"

맹자가 말했다.

"탕왕이 박(毫)에 살 때 갈(葛)나라와 이웃하고 있었는데, 갈나라의
군주가 방탕하게 지내며 제사를 지내지 않자 탕왕이 사람을 보내어 '어
째서 제사를 지내지 않는가?'하고 물었다. 그러자 대답하기를 '제사에
바칠 희생이 없기 때문입니다'고 했다. 그래서 탕왕이 사람을 시켜서 희
생으로 쓸 소와 양을 보내 주었다. 그러나 갈나라의 군주는 그것을 잡아

먹고는 또 제사를 지내지 않았다.

탕왕이 또 사람을 보내어 '어째서 제사를 지내지 않는가?'라고 물었다. 그러자 대답하기를 '제사에 바칠 곡식이 없기 때문입니다'고 했다. 탕왕이 박에 거주하는 사람들에게 그곳에 가서 농사를 지어주게 하고, 늙은이와 어린아이들에게는 농사짓는 사람들에게 밥을 나르게 하였다. 그러나 갈나라의 군주는 그의 백성들을 거느리고서 술과 밥과 기장밥 그리고 쌀밥을 나르던 사람들을 가로 막아서 빼앗고 순순히 내주지 않는 사람은 죽여 버렸다. 어린 아이가 기장밥과 고기를 가져갔는데 갈나라의 군주는 그 어린 아이를 죽이고 빼앗았다. 『서경』에서 '갈나라의 군주가 자신을 먹여 주는 사람을 원수로 대했다'는 것은 이 일을 말한 것이다.

탕왕은 갈나라 왕이 그 어린아이를 죽였기 때문에 갈나라를 정벌하였으므로, 천하 사람들은 모두 '탕왕이 천하의 부를 탐내서 그렇게 한 것이 아니라 평범한 백성들을 위해 원수를 갚은 것이다'고 했다.

탕왕이 정벌을 시작할 때 갈나라로부터 시작해 열한 차례의 정벌을 했지만, 천하에 그에 대적할 자가 없었다. 동쪽을 향해 정벌을 하면 서쪽의 이민족들이 원망했고, 남쪽을 향해 정벌을 하면 북쪽의 이민족들이 원망하며 말하기를 '어찌하여 우리들을 뒤로 미루시는가?'라고 했다. 백성들이 그를 바라기를 마치 큰 가뭄에 비를 바라는 것같이 했다. 전쟁 중인데도 시장으로 교역하러 가는 사람이 발걸음을 멈추지 않았고 밭을 가는 사람이 변함없이 일을 했다. 그 나라의 군주를 벌주고 백성들을 위로하니 때맞추어 단비가 내리는 것과 같아서 백성들이 크게 기뻐하였다. 그래서 『서경』에서는 '우리의 임금님을 기다리노라. 임금님께서 오시면 형벌은 없어지리라'[13]고 했다.

또 '주나라에 복종하기를 거절하는 나라가 있어서 무왕께서 동쪽으로 정벌하고 그곳의 백성들을 편안하게 해주자, 그들은 흑색과 황색의 비단을 광주리에 담아 와서 주나라의 왕을 섬겨 큰 복을 받고 큰 나라인 주(周)의 신하로 복종하겠다고 했다'고 한다. 당시 그쪽의 관리들은 흑색과 황색의 비단을 광주리에 채워서 이쪽의 관리들을 환영했고, 그쪽의 백성들은 대그릇에 밥을 담고, 병에 마실 것을 담아 가지고 가서 이쪽의 백성들을 환영했다는 것이다. 그것은 그 백성들을 물과 불의 구렁텅이에서 건져내고 그들에게 잔학하게 굴던 자를 잡아서 처벌했을 뿐이기 때문이다.

「태서」(太誓)에서 '우리의 위세를 떨쳐 은나라 영토를 치고 백성들에게 잔학하게 군 자를 잡아서 죽이고 벌주는 공이 크게 베풀어지니, 그 공적이 탕왕보다 위대하도다'고 했다.

왕도정치를 실천하지 않아서 그렇지, 만일 왕도정치를 실천하기만 하면 천하의 백성들이 다 머리를 치켜들고 그가 오기를 바라고 군주로 삼고자 할 것이다. 제나라와 초나라가 강대하다 해도 무슨 두려워 할 것이 있겠는가?"

萬章問曰, "宋, 小國也. 今將行王政, 齊楚惡而伐之, 則如之何?"

孟子曰, "湯居亳, 與葛爲鄰, 葛伯放而不祀, 湯使人問之曰, '何爲不祀?' 曰, '無以供犧牲也.' 湯使遺之牛羊. 葛伯食之, 又不以祀.

---

13. 탕왕의 정벌군이 오기만 하면 그간 폭군의 압제 밑에서 받은 고통으로부터 벗어날 수 있게 될 것이라는 뜻이다.

湯又使人問之曰, '何爲不祀?' 曰, '無以供粢盛也.' 湯使亳衆往爲之耕, 老弱饋食. 葛伯率其民, 要其有酒食黍稻者奪之, 不授者殺之. 有童子以黍肉餉, 殺而奪之. 書曰, '葛伯仇餉.' 此之謂也. 爲其殺是童子而征之, 四海之內皆曰, '非富天下也, 爲匹夫匹婦復讎也.' 湯始征, 自葛載, 十一征而無敵於天下. 東面而征, 西夷怨, 南面而征, 北狄怨, 曰, '奚爲後我?' 民之望之, 若大旱之望雨也. 歸市者弗止, 芸者不變, 誅其君, 弔其民, 如時雨降, 民大悅. 書曰, '徯我后, 后來其無罰.' '有攸不惟臣, 東征, 綏厥士女, 匪厥玄黃, 紹我周王見休, 惟臣附于大邑周.' 其君子實玄黃于匪, 以迎其君子, 其小人簞食壺漿, 以迎其小人. 救民於水火之中, 取其殘而已矣. 太誓曰, '我武惟揚, 侵于之疆, 則取于殘, 殺伐用張, 于湯有光.' 不行王政云爾, 苟行王政, 四海之內, 皆擧首而望之, 欲以爲君. 齊楚雖大, 何畏焉?"

6·6 대불승에게 준 가르침

맹자가 송나라 관리인 대불승(戴不勝)에게 말했다.

"그대는 그대의 왕이 선하게 되기를 바라는가? 내 그대에게 분명하게 알려주겠다. 초나라의 대부가 자기 아들이 제나라 말을 하기를 바란다면, 자기 아들을 제나라 사람에게 가르치게 하겠는가 아니면 초나라 사람에게 가르치게 하겠는가?"

대불승이 대답했다.

"제나라 사람에게 가르치도록 할 것입니다."

맹자가 말했다.

"한 명의 제나라 사람이 그를 가르치는데 옆에서 여러 명의 초나라 사람들이 떠들어 댄다면, 비록 날마다 회초리로 때려가며 제나라 말을 배우도록 요구해도 불가능할 것이다. 그런데 그를 데리고 가서 제나라 수도의 번화한 장악(莊嶽) 거리에서 몇 년 동안 지내게 한다면, 비록 날마다 회초리로 때려가며 초나라 말을 하기를 요구해도 역시 불가능할 것이다.

그대는 송나라의 현자인 설거주(薛居州)가 선한 선비라고 해서 그를 왕궁에서 지내게 하였다. 왕궁에 있는 자가 어른이든 아이이든 지위가 낮은 사람이든 높은 사람이든 모두가 설거주 같은 사람이라면 왕이 누구와 함께 악한 일을 하겠는가? 또 왕궁에 있는 자가 어른이든 아이이든 지위가 낮은 사람이든 높은 사람이든 모두가 설거주와 같은 사람이 아니라면 왕이 누구와 함께 선한 일을 하겠는가? 설거주 혼자서 송나라 왕을 어떻게 할 수 있겠는가?"

孟子謂戴不勝曰, "子欲子之王之善與? 我明告子. 有楚大夫於此, 欲其子之齊語也, 則使齊人傅諸? 使楚人傅諸?"

曰, "使齊人傅之."

曰, "一齊人傅之, 衆楚人咻之, 雖日撻而求其齊也, 不可得矣. 引而置之莊嶽之閒數年, 雖日撻而求其楚, 亦不可得矣. 子謂薛居州, 善士也, 使之居於王所. 在於王所者, 長幼卑尊, 皆薛居州也, 王誰與爲不善? 在王所者, 長幼卑尊, 皆非薛居州也, 王誰與爲善? 一薛居州, 獨如宋王何?"

6·7 맹자가 제후를 만나지 않는 이유

공손추가 물었다.

"제후를 만나 보지 않으시는 것은 어떤 이유 때문입니까?"

맹자가 대답했다.

"옛날에는 신하가 되지 않으면 군주를 만나 보지 않았다. 단간목[14]은 담장을 넘어서 군주를 피했고, 설류[15]는 문을 닫아 걸고 군주를 들이지 않았는데, 이것들은 지나친 경우이다. 제후가 간절히 만나 보려고 한다면 만나도 된다.

양화(陽貨)는 공자가 자신을 만나 보러 오게 하고 싶었지만 예를 갖추지 않았다는 비난을 듣기는 싫었다. 당시에는 대부가 선비에게 선물을 보낼 경우 선비가 자기 집에서 직접 그것을 받지 못했으면 대부의 집 문에 가서 절을 하는 것이 예의였다. 그래서 양화는 공자께서 외출하고 없는 틈을 엿보아서 공자에게 삶은 돼지를 선물로 보냈다.[16] 공자께서도 또한 양화가 외출하고 없는 틈을 엿보고 그의 집 문에 가서 절을 하였

---

14. 단간목(段干木)은 진(晉)나라 사람으로 절개를 지키고 관직에 나아가지 않았다. 위나라 임금이 그를 만나려고 문 앞에까지 왔으나 담을 넘어 피해 버렸다고 한다.

15. 설류(泄柳)는 춘추시대 노나라의 현자이다. 노나라 목공이 그의 집을 찾아갔지만, 문을 닫아 걸고 들이지 않았다고 한다. 「공손추 하」(4·11)에서도 언급되었다.

16. 양화는 당시에 노나라의 대부였고 공자는 선비(士)의 신분이었다. 양화는 공자를 만나고 싶기는 했지만 직접 자신이 먼저 찾아가기는 싫었다. 그래서 당시의 예를 이용해서 공자가 먼저 자기 집을 방문하도록 하기 위해 일부러 공자가 외출하고 없는 사이에 사람을 시켜 선물을 보냈던 것이다.

다. 당시에 양화가 그렇게 하지 않고 먼저 직접 찾아뵈었다면 공자께서도 어떻게 그를 만나보지 않았겠는가?

증자는 '어깨를 치켜올려 아첨하며 웃는 것은 여름날에 밭일을 하는 것보다 힘들다'고 했다. 자로는 '서로 뜻이 맞지 않은데도 억지로 함께 이야기 나누어야 하는 사람을 보면 그 얼굴색이 붉어져 있는데, 이런 짓은 내가 할 줄 아는 것이 아니다'고 했다. 이들의 말에 비추어 본다면 군자들이 어떻게 자신을 수양하는지를 알 수 있을 것이다."

公孫丑問曰, "不見諸侯何義?"

孟子曰, "古者, 不爲臣不見. 段干木踰垣而辟之, 泄柳閉門而不內, 是皆已甚. 迫, 斯可以見矣. 陽貨欲見孔子而惡無禮, 大夫有賜於士, 不得受於其家, 則往拜其門. 陽貨矙孔子之亡也, 而饋孔子蒸豚. 孔子亦矙其亡也, 而往拜之. 當是時, 陽貨先, 豈得不見? 曾子曰, '脅肩諂笑, 病于夏畦.' 子路曰, '未同而言, 觀其色赧赧然, 非由之所知也.' 由是觀之, 則君子之所養, 可知已矣."

6·8 옳지 못한 일은 바로 고쳐야 한다

송나라 대부인 대영지(戴盈之)가 말했다.

"수확량의 십분의 일을 세금으로 거두는 세법을 실시하고 국경의 관문과 시장에서 세금을 거두는 것을 폐지하는 것은 금년에는 불가능합니다. 일단 세액을 경감하고 내년까지 기다린 후에 폐지했으면 하는데 어떨지요?"

맹자가 말했다.

"날마다 이웃집의 닭을 훔치는 사람이 있었는데, 어떤 사람이 그 자에게 '이런 짓은 군자의 도리가 아니다'고 일러주자, 그 사람은 '훔치는 숫자를 줄여 한 달에 한 마리씩만 훔치다가 내년까지 기다린 후에 그만두겠다'고 했다고 하오. 옳지 못하다는 것을 안다면 빨리 그만두어야지 어째서 내년까지 기다린단 말이오?"

戴盈之曰, "什一, 去關市之征, 今茲未能. 請輕之, 以待來年, 然後已, 何如?"

孟子曰, "今有人日攘其鄰之雞者, 或告之曰, '是非君子之道.' 曰, '請損之, 月攘一雞, 以待來年, 然後已.' 如知其非義, 斯速已矣, 何待來年?"

6·9 맹자가 논쟁을 하는 이유

공도자가 물었다.

"밖의 사람들은 모두 선생님께서 논쟁하기를 즐긴다고 하는데, 어떠하신지요?"

맹자가 대답했다.

"내 어찌 논쟁하기를 좋아하겠느냐? 나는 어쩔 수 없어서 그렇게 하는 것이다. 천하에 사람이 살아 온 것이 오래 되었는데 한 번 다스려지

면 한 번 어지러워지곤 했다.[17]

요임금의 시대에는 물이 역류해 나라 한 가운데로 범람하여 뱀과 용이 그곳에 서식하자 백성들이 정착할 수가 없어서, 낮은 지대에 있는 사람은 나무에 둥지를 틀고 높은 지대에 있는 사람은 땅굴을 파서 살았다. 『서경』에서 '큰물이 나를 경각시켰다'[18]고 했는데, 큰물이란 홍수를 말한다.

그래서 순임금이 우에게 물을 관리하게 하였다. 우는 땅에 물길을 파서 바다로 흘러들게 하였고 뱀과 용을 몰아서 수초 우거진 못으로 내쳤다. 물이 양쪽 기슭 사이로 흘러갔으니 양자강과 회수(淮水) 그리고 하수(河水)와 한수(漢水)가 그것이다. 위험과 장애가 멀어지고 새와 짐승들이 사람을 해치는 일이 없어진 후에야 사람들이 평지를 얻어서 살게 되었다.

요임금과 순임금이 돌아가시자 성인의 도가 쇠퇴하고 폭군들이 연이어 나타나[19] 백성들의 집을 헐어서 못을 만듦으로써 백성들이 편안히

---

17. 맹자는 역사의 전개 과정을 태평한 시대와 혼란한 시대의 순환교체〔一治一亂〕로 규정한다. 이러한 역사관은 맹자만의 독특한 견해가 아니라 동양고대의 일반적인 역사관이라고 할 수 있다. 동양의 고대인들은 자연의 변화를 보고 파악한 순환변화의 법칙성을 역사에 적용하였던 것이다. 자연을 보면 하루라는 시간적 단위는 바로 밝음과 어둠의 순환 교체이고, 한달이라는 시간적 단위는 달이 차고 이지러지는 순환교체이고, 일년이라는 시간적 단위는 더위와 추위의 순환교체이기 때문이다.

18. 고대의 군주들은 자연의 재앙을 하늘이 군주의 부덕을 경계해서 내리는 현상으로 생각했다. 그래서 요임금은 홍수를 보고 자신이 부덕한지 반성한 것이다.

19. 연이어 나타난 폭군들은 하나라의 태강(太康)·맹갑(孟甲)·걸(桀)과 은나라의 무을(武乙) 등이다.

살 곳이 없게 되었다. 또 전답을 무너뜨리고 정원을 만들어 백성들이 제대로 입고 먹지 못하게 하였다. 잘못된 학설과 포악한 행위가 또 다시 생겨났으며 정원과 못과 늪이 많아지자 새와 짐승들이 모여들게 되었다. 주(紂)왕의 시대에 천하는 다시 크게 혼란스러워졌다.

주공이 무왕을 도와서 폭군 주를 죽였으며 엄(奄)나라를 정벌하고 삼 년 뒤에 그 군주를 죽이고 주가 총애하던 비렴(飛廉)을 바닷가로 몰아내고 죽여버렸는데, 나라를 멸망시킨 것이 50개 국이었고 범과 표범, 코뿔소와 코끼리와 같은 맹수들을 몰아서 멀리 내쫓자 천하 사람들이 크게 기뻐하였다. 『서경』에서는 이에 대해 '크게 빛나도다, 문왕의 계획이여. 위대하게 이으셨도다, 무왕의 공적이여. 우리 후세 사람들을 깨우쳐 주시되 모두 올바른 도로써 하시고 결함이 없게 하셨도다'고 했다.

그러나 다시 세상이 쇠퇴하고 도가 희미해져서 잘못된 학설과 포악한 행위가 또 다시 일어났으니, 신하인데 그 군주를 죽이는 자가 있었고 자식인데 그 아비를 죽이는 자가 있었다.

공자께서 이런 세태를 걱정하여 『춘추』[20]라는 역사서를 지었다. 『춘추』와 같은 역사서를 쓰는 것은 본래 천자가 하는 일이다.[21] 그래서 공

---

20. 『춘추』(春秋)는 노나라 은공(隱公) 원년(기원전 722년)부터 애공(哀公) 14년(기원전 481년)까지 약 242년간의 노나라의 역사를 기록한 편년체〔시간적 흐름을 따라가며 연대기적으로 서술하는 역사 기록의 한 방식〕 역사서이다. 흔히 이 시기를 '춘추시대'라고 부르는 것은 이 책의 이름에서 따온 것이다. 『춘추』를 지은 사람이 공자라고 오랫동안 알려져 왔지만 현대에 들어와서 『춘추』가 공자의 저작이 아니라는 설이 유력해졌다.

21. 『춘추』를 지으면서 공자가 했던 것과 같은 일은 천자의 권한임을 말한 것이다. 즉 위로는 제후로부터 아래로는 사에 이르기까지 다양한 인물들의 행적을 적어 일일이 그것에 대해 도덕적 정당성의 여부를 판정하고, 이어

자는 '나를 이해하게 하는 것도 오직 『춘추』일 것이고, 나를 비난하게 하는 것도 오직 『춘추』일 것이다'[22]고 말했던 것이다.

성인인 왕이 나오지 않자 제후들이 방자하게 굴고 초야의 선비들은 제멋대로 떠들어대며, 양주(楊朱)와 묵적(墨翟)의 학설이 천하를 가득채워서 천하의 주장들이 양주에게로 귀착되지 않으면 묵적에게로 귀착되었다. 양주는 오직 자신만을 위할 것〔爲我〕을 주장하는데 이것은 군주의 존재를 부정하는 것이고, 묵적은 차별없는 사랑〔兼愛〕를 말하는데 이것은 어버이를 부정하는 것이다. 어버이를 부정하고 군주를 부정하는 것은 금수와 같다.

공명의(公明儀)가 말하기를, '왕의 주방에는 살찐 고기가 있고 마구간에는 살진 말이 있는데, 백성들은 굶주린 기색이 있고 들에는 굶어 죽은 시체가 있으니, 이것은 짐승을 몰아서 사람을 잡아먹게 하는 것과 같다'[23]고 했다.

양주와 묵적의 학설이 사라지지 않으면 공자의 도가 드러나지 못할 것이니, 이것은 잘못된 학설이 백성들을 기만하고 인의(仁義)를 막아버리는 것이다. 인의가 막히면 짐승을 몰아서 사람을 잡아먹게 하고 끝내

서 각각의 인물들을 높이거나 깎아내리는 것〔褒貶〕은 천자가 하는 일이라는 것이다.

22. 공자가 '나를 비난하게 하는 것도 『춘추』일 것이다'고 한 것은 바로 장차 공자 자신을 비난할 사람들은 틀림없이 『춘추』를 거론하며 아무런 지위도 없는 공자가 분수를 넘어서서 감히 천자가 하는 일을 했다고 비난할 것이라는 뜻이다.

23. 백성들이 굶어 죽어가는 상황에서 백성들이 먹어야 할 곡식으로 군주의 소와 말을 살찌게 먹이는 것은 결국 짐승을 시켜 사람을 잡아먹게 하는 것과 같다는 뜻이다.

는 사람들이 서로 잡아먹게 될 것이다.

나는 이것을 걱정해서 성인들의 도를 보호하고 양주와 묵적의 학설을 막으며, 도리에 넘어서는 말을 추방하여 잘못된 학설을 주장하는 자가 생겨나지 않게 하는 것이다. 그런 잘못된 말들은 마음에서 생겨나서 일에 해를 끼치게 되며, 정치를 하는 속에 횡행하면, 국가의 대사를 망치게 된다. 성인이 다시 살아나더라도 내 말을 따르실 것이다.

옛날에 우임금이 홍수를 제압하자 천하가 평온해졌고, 주공이 오랑캐를 정벌하고 맹수들을 몰아내자 백성들이 편안하게 되었고, 공자가 『춘추』를 짓자 인륜을 어긴 신하와 아들들이 두려워하게 되었다.

『시경』에 이르기를 '서쪽 오랑캐와 북쪽 오랑캐를 치고 남쪽의 초나라와 서나라를 응징하니 누구도 감히 우리에게 대적하지 못한다'고 했다. 어버이를 부정하고 군주를 부정하는 자는 주공도 응징했을 것이다.

나 역시 사람들의 마음을 바로 잡고 옳지 못한 학설을 종식시키며 잘못된 행위를 막고 도리를 넘어선 말을 내쳐서 우임금과 주공, 공자 세 분 성인의 일을 계승하려는 것이지, 어찌 논쟁하기를 즐겨서 그렇게 하는 것이겠느냐? 나는 할 수 없어서 그렇게 하는 것이다. 양주와 묵적을 물리칠 수 있는 자는 성인의 도를 따르는 사람이다."

公都子曰, "外人皆稱夫子好辯, 敢問何也?"

孟子曰, "予豈好辯哉? 予不得已也. 天下之生久矣, 一治一亂. 當堯之時, 水逆行, 氾濫於中國, 蛇龍居之, 民無所定, 下者爲巢, 上者爲營窟. 書曰, '洚水警余.' 洚水者, 洪水也. 使禹治之. 禹掘地而注之海, 驅蛇龍而放之菹. 水由地中行, 江淮河漢是也. 險阻既遠, 鳥獸之害人者消, 然後人得平土而居之. 堯舜既沒, 聖人之道衰, 暴君代作, 壞宮室以爲汙池, 民無所安息. 棄田以爲園囿, 使民不得衣食. 邪說暴行又作, 園囿汙池沛澤多而禽獸至. 及紂之身, 天下又大亂. 周公相武王, 誅紂伐奄, 三年討其君, 驅飛廉於海隅而戮之, 滅國者伍十, 驅虎豹犀象而遠之, 天下大悅. 書曰, '丕顯哉, 文王謨! 丕承哉, 武王烈! 佑啓我後人, 咸以正無缺.' 世衰道微, 邪說暴行有作, 臣弑其君者有之, 子弑其父者有之. 孔子懼, 作春秋. 春秋, 天子之事也. 是故孔子曰, '知我者其惟春秋乎! 罪我者其惟春秋乎!' 聖王不作, 諸侯放恣, 處士橫議, 楊朱墨翟之言盈天下, 天下之言, 不歸楊, 則歸墨. 楊氏爲我, 是無君也, 墨氏兼愛, 是無父也. 無父無君, 是禽獸也. 公明儀曰, '庖有肥肉, 廐有肥馬, 民有飢色, 野有餓莩, 此率獸而食人也.' 楊墨之道不息, 孔子之道不著, 是邪說誣民, 充塞仁義也. 仁義充塞, 則率獸食人, 人將相食. 吳爲此懼, 閑先聖之道, 距楊墨, 放淫辭, 邪說者不得作. 作於其心, 害於其事, 作於其事, 害於其政. 聖人復起, 不易吳言矣. 昔者, 禹抑洪水而天下平, 周公兼夷狄驅猛獸而百姓寧, 孔子成春秋而亂臣賊子懼. 詩云, '戎狄是膺, 荊舒是懲, 則莫我敢承.' 無父無君, 是周公所膺也. 我亦欲正人心, 息邪說, 距詖行, 放淫辭, 以承三聖者, 豈好辯哉? 予不得已也. 能言距楊墨者, 聖人之徒也.”

6·10 진중자의 청렴함

제나라의 장수 광장(匡章)이 말했다.

"진중자[24]는 어찌 진실로 청렴한 선비가 아니겠습니까? 오릉(於陵)에 살 때 사흘 동안을 먹지를 못해서 귀가 들리지 않고 눈이 보이지도 않았습니다. 우물가에 있던 오얏 나무에는 벌레먹은 열매가 반이 넘었는데, 진중자는 기어가서 떨어진 오얏을 주워 먹고 세 번을 삼킨 후에 귀에 들리는 것이 있고 눈에 보이는 것이 있게 되었다고 합니다."

맹자가 말했다.

"제나라의 선비 중에서 나는 반드시 진중자를 여러 손가락 중의 엄지 손가락으로 여기오. 비록 그렇다 해도 중자가 어떻게 청렴한 사람일 수 있겠소? 중자가 추구하는 그런 지조를 충족시키려면 지렁이가 되고 나서야 가능할 것이오.[25]

지렁이는 위에서는 마른 흙을 먹고 아래에서는 땅 속의 흐린 물을 마십니다. 중자가 사는 집이 백이(伯夷) 같은 현자가 지은 집인지 아니면 도척[26]과 같은 도적이 지은 집인지, 그가 먹는 곡식이 백이가 기른 것인지 아니면 도척이 기른 것인지, 이것은 알 수 없는 것이오."[27]

광장이 대답했다.

---

24. 진중자(陳仲子)는 제나라 사람이며 세습 명문가의 자제로, 난세를 피해 부인과 함께 오릉(於陵)에서 은둔 생활을 하며 청렴한 절개를 지키려고 했다.

25. 진중자처럼 일체의 인간 관계를 부정하고 은거해서 소박한 생활을 하는 것은 사람이 아니라 지렁이가 되어야만 가능할 것이라는 말이다.

26. 도척(盜跖)은 춘추시대에 유명했던 도둑의 이름이다.

27. 비록 진중자가 의롭지 못한 세상을 싫어해서 오릉에서 은거한다고 해도, 지렁이처럼 아무 의지하는 바 없이 사는 것이 아니라 사람이 지은 집에서 살고 사람이 기른 곡식을 먹고 살아간다. 만약 그의 지조를 철저하게 관철시키려면 사는 집과 먹는 곡식에 대해서도 의로운 사람이 짓고 가꾼 것인지 그렇지 않은지를 따져봐야 하는데, 그것은 현실적으로 불가능하다는 말이다.

"그것이 무슨 문제가 되겠습니까? 그는 손수 신발을 짜고 부인은 길쌈을 해서 곡식과 바꿉니다."

맹자가 말했다.

"중자는 제나라에서 대를 이어 벼슬을 해 온 집안의 사람으로 형인 대(戴)가 개(蓋) 지역에서 나는 수확을 봉록으로 받는 것이 만 종(鍾)이나 되오. 그런데 형이 받은 녹이 의롭지 못하다고 해서 그것을 먹지 않고, 형이 사는 집이 의롭지 못하다고 해서 그곳에 거처하지 않았소. 그래서 형을 피하고 어머니를 떠나서 오릉에 산 것이오.

언젠가 형의 집에 돌아왔는데 마침 어떤 사람이 그의 형에게 살아 있는 거위를 선물로 보내오자, 이맛살을 찡그리며 '이 꽥꽥거리는 것을 어디에 쓸 것인가?'라고 했소. 그 뒤 어느 날 그의 어머니가 그 거위를 잡아서 그에게 먹였소. 그때 마침 형이 밖에서 돌아와서는 '이것이 꽥꽥거리는 거위 고기이다'고 하자, 중자는 밖으로 나가서 그것을 토했다고 하오.

어머니가 주는 것은 먹지 않으면서 아내가 주는 것은 먹었고, 형의 집에서는 살지 않으면서 오릉에서는 살았는데, 이러고도 오히려 그가 지조를 완벽하게 관철시켰다고 할 수 있겠소? 중자같은 사람은 지렁이가 되어야만 자신의 지조를 다 관철시킬 수 있을 것이오."

해설

맹자는 진정한 청렴함이란 세속을 부정하고 떠나서 은거하면서 추구하는 것이 아니라고 본다. 사람이 금수가 아닌 이상 사람들을 떠나서는 어떤 이상도 추구할 수 없다는 것이다. 맹자는 진중자가 당시 불의를 서슴지 않고 저지르는 사람들과는 다르다는 점에서 일단은 어느 정도 긍정적인 평가를 하면서도, 그가 부모 자식간의 관계나 형제간의 관계를

부정하면서까지 추구한 청렴함이라는 지조는 잘못된 것임을 비판하고
있다.

　匡章曰, "陳仲子豈不誠廉士哉? 居於陵, 三日不食, 耳無聞, 目無
見也. 井上有李, 螬食實者過半矣, 匍匐往將食之, 三咽, 然後耳有
聞, 目有見."

　孟子曰, "於齊國之士, 吳必以仲子爲巨擘焉. 雖然, 仲子惡能廉?
充仲子之操, 則蚓而後可者也. 夫蚓, 上食槁壤, 下飮黃泉. 仲子所
居之室, 伯夷之所築與? 抑亦盜跖之所築與? 所食之粟, 伯夷之所
樹與? 抑亦盜跖之所樹與? 是未可知也."

　曰, "是何傷哉? 彼身織屨, 妻辟纑, 以易之也."

　曰, "仲子, 齊之世家也. 兄戴, 蓋祿萬鍾. 以兄之祿爲不義之祿
而不食也, 以兄之室爲不義之室而不居也, 辟兄離母, 處於於陵.
他日歸, 則有饋其兄生鵝者, 己頻顣曰, '惡用是鶃鶃者爲哉?'他日,
其母殺是鵝也, 與之食之. 其兄自外至, 曰, '是鶃鶃之肉也.'出而
哇之. 以母則不食, 以妻則食之, 以兄之室則弗居, 以於陵則居之,
是尙爲能充其類也乎? 若仲子者, 蚓而後充其操者也."

이루 상

7·1 어진 정치의 중요성

맹자가 말했다.

"이루[1]의 밝은 시력이나 공수자[2]의 뛰어난 손재주가 있어도 콤파스〔規〕와 곡척〔矩〕[3]을 사용하지 않으면 네모 모양과 원 모양을 만들 수 없

---

1. 이루(離婁)는 성이 공수(公輸)이고 이름이 반(般)으로, 춘추시대 노나라 출신의 뛰어난 기술자이다. 초나라 혜왕이 그가 만든 성을 공격하는 데 쓰는 장치〔雲梯〕를 사용해서 송나라를 공격할 준비를 했는데, 차별없이 서로 사랑하고〔兼愛〕 전쟁하지 말자〔非戰〕는 주장을 내세웠던 묵자〔墨翟〕가 혜왕을 설득해서 공격을 포기하게 했다는 이야기가 여러 기록에 보인다.

2. 공수자(公輸子)는 황제 때에 눈 밝기로 유명했다고 하는 전설상의 인물이다. 백 보 밖에서 짐승의 터럭의 끝을 볼 수 있을 정도의 시력을 지녔다고 한다.

3. 콤파스로 번역한 '규'(規)는 목수가 원 모양을 그릴 때 쓰는 연장이고, 곡척이라고 번역한 '구'(矩)는 네모 모양을 그릴 때 쓰는 연장이다. 목수가 그리는 모든 원과 네모 모양은 모두 이들 연장에 의거해서 나온다는 점에서, 흔

다. 사광[4]의 예민한 청력이 있어도 육률[5]을 사용하지 않으면 오음[6]을 바로 잡을 수 없다. 요순의 도가 있어도 어진 정치[仁政]을 실행하지 않으면 천하를 평화롭게 다스릴 수 없다.

이제 왕에게 어진 마음이 있고 어질다는 평판이 있는데도 실제로 백성들은 그 혜택을 입지 못해서 후세의 모범이 될 수 없는 것은 선왕의 도[仁政]를 실행하지 않기 때문이다. 그러므로 '한갓 선한 마음만 가지고서는 좋은 정치를 할 수 없고, 한갓 법만 갖추어 놓는다고 해서 그것이 저절로 실행되지는 못한다'고 하는 것이다. 『시경』에서 '허물도 짓지 않고 잊어버리지도 않고 옛 법도를 따른다'고 했으니, 선왕의 법도를 따르고서도 잘못되는 경우는 없다.

성인은 밝은 시력을 남김없이 발휘하고 게다가 콤파스·곡척·수평기[準][7]·먹줄[繩][8]과 같은 정확한 도구에 의거했으므로, 네모난 것과 둥근 것 평평한 것 곧은 것을 만듦에 이루 다 쓸 수 없을 정도로 넉넉했다. 예민한 청력을 남김 없이 활용하고 게다가 육률과 같은 정확한 기구에 의

히 '규구'(規矩)라고 하면 표준, 기준, 법도를 의미하는 말로 쓰인다.

4. 사광(師曠)은 춘추시대의 유명한 음악가로, 진나라 평공(平公)때 음악을 관장하는 직위[太師]를 지냈다.

5. 육율(六律)은 음의 표준을 정하는 데 쓰는 조율용 기구로 대나무를 잘라 만든 여섯 개의 대롱으로 되어 있다.

6. 오음(伍音)은 궁(宮)·상(商)·각(角)·치(微)·우(羽)의 다섯 음을 말한다.

7. 수평기로 번역한 '준'(準)은 목재나 건축물의 수평 여부를 측정하는데 쓰는 연장이다.

8. 먹줄로 번역한 '승'(繩)은 곧은 선을 그을 때 사용하는 연장이다. 먹을 묻힌 통 속에 감겼던 실을 풀어서 팽팽하게 당겼다가 목재의 표면에 퉁겨서 곧은 선을 긋는다.

거했으므로, 오음을 바로 잡음에 그것이 이루 다 쓸 수가 없을 정도로 넉넉했다. 어진 마음과 생각을 남김없이 활용하고 게다가 차마 남에게 악하게 굴지 못하는 정치에 의거했으므로, 인(仁)이 천하의 모든 사람에게 베풀어졌다.

그러므로 높은 것을 만들려면 반드시 구릉을 이용해야 하고, 낮은 것을 만들려면 반드시 하천과 못을 이용해야 한다고 한다.[9] 정치를 하면서도 선왕의 도를 본받지 않는다면 지혜롭다 할 수 있겠는가?[10] 따라서 오직 어진 사람만이 높은 지위에 있어야 한다. 어질지 못하면서도 높은 지위에 있으면 그의 악을 여러 사람에게 퍼뜨리게 된다.

윗사람이 도를 생각하지 않아서 아랫사람이 법을 지키지 않고, 조정에서 도를 신뢰하지 않아서 기술자들이 도량형의 표준을 지키지 않고, 군자가 의를 어겨서 소인이 형법을 어기게 되고도 나라가 보존될 수 있다면, 이는 요행일 뿐이다.

그러므로 성곽이 견고하지 않고 군비가 충분하지 않은 것이 나라 재앙이 아니고, 농사지을 땅이 넓혀지지 않고 재물이 모이지 않는 것이 나라의 해가 아니다. 윗사람이 예를 지키지 않고 아랫사람이 배우지 않으면 법을 어기는 백성이 생겨나서 나라를 잃는 것은 금방이다.

『시경』에서 말하기를 '하늘이 바야흐로 움직이려고 하니 그렇게 시

---

9. 구릉은 평지보다 높이 솟아 있고, 하천과 못은 평지보다 낮은 곳에 있다. 그러므로 높은 누대를 만들려고 할 경우, 그 구릉 위에다 세우면 적은 노력으로도 쉽게 높이 만들 수 있고, 깊은 연못을 만들려고 할 경우 하천 근처에서 만들면 쉽게 만들 수 있다.

10. 정치를 하는 데 선왕의 도[仁政]를 따르면 노력을 적게 들이고도 큰 효과를 거둘 수가 있는데도, 그렇게 하지 않는다면 어리석다는 뜻이다.

끄럽게 굴지 말아라'고 했다. 시끄럽게 군다는 것은 말 많게 떠들어댄다는 뜻이다. 군주를 섬김에 의리가 없고 벼슬에 나아가고 물러남에 예가 없으며 말만 했다하면 선왕의 도를 비난하는 것이 말 많게 떠들어대는 것이다.

그러므로 군주에게 어려운 것을 간언하는 것을 공손하게 대하는 것〔恭〕이라고 하고, 군주에게 선한 것을 아뢰고 사특한 것을 막는 것을 존경하는 것〔敬〕이라 하고, 우리 군주는 안된다고 하는 것을 군주를 해치는 것〔賊〕이라고 한다."

孟子曰, "離婁之明, 公輸子之巧, 不以規矩, 不能成方員. 師曠之聰, 不以六律, 不能正伍音. 堯舜之道, 不以仁政, 不能平治天下. 今有仁心仁聞而民不被其澤, 不可法於後世者, 不行先王之道也. 故曰, '徒善不足以爲政, 徒法不能以自行.' 詩云, '不愆不忘, 率由舊章.' 遵先王之法而過者, 未之有也. 聖人旣竭目力焉, 繼之以規矩準繩, 以爲方員平直, 不可勝用也. 旣竭耳力焉, 繼之以六律, 正伍音, 不可勝用也. 旣竭心思焉, 繼之以不忍人之政, 而仁覆天下矣. 故曰, 爲高必因丘陵, 爲下必因川澤. 爲政不因先王之道, 可謂智乎? 是以惟仁者宜在高位. 不仁而在高位, 是播其惡於衆也. 上無道揆也, 下無法守也, 朝不信道, 工不信度, 君子犯義, 小人犯刑, 國之所存者幸也. 故曰, 城郭不完, 兵甲不多, 非國之災也, 田野不辟, 貨財不聚, 非國之害也. 上無禮, 下無學, 賊民興, 喪無日矣.' 詩曰, '天之方蹶, 無然泄泄.' 泄泄, 猶沓沓也. 事君無義, 進退無禮, 言則非先王之道者, 猶沓沓也. 故曰, '責難於君謂之恭, 陳善閉邪謂之敬, 吾君不能謂之賊.'"

7·2 요순의 도로써 나라를 다스려라

맹자가 말했다.

"콤파스와 곡척은 네모 모양과 둥근 모양의 표준이고, 성인은 인류의 표준이다. 군주가 되려고 하면 군주의 도리를 다해야 하고, 신하가 되려고 하면 신하의 도리를 다해야 한다. 이 두 가지는 모두 요순을 본받으면 될 뿐이다. 순이 요임금을 섬기던 방법으로 군주를 섬기지 않는다면 군주에게 공손하게 대하지 않는 것이다. 요임금이 백성을 다스리던 방법으로 백성을 다스리지 않는다면 백성을 해치는 것이다. 그래서 공자께서는 '길은 두 가지, 어진 것과 어질지 않은 것이 있을 뿐이다'고 하셨다.

백성에게 포악하게 구는 것이 심할 경우는 군주 자신은 시해당하고 나라는 망하게 되며, 심하지 않을 경우는 군주 자신은 위태로와지고 나라의 영토는 줄어들게 된다. 그렇게 해서 일단 '어둡다'〔幽〕거나 '잔인하다'〔厲〕고 이름이 붙여지면, 비록 효성스런 자식과 손자가 나와도 백 대가 지나도록 그것을 고칠 수 없다.[11]

그래서 『시경』에 이르기를 '은나라의 거울은 먼 곳에 있지 않으니, 바

---

11. 유(幽)와 여(厲)는 각각 주나라 두 왕의 시호(諡號)이다. 시호란 죽고나서 살아 있을 때의 행적을 평가해서 붙이는 이름이다. 유는 우매하다는 뜻이며 여는 잔혹하다는 뜻이다. 유왕(幽王)은 포사(褒姒)라는 여자에게 빠져서 정사를 제대로 돌보지 않고 간신들을 중용하다가 결국은 신하들에게 죽음을 당했다. 여왕(厲王)은 유왕(幽王)의 할아버지로 잔인하고 포악한 행위를 일삼다가 결국은 백성들에 의해 축출되었다. 맹자가 여기서 유와 여를 거론한 것은 직접적으로 유왕과 여왕을 두 사람만을 가리키는 것이라기보다는 우매하고 잔혹한 군주에 대한 일반적인 언급으로 보는 것이 적절하다.

로 하나라 왕조에 있다'[12]고 했다.

맹자가 말했다. "規矩, 方員之至也, 聖人, 人倫之至也. 欲爲君盡君道,
欲爲臣盡臣道, 二者皆法堯舜而已矣. 不以舜之所以事堯事君, 不
敬其君者也, 不以堯之所以治民治民, 賊其民者也. 孔子曰, '道二,
仁與不仁而已矣.' 暴其民甚, 則身弑國亡, 不甚, 則身危國削. 名之
曰'幽厲', 雖孝子慈孫, 百世不能改也. 詩云, '殷鑒不遠, 在夏后之
世', 此之謂也."

7·3 어짊과 어질지 못함

맹자가 말했다.

"하·은·주 삼대가 천하를 얻은 것은 어질었기 때문이고, 삼대가 천하
를 잃어버린 것은 어질지 못했기 때문이다. 나라가 기울고 흥하며 보존
되고 망하는 것 역시 마찬가지이다. 천자가 어질지 못하면 천하를 보존
할 수 없고 제후가 어질지 못하면 사직을 보존할 수 없으며, 경과 대부가
어질지 못하면 종묘를 보존할 수 없고 선비와 서민이 어질지 못하면 한
몸을 보존할 수가 없다. 죽기를 싫어하면서도 어질지 못한 것을 즐기는

---

12. 은나라의 군주가 경계로 삼아야 할 교훈은 멀리 있는 것이 아니라 바로 이
전 왕조인 하나라 군주의 행적에서 찾을 수 있다는 의미이다. 은나라의 마
지막 왕인 주를 풍자하는 내용이다. 즉 주가 하나라의 마지막 왕인 걸의 행
적과 말로를 거울 삼아 경계했더라면 죽음을 당하고 나라를 잃는 전철을 밟
지 않을 수 있었을 것이라는 뜻이다.

것은 마치 취하는 것을 싫어하면서도 억지로 술을 마시는 것과 같다."

孟子曰, "三代之得天下也以仁, 其失天下也以不仁. 國之所以廢興存亡者亦然. 天子不仁, 不保四海, 諸侯不仁, 不保社稷, 卿大夫不仁, 不保宗廟, 士庶人不仁, 不保四體. 今惡死亡而樂不仁, 是猶惡醉而强酒."

7·4 돌이켜 자신에게서 구함

맹자가 말했다.

"다른 사람을 사랑하는데도 그가 나를 친하게 여기지 않을 경우는 자신의 사랑하는 마음을 반성해 보고, 다른 사람을 다스리는데도 다스려지지 않을 경우는 자신의 지혜를 반성해 보고, 다른 사람에게 예를 갖추어 대하는데도 그것에 상응하는 답례가 없을 경우는 자신의 공경하는 마음을 반성해 보아야 한다.

어떤 일을 하고서 바라는 결과를 얻지 못하면 모두 돌이켜 자신에게서 그 원인을 찾아야 한다. 자신의 한 몸이 바르면 천하 사람들이 다 그에게로 돌아온다. 그래서 『시경』에서는 '영원토록 하늘의 명을 따르니, 스스로 많은 복을 구하는구나'고 했다."

孟子曰, "愛人不親反其仁, 治人不治反其智, 禮人不答反其敬. 行有不得者, 皆反求諸己, 其身正而天下歸之. 詩云, '永言配命, 自求多福.'"

7·5 천하의 근본은 한 사람의 몸에 있다

맹자가 말했다.

"사람들이 입버릇처럼 하는 말이 있으니, 모두 '천하국가'라고들 한다. 그런데 천하의 근본은 나라에 있고 나라의 근본은 집에 있고 집의 근본은 한 사람의 몸에 있다."

해설

바로 앞의 주장, 즉 "자신의 한 몸이 바르면 천하 사람들이 다 그에게로 돌아온다"는 것을 다시 한번 강조하고 있다. 유학은 그 도덕이론의 출발점을 한 개인의 도덕적 자각과 실현에 두고 있다. 즉, 먼저 개인이 도덕적 인격을 갖추고서 그것을 실천하는 범위를 집안, 나라, 천하로 점차 확장해 나가는 것이다. 『맹자』전편에서 일관되게 왕도정치의 필요성을 강조하고 그 출발점을 군주의 어진 마음에서 찾는 것도 바로 이런 사고를 배경으로 한 것이다.

『맹자』보다 다소 늦은 『대학』이라는 책에서는 이러한 생각을 한층 구체적으로 제시하고 있다. 바로 '수신(修身)·제가(齊家)·치국(治國)·평천하(平天下)'의 단계적인 언급이나 "천자로부터 서민에 이르기까지 한결같이 수신(修身)을 근본으로 삼아야 한다"는 명제가 그것이다.

孟子曰, "人有恒言, 皆曰'天下國家'. 天下之本在國, 國之本在家, 家之本在身."

7·6 정치와 영향력 있는 가문

맹자가 말했다.

"정치를 하는 것은 어렵지 않으니, 영향력 있는 가문을 거스르지 않으면 된다. 영향력 있는 가문에서 사모하는 것은 온 나라가 사모하고, 온 나라가 사모하는 것은 천하가 사모한다. 그렇게 됨으로써 기세차게 덕에 의한 교화가 온 천하에 넘쳐 흐르게 된다."

해설

이 구절은 상당히 완고한 도덕적 원칙론자로 나타나는 『맹자』전편에서의 맹자의 모습과 상충되는 듯한 언급이다. 맹자는 다른 곳에서는 일관되게 밖으로부터 가해지는 어떠한 억압이나 위협에도 흔들림 없이 오직 자신의 '도덕적 정당성'[義]에 따라 행위할 것을 강조하고 있기 때문이다. 그러나 이 구절은 당시의 현실적 상황을 인정하면서도 여전히 맹자 자신의 주장을 일관되게 전하고 있는 것으로 볼 수 있다.

맹자가 살았던 전국시대는 예에 기초한 전통적인 정치질서가 붕괴되고 힘의 논리가 지배하던 시대였다. 따라서 각 제후국에서는 세력있는 가문이 정치를 좌우하거나 아예 제후를 살해하거나 축출하고 권력을 차지하는 일이 빈번했다. 그 대표적인 사례가 진(晉)나라이다. 진나라는 유력한 세 가문인 한씨(韓氏), 조씨(趙氏), 위씨(魏氏)에 의해 제후가 축출되고 결국은 세 나라로 분열되었다.

이러한 상황에서 각국의 제후에게 세력있는 가문은 현실적 위협이었고 정치 권력의 행사에 중요한 고려의 대상이었다. 따라서 맹자는 일단 제후가 세력있는 가문의 비위를 거스르지 않는 것이 정치에 있어서 중요한 사항임을 인정한 것이다. 그러나 그 방법에 있어서는 여전히 자신의 원칙을 관철시키고 있으니, 군주의 덕을 강조하는 것이 그것이다.

「공손추 상」(3·3)에서 맹자는 "힘으로써 사람을 복종시키는 경우 사람들이 마음으로 복종하는 것이 아니라 단지 자신의 힘이 부족하기 때문에 복종한다. 덕으로써 사람을 복종시키는 경우 마음속으로 기뻐서 진정으로 복종한다"고 했다. 마찬가지로 여기서도 그는 군주가 덕을 갖춤으로써 영향력 있는 가문이 자발적으로 군주를 사모하게 해야 함을 말하고 있다.

孟子曰, "爲政不難, 不得罪於巨室. 巨室之所慕, 一國慕之, 一國所慕, 天下慕之. 故沛然德敎溢乎四海."

7·7 하늘의 이치

맹자가 말했다.

"천하에 도가 있으면 덕이 작은 자가 덕이 큰 자에게 부림을 당하고 현능함이 작은 자가 현능함이 큰 자에게 부림을 당한다. 천하에 도가 없으면 힘이 작은 자가 힘이 큰 자에게 부림을 당하고 세력이 약한 자가 세력이 강한 자에게 부림을 당한다. 이 두 가지는 하늘의 이치이다. 하늘의 이치에 순응하는 자는 살아남고 하늘의 이치를 거스르는 자는 멸망한다.[13]

---

13. 도덕적 원리[道]가 통하는 세상에서는 개인과 개인간이나 국가와 국가간에

제나라 경공(景公)은 '이미 남에게 명령을 하지 못하게 된데다가 남의 명령을 받지도 않는다면, 그것은 남과의 관계를 단절하는 것이다'라고 말하고는 눈물을 흘리면서 오나라에 딸을 시집보냈다.[14]

오늘날 약소국은 강대국을 본받으려 하면서도 강대국의 명령을 받는 것은 수치스러워 하는데, 이는 마치 제자가 선생의 명령을 받기를 수치스러워 하는 것과 같다. 만일 수치스러워 한다면 문왕을 스승으로 삼는 것이 가장 좋다. 문왕을 본받으면 큰 나라는 5년, 작은 나라는 7년이면 반드시 천하에 군림해 정사를 행하게 될 것이다.

『시경』에서 '은나라의 자손들은 그 수가 십만명[15]만 되는게 아니지만 상제(上帝)께서 천명을 내리니 주나라에 복종했네. 주나라에 복종하니 천명은 고정된 것이 아니로다.[16] 은나라의 선비들 중 훤칠하고 영민한 이들이 주나라의 수도에 와서 땅에 술을 붓는 예를 행하며[17] 제사를 돕

는 도덕적 역량의 우열이 양자의 관계를 규정하는 기준이 되지만, 도덕적 원리가 통하지 않는 난세에는 무력이나 경제력이 그 기준이 된다는 말이다.

14. 한 때 강성했던 제나라는 경공(景公) 대에 와서 그 세력이 크게 위축되었다. 이때 오나라의 군주 합려(闔閭)가 제나라를 치려고 하자 경공은 그것을 무마하기 위해서 눈물을 머금고 자기 딸을 오나라에 시집을 보냈다. 본문에 나오는 경공의 말은 그러한 굴욕적인 정책을 반대하고 저항할 것을 건의하는 신하에게 건넨 말이다. 즉, 세력이 약해서 명령을 내릴 처지가 아니라면 순순히 상대의 명령에 따르는 것이 고립과 화를 면하는 방법이라는 뜻이다.

15. 원문은 '억'(億)이다. 고대에는 십만명을 억이라고 불렀다.

16. 주나라가 은나라를 복속시키고 천하를 얻은 사건을 계기로 천명은 어떤 종족이나 왕조에 고정적으로 항구히 머무는 것이 아니라 언제나 덕이 있는 자에게로 옮겨간다는 천명미상[天命靡常]의 관념이 나타나게 되었다.

17. 땅에 술을 붓는 의식을 행한다는 것은 종묘에 제사를 지낼 때 강신(降神)을 위해 수수로 빚어 울금향(鬱金香)을 섞은 술[鬱鬯酒]을 땅에 붓는 것을 말한다.

는구나'라고 했다. 공자께서는 '어진(仁) 덕을 지닌 사람에게는 그에 맞서는 무리의 수가 많고 적음이 문제가 되지 않는다. 한 나라의 군주가 인을 좋아하면 천하에 그를 대적할 자가 없다'고 했다.

이제 천하에 자신을 대적할 자가 없기를 바라면서도 어진 정치를 실행하지 않는다면, 이것은 신열에 시달리면서도 찬물로 몸을 씻지 않는 것과 같다. 『시경』에 이르기를 '누가 신열에 시달리면서도 찬물로 몸을 씻지 않겠는가?'라고 했다."

孟子曰, "天下有道, 小德役大德, 小賢役大賢. 天下無道, 小役大, 弱役强. 斯二者, 天也. 順天者存, 逆天者亡. 齊景公曰, '旣不能令, 又不受命, 是絶物也.' 涕出而女於吳. 今也小國師大國而恥受命焉, 是猶弟子而恥受命於先師也. 如恥之, 莫若師文王. 師文王, 大國伍年, 小國七年, 必爲政於天下矣. 詩云, '商之孫子, 其麗不億. 上帝旣命, 侯于周服. 侯服于周, 天命靡常. 殷士膚敏, 祼將于京.' 孔子曰, '仁不可爲衆也. 夫國君好仁, 天下無敵.' 今也欲無敵於天下而不以仁, 是猶執熱而不以濯也. 詩云, '誰能執熱, 逝不以濯?'"

7·8 어질지 못한 사람

맹자가 말했다.

"어질지 못한 사람과 함께 바른 도리에 대해 이야기를 할 수 있겠는가? 그는 위태로운 것을 편안한 것으로 여기고 재앙을 이로운 것으로 여기고 그의 몸을 망치게 하는 것을 즐거움으로 여긴다. 어질지 않지만 함께 바른 도리에 대해 이야기를 할 수 있다면 어떻게 나라를 잃고 집안을 망치는 일이 있겠는가?

어떤 어린아이가 '창랑(滄浪)의 물이 맑으면 나의 갓끈을 씻고, 창랑의 물이 흐리면 나의 발을 씻는다'고 노래했다. 공자가 그것에 대해서 '너희들은 저 노래를 들어보아라. 맑으면 갓끈을 씻고 흐리면 발을 씻는다고 한다. 그런 차이는 모두 물이 스스로 자초한 것이다'[18]고 하셨다.

무릇 사람은 반드시 스스로 업신여긴 후에 남이 업신여기고, 집안도 반드시 스스로 망친 후에 남이 망치고, 나라도 반드시 스스로 공격한 뒤에 남이 공격한다. 『서경』의 「태갑」에서 '하늘이 만든 재앙은 오히려 피할 수 있어도 스스로 만든 재앙에서는 빠져나갈 길이 없다'고 한 것은 바로 이것을 말한 것이다."

孟子曰, "不仁者可與言哉? 安其危而利其菑, 樂其所以亡者. 不仁而可與言, 則何亡國敗家之有? 有孺子歌曰, '滄浪之水清兮, 可以濯我纓, 滄浪之水濁兮, 可以濯我足.' 孔子曰, '小子聽之! 清斯濯纓, 濁斯濯足矣, 自取之也.' 夫人必自侮, 然後人侮之, 家必自毀, 而後人毀之, 國必自伐, 而後人伐之. 太甲曰, '天作孽, 猶可違, 自作孽, 不可活.' 此之謂也."

---

18. 같은 물인데도 머리에 쓰는 소중한 갓끈을 씻기도 하고 더러운 발을 씻기도 하는 것은 그 물이 맑은가 흐린가에 달린 것처럼, 사람이 남으로부터 어떠한 대접을 받는가는 모두 자기 하기에 달려 있다는 것이다.

7·9 천하를 얻는 방법

맹자가 말했다.

"걸왕과 주왕[19]이 천하를 잃은 것은 그 백성을 잃었기 때문이며, 그 백성을 잃은 것은 그들의 마음을 잃었기 때문이다. 천하를 얻는 데는 방법이 있는데, 그 백성을 얻으면 이에 천하를 얻게 된다. 또 그 백성을 얻는 데는 방법이 있는데, 그들의 마음을 얻으면 이에 백성을 얻게 된다. 백성들의 마음을 얻는 데는 방법이 있는데, 그들이 바라는 것은 그들을 위해 모아주고 그들이 싫어하는 것은 그들에게 행하지 않으면 된다.

백성들이 어진 자에게로 귀속하는 것은 마치 물이 아래로 흘러가고 짐승들이 들판으로 치달리는 것과 같다. 그러므로 연못을 위하여 물고기를 몰아주는 것은 수달이고, 숲을 위하여 새들을 몰아주는 것은 새매이며, 탕왕과 무왕을 위하여 백성을 몰아 준 것은 걸과 주이다. 이제 천하의 군주 중에서 인을 좋아하는 이가 있으면, 제후들이 모두 그를 위하여 백성을 몰아 줄 것이다. 그렇게 되면 천하에 군림하는 왕이 되지 않으려 해도 그렇게 할 수 없다.

오늘날 천하에 군림하는 왕이 되려고 하는 것은 마치 칠년 묵은 오랜 병을 치료하기 위해 삼년 묵은 쑥을 구하는 경우와 같다. 만일 쑥을 미리 비축해 두지 않는다면 평생토록 얻지 못할 것이다. 마찬가지로 진실로 인에 뜻을 두지 않으면 평생토록 근심하고 치욕을 당하다가 죽음에 떨어지게 될 것이다. 『시경』에서 '어떻게 잘 될 수 있겠는가? 서로 함께

---

19. 걸왕과 주왕은 각각 하나라와 은나라의 마지막 왕으로 폭정을 일삼다가 은나라와 주나라에 천하를 빼앗겼다.

빠져 죽는 데 이르리라'고 한 것은 이것을 말한 것이다."

孟子曰, "桀紂之失天下也, 失其民也, 失其民者, 失其心也. 得天
下有道, 得其民, 斯得天下矣. 得其民有道, 得其心, 斯得民矣. 得
其心有道, 所欲與之聚之, 所惡勿施爾也. 民之歸仁也, 猶水之就
下獸之走壙也. 故爲淵敺魚者, 獺也, 爲叢敺爵者, 鸇也, 爲湯武敺
民者, 桀與紂也. 今天下之君有好仁者, 則諸侯皆爲之敺矣. 雖欲
無王, 不可得已. 今之欲王者, 猶七年之病, 求三年之艾也. 苟爲不
畜, 終身不得. 苟不志於仁, 終身憂辱, 以陷於死亡. 詩云, '其何能
淑, 載胥及溺.' 此之謂也."

7·10 자신을 해치고 내팽개치는 자

맹자가 말했다.

"스스로 자신을 해치는〔自暴〕 자와는 함께 이야기를 할 수 없고, 스
스로 자신을 내팽개치는〔自棄〕 자와는 함께 일을 할 수 없다. 말로써 예
(禮)와 의(義)를 비난하는 것을 스스로 자신을 해친다고 하고, 나같은 사
람은 인(仁)에 머물 수 없고 의를 행할 수 없다고 생각하는 것을 스스로
자신을 내팽개친다고 한다.

인은 사람의 사는 편안한 집이고 의는 사람이 걸어가는 바른 길이다.
편안한 집을 비워 두고 머물지 않으며 올바른 길을 내버려 두고 따라가
지 않다니, 슬픈 일이로다!"

孟子曰, "自暴者, 不可與有言也, 自棄者, 不可與有爲也. 言非禮義, 謂之自暴也. 吾身不能居仁由義, 謂之自棄也. 仁, 人之安宅也, 義, 人之正路也. 曠安宅而弗居, 舍正路而不由, 哀哉!"

7·11 도는 가까운 곳에 있다

맹자가 말했다.

"사람들은 추구해야 할 도가 가까운 곳에 있는데도 먼 곳에서 찾고, 해야 할 일이 쉬운 곳에 있는데도 어려운 곳에서 찾는다. 모든 사람이 어버이를 어버이로 섬기고 어른을 어른으로 섬기면 천하가 평온해질 것이다."

해설

유학에서 말하는 도(道)는 결코 고원하거나 초월적인 것이 아니다. 그것은 일상의 인간 관계 속에서 사람들이 행해야 하는 올바른 도리를 의미하는 것이기 때문이다. 이를 유학자들은 '일용사물지도'(日用事物之道)라는 말로 표현하기도 한다. 따라서 사람들이 해야 할 일 역시 먼 곳에 있는 것이 아니라 일상의 우리 삶 속에 있다. 여기서 말하는 것처럼 어버이와의 관계에서는 친애〔親〕가 어른과의 관계에서는 존경〔長〕이 우리가 추구해야 할 도이고, 그것을 실제로 행하는 것이 우리가 할 일인 것이다.

孟子曰, "道在爾而求諸遠, 事在易而求諸難. 人人親其親長其長而天下平."

7·12 진실함을 추구하는 것은 사람의 도

맹자가 말했다.

"낮은 지위에 있으면서 윗사람에게서 신임을 얻지 못하면 백성들을 다스릴 수 없다. 윗사람에게 신임을 얻는 데는 방법이 있으니, 친구에게서 믿음을 얻지 못하면 윗사람에게서 신임을 얻을 수 없다. 친구에게서 믿음을 얻는 데는 방법이 있으니, 어버이를 섬겨 기쁘게 하지 못하면 친구에게서 믿음을 얻지 못한다. 어버이를 기쁘게 하는 데는 방법이 있으니, 자신을 반성하여서 진실되지 않다면 어버이를 기쁘게 하지 못한다. 자신을 반성하여 진실하게 되는 데는 방법이 있으니, 선(善)에 대해 밝게 알지 못하면 자신을 진실하게 할 수 없다.

그러므로 진실함 자체는 하늘의 도이고, 진실함을 추구하는 것은 사람의 도이다. 지극히 진실한데도 남을 감동시키지 못하는 경우는 없고, 진실하지 않은데도 남을 감동시키는 경우는 없다."

孟子曰, "居下位而不獲乎上, 民不可得而治也. 獲於上有道, 不信於友, 弗獲於上矣. 信於友有道. 事親弗悅, 弗信於友矣. 悅親有道, 反身不誠, 不悅於親矣, 誠身有道, 不明乎善, 不誠其身矣. 是故, 誠者, 天之道也, 思誠者, 人之道也. 至誠而不動者, 未之有也. 不誠, 未有能動者也."

맹자가 말했다.

"백이(伯夷)는 주왕을 피하여 북해의 바닷가에서 살았는데, 문왕이 떨쳐 일어났다는 말을 듣고서는 고무되어서 말하기를 '어찌 그에게로 돌아가지 않겠는가. 내가 듣기에 서백[20]은 노인을 잘 봉양하는 분이라고 하였다'고 했다. 또 태공(太公)도 주왕을 피해 동해의 바닷가에 살았는데, 문왕이 떨쳐 일어났다는 말을 듣고서는 고무되어 '어찌 그에게로 돌아가지 않겠는가. 내가 듣기에 서백은 노인을 잘 봉양하는 분이라고 하였다'고 했다

이 두 노인들은 천하의 위대한 노인들인데 문왕에게 돌아갔으니, 이것은 곧 천하 모든 사람의 아버지 되는 이들이 문왕에게 돌아간 셈이다. 천하 모든 사람의 아버지가 문왕에게 돌아가는데 그 아들들이 어디로 가겠는가?

제후가 문왕처럼 정치를 한다면, 7년 안에 반드시 천하에 군림하여 다스리게 하게 될 것이다."

孟子曰, "伯夷辟紂, 居北海之濱, 聞文王作, 興曰, '盍歸乎來! 吳聞西伯善養老者.' 太公辟紂, 居東海之濱, 聞文王作, 興曰, '盍歸乎來! 吳聞西伯善養老者.' 二老者, 天下之大老也, 而歸之, 是天下之父歸之也. 天下之父歸之, 其子焉往? 諸侯有行文王之政者, 七年之內, 必爲政於天下矣."

---

20. 서백(西伯)은 문왕이다.

맹자가 말했다.

"공자의 제자였던 염구(冉求)가 노나라 계씨[21]의 가신이 되어서 그의 덕을 좋게 변화시키지는 못하고 세금만 이전보다 배로 부과했다. 그러자 공자께서는 제자들에게 '염구는 나의 제자가 아니다. 너희들은 북을 울리며 그를 성토해도 된다'고 하셨다.

이것으로 본다면 군주가 어진 정치를 실행하지 않는데도 그를 부유하게 해주는 것조차 공자에게서 배척받을 짓인데, 하물며 그런 군주를 위해 무리하게 전쟁을 하는 것은 어떻겠는가? 땅을 빼앗으려고 전쟁을 해서 시체가 들판을 가득 채울 정도로 사람을 죽이고, 성을 빼앗으려고 전쟁을 해서 시체가 성을 가득 채울 정도로 사람을 죽이는데, 이것은 이른바 토지를 얻으려고 사람의 고기를 먹는 것으로, 그 죄가 사형에 처해도 용서될 수 없다.

그러므로 전쟁을 잘 하는 자는 극형에 처해야 하고, 제후들간의 합종연횡을 주선하는 자는 그 다음의 형에 처해야 하고, 황무지를 개간해서 백성들에게 땅을 떠맡기는 자는 또 그 다음의 형에 처해야 한다."[22]

---

21. 계씨(季氏)는 춘추시대 노나라의 실권을 장악했던 씨족의 이름인데, 여기서 말하는 계씨는 그 씨족의 일원인 계손씨이다.

22. 맹자는 여기서 무력과 권력 그리고 술수가 지배하던 당시의 현실을 앞장서 끌어가던 세 유파를 격렬하게 비판하고 있다. 그것은 곧 후대에 병가(兵家), 종횡가(縱橫家), 법가(法家)로 명명된 유파들이다. 전쟁을 잘 하는 자는 법가, 합종연횡을 주선하는 자는 종횡가, 황무지를 개간해서 백성들에게 땅을 떠맡기는 자는 법가를 가리킨다. 병가는 춘추말기 손무(孫武)와 손빈(孫臏)이래 제후들 간의 겸병 전쟁을 실제로 수행한 군사 전문가들이고, 종횡

孟子曰, "求也爲季氏宰, 無能改於其德, 而賦粟倍他日. 孔子曰, '求非我徒也,

小子鳴鼓而攻之, 可也.' 由此觀之, 君不行仁政而富之, 皆棄於孔子者也. 況於爲之强戰? 爭地以戰, 殺人盈野, 爭城以戰, 殺人盈城. 此所謂率土地而食人肉, 罪不容於死. 故善戰者服上刑, 連諸侯者次之, 辟草萊, 任土地者次之."

7·15 마음과 눈동자

맹자가 말했다.

"사람됨을 살피는 데는 눈동자보다 더 좋은 것이 없다. 눈동자는 그 사람의 악을 감추지 못한다. 마음이 바르면 눈동자가 맑고, 마음이 바르지 않으면 눈동자가 흐리다. 그 사람의 말을 듣고 그 사람의 눈동자를 보는데 사람들이 어떻게 속 마음을 감출 길이 있겠는가?"

가는 맹자 당시에 두드러진 활약을 보였던 공손연(公孫衍), 장의(張儀), 소진(蘇秦) 등으로 외교적 술수로 제후들 간의 합종과 연횡을 주도했다. 법가는 전국시대 한비자에 의해 집대성되었는데 부국강병을 목표로 한 법치와 농업생산력의 증대를 중시했다. 특히 맹자는 법가들이 주도한 당시의 농업정책을 빈번하게 비판하고 있는데, 여기서 '황무지를 개간해서 백성들에게 땅을 떠맡기는' 것을 비판한 것도 그 중의 하나이다. 법가는 농경지의 확대를 통한 생산력의 증대를 부국강병의 가장 중요한 요소로 간주해 황무지를 개간하고 백성들을 동원해 경작하게 하는 정책을 실행했다. 맹자는 이러한 정책이 제후들의 사리사욕을 위해 백성들에게 고통을 강요하는 것이라고 비판했다. 참고로 「등문공 하」(6·2)에 공손연과 장의에 대한 맹자의 직접적인 평가가 보인다.

孟子曰, "存乎人者, 莫良於眸子. 眸子不能掩其惡. 胸中正, 則眸子瞭焉. 胸中不正, 則眸子眊焉. 聽其言也, 觀其眸子, 人焉廋哉?"

7·16 공손함과 검소함은 꾸밀 수 없다

맹자가 말했다.

"공손한 사람은 남을 업신여기지 않고 검소한 사람은 남의 것을 빼앗지 않는다. 남을 업신여기고 남의 것을 빼앗는 군주는 오직 남들이 자기에게 순종하지 않을까 두려워하는데, 어떻게 공손하고 검소할 수 있겠는가? 공손함과 검소함을 어떻게 목소리와 웃는 모습으로써 이룰 수 있겠는가?"

孟子曰, "恭者不侮人, 儉者不奪人. 侮奪人之君, 惟恐不順焉, 惡得爲恭儉? 恭儉豈可以聲音笑貌爲哉?"

7·17 천하는 도로써 구한다

변론을 잘하는 순우곤(淳于髡)이 물었다.

"남자와 여자가 물건을 주고 받는 것을 직접 하지 않는 것이 예입니까?"

맹자가 대답했다.

"예입니다."[23]

또 물었다. "그러면 형수가 물에 빠진 경우라면 손으로 끌어 당겨줘야 합니까?"

맹자가 대답했다.

"형수가 물에 빠졌는데도 손으로 끌어 당겨주지 않는다면 그것은 승냥이 같은 짓이오. 남녀가 물건을 주고 받는 것을 직접 하지 않는 것은 예이고, 형수가 물에 빠진 경우 손으로 끌어 당겨주는 것은 권도[24]입니다."

순우곤이 물었다.

"그렇다면 오늘날 천하가 도탄에 빠졌는데도 선생님께서 끌어 당겨 구하지 않는 것은 어째서입니까?"

맹자가 대답했다.

"천하가 도탄에 빠지면 도로써 건져내야 하고, 형수가 물에 빠지면 손으로 끌어 당겨 구해야 하오. 그대는 내가 손으로 천하를 끌어 당겨 구하기를 바라는거요?"

해설

아무리 천하의 혼란을 종식시키는 것이 시급한 문제라 하더라도 원칙이나 원리[正道]를 포기하면서 그렇게 해서는 안된다는 맹자의 신념을 말하고 있다. 이미 앞의 「등문공 하」(6·1)에서 맹자는 이 문제와 관련해 "자기 지조를 굽힌 자가 남을 바르게 한 경우는 없다"는 말로 자신의 생

---

23. 『예기』「곡례」에 따르면 '남녀는 유별하므로 직접 손에서 손으로 물건을 주고받아서는 안된다'(男女不親授)고 했다.

24. 권도(權道)의 '권'(權)이란 원래 저울의 추를 가리키는 말이다. 추는 저울에 다는 물건의 무게에 따라 그때 그때 적절하게 움직여서 위치를 정하는 것이다. 따라서 권도라고 하면 고정적이고 항상적인 원칙이나 원리가 아니라 임시방편으로 상황에 따라 다르게 원칙과 원리를 적용하는 것을 말한다.

각을 제시한 적이 있다.

淳于髡曰, "男女授受不親, 禮與?"

孟子曰, "禮也."

曰, "嫂溺則援之以手乎?"

曰, "嫂溺不援, 是豺狼也. 男女授受不親, 禮也, 嫂溺援之以手者, 權也."

曰, "今天下溺矣, 夫子之不援, 何也?"

曰, "天下溺, 援之以道, 嫂溺, 援之以手. 子欲手援天下乎?"

7·18 군자가 자식을 가르치는 방법

제자인 공손추가 물었다.

"군자가 자식을 직접 가르치지 않는 것은 무엇 때문입니까?"

맹자가 대답했다.

"현실적인 상황이 그렇게 할 수 없기 때문이다. 가르치는 사람은 반드시 올바른 도리로써 가르치려고 하는데, 올바른 도리로써 가르쳤는데 자식이 그 가르침을 행하지 않으면 이어서 성을 내게 되고 이어서 성을 내게 되면 도리어 자식의 마음을 해치게 된다. 그러면 자식은 '가르치는 분은 나를 올바른 도리로 가르치려고 하지만, 정작 가르치는 분의 행동은 올바른 도리에서 나온 것이 아니다'고 생각하게 되고, 그렇게 되면 부모와 자식이 서로의 마음을 상하게 한다. 부모와 자식이 서로의 마음을 상하게 하는 것은 좋지 않다. 그러므로 옛날에는 서로 자식을 바꾸어서 가르쳤다.

부자간에는 선(善)을 행하라고 질책해서는 안된다. 부자간에 선을 행하라고 질책하게 되면 사이가 멀어지게 되는데, 부자간의 사이가 멀어지는 것보다 더 나쁜 일은 없다."

公孫丑曰, "君子之不教子, 何也?"

孟子曰, "勢不行也. 教者必以正, 以正不行, 繼之以怒, 繼之以怒, 則反夷矣. '夫子教我以正, 夫子未出於正也'. 則是父子相夷也. 父子相夷, 則惡矣. 古者, 易子而教之. 父子之間不責善. 責善則離, 離則不祥莫大焉."

7·19 어버이를 섬기는 방법

맹자가 말했다.

"섬기는 일 중에서 어떤 것이 가장 중요한가? 어버이를 섬기는 것이 가장 중요하다. 지키는 일 중에서 어떤 것이 가장 중요한가? 자신을 지키는 것[25]이 가장 중요하다. 자신을 잃지 않아서 그 어버이를 섬길 수 있었던 자에 대해서는 내가 들은 적이 있지만, 자신을 잃어버리고서 그 어버이를 섬길 수 있었던 자에 대해서는 내가 아직 들어본 적이 없다.

무엇인들 섬겨야 할 일이 아니겠는가마는 어버이를 섬기는 것이 섬기

---

25. 자신을 지킨다는 것은 몸가짐을 바르게 하여서 악행에 빠지지 않게 하는 것을 말한다.

는 일의 근본이다. 무엇인들 지켜야 할 일이 아니겠는가마는 자신을 지키는 것이 지키는 일의 근본이다.

증자는 아버지 증석[26]을 봉양함에 있어서 반드시 술과 고기를 올렸다. 상을 물릴 때에는 반드시 남은 음식을 누구에게 주어야 하는지 여쭈었으며, 남은 음식이 있느냐고 물으면 반드시 있다고 대답했다.

증석이 죽은 뒤 증자의 아들 증원(曾元)이 증자를 봉양함에 있어서 반드시 술과 고기를 올렸다. 그러나 상을 물릴 때에 남은 음식을 누구에게 주어야 하는지 여쭙지 않았고 남은 음식이 있느냐고 물으면 없다고 대답했는데, 나중에 그것을 다시 상에 올리기 위해서였다.

이것은 이른바 입과 몸을 봉양한 것이다. 증자처럼 해야 어버이의 뜻을 봉양했다고 할 수 있다. 어버이를 섬기는 것은 증자처럼 해야 옳다."

해설

어버이를 섬기는 것을 두 가지로 구분해서 평가하고 있다. 하나가 증자가 증석을 섬긴 방법으로 어버이의 뜻을 받들어 섬기는 것〔養志〕이고, 다른 하나는 증원이 증자를 섬긴 방법으로 단지 어버이의 육체만을 받들어 섬기는 것〔養口體〕이다. 맹자는 진정한 효란 어버이의 육체를 봉양하는 것에서 나아가 그 뜻을 봉양하는 것임을 말하고 있는 것이다.

孟子曰, "事孰爲大? 事親爲大. 守孰爲大? 守身爲大. 不失其身而能事其親者, 吾聞之矣. 失其身而能事其親者, 吾未之聞也. 孰

---

26. 증석(曾晳)은 이름이 점(點)으로, 아들인 증자와 함께 공자의 문하에서 배운 제자이다.

不爲事? 事親, 事之本也. 孰不爲守? 守身, 守之本也. 曾子養曾晳,
必有酒肉. 將徹, 必請所與, 問有餘, 必曰, '有'. 曾晳死, 曾元養曾
子, 必有酒肉. 將徹, 不請所與. 問有餘, 曰, '亡矣', 將以復進也. 此
所謂養口體者也. 若曾子, 則可謂養志也. 事親若曾子者, 可也."

7·20 군주의 마음이 바르면 나라가 안정된다

맹자가 말했다.

"군주가 잘못 기용한 사람을 일일이 비난할 필요가 없고, 군주의 잘
못된 정책을 일일이 비난할 필요가 없다. 오직 덕을 지닌 대인만이 군주
의 마음이 비뚤어진 것을 바로 잡을 수 있다. 군주가 어질면 어질지 않
을 사람이 없고, 군주가 의로우면 의롭지 않을 사람이 없고, 군주가 올
바르면 올바르지 않을 사람이 없게 된다. 일단 군주의 마음을 바르게 하
기만 하면 나라가 안정된다."

해설

정치에서 가장 중요한 요소를 군주의 올바른 마음(도덕적 마음)에서
찾고, 인물의 기용이나 구체적인 정책 등은 부차적인 요소로 보고 있다.
유가의 전형적인 인치(人治) 이념을 강조한 것이다. 인치란 도덕적 인격
을 갖춘 군주에 의한 통치를 의미한다. 군주가 도덕적 인격을 갖추고 정
치에 임할 때 적절한 인재의 기용과 올바른 정책의 집행은 자연스럽게
따라오게 되어 있으므로, 이상적인 정치의 출발점은 군주의 마음을 바
르게 하는 것이 된다.

孟子曰, "人不足與適也, 政不足間也. 惟大人爲能格君心之非. 君仁莫不仁, 君義莫不義, 君正莫不正. 一正君而國定矣."

7·21 남들의 칭찬과 비난

맹자가 말했다.

"예상하지 못했는데 칭찬받게 되는 경우가 있고, 온전하기를 추구했는데도 비난받게 되는 경우가 있다."

해설

남들의 비난이나 칭찬은 반드시 나의 행위에 따른 필연적인 결과로 얻어지는 것이 아니다. 따라서 남들의 칭찬이나 비난에 동요됨이 없이 오직 올바른 도리에 따라 행위해야 한다.

孟子曰, "有不虞之譽, 有求全之毁."

7·22 함부로 하는 말

맹자가 말했다.

"사람들이 말을 함부로 하는 것은 책임을 지지 않기 때문이다."

孟子曰, "人之易其言也, 無責耳矣."

7·23 사람들의 문제

맹자가 말했다.

"사람들의 문제는 남의 스승 노릇을 하기 좋아하는 데 있다."

孟子曰, "人之患, 在好爲人師."

7·24 악정자를 꾸짖다 1

제자인 악정자(樂正子)가 자오[27]를 따라서 제나라에 갔다.[28]

악정자가 맹자를 접견했다. 맹자가 말했다.

"그대가 다 나를 만나러 오는가?"

악정자가 대답했다.

"선생님께서는 어째서 그런 말씀을 하십니까?"

맹자가 대답했다.

"그대가 이곳에 온 지 며칠이 되었는가?"

악정자가 대답했다.

"어제 왔습니다."

---

27. 자오(子敖)는 제나라 왕의 총신인 왕환(王驩)의 자로 맹자가 소인배로 비판했던 대표적인 인물이다. 「공손추 하」(4·6), 「이루 하」(8·27) 등에도 그에 대한 평가가 실려 있다.

28. 당시 맹자는 제나라에 머물고 있었는데, 왕환이 노나라에 사신으로 갔다가 돌아오는 길에 맹자의 제자인 악정자가 동행해서 제나라에 왔다.

맹자가 말했다.

"어제 왔으니 내가 이런 말을 하는 것도 당연하지 않은가?"

악정자가 말했다.

"숙소를 미처 정하지 못해서 그랬습니다."

맹자가 말했다.

"그대는 숙소부터 정하고 나서 어른을 찾아 뵙는다고 들었단 말인가?"

악정자가 말했다.

"제가 잘못했습니다."

樂正子從於子敖, 之齊. 樂正子見孟子. 孟子曰, "子亦來見我乎?"

曰, "先生何爲出此言也?"

曰, "子來幾日矣?"

曰, "昔者."

曰, "昔者, 則我出此言也, 不亦宜乎?"

曰, "舍館未定."

曰, "子聞之也? 舍館定, 然後求見長者乎?"

曰, "克有罪."

7·25 악정자를 꾸짖다 2

맹자가 악정자에게 말했다.

"그대가 자오를 따라서 여기에 온 것은 단지 먹고 마시기 위해서이다. 나는 그대가 옛 성인의 도를 배워 그것으로 먹고 마실 방편으로 삼을 줄은 몰랐다."

해설

당시 왕환은 제나라의 실력자였다. 예나 지금이나 권력자 주변에는 이익을 얻으려는 사람들이 불나방처럼 모여들게 마련이다. 「이루 하」(8·27)에서는 상가집에 조문간 왕환을 맞이하는 사람들의 모습에서 그것을 구체적으로 보여주고 있다. 맹자는 그런 왕환을 소인배라고 하면서 무척이나 싫어했다. 그런데 정작 다른 사람도 아닌 자신의 제자가 그와 동행했을 뿐 아니라 선생인 자신을 하루가 지나서야 찾아왔으므로 악정자의 결례를 지적하는 한편 유학의 도를 한갓 '먹고 마실 방편' 즉 벼슬 자리를 구하는 수단으로 쓰려고 했던 것을 꾸짖고 있다.

孟子謂樂正子曰, "子之從於子敖來, 徒餔啜也. 我不意子學古之道, 而以餔啜也."

7·26 가장 큰 불효

맹자가 말했다.
"불효에 세 가지[29]가 있는데, 그 중에서 후손이 없는 것이 제일 크다.

---

29. 세 가지 불효란 다음과 같다. 첫째는 부모의 뜻에 아첨하고 일방적으로 따

순임금이 부모에게 알리지 않고 장가간 것은 후사가 없게 될 것을 염려했기 때문이므로,[30] 군자는 부모에게 알린 것과 마찬가지다라고 평했던 것이다."

孟子曰, "不孝有三, 無後爲大. 舜不告而娶, 爲無後也, 君子以爲猶告也."

7·27 인의예지와 음악의 실질

맹자가 말했다.

"인(仁)의 실질은 어버이를 섬기는 것이고, 의(義)의 실질은 형에게 순종하는 것이다. 지(智)의 실질은 이 두 가지를 알아서 여기에서 벗어나지 않는 것이고, 예(禮)의 실질은 이 두 가지를 적절하게 조절하고 보완하는 것이다.[31] 음악[樂]의 실질은 이 두 가지를 즐겁게 여기는 것으로[32], 즐겁게 여기면 어버이를 섬기고 형에게 순종하려는 마음이 생겨나게 된다.

르다가 부모를 불의한 행위에 빠지게 하는 것이고, 둘째는 집이 가난하고 어버이가 연로한데도 벼슬을 하지 않는 것이고, 셋째는 장가들지 않아 자식이 없어서 선조의 제사를 끊기게 하는 것이다.

30. 순임금이 부모에게 알리지 않고 장가를 간 것에 관해서는 「만장 상」(9·2)에 자세한 내용이 보인다.

31. 예의 본질은 인과 의를 그에 부합하는 일정한 형식[文]을 갖추어서 절도에 맞게[節] 구체화시키는 것이라는 의미이다.

32. 이 구절은 음악의 본질이 인과 예를 즐겁게 여기는 마음을 불러일으키게 하는 데 있다는 의미이다.

일단 그러한 마음이 생겨나면 어떻게 그만둘 수 있겠는가? 그만둘래야 그만둘 수 없는 경지에 이르게 되면 자신도 모르는 사이에 발로 뛰고 손으로 춤을 추게 될 것이다."

孟子曰, "仁之實, 事親是也, 義之實, 從兄是也. 智之實, 知斯二者弗去是也, 禮之實, 節文斯二者是也. 樂之實, 樂斯二者, 樂則生矣, 生則惡可已也? 惡可已, 則不知足之蹈之手之舞之."

7·28 크나큰 효도

맹자가 말했다.

"천하 사람들이 크게 기뻐하며 장차 자신에게로 돌아오려 하는데도, 천하 사람들이 자신에게 돌아오는 것을 마치 초개같이 여긴 것은 오직 순임금만이 그렇게 했다. 어버이를 극진하게 받들어 진심으로 기쁘게 해드리지 못하면 사람 노릇을 할 수가 없고, 어버이를 도리에 순응하게 하지 못하면 자식 노릇을 할 수 없다.

순임금은 아버지를 섬기는 도리를 극진하게 해서 아버지인 고수(瞽瞍)가 진심으로 기뻐하게 되었는데, 고수가 진심으로 기뻐하게 되자 천하가 교화되었고 고수가 진심으로 기뻐하게 되자 천하의 아버지와 자식들의 관계가 안정되었으니, 이런 것을 일러 크나큰 효도라고 한다."

孟子曰, "天下大悅而將歸己. 視天下悅而歸己, 猶草芥也, 惟舜爲然. 不得乎親, 不可以爲人, 不順乎親, 不可以爲子. 舜盡事親之道而瞽瞍底豫, 瞽瞍底豫而天下化, 瞽瞍底豫而天下之爲父子者定, 此之謂大孝."

이루 하

8·1 앞선 성인과 뒤에 온 성인

맹자가 말했다.

"순임금은 제풍(諸馮)에서 태어나서 부하(負夏)로 옮겨 갔다가 명조(鳴條)에서 죽었으니 동쪽 야만족의 사람이다. 문왕은 기주(岐周)에서 태어나서 필영(畢郢)에서 죽었으니 서쪽 야만족의 사람이다.

지리적으로 서로 떨어진 것이 서로 천여 리나 되고 시간적으로 서로 떨어진 것이 천여 년이나 된다. 그러나 뜻을 얻어 중국에서 도를 실행한 것은 마치 부절[1]을 맞춘 듯 똑같았다. 앞선 성인과 뒤에 온 성인이 행한 법도는 동일했다."

---

1. 부절(符節)은 고대의 신표이다. 옥이나 동물의 뿔 혹은 구리나 대나무 등을 둘로 쪼개서 두 사람이 각기 하나씩을 가졌다가 서로 맞추어 봄으로써 신용의 증거로 삼았다.

孟子曰, "舜生於諸馮, 遷於負夏, 卒於鳴條, 東夷之人也. 文王生於岐周, 卒於畢郢, 西夷之人也. 地之相去也, 千有餘里, 世之相後也, 千有餘歲. 得志行乎中國, 若合符節. 先聖後聖, 其揆一也."

8·2 자산의 정사를 평함

정(鄭)나라 대부인 자산은 정나라의 정사를 맡고 있었을 때 자신이 타는 수레로 진수(溱水)와 유수(洧水)에서 사람들을 건네 주었다.

이에 대해 맹자가 말했다.

"자산은 비록 은혜롭기는 했지만 정사를 할 줄 몰랐다. 11월에 사람이 다니는 다리를 건설하고 12월에 수레가 다니는 다리를 건설했다면 백성들이 물을 건너는 데 수고로움을 겪지 않았을 것이다.[2]

군자가 정사를 공평하게 하기만 하면 행차할 때에 길 가는 사람들을 길가로 물러나게 하는 것도 괜찮은데, 어찌 일일이 모든 사람을 건네 준단 말인가? 그러므로 위정자가 한 사람 한 사람을 기쁘게 해주려고 한다면, 날마다 그렇게 한다 해도 시간이 부족할 것이다."

子産聽鄭國之政, 以其乘輿濟人於溱洧.

---

2. 농사일이 끝나고 난 후 백성들을 동원해서 사람이 건너는 다리[徒杠]와 수레가 통행할 수 있는 다리[輿梁]를 만들어 주면 백성들은 다리가 없어서 겪었던 수고로움을 겪지 않아도 되고 자산 자신도 수레로 백성들을 건네 주곤 하던 일을 아예 할 필요가 없었을 것이라는 말이다.

孟子曰, "惠而不知爲政. 歲十一月徒杠成, 十二月輿梁成, 民未病涉也. 君子平其政, 行辟人可也, 焉得人人而濟之? 故爲政者, 每人而悅之, 日亦不足矣."

8·3 옛 군주를 위해 상복을 입는 경우

맹자가 제나라 선왕(宣王)에게 다음과 같이 아뢰었다.

"군주가 만약 신하를 자신의 손발처럼 소중하게 여기면 신하는 군주를 자신의 배와 심장같이 여길 것입니다. 군주가 만약 신하를 개나 말처럼 하찮게 여긴다면 신하는 군주를 자신과 아무 관계 없는 보통 사람으로 여길 것입니다. 군주가 만약 신하를 흙덩이나 지푸라기같이 천하게 여긴다면 신하는 군주를 원수로 여길 것입니다."

왕이 말했다.

"예법에 옛날에 섬기던 군주를 위해서 상복을 입는다고 하는데,[3] 군주가 신하에게 어떻게 대해야 신하가 옛날에 섬기던 군주를 위해 상복을 입게 됩니까?"

맹자가 말했다.

"간언한 내용을 군주가 실행하고 건의하는 말을 군주가 받아들여서, 군주의 은택이 백성들에게 미치도록 해야 합니다. 또 신하에게 어떤 일

---

3. 『의례』(儀禮) 「복상」(服喪)에 이 내용이 보인다. 즉 신하가 도리에 맞게 군주를 떠났고 아직 관계가 단절되지 않은 경우, 옛날에 섬기던 군주가 죽으면 3개월간 자최복(齊衰服)을 입는다고 한다.

이 생겨서 그 나라를 떠나게 될 경우, 군주는 사람을 시켜 그를 인도하여 국경을 넘게 하고 또 그가 도착할 곳에 먼저 사람을 보내어 그에 대해 좋게 소개해야 합니다. 또 나라를 떠난 지 3년이 지나도 돌아오지 않으면, 그제서야 그에게 내렸던 토지를 환수해야 합니다. 이것을 일러 세 가지의 예를 갖추었다고 합니다. 이와 같이 하면 신하가 옛날에 섬기던 군주를 위해 상복을 입을 것입니다.

오늘날에는 신하의 간언을 실행하지 않고 건의의 말을 받아들이지 않아서, 군주의 은택이 백성들에게 미치지 않습니다. 또 신하에게 어떤 일이 생겨서 그 나라를 떠나게 될 경우, 그를 붙잡아 놓고 가지 못하게 하고 또 그가 도착할 곳에 험담을 퍼뜨려 극도의 곤궁에 빠지게 만듭니다. 또 그가 나라를 떠나는 날로 즉시 그에게 내렸던 토지를 환수해 버립니다. 이렇게 하는 사람을 일러 원수라고 합니다. 원수인 옛날의 군주를 위해 무슨 상복을 입는 일이 있겠습니까?"

孟子告齊宣王曰, "君之視臣如手足, 則臣視君如腹心. 君之視臣如犬馬, 則臣視君如國人. 君之視臣如土芥, 則臣視君如寇讎."

王曰, "禮, 爲舊君有服, 何如斯可爲服矣?"

曰, "諫行言聽, 膏澤下於民. 有故而去, 則君使人導之出疆, 又先於其所往. 去三年不反, 然後收其田里. 此之謂三有禮焉. 如此, 則爲之服矣. 今也爲臣, 諫則不行, 言則不聽, 膏澤不下於民. 有故而去, 則君搏執之, 又極之於其所往. 去之日, 遂收其田里. 此之謂寇讎. 寇讎何服之有?"

8·4 죄없는 선비를 죽이는 경우

맹자가 말했다.

"죄가 없는데도 선비[士]를 죽이면 대부가 관직을 버리고 떠나갈 것이고, 죄가 없는데도 백성을 죽인다면 선비가 딴 곳으로 옮겨갈 것이다."

孟子曰, "無罪而殺士, 則大夫可以去, 無罪而戮民, 則士可以徙."

8·5 어진 군주의 영향

맹자가 말했다.

"군주가 어질면 어질지 않은 사람이 없게 되고, 군주가 의로우면 의롭지 않은 사람이 없게 된다."

孟子曰, "君仁莫不仁, 君義莫不義."

8·6 대인의 행위

맹자가 말했다.

"예인 듯하지만 사실은 진정한 예가 아닌 예와 의인 듯하지만 사실은 진정한 의가 아닌 의를 대인은 행하지 않는다."

孟子曰, "非禮之禮, 非義之義, 大人弗爲."

8·7 현명한 원로의 역할

맹자가 말했다.

"중용의 덕을 지닌 사람은[4] 그렇지 못한 사람을 길러주고 재능을 지닌 사람은 그렇지 못한 사람을 길러주므로, 사람들은 현명한 원로가 있는 것을 즐겁게 여긴다. 만일 중용의 덕을 지닌 사람이 그렇지 못한 사람을 내버려 두고 재능을 지닌 사람이 그렇지 못한 사람을 내버려 둔다면, 잘난 사람과 못난 사람과의 거리는 한 치도 되지 않게 가까워지고 말 것이다."

해설

잘난 사람, 즉 중용의 덕을 지닌 사람과 재능을 지닌 사람은 그렇지 못한 사람을 가르치고 이끌어 주어야 한다. 그것이 그들이 지닌 사회적 역할이고 의의이다. 그렇지 않고 못난 사람들을 외면하고 내버려 두는 것은 그들이 지닌 중용의 덕과 재능에 대한 사회적 요구를 외면하는 것이고, 따라서 그들 역시 못난 사람과 다를 바 없는 존재가 된다.

세상에서 뛰어난 사람이 수행하는 이러한 역할은 그들이 지닌 '세상을 걱정하는 마음'〔憂患意識〕에서 나온다.

---

4. '중용의 덕을 지닌 사람'이란 지나치거나 모자람이 없는 조화로운 인격의 소유자를 말한다.

孟子曰, "中也養不中, 才也養不才, 故人樂有賢父兄也. 如中也棄不中, 才也棄不才, 則賢不肖之相去, 其閒不能以寸."

8·8 해서는 안될 것과 해야 할 것

맹자가 말했다.

"사람이란 하지 않는 것이 있은 후에야 무엇인가 하는 것이 있게 된다."

해설

'하지 않는 것이 있다'는 것은 어떤 짓이든 거리낌 없이 하지 않는 다는 뜻이다. 즉 도덕적 기준에 따라서 판단하여 정당하지 않은 일은 하지 않는 것이다. 이처럼 도덕적 기준에 따른 취사선택이 선행되어야만 비로소 도덕적으로 마땅히 해야 할 것을 흔들림 없이 추구하고 실천해 나갈 수 있게 된다.

孟子曰, "人有不爲也, 而後可以有爲."

8·9 남에 대한 비방의 경계

맹자가 말했다.

"남의 나쁜 점을 말한다면 닥쳐올 후환을 어떻게 감당할 것인가?"

孟子曰, "言人之不善, 當如後患何?"

8·10 공자의 사람됨

맹자가 말했다.

"공자께서는 너무 지나친 것은 하지 않으신 분이다.

孟子曰, "仲尼, 不爲已甚者."

8·11 대인의 말과 행동

맹자가 말했다.

"대인은 말을 함에 있어서 반드시 남들이 믿어주기를 바라지 않고, 행동함에 반드시 상응하는 결과가 있을 것을 바라지 않으며, 오직 의로움이라는 기준에 따라서 말하고 행동할 뿐이다."

해설

도덕적 인격을 갖춘 대인은 말을 하고 행동을 함에 있어서 미리 그것이 가져올 효과나 이익을 염두에 두고 그렇게 하는 것이 아니라, 오직 그것이 도덕적으로 정당하기 때문에 그렇게 말하고 행동한다는 뜻이다. 유가의 이러한 사고를 한대의 유학자인 동중서(董仲舒)는 "옳은 것을 바르게 행하되 그에 따른 이익을 도모해서는 안되고, 도리를 밝히되 그에

따른 성과를 따져서는 안된다"[正其誼不謀其利, 明其道不計其功]는 정언명
제로 구체화하고 있다.

　　孟子曰, "大人者, 言不必信, 行不必果, 惟義所在."

8·12 어린아이의 마음을 잃지 않은 대인

맹자가 말했다.
"대인이란 어린아이의 마음을 잃지 않은 사람이다."

　　孟子曰, "大人者, 不失其赤子之心者也."

8·13 죽은 이를 장사지내는 것이 큰 일

　맹자가 말했다.
　"살아 있는 부모를 봉양하는 것이 큰 일이 아니라, 오직 죽은 부모를
장사지내는 것이 큰 일이다."

　해설
　당시 묵가(墨家)는 유학의 후한 장례의식[厚葬]에 대해 경제적 소모
의 폐단을 지적하며 검소한 장례[薄葬]를 주장했다. 맹자는 그러한 비판
에 대해 어버이의 장례를 극진하게 치르는 것이 효의 실천에 있어서 중

요할 뿐아니라 사람이 지닌 본연의 정서에 부합하는 것이라고 옹호하고 있다. 그런 맥락에서 여기서도 자식에게 있어서 진정 큰 일은 어버이를 장사지내는 일임을 강조하고 있다. 참고로 「양혜왕 하」(2·16)과 「공손추 하」(4·7)에도 장례 의식을 중시한 맹자의 언급들이 보인다.

孟子曰, "養生者, 不足以當大事, 惟送死可以當大事."

8·14 스스로 체득하는 것의 중요성

맹자가 말했다.

"군자가 올바른 도로써 사물을 깊이 탐구해 들어가는 것은 스스로 체득하기 위해서이다. 스스로 체득하게 되면 사물을 대하는 것이 편안하게 된다. 사물을 대하는 것이 편안하게 되면, 그것에서 취해서 축적하는 것이 깊어진다. 취해서 축적하는 것이 깊어지면 자신의 가까운 곳에서 이치를 탐구하여도 그 근본적인 이치와 만나게 된다. 그러므로 군자는 스스로 체득하기를 바라는 것이다."

해설

학문의 방법과 관련해 학문에서는 스스로 체득하는 것[自得]이 중요함을 말하고 있다. 자득의 방법을 통해야 자유자재로 사물에 대처할 수 있고 모든 일에서 근본적인 이치와 만날 수 있게 된다.

孟子曰, "君子深造之以道, 欲其自得之也. 自得之, 則居之安. 居之安, 則資之深. 資之深, 則取之左右逢其原. 故君子欲其自得之也."

8·15 폭넓게 배우고 자세하게 설명하는 이유

맹자가 말했다.

"폭넓게 배우고 자세하게 설명하는 까닭은 장차 핵심적인 요점을 말하는 것으로 되돌아오기 위해서이다."

해설

역시 학문의 방법에 대해 말하고 있다. 학문의 목적은 단순히 많은 지식을 축적하는 데 있는 것이 아니라 궁극적으로 핵심적인 원리나 법칙을 발견하는 데 있다. 따라서 학문을 함에 있어서 1단계는 폭넓게 배우고 그것을 세밀하게 토론하고 강설하는 것이고, 2단계는 그러한 폭넓은 지식을 토대로 해서 핵심적인 원리를 이끌어 내는 것이다.

孟子曰, "博學而詳說之, 將以反說約也."

8·16 선으로써 남을 길러주라

맹자가 말했다.

"선(善)으로써 남을 복종시키려는 사람이 남을 복종시킬 수 있었던 경우는 없다. 선으로써 남을 길러주고 나서야 천하 사람을 복종시킬 수

있다. 천하 사람들이 마음으로 복종하지 않는데도 통일된 천하의 왕이
될 수 있었던 경우는 없다."

孟子曰, "以善服人者, 未有能服人者也. 以善養人, 然後能服天
下. 天下不心服而王者, 未之有也."

8·17 진실성이 결여된 말

맹자가 말했다.
"말에 진실함이 없다면 상서롭지 못하다. 상서롭지 못한 말의 실질로
는 남의 재능을 은폐하는 것이 그에 해당된다."

해설
진실함이 없는 말은 상서롭지 못한데, 그 대표적인 경우가 재능을 가
진 사람을 험담하거나 무고해 그의 재능을 남들이 알지 못하게 하는 것
이라는 뜻이다.

孟子曰, "言無實不祥. 不祥之實, 蔽賢者當之."

8·18 공자가 물을 찬미한 이유

서자(徐子)[5]가 말했다.

"공자께서는 자주 물을 찬미해 '물이여! 물이여!'라고 하셨는데, 물에서 어떤 점을 높이 산 것입니까?"

맹자가 말했다.

"근원을 가진 샘물은 솟구쳐나와 밤낮으로 쉬지 않고 흘러가며, 움푹 패인 웅덩이들을 다 채운 후에는 앞으로 나아가 사해(四海)에까지 이른다. 근원이 있는 것은 이와 같으니, 공자께서는 이 점을 높이 산 것이다.

근원이 없는 빗물의 경우, 칠팔월 사이에 빗물이 모여 크고 작은 도랑들을 가득 채우지만, 그것이 마르는 것은 서서 기다릴 만큼 금방이다. 그러므로 명성이 실제보다 지나친 것을 군자는 부끄럽게 여긴다."

徐子曰, "仲尼亟稱於水, 曰, '水哉, 水哉!' 何取於水也?"

孟子曰, "原泉混混, 不舍晝夜, 盈科而後進, 放乎四海. 有本者如是, 是之取爾. 苟爲無本, 七八月之閒雨集, 溝澮皆盈, 其涸也, 可立而待也. 故聲聞過情, 君子恥之."

8·19 사람과 금수의 차이

맹자가 말했다.

───────────

5. 맹자의 제자인 서벽(徐辟)으로, 자세한 내용은 「등문공 상」(5·5)에 나온다.

"사람이 금수와 다른 점은 지극히 미미한데, 보통 사람들은 그것을 내버리고 군자는 그것을 보존한다. 순임금은 사물의 이치에 밝았고 인륜을 잘 살펴서 인(仁)과 의(義)에 따라 실천했을 뿐, 인과 의를 억지로 실천한 것이 아니다."

해설

성선론적 인간관과 도덕 실천론을 말하고 있다. 맹자는 사람을 나면서부터 도덕적인 본성을 지닌 존재로 본다. 바로 그러한 도덕적인 본성이 사람과 금수를 구분하게 하는 요소이다. 그러나 그것은 아주 미미한 가능성으로서 주어진 것이지, 완전히 실현된 것이 아니다. 그러므로 사람과 금수의 차이는 분명히 있기는 하지만 아주 미미하다고 한 것이다.

그리고 사람이 할 일은 그러한 도덕적인 본성을 확충시켜 온전히 실현하는 것이다. 그것이 바로 도덕 실천, 즉 수양이다. 순임금의 경우를 들어서 말한 것처럼 그러한 수양은 밖으로부터 주어진 인과 의를 억지로 실천하는 것이 아니다. 사람에게 인과 의가 선천적인 가능성으로서 주어져 있는 이상, 내면의 도덕적인 요구에 충실히 따라서 실천하기만 하면 되는 것이다.

孟子曰, "人之所以異於禽獸者幾希, 庶民去之, 君子存之. 舜明於庶物, 察於人倫, 由仁義行, 非行仁義也."

맹자가 말했다.

"우임금은 맛있는 술을 싫어하고 선한 말을 좋아했다. 탕왕은 중용의
도를 굳게 지켰으며 현능한 사람을 기용함에 출신을 따지지 않았다. 문
왕은 백성을 마치 상처 입은 사람처럼 가엾게 여겼고, 도를 바라보고서
도 마치 아직 보지 못한 듯이 여겼다.[6] 무왕은 가까운 사람을 함부로 대
하지도 않았고, 먼 곳에 있는 사람을 잊지도 않았다.

주공은 우임금, 탕왕, 문왕, 무왕의 덕을 두루 갖추고 그들이 했던 네
가지 일을 실천하고자 했다. 그것들 중에 당시의 실정과 부합하지 않은
것이 있으면 하늘을 바라보며 생각하기를 낮부터 밤까지 계속하다가,
다행히 깨닫게 되면 즉시 그것을 실행하기 위해 앉은 채로 날이 새기를
기다렸다."

孟子曰, "禹惡旨酒而好善言. 湯執中, 立賢無方. 文王視民如傷,
望道而未之見. 武王不泄邇, 不忘遠. 周公思兼三王, 以施四事. 其
有不合者, 仰而思之, 夜以繼日, 幸而得之, 坐以待旦."

---

6. 도를 바라보고서도 마치 아직 보지 못한 듯이 여겼다는 것은 도를 추구함에
   있어서 항상 아직은 자신이 부족함이 있는 듯 여기고 쉼없이 노력하는 태도
   를 견지했다는 의미이다.

8·21 『춘추』가 지어진 이유

맹자가 말했다.

"성스런 왕들의 자취가 사라지자 시가 없어졌고,[7] 시가 없어지고 나서 『춘추』가 지어졌다. 진나라의 『승』(乘)과 초나라의 『도올』(檮杌)과 노나라의 『춘추』는 다 같은 성격의 책들이다.

『춘추』의 내용은 제나라 환공과 진나라 문공에 관한 일이고,[8] 그것을 기록한 글은 사관의 문체이다. 공자는 '그 속에 담은 의리는 내가 외람

---

7. 성스런 왕들의 자취가 사라지자 시가 없어졌다는 것에 대해서는 해석이 분분하다. ① 조기(趙岐)는 이 구절을 성스런 왕들의 어진 정치가 사라짐으로써 그들의 덕을 찬양하는 시인 '송'(頌)이 더이상 나오지 않게 되었다는 의미로 해석하고 있다. ② 주희는 '성스런 왕들의 자취가 사라졌다'는 것은 주나라가 평왕대에 와서 동쪽으로 천도한 후 천자의 정사가 천하에 미치지 못하게 된 것을 가리키는 것으로 이해하고, '시가 없어졌다'는 것은 『시경』 중의 「칠리」(黍離)가 '국풍'(國風)으로 떨어져서 '아'(雅)의 시가 없어지게 된 것을 가리키는 것으로 이해했다. ③ 청대 초순(焦循) 등은 주나라가 동쪽으로 천도한 후 천자가 제후국을 순시하며 각 지역에서 유행하는 시를 통해 정치의 득실을 평가하고, 민간에 시를 채집하는 관리를 파견해 그가 모은 시를 통해 백성들의 실정을 파악하는 일이 그치게 됨에 따라 정치를 풍자하는 시인 '풍'(風)이 사라지게 되었다는 뜻으로 풀고 있다. 맹자는 이 구절을 이어서 시가 사라지고 나자 그것을 대체해 현실의 정치를 평가하는 『춘추』가 지어졌다고 말하고 있으므로, 세번째 초순 등의 해석이 문맥에 가장 부합하는 것으로 볼 수 있다.

8. 춘추시대의 정치 현실에서 중심적인 인물들은 이른바 '춘추시대의 다섯 패자'(春秋伍覇)들이고 그 중에서도 두드러진 인물들이 제나라의 환공과 진나라의 문공이다. 따라서 『춘추』에 실린 내용들은 이들의 행적이 주를 이루고 있다.

되이 취했다.⁹고 하셨다."

孟子曰, "王者之迹熄而詩亡, 詩亡然後春秋作. 晉之乘, 楚之檮
杌, 魯之春秋, 一也. 其事則齊桓晉文, 其文則史. 孔子曰, '其義則
丘竊取之矣.'"

8·22 공자의 도를 배우다

맹자가 말했다.

"군자의 영향도 다섯 세대를 지나면 끝나고, 소인의 영향도 다섯 세
대가 지나면 끝이 난다. 나는 공자의 제자가 될 수 없었지만 다행이 다
섯 세대가 지나기 전에 다른 사람으로부터 공자의 도를 배웠다."

해설

맹자(기원전 385년~304년)가 태어난 것은 공자(기원전 551년~479년)
가 죽은 지 약100여년 정도 후이고, 왕성한 활동을 한 것은 여기서 말하
는 대로 다섯 세대(약 150년) 정도 지난 후이다. 따라서 맹자는 직접 공
자의 문하에 들어가 배우지는 못했지만, 공자가 남긴 영향이 희미해져

---

9. 공자가 『춘추』에 대해 '그 속에서 담은 의리는 내가 외람되이 취했다'고 한
  것은 원래 역사 를 기록하고 평가하는 것은 제왕의 고유한 권리인데도, 아
  무런 지위도 없는 공자 자신이 그러한 일을 떠맡아서 정사(正邪)와 시비(是
  非) 그리고 선악(善惡)을 평가한 것을 가리켜 말한 것이다. 이에 관한 언급은
  「등문공 하」(6·9)에도 보인다.

가는 상황에서 공자 계열의 학자(남송대의 성리학자인 주희는 맹자가 공자의 손자인 자사(子思)의 제자에게서 배웠다고 했다)를 통해 공자의 가르침을 배웠음을 말하고 있다. 단순한 맹자 자신의 학문적 이력에 대한 기술이지만, 그 속에는 잊혀져가는 공자의 가르침을 지키고 세상에 드러내려는 위도주의자(衛道主義者)로서의 맹자의 결의가 담겨 있다. 「등문공하」(6·9)에 그러한 맹자의 결연한 각오가 잘 드러나 있다.

孟子曰, "君子之澤伍世而斬, 小人之澤伍世而斬. 予未得爲孔子徒也, 予私淑諸人也."

8·23 청렴과 은혜와 용기를 해치는 일

맹자가 말했다. "자기 것으로 취해도 될 것 같지만 실은 취해서는 안 되는 경우인데 취한다면 청렴을 해치게 된다. 남에게 주어도 될 것 같지만 실은 주어서는 안되는 경우인데 준다면 은혜를 해치게 된다. 죽어도 될 것 같지만 실은 죽어서는 안되는 경우인데 죽는다면 용기를 해치게 된다."

해설

이 발언을 한 계기가 된 특정한 사건이나 상황이 제시되지 않았으므로 단지 맹자의 의도를 짐작하고 주희의 해석을 참고해서 이렇게 풀었다. 흔히 우리가 겪는 도덕적 고민은 대개 도덕적 판단의 모호함 때문이 아니라 결단력의 결여로 인한 것이다. 다시 말하면 무엇이 옳은 것인지 그른 것인지는 분명히 알면서도 그 옳은 것을 실천에 옮기지 못한다는 것이다. 그러나 때로는 겉으로 보기에 이렇게 하는 것도 옳은 것 같고 저렇게 하는 것도 옳은 것 같아 보여서 판단 자체가 쉽지 않은 상황이 있다. 물론 맹자는 그러한 상황에서도 진정 올바른 도리는 분명히 있다고 생각한다.

孟子曰, "可以取, 可以無取, 取傷廉. 可以與, 可以無與, 與傷惠. 可以死, 可以無死, 死傷勇."

8·24 재주와 덕의 관계

방몽[10]이 예[11]에게서 활쏘기를 배웠는데, 예가 가진 기술을 모두 익히고는, 천하에서 오직 예만이 자신보다 뛰어나다고 생각해 예를 죽여 버렸다.

이에 대해 맹자가 말했다.

"그렇게 된 데는 예의 잘못도 있다. 공명의(公明儀)같은 사람은 '예에게는 잘못이 없다'고 했지만, 잘못이 크지 않다고 할 수 있을 뿐이지, 어찌 잘못이 없겠는가?

예전에 정(鄭)나라에서 자탁유자(子濯孺子)로 하여금 위(衛)나라를 침

---

10. 방몽(逢蒙)은 예의 제자이자 부하였는데, 뒤에 반란을 일으켜 예를 살해했다.

11. 예(羿)는 하(夏)나라 때의 유궁국(有窮國)의 임금으로 활솜씨가 뛰어났다.

략하게 하였는데, 위나라에서는 유공지사(庾公之斯)를 시켜 그를 추격하게 하였다. 자탁유자가 '오늘 내가 병이 나서 활을 잡을 수가 없으니 나는 죽게 되었구나'라고 하고는 마부에게 '나를 뒤쫓는 자가 누구냐?'고 물었다. 그 마부가 '유공지사입니다'라고 하자 '나는 살았다'라고 했다. 마부가 '유공지사는 위나라의 활 잘 쏘는 자입니다. 그런데 나으리께서 살았다고 하시는 것은 어째서입니까?'라고 물었다. 그러자 그가 말하기를 '유공지사는 윤공지타(尹公之他)에게 활쏘기를 배웠다. 그런데 그 윤공지타는 바로 나에게 활쏘기를 배웠다. 윤공지타는 단정한 인물이므로 그가 선택한 친구 역시 틀림없이 단정한 인물일 것이다'고 했다.

유공지사가 도착해서 자탁유자에게 묻기를 '선생님께서는 어째서 활을 잡지 않으십니까?'라고 했다. 그러자 자탁유자가 '오늘 나는 병이 나서 활을 잡을 수가 없소이다'라고 했다. 유공지사가 말했다. '소인은 윤공지타에게 활쏘기를 배웠고, 윤공지타는 선생에게 활쏘기를 배웠습니다. 저는 선생님의 기술로써 도리어 선생님을 해치는 일은 차마 하지 못하겠습니다. 비록 그렇기는 하지만 오늘의 일은 저희 군주의 일이므로 제가 감히 하지 않을 수는 없습니다'고 했다. 그리고는 화살을 뽑아 수레바퀴에 두드려 쇠로 된 화살촉을 떼어내고서 화살 네 발을 쏜 후 돌아갔다.'"

逢蒙學射於羿, 盡羿之道, 思天下惟羿爲愈己, 於是殺羿.

孟子曰, "是亦羿有罪焉. 公明儀曰, '宜若無罪焉.' 曰, '薄乎云爾,' 惡得無罪? 鄭人使子濯孺子侵衛, 衛使庾公之斯追之. 子濯孺子曰, '今日, 我疾作, 不可以執弓, 吾死矣夫!' 問其僕曰, '追我者, 誰也?' 其僕曰, '庾公之斯也.' 曰, '吾生矣.' 其僕曰, '庾公之斯, 衛

之善射者也, 夫子曰, 吳生, 何謂也?'曰,'庾公之斯學射於尹公之
他. 尹公之他學射於我. 夫尹公之他, 端人也, 其取友必端矣.'庾
公之斯至, 曰,'夫子何爲不執弓?'曰,'今日, 我疾作, 不可以執弓.'
曰,'小人學射於尹公之他, 尹公之他學射於夫子. 我不忍以夫子之
道反害夫子. 雖然, 今日之事, 君事也, 我不敢廢.'抽矢扣輪, 去其
金, 發乘矢而後反."

8·25 용모가 중요한 것이 아니다

맹자가 말했다.

"서시(西施)처럼 예쁜 여자도 오물을 뒤집어 쓰고 있으면 사람들은 모
두 코를 막고 지나갈 것이다. 반면에 비록 추하게 생긴 사람이라도 목욕
재계하면 상제(上帝)에게 제사지낼 수 있다."

孟子曰, "西子蒙不潔, 則人皆掩鼻而過之. 雖有惡人, 齊戒沐浴,
則可以祀上帝."

8·26 자연스러운 지혜의 운용

맹자가 말했다.

"천하 사람들이 사물의 본성에 대해 논하는 것은 단지 이미 드러난
자취를 추구하는 것일 뿐이다. 이미 드러난 자취는 자연스러운 것을 근

본으로 한다. 지혜로운 자를 싫어하는 것은 그가 천착함에 빠지기 때문이다. 만약 지혜로운 자가 우임금이 물길을 내듯이 한다면 지혜를 싫어할 까닭이 없다. 우임금이 물길을 흘러가게 한 것은 억지로 일삼지 않는 방법으로 실행한 것이다.[12] 만약 지혜로운 자가 우임금과 같이 억지로 일삼지 않는 방법을 실행한다면, 그 지혜 역시 위대한 것이 된다. 비록 하늘이 높이 있고 별들이 멀리 있지만, 진실로 그 드러난 자취를 추구하기만 하면 천 년 동안의 동짓날도 앉아서 계산할 수 있다."

孟子曰, "天下之言性也, 則故而已矣. 故者以利爲本. 所惡於智者, 爲其鑿也. 如智者若禹之行水也, 則無惡於智矣. 禹之行水也, 行其所無事也. 如智者亦行其所無事, 則智亦大矣. 天之高也, 星辰之遠也, 苟求其故, 千歲之日至, 可坐而致也."

8·27 맹자와 왕환

제나라 대부인 공행자(公行子)가 아들의 상을 당했으므로 우사(右師) 벼슬에 있는 왕환(王驩)이 조문을 갔다. 그가 문에 들어서자 달려가 그와 말을 건네는 자가 있었고, 또 그가 자리에 앉자 우사의 자리로 가서 그와 이야기를 나누는 자가 있었다. 맹자만 우사와 말을 나누지 않자 우

---

12. 우임금의 치수(治水)의 방법은 억지로 물을 막거나 물길을 낸 것이 아니라 높은 곳에서 낮은 곳으로 흘러가는 자연스러운 본성을 따라서 물길을 내 바다로 흘러들게 했다는 뜻이다.

사는 불쾌하게 여기며 말했다.

"여러 군자들은 모두 나와 말을 나누는데 맹자만 유독 나와 말을 하지 않으니, 이것은 나를 무시하는 것이다."

맹자가 이를 듣고 말했다.

"예에 따르면 조정에서는 남의 자리를 지나가 남과 말하지 않으며 등급을 뛰어넘어서 서로 인사를 해서는 안된다고 했다. 나는 그러한 예를 지키려고 하는데 왕환[13]은 내가 자신을 무시한다고 생각하다니 이상하지 않은가?"

公行子有子之喪, 右師往弔. 入門, 有進而與右師言者, 有就右師之位而與右師言者. 孟子不與右師言, 右師不悅曰, "諸君子皆與驩言, 孟子獨不與驩言, 是簡驩也."

孟子聞之, 曰, "禮, 朝廷不歷位而相與言, 不踰階而相揖也. 我欲行禮, 子敖以我爲簡, 不亦異乎?"

8·28 군자의 걱정거리

맹자가 말했다.

"군자가 남들과 다른 까닭은 마음을 간직하고 있기[存心] 때문이다. 군자는 인(仁)으로써 마음을 간직하고 예(禮)로써 마음을 간직한다. 인한 사람은 남을 사랑하고, 예를 지닌 사람은 남을 공경한다. 남을 사랑

---

13. 원문은 '자오'(子敖)로, 우사인 왕환(王驩)의 자를 말한다.

하는 사람은 남도 항상 그를 사랑하고, 남을 공경하는 사람은 남도 항상 그를 공경한다.

어떤 사람이 자신을 도리에 어긋나게 대할 경우, 군자는 반드시 '내가 틀림없이 인하지 못하고 틀림없이 예를 지키지 못했기 때문일 것이다. 그렇지 않았다면 어떻게 이러한 일이 일어나겠는가?'라며 스스로 반성한다. 스스로 반성해 보아도 자신이 어질게 행동했고 스스로 반성해 보아도 예를 지켰는데도, 어떤 사람이 여전히 도리에 어긋나게 대한다면 군자는 틀림없이 '내가 진심을 다하지 못했기 때문일 것이다'고 다시 스스로 반성한다.

그러나 스스로 반성해 보아도 자신의 진심을 다했는데도 그가 여전히 도리에 어긋나게 대한다면 군자는 '이 사람은 몹쓸 사람일 뿐이다. 그렇다면 금수와 무슨 차이가 있겠는가? 금수에게 무엇을 따지겠는가?'라고 할 것이다.

그러므로 군자에게는 죽을 때까지 지니고 가는 걱정거리는 있어도 일시적인 근심은 없다. 군자에게 있는 걱정거리는 이러한 것이다. '순임금도 사람이고 나도 사람이다. 그런데, 순임금은 세상 사람들의 모범이 되어서 그 명성이 후세에 전해지고 있는 반면, 나는 아직 시골의 평범한 사람에서 벗어나지 못하고 있구나.' 이러한 것이야말로 걱정거리로 삼을 만하다. 그것을 걱정한다면 어떻게 해야할 것인가? 순임금처럼 해야 할 뿐이다. 그것 말고 군자가 근심하는 것은 없다. 어진 일이 아니면 하지 않고 예가 아니면 행하지 않기 때문이다. 비록 갑작스럽게 닥치는 근심이 있다 하더라도 군자는 그것을 근심으로 여기지 않는다."

해설

'걱정거리'[憂]와 '근심'[患]의 구분을 통해 군자, 즉 도덕적 자아의 완성을 지향하는 사람이 지녀야 할 자세에 대해 설명하고 있다. 여기서 말하는 걱정거리는 내면에서 생겨나는 것이고 근심은 밖에서 주어진 것이다.

다 같이 선한 본성을 지닌 사람인데도 순임금과 같은 사람은 그러한 본성을 온전히 실현한 반면, 아직 자신은 그렇지 못한 상태에 있음을 생각하고 순임금처럼 '도덕적 자아의 완성'을 이루어야겠다는 염려가 걱정거리이다. 이것을 맹자는 '죽을 때까지 지니고 가는 걱정거리'[終身之憂]라고 했다.

반면에 근심이란 타인의 부당한 횡포나 빈천(貧賤)과 같은 외부적인 조건으로 인한 것이다. 이것을 맹자는 '일시적인 근심'[一朝之患]이라고 했다. 군자는 오직 자신이 간직한 인의(仁義)의 도덕적 신념에 따라 그것에 대처하고 행동할 뿐 그것으로 인해 마음이 동요되지 않으므로 비록 근심이 밖에서 닥쳐오더라도 그것을 근심으로 여기지 않는다.

다음의 구절(8·29)에서도 언급하고 있지만, 곤궁한 상황에서도 자신이 지닌 신념을 즐겁게 추구하는 안회의 안빈낙도(安貧樂道)의 삶이 바로 여기서 맹자가 말하는 군자의 삶의 모습일 것이다.

孟子曰, "君子所以異於人者, 以其存心也. 君子以仁存心, 以禮存心. 仁者愛人, 有禮者敬人. 愛人者人恒愛之, 敬人者人恒敬之. 有人於此, 其待我以橫逆, 則君子必自反也, '我必不仁也, 必無禮也, 此物奚宜至哉?' 其自反而仁矣, 自反而有禮矣, 其橫逆由是也, 君子必自反也, '我必不忠.' 自反而忠矣, 其橫逆由是也, 君子曰, '此亦妄人也已矣. 如此則與禽獸奚擇哉? 於禽獸又何難焉?' 是故君子有

終身之憂, 無一朝之患也. 乃若所憂則有之. '舜人也, 我亦人也. 舜
爲法於天下, 可傳於後世, 我由未免爲鄕人也.' 是則可憂也. 憂之如
何? 如舜而已矣. 若夫君子所患則亡矣. 非仁無爲也, 非禮無行也.
如有一朝之患, 則君子不患矣."

8·29 우임금과 후직 그리고 안회의 공통점

우임금과 후직[14]은 태평한 시대에 세 번이나 자신들의 문앞을 지나가
면서도 집안에 들어가지 않았으므로,[15] 공자는 그들을 어질다고 찬양했
다. 안회(顔回)는 난세에 누추한 골목에서 초라한 밥 한 그릇과 물 한 바
가지를 먹으며 살았다. 다른 사람 같으면 그러한 가난을 감당하기 어려
웠을 것이지만, 안자는 변함없이 즐거워 하였으므로, 공자는 그를 칭찬
했다.

맹자가 말했다.

"우임금과 후직 그리고 안회가 추구한 도는 하나였다. 우임금은 세상
사람 중에 물에 빠진 자가 있으면 마치 자신이 물에 빠뜨린 것처럼 생각

---

14. 후직(后稷)은 순임금의 신하로 백성들에게 농사를 가르친 인물이다.

15. 세 번이나 자신들의 집 문앞을 지나가면서도 그 집안으로 들어가지 않았다
는 것은 우임금에 관한 고사이다. 우임금이 백성들을 홍수의 위협에서 구하
기 위한 치수의 일에 바빠서 자신의 집앞을 지나가면서도 집안에 들어가지
못했다는 것이다. 후직의 경우는 전해 오는 기록에 그러한 사실이 없지만,
맹자는 후직 역시 자신의 집에 들르지 못할 정도로 백성들에게 농사일을 가
르치는 데 힘썼다고 보고 우임금과 함께 거론한 것이다.

했고, 후직은 세상 사람 중에 굶주린 자가 있으면 마치 자신이 굶주리게 한 것처럼 생각했으므로 그렇게 다급하게 사람들을 구제했던 것이다. 우임금과 후직과 안자는 서로 처지가 바뀌더라도 모두 그렇게 했을 것이다.

한 집안의 사람들끼리 싸우는 것을 말릴 경우에는 비록 머리를 풀어 헤치고 갓끈만 겨우 맨 채 가서 말리더라도 괜찮다. 그러나 마을의 이웃 사람들끼리 싸우는 것을 말릴 경우 머리를 풀어 헤치고 갓끈만 맨 채 가서 말린다면 잘못이다. 이 경우에는 비록 문을 걸어 잠그고 그대로 있어도 된다."

禹稷當平世, 三過其門而不入, 孔子賢之. 顔子當難世, 居於陋巷. 一簞食一瓢飮, 人不堪其憂, 顔子不改其樂, 孔子賢之.

孟子曰, "禹稷顔回同道. 禹思天下有溺者, 由己溺之也, 稷思天下有飢者, 由己飢之也, 是以如是其急也. 禹稷顔子易地則皆然. 今有同室之人鬪者, 救之, 雖被髮纓冠而救之, 可也. 鄕鄰有鬪者, 被髮纓冠而往救之, 則惑也. 雖閉戶可也."

8·30 다섯 가지의 불효

공도자(公都子)가 말했다.

"광장[16]에 대해 온 나라 사람들이 모두 불효한 자라고 하는데, 선생님께서는 그와 교유하시고 게다가 예를 갖추어 그를 대하시는 것은 어째서인지요?"

맹자가 말했다.

"세상 사람들이 불효라고 부르는 것에는 다섯 가지가 있다. 제 몸을 나태하게 놀려서 부모 봉양을 거들떠 보지 않는 것이 첫번째의 불효이다. 바둑과 같은 노름에 빠지고 술마시기를 좋아해서 부모 봉양을 거들떠 보지 않는 것이 두번째의 불효이다. 재물을 좋아하고 처자식만 편애해서 부모 봉양을 거들떠 보지 않는 것이 세번째의 불효이다. 감각적인 욕망을 거리낌없이 추구하여 부모를 치욕스럽게 하는 것이 네번째의 불효이다. 만용을 부리고 싸움을 일삼아 부모를 위험에 빠지게 하는 것이 다섯번째의 불효이다.

광장이 이 가운데 어느 하나에라도 해당되는가? 광장은 다만 부자간의 관계에서 자식으로서 아버지에게 선행을 하도록 책망하다가 아버지와 서로 뜻이 맞지 않게 되었던 것이다. 선행을 하도록 책망하는 것은 친구 사이의 도리이다. 부자간에 선행을 하도록 책망하는 것은 부자간의 은혜를 크게 해치는 일이다.

광장인들 어찌 부부나 모자와 같은 가족 관계를 유지하고 싶지 않았겠는가? 아버지에게 죄를 지어서 가까이 갈 수가 없었기 때문에, 아내를 내보내고 자식도 내쳐서 죽을 때까지 그들의 봉양을 받지 않았던 것

---

16. 광장(匡章)은 제나라의 장군이다. 그의 어머니가 아버지에게 무슨 잘못을 저질렀는데, 그의 아버지는 어머니를 죽여 마구간 아래에 파묻었다. 광장이 여러 번 아버지에게 죽은 어머니를 용서하고 이장할 것을 권했으나 아버지가 끝내 들어주지 않자 서로 멀어지게 되었다. 그 후 아버지에게 죄를 지은 몸으로 처자의 봉양을 받을 수 없다고 해서 처를 내보내고 자식을 가까이 오지 못하게 했다.

이다. 그의 생각으로는 이렇게 하지 않을 경우 그것은 죄를 더 크게 하는 짓이라고 여겼던 것이니, 이것이 바로 광장의 사람됨이다."

公都子曰, "匡章, 通國皆稱不孝焉, 夫子與之遊, 又從而禮貌之, 敢問何也?"

孟子曰, "世俗所謂不孝者伍. 惰其四支, 不顧父母之養, 一不孝也. 博弈好飮酒, 不顧父母之養, 二不孝也. 好貨財, 私妻子, 不顧父母之養, 三不孝也. 從耳目之欲, 以爲父母戮, 四不孝也. 好勇鬪很, 以危父母, 伍不孝也. 章子有一於是乎? 夫章子, 子父責善而不相遇也. 責善, 朋友之道也. 父子責善, 賊恩之大者. 夫章子, 豈不欲有夫妻子母之屬哉? 爲得罪於父, 不得近. 出妻屛子, 終身不養焉. 其設心以爲不若是, 是則罪之大者, 是則章子已矣."

8·31 증자와 자사가 추구한 도는 하나

증자가 무성(武城)에 살고 있을 때 월(越)나라 군대가 쳐들어 왔다. 이때 어떤 사람이 "적들이 쳐들어 오는데 어째서 떠나지 않습니까?"라고 묻자, 증자는 "내가 떠난 다음 내 집에 다른 사람이 들어와 살거나 마당의 나무들을 손상시키지 못하게 하라"고 했다. 적이 물러가자 증자는 "내 담장과 집안을 수리해라. 내가 돌아가련다"고 분부하고 피난했다. 적이 물러가고 증자가 되돌아 왔다. 그러자 주변 사람들이 "무성의 관리들이 선생님을 이와 같이 충성스럽고 공경하게 대접했는데도, 적이 쳐들어 오자 앞장서 도망가서서 백성들에게 좋지 않은 본이 되었다가, 적이 물러가자 돌아오신 것은 옳지 못한 듯합니다"고 했다. 그러자 제자인 심유행(沈猶行)이 "이것은 너희들이 알 수 있는 일이 아니다. 예전에 우리 심유(沈猶)씨 가문이 부추(負芻)라는 자가 난을 일으켜 화를 당한 적이 있는데, 그때 선생님을 따르던 자가 70명이었지만 선생님을 따라 모두 피했기에 한 사람도 그 화를 겪지 않았다"고 했다.

자사(子思)가 위(衛)나라에 살고 있을 때 제나라 군대가 침입했다. 이때 어떤 사람이 "적들이 쳐들어 오는데 어째서 떠나지 않습니까?"라 묻자, 자사는 "만약 내가 떠나 버린다면 군주는 누구와 더불어 지키겠는가?"라고 했다.

맹자는 이 두 가지 사례에 대해 이렇게 말했다.

"증자와 자사가 추구한 도는 하나였다. 다만 당시 증자는 스승이며 원로인 처지에 있었고 자사는 신하이며 낮은 관리인 처지에 있었다. 증자와 자사는 처지가 바뀌었어도 모두 그렇게 했을 것이다."

曾子居武城, 有越寇.

或曰, "寇至, 盍去諸?"

曰, "無寓人於我室, 毀傷其薪木."

寇退, 則曰, "修我牆屋, 我將反."

寇退, 曾子反.

左右曰, "待先生, 如此其忠且敬也. 寇至則先去以爲民望, 寇退則反, 殆於不可."

沈猶行曰, "是非汝所知也. 昔沈猶有負芻之禍, 從先生者七十人, 未有與焉."

子思居於衛, 有齊寇.

或曰, "寇至, 盍去諸?"

子思曰, "如伋去, 君誰與守?"

孟子曰, "曾子子思同道. 曾子, 師也, 父兄也, 子思, 臣也, 微也. 曾子子思易地則皆然."

8·32 요순조차 다 같은 사람일 뿐

제나라의 재상인 저자(儲子)가 물었다.

"왕께서 사람을 시켜 선생을 몰래 살펴보게 하는데, 선생에게는 과연 남들과 다른 점이 있는지요?"

맹자가 대답했다.

"어찌 남들과 다르겠소? 요순과 같은 성인도 보통 사람과 같을 뿐인데요."

儲子曰, "王使人瞯夫子, 果有以異於人乎?"

孟子曰, "何以異於人哉? 堯舜與人同耳."

8·33 부귀를 구하는 사람들

제나라에 처 한명과 첩 한명을 데리고 한 집에서 사는 자가 있었다. 그 남편은 외출했다 하면 반드시 술과 고기를 실컷 먹은 후에 되돌아오 곤 했는데, 같이 마시고 먹은 사람이 누군지를 그의 처가 물어 보면, 남편은 모두 부유하고 지위가 높은 사람들의 이름만 대었다. 그 처가 첩에게 "남편이 외출했다 하면 반드시 술과 고기를 실컷 드신 후 돌아오시는데, 함께 마시고 먹은 사람이 누구인지 여쭈어 보면 모두가 부유하고 지위가 높은 사람들의 이름만 대시네. 그런데 그런 이름난 사람이 우리 집에 온 적이 없으므로, 내가 남편이 가는 곳을 몰래 알아보려 하네"라고 말했다.

다음날 아침 일찍 일어나 남편이 가는 곳을 몰래 뒤따라가는데 도성 안을 두루 돌아다녀도 누구 하나 남편과 함께 서서 이야기를 나누는 사람이 없었다. 남편은 결국 동쪽 성곽의 무덤들 사이에서 제사 지내는 사람에게로 가더니 제사 지내고 남은 음식을 얻어먹고는 그것으로 부족하면 다시 두리번거리고 다른 곳으로 가는 것이었다. 이것이 바로 그가 실컷 배불리 먹는 방법이었던 것이다.

아내가 돌아와 첩에게 말하기를 "원래 남편이란 우러러 보면서 일생을 함께 살아갈 사람인데, 지금 우리들 남편은 이 모양일세"라고 하고서는 첩과 더불어 남편을 흉보면서 마당 한 가운데에서 서로 울고 있었다. 그런데도 남편은 아무것도 모르고 의기양양하게 밖에서 들어와서는 처첩들에게 으시대었다.

군자가 볼 때 오늘날의 사람들이 부귀와 영달을 구하는 방법치고 이처럼 처첩들이 부끄럽게 여기고 서로 울지 않을 것이 드물다.

해설

여기서 맹자는 무릎을 치며 감탄하게 하는 비유를 통해 권력자 주위에 빌붙어서 부귀를 추구하던 이들을 비판하고 있다. 맹자는 당시 으리으리한 집과 맛난 음식을 먹으며 부귀를 자랑하던 이들을 향해 과연 그들이 그러한 부귀를 얻은 방법이 정당했는지를 묻고 있다. 맹자가 보기에 많은 사람들이 제사 지내고 남은 음식을 비굴한 웃음으로 구걸해서 배를 채우고서 배부름을 으시대는 것으로 보였던 것이다.

이 책의 여러 곳에서 볼 수 있듯 벼슬길에 나아가는 데 지나치게 까다롭게 군다는 주위 사람들의 비판을 들어가면서도, 맹자가 자신의 원칙과 소신을 굽히면서까지 부귀를 추구하는 것을 경계했던 했던 것도 바로 이러한 풍토를 목격했기 때문일 것이다. 특히 「등문공 하」에 이러한 맹자의 주장들을 볼 수 있다. 예를 들면 증자의 입을 빌려 "어깨를 치켜올려 아첨하며 웃는 것은 여름날에 밭일을 하는 것보다 힘들다"(6·8)고 하거나 "내가 어떻게 도를 굽혀 가며 제후를 따를 수 있겠느냐?"(6·1)거나 "올바른 방법을 따르지 않고 벼슬길에 나아가는 것은 처녀 총각이 담구멍을 뚫고 서로 들여다 보는 것과 같은 경우"(6·3)라고 한 것 등이 그것이다.

齊人有一妻一妾而處室者. 其良人出, 則必饜酒肉而後反, 其妻問所與飮食者, 則盡富貴也. 其妻告其妾曰, "良人出, 則必饜酒肉而後反, 問其與飮食者, 盡富貴也, 而未嘗有顯者來, 吳將瞯良人之所之也." 蚤起, 施從良人之所之, 徧國中無與立談者. 卒之東郭墦閒之祭者, 乞其餘, 不足, 又顧而之他. 此其爲饜足之道也. 其妻歸, 告其妾曰, "良人者, 所仰望而終身也. 今若此." 與其妾訕其良人, 而相泣於中庭. 而良人未之知也, 施施從外來, 驕其妻妾. 由君子觀之, 則人之所以求富貴利達者, 其妻妾不羞也, 而不相泣者, 幾希矣.

만장 상

9·1 순임금의 효

제자인 만장(萬章)이 물었다.

"순임금이 왕위에 오르기전 밭에 나가서 하늘에도 소리치며 운 일이 있었다던데, 무엇 때문에 소리치며 울었던 것입니까?"

맹자가 대답했다.

"부모님에 대한 서러움과 사모하는 마음때문이었다."

만장이 다시 물었다.

"부모가 사랑하면 기뻐하고 은혜를 잊지 않으며, 부모가 미워하면 괴로워도 원망해서는 안된다고 했는데, 그렇다면 순임금은 부모를 원망한 것입니까?"

맹자가 대답했다.

"장식(長息)이 스승인 공명고(公明高)에게 '순임금이 밭에 나갔다는 것에 관해서는 이미 가르침을 들었습니다만, 하늘과 부모님을 향해 소리치며 울었던 까닭은 이해할 수 없습니다'고 하자, 공명고는 '이것은 그대가 이해할 수 있는 일이 아니다'고 했다. 공명고는 순같은 효자의 마음으로는 '나는 힘을 다해서 밭을 갈아 공손하게 자식의 직분을 다했을 뿐이니, 부모가 나를 사랑하지 않는 것이 나에게 무슨 상관이 있겠는가' 하는 식으로 태연할 수 없었을 것이라고 생각한 것이다.

요임금은 자기의 아홉 아들과 두 딸에게 뭇 관리들과 소와 양, 창고에 가득하게 곡식까지 다 갖추고 밭 한 가운데에 가서 순을 섬기게 하였다. 천하의 선비들 중에 순에게 몰려가는 사람이 많자, 천하의 인심을 살펴서 순에게 천하를 물려주려고 하였다. 그럼에도 순은 부모의 마음에 받아 들여지지 못했기에 자신을 마치 돌아갈 곳이 없는 곤궁한 사람처럼 여겼다.

천하의 선비들이 좋아하여 몰려드는 것은 누구나가 원하는 것이지만, 그런 것도 순의 근심을 풀기에는 부족했다. 아름다운 여자는 누구나가 원하는 것인데, 요임금의 두 딸을 아내로 삼았어도 순의 근심을 풀기에는 부족했다. 부유함은 누구나가 원하는 것인데, 부유함에 있어서 천하를 소유했어도 순의 근심을 풀기에는 부족했다. 귀함은 누구나 원하는 것인데, 천자가 될 만치 귀해졌어도 순의 근심을 풀기에 부족했다. 천하 사람들이 좋아하여 몰려드는 것과 아름다운 여자와 부귀가 다 순의 근심을 풀기에 부족했던 것은 오직 부모의 마음에 받아들여지는 것만이 근심을 풀 수 있는 것이었기 때문이다.

사람은 어려서는 부모를 사모하다가 아름다운 여자를 알게 되면 젊고 아름다운 여자를 사모하고, 처자식이 생기면 처자식을 그리워하고, 벼슬을 하면 군주를 사모하고 군주의 신임을 얻지 못하면 마음을 태운다. 그러나 큰 효자는 죽을 때까지 부모를 사모한다. 오십이 되도록 부모를 사모하는 경우를 나는 순임금에게서 보았다."

萬章問曰, "舜往于田, 號泣于旻天, 何爲其號泣也?"
孟子曰, "怨慕也."
萬章曰, "父母愛之, 喜而不忘, 父母惡之, 勞而不怨, 然則舜怨乎?"
曰, "長息問於公明高曰, '舜往于田, 則吾旣得聞命矣, 號泣于旻天, 于父母, 則吾不知也.' 公明高曰, '是非爾所知也.' 夫公明高以孝子之心, 爲不若是恝, 我竭力耕田, 共爲子職而已矣, 父母之不我愛, 於我何哉? 帝使其子九男二女, 百官牛羊倉廩備, 以事舜於畎畝之中. 天下之士多就之者, 帝將胥天下而遷之焉. 爲不順於父母, 如窮人無所歸. 天下之士悅之, 人之所欲也, 而不足以解憂. 好色, 人之所欲, 妻帝之二女, 而不足以解憂. 富, 人之所欲, 富有天下, 而不足以解憂. 貴, 人之所欲, 貴爲天子, 而不足以解憂. 人悅之好色富貴, 無足以解憂者, 惟順於父母, 可以解憂. 人少, 則慕父母, 知好色, 則慕少艾, 有妻子, 則慕妻子, 仕則慕君, 不得於君則熱中. 大孝終身慕父母. 伍十而慕者, 予於大舜見之矣."

9·2 순임금을 해치려 한 상

만장이 물었다.

"『시경』에 '아내를 얻을 때는 어떻게 해야 하는가? 반드시 부모에게 아뢰야 한다'고 했습니다. 이 말이 옳다면 순임금과 같이 해서는 안될 것입니다. 순임금이 부모에게 아뢰지도 않고 아내를 얻은 것은 어찌된 것입니까?"

맹자가 말했다.

"부모에게 아뢰었다면 아내를 얻을 수 없었을 것이다. 남녀가 결혼하는 것은 사람의 중대한 도리이다. 만일 순임금이 부모에게 아뢰었다면, 사람의 중대한 도리를 이루지 못해 부모를 원망하게 되었을 것이다. 그래서 순은 아뢰지 않았던 것이다."

만장이 물었다.

"순임금이 부모에게 아뢰지 않고 아내를 얻은 것에 관해서는 이미 선생님의 가르침을 들었습니다만, 요임금이 순임금에게 딸을 아내로 주면서도 순임금의 부모에게 알리지 않은 것은 무엇 때문입니까?"

맹자가 대답했다.

"요임금도 순임금의 부모에게 알리면 딸을 시집보낼 수 없다는 것을 알았기 때문이다."

만장이 물었다.

"순임금의 부모는 순에게 곡식 창고를 수리하게 하고는 사다리를 치워 버린 다음 아버지 고수(瞽瞍)가 곡식 창고에 불을 질렀습니다. 또 순에게 우물을 치게 하고는 순이 빠져 나왔지만 나온 줄 모르고 우물을 덮어 버렸습니다.[1] 이복 동생인 상(象)은 순이 죽은 줄 알고 '도성의 군주인 순[2]'을 해치는 계획을 세운 것은 모두 나의 공적이다. 소와 양은 부모

---

1. 순임금은 아버지인 고수가 죽이려고 창고에 불을 질렀지만 미리 준비한 삿갓 두 개를 쥐고 뛰어내렸고, 우물 속에 들여 보내고 흙으로 덮어 버렸지만 미리 옆으로 구멍을 뚫어 두었다가 그리로 빠져 나왔다고 한다.

2. '군주인 순'은 원문의 '도군'(都君)을 푼 말이다. 순임금은 한 곳에 일년을 머물면 취락(聚)을 이루었고 이년을 머물면 성읍(邑)을 이루었고 삼년을 머물

에게 드리고 곡식 창고도 부모에게 드리고, 방패와 창은 내가 가지고 거문고도 내가 가지고 활도 내가 가지고 두 형수는 내 잠자리를 돌보게 할 것이다'고 했습니다.

상이 달려가서 순의 궁궐로 들어가니 순임금이 침상에 걸터 앉아 거문고를 타고 있었습니다. 그러자 상은 '가슴이 답답할 정도로 형님 생각을 했습니다'며 얼굴을 붉혔습니다.[3] 그런데도 순임금은 '너는 나를 도와서 이 나라의 신하와 백성들을 다스려라'라고 했습니다. 모르긴 합니다만, 순임금은 상이 자신을 죽이려고 한 줄 몰랐을까요?"

맹자가 말했다.

"왜 몰랐겠느냐? 다만 동생인 상이 근심하면 그도 근심하고, 상이 기뻐하면 그도 기뻐했던 것이다."

만장이 물었다.

"그렇다면 순임금은 거짓으로 기뻐한 것입니까?"

맹자가 대답했다.

"아니다. 예전에 정(鄭)나라의 자산(子産)에게 물고기를 선물한 사람이 있었는데, 자산은 연못의 관리인에게 그것을 연못에 기르게 하였다. 그런데 관리인이 삶아 먹고는 아뢰기를 '처음에 연못에 풀어 놓자 비실비실하더니만 조금 지나자 꼬리를 치다가 재빨리 사라져 버렸습니다'고 하였다. 자산이 그 말을 듣고 '제 살 곳을 만났구나, 살 곳을 만났어'라

면 도성(都)을 이루었다고 한다.(『사기』「오제본기」(伍帝本紀)) 그러므로 '도군'은 '도성의 군주'를 의미한다.

3. 순임금이 죽은 줄 알고 재산을 분배할 계획까지 세워놓았는데 살아있는 것을 보았으므로 당황해서 얼굴을 붉히며 이렇게 둘러댄 것이다.

고 하였다. 관리인이 물러나와서 '누가 자산을 지혜롭다고 하는가? 내가 이미 삶아서 먹어 버렸는데도 제 살 곳을 만났구나 살 곳을 만났어라고 하더군'이라고 말했다.

그러므로 군자를 정당한 도리를 가지고 속일 수는 있어도 이치에 맞지 않는 것으로 속이기는 어렵다. 상이 형을 사랑한다는 도리를 내세워 찾아왔으니, 순은 진실로 믿고서 기뻐한 것이지 어찌 거짓으로 기뻐한 것이겠는가?"

萬章問曰, "詩云, '娶妻如之何? 必告父母.' 信斯言也, 宜莫如舜. 舜之不告而娶, 何也?"

孟子曰, "告則不得娶. 男女居室, 人之大倫也. 如告, 則廢人之大倫, 以懟父母. 是以不告也."

萬章曰, "舜之不告而娶, 則吳旣得聞命矣, 帝之妻舜而不告, 何也?"

曰, "帝亦知告焉, 則不得妻也."

萬章曰, "父母使舜完廩, 捐階, 瞽瞍焚廩. 使浚井, 出, 從而揜之. 象曰, '謨蓋都君咸我績. 牛羊父母, 倉廩父母, 干戈朕, 琴朕, 弤朕, 二嫂使治朕棲.' 象往入舜宮, 舜在牀琴. 象曰, '鬱陶思君爾,' 忸怩. 舜曰, '惟兹臣庶, 汝其于予治.' 不識舜不知象之將殺己與?"

曰, "奚而不知也? 象憂亦憂, 象喜亦喜."

曰, "然則舜僞喜者與?"

曰, "否. 昔者, 有饋生魚於鄭子産, 子産使校人畜之池. 校人烹之, 反命曰, '始舍之 圉圉焉, 少則洋洋焉, 攸然而逝.' 子産曰, '得其所哉! 得其所哉!' 校人出, 曰, '孰謂子産智? 予旣烹而食之, 曰,

得其所哉! 得其所哉!''故君子可欺以其方, 難罔以非其道. 彼以愛
兄之道來, 故誠信而喜之, 奚僞焉?"

9·3 순임금이 상을 제후로 봉한 일

만장이 물었다.

"상은 날마다 순임금을 죽이려는 것을 자신의 일로 삼았는데도 순임
금은 천자가 되자 그를 단지 추방하였을 뿐인데, 왜 그런 것입니까?"

맹자가 대답했다.

"사실은 그를 제후로 봉(封)한 것인데, 어떤 사람들은 추방했다고 말
한 것이다."

만장이 말했다.

"순임금이 공공[4]을 유주(幽州)로 유배시키고, 환도[5]를 숭산(崇山)으로
추방하고, 삼묘[6]의 우두머리를 삼위(三危)로 몰아내고 곤[7]을 우산(羽山)
으로 축출해 가두었습니다. 이렇게 이 넷을 처벌하자 천하 사람들이 모
두 순에게 복종하였는데, 바로 어질지 못한 자를 처벌했기 때문입니다.
상은 대단히 어질지 못했는데도 유비(有庳) 지역의 제후로 봉했습니다.

---

4. 공공(共工)은 원래 물의 관리를 담당한 관직의 이름이다. 대대로 이 관직을
   세습하며 맡았기 때문에 관직으로써 성씨를 대신한 것이다.이 관직에 있던
   자가 환도와 한 패가 되어 악행를 저질렀다고 한다.

5. 환도(驩兜)는 요임금과 순임금 시기에 대신을 지냈던 사람의 이름이다.

6. 삼묘(三苗)는 하나라에 복종하기를 거부하고 저항했던 부족의 이름이다.

7. 곤(鯤)은 우임금의 아버지 이름으로 치수(治水)에 실패하여 문책을 받았다.

유비 지역의 백성들이 무슨 죄가 있단 말입니까?[8] 어진 사람은 원래 그렇게 하는 것입니까? 다른 사람의 경우에 있어서는 벌을 주고 동생의 경우에 있어서는 제후로 봉했으니 말입니다."

맹자가 말했다.

"어진 사람은 동생을 대함에 있어서 노여움을 오래 간직하지 않고 원망을 묵혀 두지 않으며 친하게 대하고 사랑할 뿐이다. 그를 친하게 여기면 곧 그를 귀하게 해 주려고 하고, 그를 사랑하면 곧 그를 부유하게 해 주려고 한다. 상을 유비 지역에 봉한 것은 부유하고 존귀하게 해주려 한 것이다. 자신은 천자인데도 동생은 보통 사람으로 남아 있다면 친하게 대하고 사랑한다고 할 수 있겠느냐?"

만장이 물었다.

"어떤 사람들은 순임금이 상을 추방했다고 한 것은 무엇을 두고 한 말입니까?"

맹자가 대답했다.

"상이 직접 그 지역을 다스릴 수 없었고 천자인 순이 관리에게 그 지역을 다스리고 세금을 바치게 했기 때문에, 어떤 사람들은 순임금이 상을 추방했다고도 한다. 그러니 어떻게 상이 그 지역의 백성들에게 포악하게 굴 수가 있었겠느냐? 비록 그렇게 하긴 했지만 늘 동생을 만나 보고 싶어하여 줄곧 찾아오도록 했는데, '조공의 시기가 되지 않았는데도 정무를 이유로 유비의 군주를 접견했다'는 기록이 바로 그것을 말한 것이다."

---

8. 유비 지역의 백성들이 무슨 죄가 있다고 상과 같은 포악한 자를 군주로 모셔야 했느냐는 힐난조의 질문이다.

萬章問曰, "象日以殺舜爲事, 立爲天子, 則放之, 何也?"

孟子曰, "封之也, 或曰放焉."

萬章曰, "舜流共工于幽州, 放驩兜于崇山, 殺三苗于三危, 殛鯀于羽山, 四罪而天下咸服, 誅不仁也. 象至不仁, 封之有庳. 有庳之人奚罪焉? 仁人固如是乎? 在他人則誅之, 在弟則封之."

曰, "仁人之於弟也, 不藏怒焉, 不宿怨焉, 親愛之而已矣. 親之欲其貴也, 愛之欲其富也. 封之有庳, 富貴之也. 身爲天子, 弟爲匹夫, 可謂親愛之乎?"

"敢問或曰放者, 何謂也?"

曰, "象不得有爲於其國, 天子使吏治其國, 而納其貢稅焉, 故謂之放. 豈得暴彼民哉? 雖然, 欲常常而見之, 故源源而來. '不及貢, 以政接于有庳', 此之謂也."

9·4 순임금에 대한 오해들

순임금이 요임금과 아버지를 신하로 삼았다는 일에 관해 제자인 함구몽(咸丘蒙)이 물었다.

"전해오는 말에 '덕이 뛰어난 선비는 군주라도 그를 신하로 삼을 수 없고, 아버지라도 그를 자식으로 삼을 수 없다'고 합니다. 순임금이 남면[9]해서 천자가 되자 요임금이 제후들을 인솔해 북면하여 조회를 했고

---

9. 남면(南面)이란 제위에 오르는 것을 의미한다. 제왕의 자리는 북쪽으로 등을 지고 남쪽을 향하기 때문이다. 반대로 북면(北面)이란 신하가 되어 제왕

아버지인 고수 역시 북면하여 조회를 했는데, 순임금은 아버지 고수를 보자 얼굴에 불안한 기색이 있었다고 합니다.[10] 이것을 두고 공자께서 '이때에는 천하가 위태롭고 불안스러웠다'[11]고 했다는데, 공자의 말이 사실인지 모르겠습니다."

맹자가 대답했다.

"그것은 군자의 말이 아니라 제나라 동쪽의 야인들이 하는 말이다. 요임금이 늙자 순이 섭정을 했다. 『상서』「요전」(堯典)에 말하기를 '섭정을 한 지 28년 만에 방훈[12] 요임금이 돌아가시자 뭇 신하들[13]은 부모상을 당한 것처럼 여겨 3년상을 치렀으며, 사해에 여덟가지 악기[14]의 소리가 모두 그치고 조용하였다'고 했다. 그리고 공자께서는 '하늘에는 두 해가 없고 백성에게는 두 임금이 없다'고 했다. 순임금이 이미 천자가

을 모시는 것을 말한다.

10. 순임금이 아버지를 신하로 삼아서 조회를 받는 상황에 처했으므로 마음이 편치 못하여 불안하고 초조한 기색을 드러내었다는 뜻이다.

11. 이 말은 실제 공자가 한 말은 아니고 함구몽이 공자의 말이라고 전해 들은 것을 인용한 것이다. 이 말 자체의 의미는 자신이 섬겼던 군주와 아버지를 순임금이 신하로 삼은 것은 인륜의 질서를 어지럽힌 것이므로 천하가 위태롭고 불안하게 되었다는 것이다.

12. 방훈(放勳)은 요임금의 호이다.

13. '뭇 신하들'은 원문의 '백성'(百姓)의 풀이이다. '백성'은 '뭇 관리'(百官)의 의미와 '뭇 서민'들의 의미를 다 가지고 있다. 여기서 말하는 삼년상을 치른 주체에는 '뭇 서민'들까지 포함되지 않는다. 고대의 예에 따르면 관직에 있는 신하들의 경우만 천자가 죽으면 삼년상(斬衰)을 치러야 하는 것으로 규정하고 있기 때문이다.

14. 원문은 '팔음'(八音)이다. 금속[金], 돌[石], 실[絲], 대나무[竹], 박[匏], 흙[土], 가죽[革], 나무[木] 등 8가지의 소재로 만든 여덟가지 악기를 말한다.

되고서도 또 천하의 제후들을 모두 거느리고서도 요임금의 삼년상을 치렀다고 한다면, 그것은 두 사람의 천자가 있었던 셈이 된다."

함구몽이 물었다.

"순임금이 요임금을 신하로 삼지 않았다는 사실에 대해서는 이미 제가 가르침을 들었습니다. 『시경』에서 '온 하늘 아래 왕의 영토가 아닌 곳이 없고, 땅 닿는 모든 곳의 사람치고 왕의 신하가 아닌 자가 없도다'고 했습니다. 순임금이 이미 천자가 되었는데, 아버지인 고수가 신하 노릇을 하지 않았다는 것은 어째서입니까?"

맹자가 대답했다.

"이 시는 그런 뜻이 아니라, 왕의 일에 힘쓰느라 부모를 봉양할 틈도 없다는 것을 말한 것이다. 지은이는 '어느 것도 왕의 일이 아님이 없는데, 어째서 나만 이렇게 많이 애쓰는가?'라고 생각한 것이다. 그러므로 시를 해설하는 사람은 문자에 매여서 말을 오해해서는 안되고, 말에 매여서 지은이의 본래 의도를 오해해서는 안된다. 자신의 생각으로서 지은이의 본래 의도를 헤아려야 제대로 이해할 수 있다. 단지 말만을 따질 경우 『시경』의 「대아·운한」(大雅·雲漢)의 시에서 '주나라에 남은 백성들은 한 사람도 없네'라고 했는데, 이 말을 그대로 믿는다면 주나라에는 한 사람도 살아 남은 백성이 없었다는 뜻이 된다.

효자의 일 중에서 가장 큰 일로는 어버이를 존경하는 것보다 더 큰 일은 없고 어버이를 존경하는 일 중에서 가장 큰 일로는 천하를 가지고서 봉양해드리는 것보다 더 큰 일은 없다. 그런데 고수는 천자의 아버지가 되었으니 존귀함이 지극했고, 순이 천하를 가지고서 봉양했으니 봉양함이 지극했다. 『시경』에서 '항상 효도하기를 생각하니 효도하려는 생각이 세상 사람이 따르는 본이 되었다'고 한 것은 바로 그러한 뜻이다.

『서경』에서 '순은 일을 공경하게 처리하면서 고수를 대함에 조심스럽고 두려운 듯이 했고, 고수 또한 그로 인해 진실되게 순리에 따랐다'고 했다. 이런 것이 아버지라도 함부로 어진 사람을 자식으로 삼을 수 없다고 하는 경우이다.

咸丘蒙問曰, "語云, '盛德之士, 君不得而臣, 父不得而子.' 舜南面而立, 堯帥諸侯北面而朝之, 瞽瞍亦北面而朝之. 舜見瞽瞍, 其容有蹙. 孔子曰: '於斯時也, 天下殆哉, 岌岌乎!' 不識此語誠然乎哉?"

孟子曰, "否. 此非君子之言, 齊東野人之語也. 堯老而舜攝也. 堯典曰, '二十有八載, 放勳乃徂落, 百姓如喪考妣, 三年, 四海遏密八音.' 孔子曰, "天無二日, 民無二王." 舜旣爲天子矣, 又帥天下諸侯以爲堯三年喪, 是二天子矣."

咸丘蒙曰, "舜之不臣堯, 則吾旣得聞命矣. 詩云, '普天之下, 莫非王土, 率土之濱, 莫非王臣.' 而舜旣爲天子矣, 敢問瞽瞍之非臣, 如何?"

曰, "是詩也, 非是之謂也. 勞於王事, 而不得養父母也. 曰, '此莫非王事, 我獨賢勞也.' 故說詩者, 不以文害辭, 不以辭害志. 以意逆志, 是爲得之. 如以辭而已矣, 雲漢之詩曰, '周餘黎民, 靡有孑遺.' 信斯言也, 是周無遺民也. 孝子之至, 莫大乎尊親, 尊親之至, 莫大乎以天下養. 爲天子父, 尊之至也. 以天下養, 養之至也. 詩曰, '永言孝思, 孝思維則.' 此之謂也. 書曰, '祗載見瞽瞍, 夔夔齊栗, 瞽瞍亦允若.' 是爲父不得而子也."

9·5 천하는 하늘이 주는 것

만장이 물었다.

"요임금이 천하를 순임금에게 주었다고 하는데, 그런 일이 있었습니까?"

맹자가 대답했다.

"아니다. 천자라도 천하를 다른 사람에게 줄 수가 없다."

다시 만장이 물었다.

"그렇다면 순임금은 천하를 가졌는데, 누가 주었습니까?"

맹자가 대답했다.

"하늘이 주었다."

만장이 물었다.

"하늘이 주었다는 것은 자세하게 일러주듯이 명을 내렸다는 것입니까?"

맹자가 말했다. "아니다. 하늘은 말을 하지 않고 행적과 사실로써 보여 줄 뿐이다."

만장이 물었다.

"행적과 사실로써 보여준다는 것은 어떻게 하는 것입니까?"

맹자가 대답했다.

"천자는 어떤 사람을 하늘에 천거할 수는 있어도, 하늘이 그에게 천하를 주도록 할 수는 없다. 제후도 어떤 사람을 천자에게 천거할 수는 있어도, 천자가 그에게 제후의 자리를 주도록 할 수는 없다. 대부도 어떤 사람을 제후에게 천거할 수는 있어도, 제후가 그에게 대부의 지위를 주도록 할 수는 없다. 옛날에 요임금이 순임금을 하늘에 천거하자 하늘이 그것을 받아들였고, 백성들에게 드러내어 보여주자 백성들이 받아들였다. 그러므로 '하늘은 말을 하지 않고 행적과 사실로써 보여줄 뿐이다'고 한 것이다."

만장이 물었다.

"하늘에 천거하자 하늘이 받아들였고, 백성들에게 드러내어 보여주자 백성들이 받아들였다는 것은 어떻게 한 것입니까?"

맹자가 대답했다.

"순에게 제사를 주관하게 하자 모든 신들이 제사를 받아들였으니, 이것이 곧 하늘이 받아들인 것이다. 또 순에게 정사를 맡기자 정사가 잘되어서 백성들이 편안하게 되었으니, 이것이 곧 백성들이 받아들인 것이다. 하늘이 천하를 주고 백성들이 천하를 주는 것이므로 천자가 천하를 남에게 줄 수 없다고 한 것이다.

순이 요임금을 보좌한 것이 28년인데, 그것은 사람의 힘만으로 할 수 있었던 것이 아니라 하늘의 뜻이었다. 요임금이 돌아가시자 삼년상을 마치고 나서 순은 요임금의 아들을 피해 남하(南河)의 남쪽으로 피해 있었다. 천하의 제후로서 조근[15]하려는 사람들은 요임금의 아들에게 가지 않고 순에게로 갔다. 소송을 하려는 사람들은 요임금의 아들에게 가지 않고 순에게로 갔다. 노래를 불러 천자를 찬양하는 사람들은 요임금의 아들을 찬양하지 않고 순을 찬양하였다. 그래서 '하늘의 뜻이다'고 한

---

15. 조근(朝覲)은 일년에 한 차례 제후들이 천자를 알현하고 정무를 보고하는 의식을 말한다. 원래 조근은 주(周)나라 때 실시된 봉건제에서 제후가 지켜야할 의무였으며, 이 당시에는 천자와 제후를 말할 수 있는 것이 없었다. 따라서 여기서 말하는 조근이란 신하의 정무보고 정도로 보면 되겠다.

것이다. 그렇게 된 후에야 순이 도읍으로 가서 천자의 지위에 올랐다. 만약 그렇지 않고 요임금의 궁궐에 머물면서 요임금의 아들을 핍박하여 몰아냈다면, 그것은 천하를 찬탈한 것이지 하늘이 준 것이 아니었을 것이다.

『상서』의 「태서」에서 '하늘은 우리 백성들이 보는 것을 통해서 보고, 하늘은 우리 백성들이 듣는 것을 통해서 듣는다'고 한 것은 이것을 말한 것이다."

해설

일찍이 주나라가 은나라를 쳐서 천하를 얻었을 때 내세웠던 것이 '천명은 고정되어 있지 않다'〔天命靡常〕는 주장이었다. 즉 천하를 소유하는 여부는 천명의 수수 여부에 달려 있는데, 천명은 어느 한 왕조나 개인에게 영원히 머무는 것이 아니라 덕이 있는 자에게 옮겨간다는 것이다. 따라서 천명을 받아서 천하를 얻고 유지하기 위해서는 부단히 자신의 덕을 닦아야 한다. 군주가 덕을 닦는다는 것은 곧 백성에게 어진 정치를 베푸는 것을 의미한다.

여기서 맹자가 말하는 것도 바로 그 점이다. 흔히 사람들은 요임금이 순임금에게 천하를 물려주었다고 하지만, 그것은 요임금이 사사로이 천하를 순임금에게 물려준 것이 아니다. 비록 요임금이 순을 하늘에 추천하기는 했지만, 순이 천하를 물려받을 수 있었던 것은 덕을 지니고 백성들의 신임을 얻어서 하늘의 뜻〔天命〕이 그에게 옮겨갔기 때문이다.

萬章曰, "堯以天下與舜, 有諸?"

孟子曰, "否. 天子不能以天下與人."

"然則舜有天下也, 孰與之乎?"

曰, "天與之."

"天與之者, 諄諄然命之乎?"

曰, "否. 天不言, 以行與事示之而已矣."

曰, "以行與事示之者, 如之何?"

曰, "天子能薦人於天, 不能使天與之天下. 諸侯能薦人於天子, 不能使天子與之諸侯. 大夫能薦人於諸侯, 不能使諸侯與之大夫. 昔者, 堯薦舜於天而天受之, 暴之於民而民受之. 故曰天不言, 以行與事示之而已矣.'

曰, "敢問薦之於天而天受之, 暴之於民而民受之, 如何?"

曰, "使之主祭而百神享之, 是天受之. 使之主事而事治, 百姓安之, 是民受之也. 天與之, 人與之, 故曰天子不能以天下與人. 舜相堯二十有八載, 非人之所能爲也, 天也. 堯崩, 三年之喪畢, 舜避堯之子於南河之南. 天下諸侯朝覲者, 不之堯之子而之舜. 訟獄者, 不之堯之子而之舜. 謳歌者, 不謳歌堯之子而謳歌舜. 故曰天也. 夫然後之中國, 踐天子位焉. 而居堯之宮, 逼堯之子, 是篡也, 非天與也. 太誓曰, '天視自我民視, 天聽自我民聽.' 此之謂也."

9·6 천하는 덕으로써 차지하는 것

만장이 물었다.

"사람들이 말하기를 '우임금에 이르러 덕이 쇠퇴해져 어진 이에게 천자의 지위를 물려주지 않고 자식에게 물려주었다'고 하는데, 그런 일이 있었습니까?"

맹자가 답했다.

"아니, 그렇지 않다. 하늘이 현자에게 주려고 하면 현자에게 주는 것이고, 하늘이 임금의 자식에게 주려고 하면 자식에게 주는 것이다. 옛날에 순임금은 우를 하늘에 천거하고 17년 후에 돌아가셨다. 우가 삼년상을 마치고 양성(陽城)으로 순임금의 아들을 피해가자 천하의 백성들이 그를 따라 오기를 마치 요임금이 돌아가신 뒤에 요임금의 아들을 따르지 않고 순을 따랐던 것처럼 하였다.

우임금이 재상 익(益)을 하늘에 천거하고 7년 뒤에 돌아가셨는데, 익이 3년상을 마치고 기산(箕山)의 북쪽으로 피해갔으나 조근(朝覲)하고 소송하는 사람들이 익에게로 가지 않고 우임금의 아들인 계[16]에게로 가면서 말하기를, '우리 임금의 자식이다'고 했다. 노래를 불러 찬양하는 사람들도 익을 찬양하지 않고 계를 찬양하며 말하기를 '우리 임금의 아들이다'고 했다.

요임금의 아들인 단주[17]는 못났고 순임금의 아들 또한 못났으며, 순임금이 요임금을 보필한 기간과 우임금이 순임금을 보필한 기간이 길었기

---

16. 계(啓)는 우임금의 아들이다. 맹자는 계가 우임금의 자리를 이은 것은 임금의 자식이었기 때문이 아니라 계의 됨됨이가 어질었기 때문이라고 여긴다. 그러므로 현자에게 임금의 자리를 물려주던 요순대의 선양의 정치풍습이 사라진 것은 아님을 말하고 있다. 그러나 『초사』(楚辭)나 『묵자』 등 다수의 고대 기록들은 계를 오히려 몹쓸 사람으로 그리고 있다. 이에 대해 유명한 경학 연구자인 피석서(皮錫瑞)같은 사람은 맹자가 계를 현자로 내세운 것은 가르침을 위한 방편적 설정이었다고 해석하고 있다.

17. 단주(丹朱)는 요임금의 아들로, 본래 이름은 주(朱)인데, 뒤에 단(丹) 땅에 제후로 봉해졌으므로 단주라고 불리웠다고 한다.

에 그만큼 백성에게 오래도록 혜택을 베풀었다. 계는 어질었기에 아버지인 우임금의 도를 공경스럽게 계승할 수 있었고, 익은 우임금을 보필한 기간이 짧아서 그만큼 백성들에게 오래도록 혜택을 베풀지는 못했다.

이처럼 순임금과 우임금과 익이 천자를 보필한 기간에 길고 짧은 차이가 있고[18] 그 자식들이 어질고 어질지 못한 차이가 있는 것은 모두 하늘의 뜻이지 사람의 힘으로 할 수 있는 것이 아니었다. 사람이 그렇게 하지 않아 그렇게 되는 것을 하늘의 뜻이라 하고, 이르게 하지 않아도 이르는 것이 명(命)이다.

보통 사람이 천하를 차지하려면 그의 덕이 반드시 순임금이나 우임금과 같아야 하고 게다가 천자의 추천도 있어야 한다. 그런 까닭에 공자는 천하를 차지하지 못하였다.[19]

대를 물려가며 천하를 차지하였는데도 하늘이 망하게 하는 것은 반드시 걸왕이나 주왕과 같은 폭군의 경우이다.[20] 그런 까닭에 익과 이윤과 주공은 천하를 차지하지 못하였다.[21]

---

18. 원문에는 '구원'(久遠)이라고 되어있지만 실제 문의는 '오래됨의 차이가 있다'는 의미로 보아야 한다. 즉, 순임금이 요임금을 보필한 것이 28년, 우임금이 순임금을 보필한 것이 17년으로 오래되었고,[久遠] 익이 우임금을 보필한 것은 단지 7년으로 순임금과 우임금이 보필했던 기간에 비해 짧다는 의미이다.

19. 공자는 우임금이나 순임금과 같은 덕은 갖추기는 했지만, 또다른 조건인 천자의 추천이 없었기에 천하를 가질 수 없었다는 의미이다.

20. 세습하여 왕위에 올라 천하를 지녔지만 하늘이 그를 내치는 경우가 있는데 그것은 걸왕이나 주왕처럼 덕을 상실하여 포악무도한 정치를 일삼는 경우라는 의미이다.

21. 익은 우임금의 재상이고 이윤(伊尹)은 탕왕의 재상이며 주공은 무왕의 형이

이윤이 탕왕을 도와서 천하에 왕도를 베풀게 하다가 탕이 돌아가셨는데, 세자 태정(太丁)은 왕위에 오르지 못한 채 죽었고 외병(外丙)은 2년 동안 왕위에 있었고, 중임(仲壬)은 4년 동안 왕위에 있었다. 그 후 태갑(太甲)이 왕위에 오르자 탕왕이 만든 법도를 다 뒤집어 버렸다. 그래서 이윤은 태갑을 동(桐) 지역에 3년 동안 추방하였다. 태갑은 그곳에서 잘못을 뉘우치고 자기를 원망하며 스스로 착하게 하여 인(仁)의 덕을 지니고 의(義)를 따른지 3년 만에, 이윤이 자신에게 훈계한 것을 다 받아들이고서 다시 수도인 박(亳)으로 돌아와 왕이 되었다.

주공이 천하를 차지하지 못한 것은 하왕조에 있어서 익의 경우나 은왕조에 있어서 이윤의 경우와 같았다.

그래서 공자는 '요임금과 순임금은 어진 사람에게 왕위를 선양(禪讓)을 했고 이후 하·은·주 삼대는 세습을 하였지만, 그 취지는 같다'고 했던 것이다."

萬章問曰, "人有言, '至於禹而德衰, 不傳於賢而傳於子.' 有諸?"

孟子曰, "否, 不然也. 天與賢, 則與賢, 天與子, 則與子. 昔者, 舜薦禹於天, 十有七年, 舜崩. 三年之喪畢, 禹避舜之子於陽城, 天下之民從之, 若堯崩之後, 不從堯之子而從舜也. 禹薦益於天, 七年,

---

다. 이들은 모두 성인의 덕을 지니기 했지만, 그가 섬겼던 임금들이 걸왕이나 주왕처럼 포악하고 덕이 없는 왕이 아니었기에 하늘이 그 임금들을 폐하고 이들에게 천하를 주지 않았다는 의미이다. 익의 경우는 우임금의 아들인 계(啓)가 (맹자의 평가에 의하면) 어질었고, 이윤의 경우 역시 탕왕의 손자인 태갑(太甲)이 자신의 과거의 잘못을 뉘우쳤고, 주공의 경우는 무왕의 아들성왕(成王)이 덕이 있는 인물이었다.

禹崩. 三年之喪畢, 益避禹之子於箕之陰, 朝覲訟獄者不之益而之
啓, 曰, '吳君之子也.' 謳歌者不謳歌益而謳歌啓, 曰, '吳君之子也.'
丹朱之不肖, 舜之子亦不肖. 舜之相堯, 禹之相舜也, 歷年多, 施澤
於民久. 啓賢, 能敬承繼禹之道. 益之相禹也, 歷年少, 施澤於民未
久. 舜禹益相去久遠, 其子之賢不肖, 皆天也, 非人之所能爲也. 莫
之爲而爲者, 天也, 莫之致而至者, 命也. 匹夫而有天下者, 德必若
舜禹, 而又有天子薦之者. 故仲尼不有天下. 繼世而有天下, 天之所
廢, 必若桀紂者也. 故益伊尹周公不有天下, 伊尹相湯以王於天下.
湯崩, 太丁未立, 外丙二年, 仲壬四年. 太甲顚覆湯之典刑. 伊尹放
之於桐, 三年, 太甲悔過, 自怨自艾, 於桐處仁遷義, 三年, 以聽伊
尹之訓己也, 復歸于亳. 周公之不有天下, 猶益之於夏, 伊尹之於殷
也. 孔子曰, '唐虞禪, 夏后殷周繼, 其義一也.'"

9·7 정치는 자신의 몸을 바르게 하는 것부터

만장이 물었다.

"사람들은 이윤이 요리 솜씨로 탕왕의 신임을 받으려고 했다고 하는
데, 그런 사실이 있습니까?"

맹자가 대답했다.

"아니, 그렇지 않다. 이윤은 신(莘) 지역의 들판(野)에서 밭을 갈며 요
순의 도를 즐겼다.[22] 그는 의(義)에 맞지 않고 도(道)에 맞지 않으면 천하

───────────────

22. 당시 이윤은 하나라 걸왕의 폭정을 피하여 신 땅에서 은자로 지내며 농사를

를 봉록으로 준다해도 돌아보지 않았고, 말 4천 필을 선사하더라도 쳐다보지 않았다. 의에 맞지 않고 도에 맞지 않으면 하찮은 지푸라기 하나도 남에게 주지 않고 남에게서 받지도 않았다.

탕왕이 사람을 보내 폐백을 전하고 초빙하자 무관심한 태도로 '탕왕이 초빙하는 폐백이 내게 무슨 소용있겠는가? 어찌 그것이 내가 농토에 머물면서 요순의 도를 즐기는 것만 하겠는가?'라고 하였다.

탕왕이 세 번씩이나 사람을 보내어 초빙하자 얼마 되지 않아서 완전히 태도를 고쳐 다음과 같이 말했다. '내가 농토에 머물며 요순의 도를 즐기는 것이, 어떻게 내가 이 임금이 요순과 같은 임금이 되게 하는 것만 하겠고, 어떻게 내가 이 백성들이 요순의 백성같이 되게 하는 것만 하겠으며, 어떻게 내가 그렇게 되는 것을 직접 내 몸으로 목격하는 것만 하겠는가?

하늘이 이 백성을 낳음에 있어 먼저 안 사람으로 하여금 나중에 아는 사람을 깨닫게 하며, 먼저 깨달은 사람으로 하여금 나중에 깨닫는 사람을 깨닫게 한다. 나는 백성들 중에서 먼저 깨달은 사람이다. 요순의 도를 가지고 이 백성들을 깨닫게 할 것이다. 내가 깨닫게 하지 않는다면 누가 그렇게 하겠는가?'

이윤은 천하의 백성 중 한 남자 한 여자라도 요순의 도의 혜택을 입지 못한 사람이 있으면, 마치 자기가 떠밀어서 구렁텅이에 몰아 넣은 것같이 걱정했다. 그는 이처럼 천하를 안정되게 하는 일을 중대한 자신의 임무로 여겼으므로, 탕왕에게 나아가 설득해서 하나라를 쳐 백성들을 구원하였던 것이다.

짓고 있었다.

나는 자기 자신을 굽혀서 남을 바르게 한다는 말은 듣지 못했는데, 하물며 자신을 욕되게 하여 천하를 바로 잡을 수 있겠는가? 성인의 행동은 한결같지 않아서 혹은 멀리 있기도 하고 혹은 가까이 있기도 하며, 혹은 떠나기도 하고 혹은 떠나지 않기도 하지만, 결국은 자기 몸을 깨끗하게 하는 것으로 귀결될 뿐이다.

나는 이윤이 요순의 도로써 탕왕의 신임을 받으려고 했다는 말은 들었어도, 요리 솜씨로 그렇게 했다는 것은 듣지 못했다.

『상서』의 「이훈」(伊訓)에서 말하기를 '하늘의 벌은 걸왕의 목궁(牧宮)에서 처음 기인한 것이니, 나 이윤은 박(亳) 땅에서 정벌을 시작한다'고 했다."

萬章問曰, "人有言, '伊尹以割烹要湯.' 有諸?"

孟子曰, "否, 不然. 伊尹耕於有莘之野, 而樂堯舜之道焉. 非其義也, 非其道也, 祿之以天下, 弗顧也, 繫馬千駟, 弗視也. 非其義也, 非其道也, 一介不以與人, 一介不以取諸人. 湯使人以幣聘之, 囂囂然曰, '我何以湯之聘幣爲哉? 我豈若處畎畝之中, 由是以樂堯舜之道哉?' 湯三使往聘之, 旣而幡然改曰, '與我處畎畝之中, 由是以樂堯舜之道, 吳豈若使是君爲堯舜之君哉? 吳豈若使是民爲堯舜之民哉? 吳豈若於吳身親見之哉? 天之生此民也, 使先知覺後知, 使先覺覺後覺也. 予, 天民之先覺者也. 予將以斯道覺斯民也. 非予覺之, 而誰也?' 思天下之民匹夫匹婦有不被堯舜之澤者, 若己推而內之溝中. 其自任以天下之重如此, 故就湯而說之以伐夏救民. 吳未聞枉己而正人者也, 況辱己以正天下者乎? 聖人之行不同也, 或遠或近, 或去或不去, 歸潔其身而已矣. 吳聞其以堯舜之道要湯,未聞以割烹也. 伊訓曰, '天誅造攻自牧宮, 朕載自亳.'"

9·8 공자의 나아감과 물러남

만장이 물었다.

"어떤 사람이 말하길 '공자가 위나라에서는 의원인 옹저(癰疽)의 집에 기숙했고, 제나라에서는 내시인 척환(瘠環)의 집에 기숙했다'고 하는데, 그런 사실이 있습니까?"라고 물었다.

맹자가 대답했다.

"그렇지 않다. 그것은 호사가들이 꾸며낸 것이다. 공자께서 위나라에서는 안수유(顏讎由)의 집에 기숙했다. 위나라 왕의 총애를 받던 미자(彌子)의 아내와 공자의 제자인 자로의 아내는 자매간이었는데, 미자가 자로에게 '공자께서 내 집에 기숙하면 위나라 경(卿)의 벼슬을 얻을 수 있다'고 했다. 자로가 공자에게 그 말을 전하자, 공자는 '벼슬하는 것은 천명에 달려있다'고 했다. 공자께서는 예(禮)에 의거해 관직에 나아가고, 의(義)에 의거해 관직에서 물러났으므로 관직을 얻고 얻지 못하는 것이 '천명에 달려있다'고 했던 것이다. 의원 옹저와 내시 척환의 집에 기숙하는 것은 의를 부정하고 명을 부정하는 것이다.

공자께서 노나라와 위나라에서 뜻을 얻지 못해서 송나라로 갔는데, 그때 송나라의 사마(司馬) 벼슬에 있던 환퇴(桓魋)가 길목을 지키고 공자를 죽이려고 한 사건을 당하자 변복 차림으로 송나라를 지나갔다. 이때에 공자께서 어려움을 당하여 진후주(陳侯周)의 신하인 사성정자(司城貞子)의 집에 기숙했다.

나는 조정의 신하를 관찰할 때에는 그의 집에 기숙하는 사람을 보고,
먼 곳에서 온 신하를 관찰할 때에는 그가 기숙하는 집 주인을 본다고 들
었다. 만일 공자께서 옹저와 내시인 척환의 집에 기숙했다면 어떻게 공
자일 수 있겠는가?"

萬章問曰, "或謂, '孔子於衛主癰疽, 於齊主侍人瘠環', 有諸乎?"
孟子曰, "否. 不然也. 好事者爲之也. 於衛主顏讎由. 彌子之妻與
子路之妻, 兄弟也, 彌子謂子路曰, '孔子主我, 衛卿可得也.' 子路以
告, 孔子曰, '有命.' 孔子進以禮, 退以義, 得之不得曰'有命'. 而主
癰疽與侍人瘠環, 是無義無命也. 孔子不悅於魯衛, 遭宋桓司馬將
要而殺之, 微服而過宋. 是時孔子當阨, 主司城貞子, 爲陳侯周臣.
吳聞觀近臣, 以其所爲主, 觀遠臣, 以其所主. 若孔子主癰疽與侍人
瘠環, 何以爲孔子?"

9·9 백리해의 물러남과 나아감

만장이 물었다.

"어떤 사람이 말하기를 '백리해(百里奚)가 진(秦)나라에서 희생에 쓸
소를 기르는 사람에게 양가죽 다섯 장을 받고 자신을 팔아서, 그곳에서
소치는 일을 하며 진나라 목공(穆公)에게 신임을 얻으려고 했다'고 하는
데 사실입니까?"라고 물었다.

맹자가 대답했다.

"아니, 그렇지 않다. 호사가들이 꾸며낸 것이다. 백리해는 원래 우(虞)

나라 사람인데, 진(晉)나라가 수극(垂棘) 지방에서 나는 둥근 옥(璧)과 굴(屈) 지방에서 나는 좋은 말을 우나라에 선물하고 길을 빌려서 괵(虢)나라를 치려고 했다. 이때에 궁지기(宮之奇)는 그렇게 하지 말자고 간언했으나 백리해는 간언하지 않았다.

백리해는 우공(虞公)이 간언해서 하지 않게 할 만한 인물이 아님을 알고 진(秦)나라로 가 버렸는데, 그때 이미 그의 나이가 칠십이었다. 그가 소치는 일을 함으로써 진나라 목공에게서 신임을 받고자 하는 것이 추한 짓임을 알지 못했다면, 그를 지혜롭다고 말할 수 있겠는가? 우공이 간언할만하지 못하기에 간언하지 않았으니 지혜롭지 않다고 할 수 있겠는가? 우공이 장차 시해당하리라는 것을 알고서 미리 떠났으니 지혜롭지 않다고 말할 수 없다. 마침 진나라에서 기용되었는데, 진나라 목공(穆公)이 함께 정치를 해 볼 만한 사람임을 알아보고 그를 보필했으니 지혜롭지 않다고 말할 수 있겠는가? 진나라를 도와서 그 나라 임금의 이름을 천하에 떨치게 하여 후세에까지 전할 수 있었는데, 어질지 못했다면 이렇게 할 수 있겠는가? 자신을 팔아서 그 임금을 완성시키는 짓은 시골에 살면서 자신을 아끼는 사람조차도 하려고 하지 않을 것인데, 백리해 같은 현자가 그렇게 했겠는가?"

萬章問曰, "或曰, '百里奚自鬻於秦養牲者, 伍羊之皮, 食牛, 以要秦穆公.' 信乎?"

孟子曰, "否, 不然. 好事者爲之也. 百里奚, 虞人也. 晉人以垂棘之璧與屈産之乘, 假道於虞以伐虢. 宮之奇諫, 百里奚不諫. 知虞公之不可諫而去, 之秦, 年已七十矣. 曾不知以食牛干秦穆公之爲汙也, 可謂智乎? 不可諫而不諫, 可謂不智乎? 知虞公之將亡而先去之, 不可謂不智也. 時擧於秦, 知穆公之可與有行也而相之, 可謂不智乎? 相秦而顯其君於天下, 可傳於後世, 不賢而能之乎? 自鬻以成其君, 鄕黨自好者不爲, 而謂賢者爲之乎?"

만장 하

10·1 세 현자와 성인인 공자

맹자가 말했다.

"백이(伯夷)는 눈으로는 나쁜 색을 보지도 않고 귀로는 나쁜 음악을 듣지 않았다. 자신이 섬길 만한 올바른 임금이 아니면 섬기지도 않았고, 자신이 다스릴 만한 올바른 백성이 아니면 부리지도 않았다. 나라가 평화로우면 관직에 나아가고, 나라가 어지러우면 물러났다. 잘못된 정사가 행해지는 나라와 법도에 벗어난 백성〔橫民〕들이 사는 곳에서 차마 있으려고 하지 않았다. 예를 무시하는 조야한 사람〔鄕人〕과 같이 있는 것을 마치 관복을 입은 채 맨 땅이나 숯더미 위에 앉는 것처럼 생각했다. 주왕의 시대를 만나 북해(北海)의 바닷가에 살면서 천하가 맑아지기를 기다렸다. 그러므로 백이의 풍모를 들으면 탐욕스런 사람도 청렴해졌고 나약한 사람도 확고한 의지를 세웠다.

이윤은 '누구를 섬긴들 내 임금이 아니며, 누구를 부린들 내 백성이 아니겠느냐'라고 했다. 그래서 세상이 평화로워도 나아가고 어지러워도 나아가며 말하기를 '하늘이 이 백성을 냄에 먼저 안 사람으로 하여금 나중에 아는 사람을 깨우치게 하고 먼저 깨달은 사람으로 하여금 나중에 깨닫는 사람을 깨우치게 한다. 나는 백성 중에서 먼저 깨달은 사람이다. 나는 장차 이 도(道)를 가지고 이 백성들을 깨닫게 하겠다'고 하였다. 그리하여 천하의 백성들 가운데 한 남자 한 여자라도 요순의 도의 혜택을 입지 못한 사람이 입지 못한 사람이 있으면 마치 자신이 밀어서 구렁텅이에 집어넣은 것처럼 걱정했다. 이것은 천하를 안정되게 하는 중대한 일을 자기 책임으로 여긴 것이다.

유하혜(柳下惠)는 착하지 못한 임금을 섬기는 것을 부끄러워하지 않았고, 변변치 않은 관직도 사양하지 않았다. 관직에 나아가서는 자신의 재능을 숨기지 않았으며 반드시 자신의 올바른 도로써 정치를 했다. 군주에게서 버림을 받아도 원망하지 않았으며, 곤궁한 상황에 처해도 근심하지 않았다. 향리의 사람과 같이 있으면서도 태연해하며 차마 떠나지 못했는데, 그것은 '너는 너이고 나는 난데 아무리 내 옆에서 벌거벗는 무례한 행동을 한들 네가 어떻게 나를 더럽힐 수 있겠는가?'라고 생각했기 때문이다. 그러므로 유하혜의 풍모에 대해서 들으면 속이 좁은 사람도 관대하게 되었고 야박한 사람도 너그럽게 되었다.

공자께서 제(齊)나라를 떠나실 적에 밥지으려 물에 담겼던 쌀을 건져 가지고 갈 정도로 급히 떠났지만, 노(魯)나라를 떠나실 적에는 '차마 발이 떨어지지 않는다'고 하셨는데, 그것이 부모의 나라를 떠나가는 도리이다. 서두를 만하면 서두르고, 오래 있을 만하면 오래 있고, 머무를 만하면 머물고 벼슬할 만하면 벼슬했던 분이 공자이시다."

또 맹자가 말했다.

"백이는 성인으로서 청렴결백한 사람이요, 이윤은 성인으로서 책임을 느끼는 사람이요, 유하혜는 성인으로서 온화한 사람이요, 공자는 성인으로서 시기에 알맞게 하는 사람이다. 모든 것을 모아서 크게 이룬다〔集大成〕는 것은 공자같은 이를 일컫는 말이다. 모든 것을 모아서 크게 이룬다는 뜻은, 음악 연주에 비유하면 금속악기로 소리를 시작하고 옥으로 만든 악기로 소리를 끝내는 것과 같다. 금속 악기로 소리를 시작하는 것은 조리있게 음악을 시작하는 것이고, 옥으로 만든 악기로 소리를 끝내는 것은 조리있게 음악을 마치는 것이다. 조리를 시작하는 것은 지혜로움〔智〕에 속하는 일이요, 조리를 끝내는 것은 성스러움〔聖〕에 속하는 일이다. 지혜로움은 기교이고, 성스러움은 힘이다. 이것은 백 보 밖에서 활을 쏘는 것과 같아서, 목표물에 도달하는 것은 힘 때문이지만, 과녁에 명중하는 것은 힘 때문이 아니다."

孟子曰, "伯夷, 目不視惡色, 耳不聽惡聲. 非其君不事, 非其民不使. 治則進, 亂則退. 橫政之所出, 橫民之所止, 不忍居也. 思與鄕人處, 如以朝衣朝冠坐於塗炭也. 當紂之時, 居北海之濱, 以待天下之淸也. 故聞伯夷之風者, 頑夫廉, 懦夫有立志. 伊尹曰, '何事非君? 何使非民?' 治亦進, 亂亦進, 曰, '天之生斯民也, 使先知覺後知, 使先覺覺後覺. 予天民之先覺者也, 予將以此道覺此民也.' 思天下之民匹夫匹婦有不與被堯舜之澤者, 若己推而內之溝中. 其自任以天下之重也. 柳下惠, 不羞汙君, 不辭小官. 進不隱賢, 必以其道. 遺佚而不怨, 阨窮而不憫. 與鄕人處, 由由然不忍去也, '爾爲爾, 我爲我, 雖袒裼裸裎於我側, 爾焉能浼我哉?' 故聞柳下惠之風者, 鄙夫寬, 薄夫敦. 孔子之去齊, 接淅而行, 去魯曰, '遲遲吾行也,'

去父母國之道也. 可以速而速, 可以久而久, 可以處而處, 可以仕而
仕, 孔子也."

孟子曰, "伯夷, 聖之淸者也, 伊尹, 聖之任者也, 柳下惠, 聖之和
者也, 孔子, 聖之時者也. 孔子之謂集大成. 集大成也者, 金聲而玉
振之也. 金聲也者, 始條理也, 玉振之也者, 終條理也. 始條理者,
智之事也, 終條理者, 聖之事也. 智, 譬則巧也, 聖, 譬則力也. 由射
於百步之外也, 其至, 爾力也, 其中, 非爾力也."

10·2 주나라의 관직과 봉록체계

북궁기(北宮錡)가 물었다.

"주나라 왕실에서 관작과 봉록을 배분하는 방법은 어떠했습니까?"

맹자가 말했다.

"그 자세한 내용은 알 수 없다. 제후들이 자기들에게 불리한 것을 싫
어해서 모두 그 문서를 없애 버렸기 때문이다. 그렇지만 나는 그 대체적
인 내용은 들은 적이 있다.

천자국에서는 천자가 한 자리이고 공(公)이 한 자리이며, 후(侯)가 한
자리이고 백(伯)이 한 자리이며, 자(子)와 남(男)이 다같이 한 자리로 모
두 5등급이 있었다. 제후국에서는 군(君)이 한 자리이고 경(卿)이 한 자
리이며, 대부(大夫)가 한 자리이고 상사(上士)가 한 자리이며, 중사(中士)
가 한 자리이고 하사(下士)가 자리로 모두 6등급이 있었다.

토지에 대한 규정에 있어서 천자의 제도는 땅은 사방 천 리이고 공
(公)과 후(侯)의 땅은 모두 사방 백 리이며, 백(伯)의 땅은 사방 칠십 리

이고 자(子)와 남(男)의 땅은 각기 사방 오십 리여서, 모두 합해서 4등급
이었다. 사방 오십 리가 되지 않아서 직접 천자와 관계를 맺지 못하고
다른 제후(諸侯)에게 부속되어[1] 있는 것을 부용(附庸)이라고 했다.

천자의 경(卿)이 받는 땅은 후(侯)와 동일하고, 대부(大夫)가 받는 땅은
백(伯)과 동일하며, 상사가 받는 땅은 자(子)나 남(男)과 동일하였다.

큰 나라는 땅이 사방 백 리인데 군(君)의 봉록은 경(卿)의 열 배이고,
경(卿)의 봉록은 대부(大夫)의 네 배이고, 대부(大夫)는 상사(上士)의 두
배이고, 상사(上士)는 중사(中士)의 두 배이며, 중사(中士)는 하사(下士)의
두 배이고, 하사(下士)와 일반 백성으로 관직에 있는 사람은 봉록이 같았
는데, 그 봉록은 직접 농사를 지어서 얻는 수입을 대신할 만한 정도였다.

그 다음의 나라는 땅이 사방 칠십 리인데 군(君)은 경(卿)의 봉록의 열
배를 받고, 경(卿)의 봉록은 대부(大夫)의 세 배이고, 대부(大夫)는 상사
(上士)의 두 배이고, 상사(上士)는 중사(中士)의 두 배이며, 하사(下士)와
일반 평민으로 관직에 있는 사람은 봉록이 같았는데, 그 봉록은 직접 농
사를 지어서 얻는 수입을 대신할 만한 것이었다.

작은 나라는 땅이 사방 각 오십 리인데 군(君)의 봉록은 경(卿)의 봉록
의 열 배이고 경(卿)의 봉록은 대부(大夫)의 두 배이며, 대부(大夫)는 상
사(上士)의 두 배이고, 상사(上士)는 중사(中士)의 두 배이며, 중사(中士)
는 하사(下士)의 두 배이고, 하사(下士)와 일반 평민으로 관직에 있는 자
는 봉록이 같았는데, 그 봉록은 직접 농사를 지어서 얻는 수입을 대신할

---

1. 직접 천자와 관계 맺지 못하고 다른 제후에게 부속되어 있다는 것은 제후국
    의 의무인 부역이나 공납, 조근 등을 직접 천자국을 상대하여 수행하는 것
    이 아니라 다른 제후국을 통해서 간접적으로 수행하는 것을 말한다.

만한 것이었다.

농사 짓는 사람의 소득은 한 장정에게 백 무(畝)가 주어지는데, 백 무(畝)에 비료를 주고 농사를 지으면 상등(上等)의 농부는 아홉 사람을 먹여 살릴 수 있고, 그 다음의 농부는 여덟 사람을 먹여 살릴 수 있으며, 중등(中等)의 농부는 일곱 사람을 먹여 살릴 수 있고, 그 다음의 농부는 여섯 사람을 먹여 살릴 수 있고, 하등(下等)의 농부는 다섯 사람을 먹여 살릴 수 있었다. 일반 평민으로 관직에 있는 사람의 경우에는 그들에게 주는 봉록을 이것을 기준으로 차등[2]을 두었다.”

北宮錡問曰, “周室班爵祿也, 如之何?”

孟子曰, “其詳不可得而聞也. 諸侯惡其害己也, 而皆去其籍. 然而軻也, 嘗聞其略也. 天子一位, 公一位, 侯一位, 伯一位, 子男同一位, 凡伍等也. 君一位, 卿一位, 大夫一位, 上士一位, 中士一位, 下士一位, 凡六等. 天子之制, 地方千里, 公侯皆方百里, 伯七十里, 子男伍十里, 凡四等. 不能伍十里, 不達於天子, 附於諸侯, 曰附庸. 天子之卿受地視侯, 大夫受地視伯, 元士受地視子男. 大國地方百里, 君十卿祿, 卿祿四大夫, 大夫倍上士, 上士倍中士, 中士倍下士, 下士與庶人在官者同祿, 祿足以代其耕也. 次國地方七十里, 君十卿祿, 卿祿三大夫, 大夫倍上士, 上士倍中士, 中士倍下士, 下士與庶人在官者同祿, 祿足以代其耕也. 小國地方伍十里, 君十卿

---

2. 일반 평민으로 관의 일을 맡은 사람들이 받는 봉록은 농사지을 경우에 자신의 능력에 따라 얻을 수 있는 5등급의 소득에 준해서 차등 지급했다는 의미이다.

祿, 卿祿二大夫, 大夫倍上士, 上士倍中士, 中士倍下士, 下士與庶
人在官者同祿, 祿足以代其耕也. 耕者之所獲, 一夫百畝, 百畝之
糞, 上農夫食九人, 上次食八人, 中食七人, 中次食六人, 下食伍人.
庶人在官者, 其祿以是爲差."

10·3 벗을 사귀는 도리

만장이 물었다.

"벗을 사귀는 것에 대해 여쭙겠습니다."

맹자가 대답했다.

"자신의 나이가 많음[長]을 내세우지 않고, 자신의 지위가 높음[貴]을
내세우지 않고, 자기 형제 중에 부귀한 사람이 있음을 내세우지 않는다.
벗을 사귄다는 것은 그 사람의 덕을 벗삼는 것이므로 내세우는 것이 있
어서는 안된다.

맹헌자(孟獻子)는 백승(百乘)의 대부(大夫) 가문의 사람으로 다섯 명의
벗이 있었는데, 악정구(樂正裘)와 목중(牧仲)이 그들이고 나머지 세 사람
은 생각이 나지 않는다. 맹헌자는 이 다섯 사람을 벗으로 사귐에 있어서
자신의 가문에 대해서는 생각하지 않았다.[3] 이 다섯 사람 또한 맹헌자의
가문을 생각했다면 그와 벗하지 않았을 것이다.

백승의 가문의 사람만 그렇게 했던 것이 아니라 작은 나라의 군주도

---

3. 자신의 가문에 대해서는 생각하지 않았다는 것은 앞에서 자신이 백승의 부
를 지닌 대부 가문임을 내세움[挾]이 없었다는 말이다.

그렇게 한 적이 있었다. 비(非) 지역의 혜공(惠公)은 '나는 자사(子思)에 대해서는 스승으로 대하고, 안반(顔般)에 대해서는 벗으로 대하며, 왕순(王順)과 장식(長息)은 나를 섬기는 사람들이다'고 하였다.

작은 나라의 군주만 그렇게 했을 뿐 아니라 비록 큰 나라의 군주도 그렇게 한 적이 있었다. 진(晉)나라 평공(平公)은 현인 해당(亥唐)을 대함에 있어서, 해당을 방문했을 때 해당이 들어오라고 하면 들어가고 앉으라고 하면 앉고 음식을 먹으라고 하면 먹었다. 비록 거친 밥과 야채국이라도 배부르게 먹지 않은 적이 없었으니, 그것은 배부르게 먹지 않을 수 없었기 때문이다.[4] 그러나 진나라 평공은 여기에서 그쳤을 뿐이다. 해당과 함께 하늘이 준 지위를 같이 하지도 않았고, 하늘이 준 관직을 함께 다스리지도 않았고, 하늘이 준 봉록을 함께 누리지도 않았는데, 그것은 한갓 선비의 입장에서 현자를 존경한 것일 뿐 왕공의 입장에서 현자를 존경하는 자세는 아니다.

순이 요임금을 알현했을 때 요임금은 사위인 순을 별궁에 묵게 하고 또한 순에게 향응을 베풀어 번갈아 손님과 주인이 되었는데, 이것은 천자로서 필부를 벗하는 방법이다.

아랫사람으로서 윗사람을 공경하는 것을 일러 귀한 이를 귀하게 여긴다〔貴貴〕고 하고, 윗사람으로서 아랫사람을 공경하는 것을 일러 어진 이를 존중한다〔尊賢〕고 한다. 귀한 이를 귀하게 여기는 것과 어진 이를 존중하는 것은 그 취지가 한 가지이다.

---

4. 아무리 자신이 제후라는 높은 지위에 있는 사람이지만, 벗이 권하는 음식이므로 보잘 것 없다고 사양할 수가 없었다는 말이다.

萬章問曰, "敢問友."

孟子曰, "不挾長, 不挾貴, 不挾兄弟而友. 友也者, 友其德也, 不可以有挾也. 孟獻子, 百乘之家也, 有友伍人焉, 樂正裘牧仲, 其三人, 則予忘之矣. 獻子之與此伍人者友也, 無獻子之家者也. 此伍人者, 亦有獻子之家, 則不與之友矣. 非惟百乘之家爲然也. 雖小國之君亦有之. 費惠公曰, '吾於子思, 則師之矣, 吾於顔般, 則友之矣, 王順長息, 則事我者也.' 非惟小國之君爲然也, 雖大國之君亦有之. 晉平公之於亥唐也, 入云則入, 坐云則坐, 食云則食. 雖疏食菜羹, 未嘗不飽, 蓋不敢不飽也. 然終於此而已矣. 弗與共天位也, 弗與治天職也, 弗與食天祿也, 士之尊賢者也, 非王公之尊賢也. 舜尚見帝, 帝館甥于貳室, 亦饗舜, 迭爲賓主, 是天子而友匹夫也. 用下敬上, 謂之貴貴, 用上敬下, 謂之尊賢. 貴貴尊賢, 其義 一也."

10·4 올바른 교제의 방법

만장이 물었다.

"선생님이 무도한 제후들과 교제[5]하는 것은 어떠한 마음에서입니까?"

맹자가 대답했다.

---

5. 여기서 말하는 교제는 단순히 사귀는 것만을 의미하는 것이 아니라 예에 의거한 예물[幣帛]을 주고받는 교제를 말한다. 뒤이어 예물을 문제삼은 것은 바로 이 때문이다.

"공경하기 때문이다."

만장이 물었다.

"예물을 거듭 거절하는 것은 공경스럽지 않다고 하는 것은 어째서입니까?"

맹자가 대답했다.

"높은 사람이 물건을 줄 때에 '그는 이것을 얻을 때 의(義)에 부합했을까, 아니면 의에 부합하지 않았을까?'라고 생각하고 나서 받는 것은 공경스럽지 않은 태도이다. 그런 까닭에 거절하지 않는 것이다."

만장이 물었다.

"말로 거절하시지는 말고 마음속으로 거절하기를 '이것은 그가 백성들에게서 빼앗은 의롭지 못한 물건이다'고 생각하시고서 다른 구실을 내세워 받지 않으시면 안됩니까?"

맹자가 대답했다.

"그가 법도를 지켜서 나와 교제하고 예에 의거해서 나를 접대한다면, 이러한 경우는 공자와 같은 분도 그것을 받았을 것이다."

만장이 물었다.

"만약 나라의 성문 밖에서 사람을 가로막고 물건을 빼앗는 자가 있는데, 그가 법도를 따라서 나와 교제하고 예에 의거해서 선물을 보내 온다면, 이러한 경우 도둑질한 물건을 받아도 된다는 겁니까?"

맹자가 대답했다.

"받아서는 안된다. 『서경』(書經)의 「강고」(康誥)에 이르기를 '사람을 죽여 재물을 빼앗고 포악하여 죽음을 두려워하지 않는 자에 대해 백성들중 비난하지 않을 사람이 없다'고 했다. 이런 사람은 임금의 허락을 받지 않고 그 자리에서 죽여버려도 되는 자이다.[6] 이러한 관습은[7] 은나라가 하나라로부터 물려받고 다시 주나라가 은나라로부터 물려받아서 그 시행이 그친 적이 없는 것이고 오늘날에도 엄연히 지켜지고 있는데, 어떻게 그런 사람이 주는 선물을 받을 수 있겠는가?"

만장이 물었다.

"오늘날의 제후들이 백성들로부터 재물을 취하는 것은 도둑질과 마찬가지입니다. 그런데도 그들이 예를 갖추어 교제하는 것을 잘 하기만 하면 공자와 같은 군자라도 그것을 받았을 것이라고 하시니 어찌된 말씀입니까?"

맹자가 대답했다.

"자네가 생각하기에 참된 왕자(王者)가 일어나면 지금의 제후들을 싸잡아 모두 죽일 것 같은가, 그렇지 않으면 먼저 그들을 교화시키고 그래도 고치지 않으면 죽일 것 같은가? 자신의 소유물이 아닌 것을 취한다고 해서 그것을 '도둑질한다'고 해버리는 것은, 유사한 사례를 극단화시켜 의(義)를 지나치게 엄격하게 적용한 것이다. 공자께서 노나라에서 벼슬을 할 때 노나라 사람들이 사냥 시합[8]을 하자 공자 역시 사냥 시합을

---

6. 원문은 '부대교이주자야'(不待教而誅者也)이다. 이 구절은 '임금의 교시(즉 통상적인 법적 절차)를 기다릴 필요 없이 죽여도 되는 자이다'라는 해석과 '교화시킬 필요 없이 죽여도 되는 자이다'는 해석이 있다. 여기서는 전자를 취했다.

7. 극악무도한 흉악범의 경우는 통상적인 법적 절차를 기다릴 필요 없이 죽일 수 있는 것을 말한다.

8. 사냥 시합[獵較]에 대해서는 설이 분분하다. 여러 주석가들의 설을 절충해 보면 공자 당시에 유행했던 것으로 사냥해서 누가 짐승을 많이 잡았는지를 비교하고 그렇게 잡은 짐승을 제사의 제물로 쓰던 풍습이다.

하셨다. 사냥 시합도 할 만한데 하물며 제후가 선사하는 것을 받는 것이 무슨 문제가 되겠는가?"

만장이 물었다.

"그렇다면 공자께서 벼슬한 것은 도를 실천하기 위해서가 아니었습니까?"

맹자가 대답했다.

"도를 실천하기 위해서였다."

만장이 물었다.

"도를 실천하려 했는데 어째서 사냥 시합을 하셨습니까?"

맹자가 대답했다.

"공자는 장부에 적어 제사의 쓰이는 그릇과 그것에 담을 제물의 올바른 숫자를 정해 놓음으로써, 이곳 저곳 아무데서나 가져온 제물로는 정해진 제기를 채우지 못하게 했다."[9]

만장이 물었다.

"공자께서는 왜 벼슬을 그만두고 떠나지 않았습니까?"

맹자가 대답했다.

"자신의 도가 행해질 가능성이 있었기 때문이었다. 도가 충분히 행해질 가능성이 있었지만 결국 노나라의 군주가 행하려 하지 않자 그만두고 떠났다. 그래서 공자는 3년이 되도록 한 나라에 머문 적이 없었던 것

---

9. 공자도 사냥 시합에 참여하기는 했지만, 그것이 바람직한 풍속이 아니었기에 제사에 쓸 일정한 제기의 숫자와 제물의 종류를 문서로 확정해 사냥 시합에서 잡은 짐승들을 제물로 쓰지 못하게 함으로써, 제물로 쓸 짐승을 잡기 위한 구실로 행해졌던 사냥시합의 풍속이 사라지도록 했다는 뜻이다.

이다.

공자는 자신의 도가 행하여질 만한 것을 보고 벼슬한 적도 있었고, 군주의 예우가 적절하였기에 벼슬한 적도 있었으며, 군주가 어진 이를 받들었기 때문에 벼슬한 적도 있었다. 노나라의 경대부 계환자(季桓子)에 대해서는 도가 행해질 만한 것을 보고서 벼슬했고, 위(衛)나라의 영공(靈公)에 대해서는 군주의 예우가 적절하였기에 벼슬했으며, 위(衛)나라의 효공(孝公)에 대해서는 군주가 어진 이를 받들었기 때문에 벼슬했던 것이다."

해설

일반적으로 이 절에 대해서는 만장이 스승인 맹자에게 교제를 할 때는 어떤 마음을 지녀야 하는가 하는 일반적인 교제의 도리를 질문과 그에 대한 대답으로 이해하고 해석하고 있다. 그러나 아래의 구절(10·8)에서도 알 수 있듯이 만장은 맹자의 처신에 조금이라도 빈틈이 있을 경우 곧장 신랄하고도 집요하게 추궁하는 논쟁적이고 비판적인 성격의 인물이다. 따라서 이 구절은 일반적인 교제의 도리를 물은 것이 아니라 그토록 의를 강조했던 스승인 맹자가 정작 당시 백성들로부터 재물을 수탈하는 무도한 제후에게서 예물을 받고 그들과 교제하려는 납득할 수 없었던 태도에 대한 만장의 힐난 섞인 질문과 맹자의 해명으로 이해해야 한다.

萬章問曰, "敢問交際, 何心也?"
孟子曰, "恭也."
曰, "'却之却之爲不恭', 何哉?"

曰, "尊者賜之, 曰'其所取之者, 義乎, 不義乎?' 而後受之, 以是爲不恭, 故弗却也."

曰, "請無以辭却之, 以心却之, 曰'其取諸民之不義也', 而以他辭無受, 不可乎?"

曰, "其交也以道, 其接也以禮, 斯孔子受之矣."

萬章曰, "今有禦人於國門之外者, 其交也以道, 其餽也以禮, 斯可受禦與?"

曰, "不可. 康誥曰'殺越人于貨, 閔不畏死, 凡民罔不譈.' 是不待教而誅者也. 殷受夏, 周受殷, 所不辭也, 於今爲烈, 如之何其受之?"

曰, "今之諸侯取之於民也, 猶禦也. 苟善其禮際矣, 斯君子受之, 敢問何說也?"

曰, "子以爲有王者作, 將比今之諸侯而誅之乎? 其教之不改而後誅之乎? 夫謂非其有而取之者盜也, 充類至義之盡也. 孔子之仕於魯也, 魯人獵較, 孔子亦獵較. 獵較猶可, 而況受其賜乎?"

曰, "然則孔子之仕也, 非事道與?"

曰, "事道也."

"事道奚獵較也?"

曰, "孔子先簿正祭器, 不以四方之食供簿正."

曰, "奚不去也?"

曰, "爲之兆也. 兆足以行矣, 而不行, 而後去. 是以未嘗有所終三年淹也. 孔子有見行可之仕, 有際可之仕, 有公養之仕. 於季桓子, 見行可之仕也; 於衛靈公, 際可之仕也, 於衛孝公, 公養之仕也."

10·5 가난 때문에 벼슬길에 나아간 경우

맹자가 말했다.

"벼슬하는 것이 가난 때문은 아니지만 때로 가난 때문에 하는 수도 있고, 아내를 맞아들이는 것이 부모 봉양을 위한 것은 아니지만 때로는 부모 봉양을 위해 하는 수도 있다.[10]

가난 때문인 경우에는 높은 지위를 사양하고 낮은 지위에 머물며, 높은 봉록을 사양하고 보잘 것 없는 봉록에 머물러야 한다. 높은 지위를 사양하고 낮은 지위에 머물며 높은 봉록을 사양하고 보잘 것 없는 봉록에 머물려고 한다면 어떤 자리가 마땅할까? 성문의 문지기나 목탁을 두들기는 야경꾼이 그것이다.

공자께서 일찍이 창고를 관리하는 직책[委吏]을 맡아서는 '회계를 정당하게 할 뿐이다'고 하셨고, 왕의 동산을 관리하는 직책[乘田]을 맡아서는 '소와 양을 무럭무럭 자라게 할 뿐이다'고 하셨다. 지위가 낮은데도 말이 높은 것[11]은 죄스러운 것이고, 남의 조정에 서서 정사를 맡았는데도 도가 행해지지 않는 것은 부끄러운 것이다."

---

10. 벼슬하는 것은 어디까지나 관직에 나아가 자신이 지닌 올바른 도를 실현하기 위한 것이다. 그러나 때로는 가난과 궁핍에 처하게 되면 불가피하게 생계를 위해 벼슬을 하는 수도 있다. 마찬가지로 결혼의 가장 중요한 목적은 어디까지나 자식을 얻어 대를 잇는 것이지만, 때로는 부모가 노쇠해 부모를 봉양하는 것이 시급할 경우에는 불가피하게 부모 봉양을 목적으로 아내를 얻을 수도 있다.

11. 말이 높다[言高]는 것은 미관 말직에 있으면서 국가의 큰 일을 거론하는 것을 말한다.

孟子曰, "仕非爲貧也, 而有時乎爲貧, 娶妻非爲養也, 而有時乎
爲養. 爲貧者. 辭尊居卑, 辭富居貧. 辭尊居卑, 辭富居貧, 惡乎宜
乎? 抱關擊柝. 孔子嘗爲委吏矣, 曰, '會計當而已矣.' 嘗爲乘田矣,
曰, '牛羊茁壯, 長而已矣.' 位卑而言高, 罪也, 立乎人之本朝, 而道
不行, 恥也."

10·6 군주가 군자를 기르는 방법

만장이 물었다.

"선비(士)가 제후에게 몸을 의탁하지 않는 것은 어째서입니까?"

맹자가 대답했다.

"감히 그럴 수 없기 때문이다. 제후가 나라를 잃은 후에 다른 제후에
게 몸을 의탁하는 것은 예에 맞지만, 선비가 제후에게 몸을 의탁하는 것
은 예에 맞지 않는다."

만장이 물었다.

"군주가 곡식을 보내 주면 받습니까?"

맹자가 말했다.

"받는다."

만장이 물었다.

"받는 것은 어떤 이유 때문입니까?"

맹자가 말했다. "군주는 본래 다른 나라에서 온 백성에 대해서는 구
제해 주게 되어 있기 때문이다."

만장이 물었다.

"군주가 구제해 주는 경우에는 받고 그냥 선사하는 경우에는 받지 않는 것은 어째서입니까?"

맹자가 대답했다.

"그냥 선사하는 경우에는 감히 받을 수 없기 때문이다."

만장이 물었다.

"감히 받을 수 없다는 것은 어째서인지요?"

맹자가 대답했다.

"성문을 지키고 목탁을 두드리며 야경을 도는 사람도 모두 일정한 직책을 맡아서 위로부터 봉록을 받는다. 일정한 직책이 없으면서 군주에게서 물건을 선사받는 것은 공경스럽지 못한 것이다."

만장이 물었다.

"군주가 구제해주기 위해 주는 경우 받는다지만, 모르기는 합니다만 계속해서 받아도 됩니까?"

맹자가 말했다.

"노(魯)나라의 군주 목공(穆公)은 자사(子思)를 대함에 있어 자주 문안하고 자주 삶은 고기를 선사하자 자사가 그것을 불쾌하게 여겼다. 나중에는 심부름한 사람을 손짓하여 대문 밖으로 내보내고 북쪽을 향하여 머리를 땅에 조아리며 두 번 절하고서 보내온 물건을 받지 않고 말하기를, '이제서야 군주께서 나를 개와 말처럼 키운다는 것을 알겠다'고 했다. 이후 군주의 명을 행하는 관리가 물건을 보내오는 일이 없었다. 어진 이를 좋아하면서도 기용하지 못하고 또 봉양하지도 못한다면 어진 이를 좋아한다고 할 수 있겠는가?"

만장이 물었다.

"한 나라의 군주가 군자를 봉양하려고 할 경우 어떻게 해야 제대로 봉양한다고 할 수 있습니까?"

맹자가 대답했다.

"처음 임금의 명령으로 물건을 보내 오면 두 번 절하고 머리를 조아린 후에 받는다. 그 뒤로는 창고를 관장하는 사람이 계속해서 곡식을 보내오고 푸줏간을 맡은 사람이 계속해서 고기를 보내오지만, 임금의 명령이라며 가져 오지는 않는다. 자사의 경우는 계속해서 임금의 명령이라며 삶은 고기를 보내왔고, 그것은 자신으로 하여금 번거롭게 자꾸 절하게 하는 것이었기 때문에 군자를 봉양하는 도리가 아니라고 생각했던 것이다.

요임금이 순을 대함에 있어 자기의 아들 아홉 형제에게 순을 섬기게 하고 두 딸을 아내로 삼게 했으며, 백관과 소와 양 그리고 창고에 가득한 곡식을 빠짐없이 갖추어서 농사짓는 밭 가운데에서 순을 봉양하게 한 후에, 그를 기용하여 군주의 지위에 오르게 했다. 그러므로 그것을 일러 왕공(王公)이 어진 이를 높인 경우라고 한다"

萬章曰, "士之不託諸侯, 何也?"

孟子曰, "不敢也. 諸侯失國, 而後託於諸侯, 禮也, 士之託於諸侯, 非禮也."

萬章曰, "君餽之粟, 則受之乎?"

曰, "受之."

"受之何義也?"

曰, "君之於氓也, 固周之."

曰, "周之則受, 賜之則不受, 何也?"

曰, "不敢也."

曰, "敢問其不敢, 何也?"

曰, "抱關擊柝者, 皆有常職以食於上. 無常職而賜於上者, 以爲不恭也."

曰, "君餽之, 則受之, 不識可常繼乎?"

曰, "繆公之於子思也, 亟問, 亟餽鼎肉, 子思不悅. 於卒也, 摽使者出諸大門之外, 北面稽首再拜而不受, 曰, '今而後知君之犬馬畜伋.' 蓋自是臺無餽也. 悅賢不能擧, 又不能養也, 可謂悅賢乎?"

曰, "敢問國君欲養君子, 如何斯可謂養矣?"

曰, "以君命將之, 再拜稽首而受. 其後廩人繼粟, 庖人繼肉, 不以君命將之. 子思以爲鼎肉, 使己僕僕爾亟拜也, 非養君子之道也, 堯之於舜也, 使其子九男事之, 二女女焉, 百官牛羊倉廩備, 以養舜於畎畝之中, 後擧而加諸上位. 故曰王公之尊賢者也."

10·7 군주가 현능한 이를 대하는 방법

만장이 물었다.

"선비는 제후를 알현하지 않는다고 하는데, 그것은 어떤 이유 때문입니까?"

맹자가 대답했다.

"도성에 있는 사람을 시정의 신하[市井之臣]라 부르고, 교외[野]에 있는 사람을 초망의 신하[草莽之臣]라고 부르는데, 모두 일반 백성이다. 일반 백성은 예물을 바치고 신하가 되지 않는 한 감히 제후를 알현하지 않는 것이 예법이다."

만장이 물었다.

"일반 백성은 군주가 불러 일을 시키면 가서 일을 해야 하는데, 군주가 만나려고 불러도 가서 알현하지 않는 것은 어째서입니까?"

맹자가 말했다.

"가서 일을 하는 것은 옳지만 가서 알현하는 것은 옳지 않다. 군주가 만나보려고 하는 것은 무엇 때문이겠느냐?"

만장이 말했다.

"그가 견문이 많기 때문이고, 또 그가 현능하기 때문입니다."

맹자가 말했다.

"견문이 많기 때문이라면, 그런 사람은 스승이라고 할 수 있으니 천자라도 스승을 부르지는 못하는 법인데, 하물며 제후가 그렇게 할 수 있느냐? 그가 현능하기 때문이라면, 나는 아직까지 현능한 이를 만나려고 불렀다는 말은 듣지 못했다.

노나라의 목공(穆公)이 자주 자사(子思)를 찾아가 만났는데, '옛날에 천승의 부유함을 지닌 나라의 군주가 선비와 벗을 했다고 하는데 어떻게 생각하십니까?'라고 물었다. 그러자 자사가 불쾌하게 여기며 '옛날 사람의 말은 스승으로 섬겼다는 것이지 어떻게 벗했다는 것이겠습니까?'라고 말했다. 자사가 불쾌하게 여긴 것은 '지위로 따진다면 그대는 군주이고 나는 신하인데 어떻게 감히 내가 군주와 벗이 될 수 있겠으며, 덕으로 따진다면 그대는 나를 섬겨야 할 사람인데 어떻게 그대가 나와 벗이 될 수 있겠는가?'라고 생각했기 때문일 것이다. 천승의 부유함을 가진 군주가 그와 벗이 되려고 하는 것조차 안되는데, 하물며 그를 부를 수 있느냐?

옛날에 제나라 경공(景公)이 사냥을 할 때 동산을 관리하는 자를 깃발을 사용해서 불렀는데, 오지 않자 그를 죽이려한 일이 있었다.[12] 공자께서는 '뜻있는 선비는 죽어서 도랑과 골짜기에 버려질 수 있음을 잊지 않고, 용기있는 선비는 자신의 목을 잃을 수 있음을 잊지 않는다'고 하셨다. 공자께서 동산을 관리하는 자의 어떤 점을 높이 샀겠느냐? 자신을 부르는 것이 옳은 방법이 아니기에 불러도 가지 않았던 점을 높이 산 것이다."

만장이 물었다.

"동산을 관리하는 자를 부를 경우 어떻게 해야 합니까?"

맹자가 대답했다.

"사냥할 때에 쓰는 가죽관을 사용해야 한다. 일반 백성을 부를 때는 붉은 천으로 만든 깃발을 사용하고, 선비를 부를 때는 두 마리의 용이 그려지고 방울이 달린 깃발을 사용하며, 대부를 부를 때는 깃털이 달린 깃발을 사용한다. 깃털이 달린 깃발로 동산을 관리하는 자를 불렀기 때문에 그는 죽을 각오로 가지 않았던 것이다. 선비를 부르는 방법으로 일반 백성을 부른다면 일반 백성이 어떻게 감히 가겠느냐? 하물며 현능하지 못한 사람을 부르는 방법으로 현능한 사람을 부른다면 어떻게 갈 수 있겠느냐? 현능한 사람을 만나보려고 하면서도 올바른 방법으로써 하지 않는 것은, 그 사람이 집으로 들어오기를 바라면서도 문을 닫는 것과 같다.

의(義)는 길이고 예(禮)는 문이다. 오직 군자만이 이 길을 따라 걸을 수 있고 이 문을 드나들 수 있다. 『시경』에서 '큰 길은 숫돌과 같고 곧기가 화살 같다. 군자가 걸어가는 것이고 소인이 본받는 것이다'고 했다."

---

12. 이 내용은 「등문공 하」(6·1)에도 나와 있다.

만장이 물었다.

"공자께서는 군주가 부르면 수레가 매어지기를 기다리지 않고 달려가셨다던데, 그렇다면 공자가 잘못하신 것입니까?"

맹자가 대답했다.

"공자께서는 그렇게 하신 것은 벼슬해서 관직을 가지고 있었고 군주가 그 관직에 맞는 방법으로 불렀기 때문이다."

萬章曰, "敢問不見諸侯, 何義也?"

孟子曰, "在國曰市井之臣, 在野曰草莽之臣, 皆謂庶人. 庶人不傳質爲臣, 不敢見於諸侯, 禮也."

萬章曰, "庶人, 召之役, 則往役; 君欲見之, 召之, 則不往見之, 何也?"

曰, "往役, 義也, 往見, 不義也. 且君之欲見之也, 何爲也哉?"

曰, "爲其多聞也, 爲其賢也."

曰, "爲其多聞也, 則天子不召師, 而況諸侯乎? 爲其賢也, 則吾未聞欲見賢而召之也. 繆公亟見於子思, 曰, '古千乘之國以友士, 何如?'子思不悅, 曰, '古之人有言曰事之云乎, 豈曰友之云乎?'子思之不悅也, 豈不曰, '以位, 則子, 君也; 我, 臣也. 何敢與君友也? 以德, 則子事我者也, 奚可以與我友?'千乘之君求與之友, 而不可得也, 而況可召與? 齊景公田, 招虞人以旌, 不至, 將殺之. '志士不忘在溝壑, 勇士不忘喪其元.'孔子奚取焉? 取非其招不往也."

曰, "敢問招虞人何以?"

曰, "以皮冠. 庶人以旃, 士以旂, 大夫以旌. 以大夫之招招虞人, 虞人死不敢往. 以士之招招庶人, 庶人豈敢往哉? 況乎以不賢人之

招招賢人乎? 欲見賢人而不以其道, 猶欲其入而閉之門也. 夫義, 路
也, 禮, 門也. 惟君子能由是路, 出入是門也. 詩云, '周道如底, 其
直如矢, 君子所履, 小人所視.'"

萬章曰, "孔子, 君命召, 不俟駕而行. 然則孔子非與?"

曰, "孔子當仕有官職, 而以其官召之也."

10·8 옛사람과 벗을 삼다

맹자가 만장에게 말했다.

"한 고을의 선한 선비는 그 고을의 선한 선비를 벗으로 삼고, 한 나라
의 선한 선비는 그 나라의 선한 선비와 벗을 삼으며, 천하의 선한 선비
는 천하의 선한 선비와 벗을 삼는다. 천하의 선한 선비와 벗을 삼는 것
으로도 만족하지 못해서 위로 올라가 옛사람에 관해 이야기를 한다. 옛
사람이 지은 시를 외우고 옛사람이 지은 책을 읽으면서도 옛사람에 대
해서 알지 못한다면 되겠는가? 그런 까닭에 그들이 살았던 시대에 대해
이야기를 하는 것이다. 이것이 곧 위로 올라가 옛사람을 벗으로 삼는 것
이다."

孟子謂萬章曰, "一鄕之善士, 斯友一鄕之善士, 一國之善士, 斯
友一國之善士. 天下之善士, 斯友天下之善士. 以友天下之善士爲未
足, 又尙論古之人. 頌其詩, 讀其書, 不知其人, 可乎? 是以論其世
也, 是尙友也."

10·9 친척인 경과 타성인 경의 차이

제나라의 선왕(宣王)이 경(卿)에 대해서 묻자, 맹자가 말했다.

"왕께서는 어떤 경에 대해서 묻는 것입니까?"

왕이 말했다.

"경은 다 같은 것 아닙니까?"

맹자가 대답했다.

"같지 않습니다. 군주와 같은 성씨의 친척인 경이 있고, 다른 성씨인 경이 있습니다."

왕이 말했다.

"친척인 경에 대해 알고 싶습니다."

맹자가 말했다.

"친척인 경은 군주에게 큰 허물이 있으면 간언하되, 거듭 간언해도 듣지 않으면 군주의 자리를 바꾸어 버립니다."

이 말을 들은 왕은 발끈하며 안색이 변했다.

맹자가 말했다.

"왕께서는 이상하게 여기지 마십시오. 왕께서 신에게 물었기에 신이 감히 올바르게 대답하지 않을 수 없었습니다."

왕이 안색이 안정된 후에 다른 성씨인 경에 대해 묻자, 맹자가 말했다.

"다른 성씨인 경은 군주에게 허물이 있으면 간언하되, 거듭 간언해도 듣지 않으면 떠나 버립니다."

齊宣王問卿, 孟子曰, "王何卿之問也?"

王曰, "卿不同乎?"

曰, "不同. 有貴戚之卿, 有異姓之卿."

王曰, "請問貴戚之卿."

曰, "君有大過則諫, 反覆之而不聽, 則易位."

王勃然變乎色.

曰, "王勿異也. 王問臣, 臣不敢不以正對."

王色定, 然後請問異姓之卿.

曰, "君有過則諫, 反覆之而不聽, 則去."

고자 상

11·1 사람의 본성과 갯버들의 비유

고자[1]가 말했다.

"사람의 본성은 갯버들과 같고 의(義)는 갯버들로 만든 그릇과 같으니, 사람의 본성으로써 인(仁)과 의를 행하는 것은 갯버들로써 그릇을 만드는 것과 같다."

맹자가 말했다.

"그대는 갯버들의 본성을 그대로 살려서 그릇을 만드는가? 아니면 갯버들을 억지로 구부리고 꺾은 후에 그릇을 만드는가? 만일 갯버들을 구부리고 꺾어서 그릇을 만든다면, 마찬가지로 사람의 본성을 구부리고

---

1. 고자(告子)는 맹자와 동시대의 인물로, 사람의 본성에는 선도 악도 없다는 성무선무악설(性無善無惡說)을 주장해 사람의 본성은 선하다는 맹자의 성선설(性善說)에 맞섰다.

꺾어서 인과 의를 행한다는 것인가? 그대의 그러한 이론은 틀림없이 세상 사람들을 이끌어서 인과 의를 해치게 할 것이다."

告子曰, "性, 猶杞柳也, 義, 猶桮棬也, 以人性爲仁義, 猶以杞柳爲桮棬."

孟子曰, "子能順杞柳之性, 而以爲桮棬乎? 將戕賊杞柳而後以爲桮棬也? 如將戕賊杞柳而以爲桮棬, 則亦將戕賊人以爲仁義與? 率天下之人而禍仁義者, 必子之言夫!"

11·2 사람의 본성과 물의 비유

고자가 말했다.

"사람의 본성은 빙빙 소용돌이치는 물〔湍水〕과 같아서, 동쪽으로 터주면 동쪽으로 흐르고, 서쪽으로 터주면 서쪽으로 흐른다. 사람의 본성 자체에 선함과 불선함의 구분이 없는 것은 물 자체에 동쪽과 서쪽의 구분이 없는 것과 같다."

맹자가 말했다.

"물 자체에 정말 동과 서의 구분이 없기는 하지만, 위와 아래의 구분도 없는가? 사람의 본성이 선한 것은 물이 아래로 흘러 가는 것과 같다. 사람은 선하지 않은 사람이 없고, 물은 낮은 데로 흘러가지 않는 것이 없다. 만약 물을 쳐서 튀어오르게 하면 사람의 이마 높이를 넘어가게할 수 있고, 물결을 막아서 거슬러 올라가도록 하면 산 위에 이르게 할수도 있다. 이것이 어찌 물의 본성이 그렇기 때문이겠는가? 밖으로부터 가해지는 힘이 그렇게 한 것이다. 사람이 불선한 것을 행하게 되는 것역시 이처럼 본성이 밖의 힘에 의해 영향을 받았기 때문이다.”

해설

고자는 사람의 타고난 본성 자체에는 선이나 불선의 경향성이 없다는 입장이다. 따라서 사람이 인의(仁義)와 같은 도덕적 행위를 하게 되는 것은 어디까지나 후천적으로 밖에서 가해지는 인위적 교화를 통해 본성을 변화시킨 결과일 뿐이라고 본 것이다.

맹자는 고자의 이런 주장에 대해 그가 든 비유를 다시 인용해 반박함으로써 자신의 성선설을 논증하고 있다. 즉 물 자체에 아래로 흐르는 경향성이 있듯 사람의 본성 자체에 선의 경향성이 있으며, 사람이 도덕적 행위를 하는 것은 그러한 본성의 자연스런 발현의 결과라는 것이다.

告子曰, “性, 猶湍水也, 決諸東方則東流, 決諸西方則西流. 人性之無分於善不善也, 猶水之無分於東西也.”

孟子曰, “水信無分於東西. 無分於上下乎? 人性之善也, 猶水之就下也. 人無有不善, 水無有不下. 今夫水, 搏而躍之, 可使過顙, 激而行之, 可使在山. 是豈水之性哉? 其勢則然也. 人之可使爲不善, 其性亦猶是也.”

11·3 자연스런 생리적 본능이 본성이라는 주장에 대해

고자가 말했다.

"자연스런 생리적 본능을 본성이라고 한다."

맹자가 물었다.

"자연스런 생리적 본능을 본성이라고 하는 것은 흰색을 희다고 하는 것과 같은가?"

고자가 대답했다.

"그렇다."

맹자가 물었다.

"그러면 흰 깃털의 흰색이 흰 눈의 흰색과 같고, 흰 눈의 흰색이 흰 옥의 흰색과 같다는 말인가?"

고자가 대답했다.

"그렇다."

맹자가 말했다.

"그렇다면 개의 본성은 소의 본성과 같고, 소의 본성은 사람의 본성과 같다는 말인가?"

해설

고자는 사람이 지닌 자연스런 생리적 본능이 곧 사람의 본성이라고 한다. 구체적으로 다음(11·4)의 절에서 말하는 배고프면 먹고 싶어하고 이성에 대해 느끼는 성적인 욕구 같은 것이 곧 본성이라는 것이다. 그것은 곧 사람의 본성 자체는 선하다거나 악하다고 할 것이 없다[性無善無惡]는 말이다.

맹자는 고자의 그러한 주장에 대해 중국고대의 논리학파라고 할 수 있는 혜시(惠施)와 공손룡(公孫龍)과 같은 명가(名家)들이 자주 사용하던 사물과 그 사물의 속성을 분리해 논하는 방법을 자신의 관점에서 인용해서 반박하고 있다. 즉 고자의 주장처럼 자연스런 생리적 본능이 본성이라면 마치 흰 깃털이든 흰 눈이든 흰 옥이든 희다는 점은 동일하듯 사람의 본성이든 소의 본성이든 새의 본성이든 본성은 동일한 것이 되는데, 어떻게 사람의 본성이 소나 개의 본성과 같을 수 있느냐고 반문한 것이다. 그러한 반문을 한 맹자의 생각은 사람의 본성은 그처럼 동물과 동일한 자연스런 생리적 본능이 아니라 사람을 동물과 구분하게 해 주는 사람만의 어떠한 것이고, 그것이 바로 선한 본성이라는 것이다.

告子曰, "生之謂性."

孟子曰, "生之謂性也, 猶白之謂白與?"

曰, "然."

白羽之白也, 猶白雪之白, 白雪之白, 猶白玉之白與?"

曰, "然."

"然則犬之性, 猶牛之性, 牛之性, 猶人之性與?"

11·4 의가 외재적인 것이라는 주장을 반박함 1

고자가 말했다.

"음식을 먹고 이성을 그리워하는 욕구가 본성이므로 인(仁)은 내재적인 것이지 외재적인 것이 아니며 의(義)는 외재적인 것이지 내재적인 것이 아니다."

맹자가 물었다.

"어떤 근거로 인은 내재적인 것이고 의는 외재적인 것이라 하는가?"

고자가 대답했다.

"연장자를 공경하는 경우 그 사람이 나이가 많기에 내가 연장자로 공경하는 것일 뿐, 연장자로 공경하는 원리가 원래 내 속에 있는 것이 아니다. 이것은 어떤 흰 사물을 희다고 여기는 경우 밖에 있는 그 흰색을 따라서 내가 그것을 희다고 인식하는 것과 같다. 그러므로 의는 외재적인 것이다."

맹자가 말했다.

"흰 말을 희다고 하는 것과 흰 사람을 희다고 하는 것은 다를 것이 없지만, 모르긴 하지만 나이 많은 말을 나이 많다고 여기는 것과 나이 많은 사람을 연장자로 공경하는 것이 다를 것이 없을까? 그리고 또 그대는 나이 많음[長者]을 의라고 하는가, 연장자로 공경하는 것[長之者]을 의라고 하는가?"

고자가 말했다.

"내가 내 동생은 사랑해도 나와 관계 없는 진나라 사람의 동생은 사랑하지는 않는데, 이것은 안에 있는 나의 마음을 기준으로 그렇게 느끼는 것이다. 그러므로 인은 내재적인 것이다. 한편 내가 초나라 사람 중의 나이 많은 이도 연장자로 공경하고 나의 어른으로 나이 많은 이도 연장자로 공경하는데, 이것은 나의 밖에 있는 나이 많음을 기준으로 그렇게 느끼는 것이다. 그러므로 의는 외재적인 것이다."

맹자가 말했다. "내가 진나라 사람이 요리한 불고기를 좋아하는 것이 내 자신이 요리한 불고기를 좋아하는 것과 다를 것이 없다. 모든 사물의 경우에도 그러한 점이 있다. 그렇다면 불고기를 좋아하는 것도 외재적인 것이란 말인가?"

告子曰, "食色, 性也. 仁, 內也, 非外也, 義, 外也, 非內也."

孟子曰, "何以謂仁內義外也?"

曰, "彼長而我長之, 非有長於我也. 猶彼白而我白之, 從其白於外也, 故謂之外也."

曰, "異於白馬之白也, 無以異於白人之白也, 不識長馬之長也, 無以異於長人之長與? 且謂長者義乎, 長之者義乎?"

曰, "吾弟則愛之, 秦人之弟則不愛也, 是以我爲悅者也. 故謂之內. 長楚人之長, 亦長吾之長, 是以長爲悅者也. 故謂之外也."

曰, "耆秦人之炙, 無以異於耆吳炙. 夫物則亦有然者也. 然則耆炙亦有外與?"

11·5 의가 외재적인 것이라는 주장을 반박함 2

맹계자(孟季子)가 맹자의 제자인 공도자(公都子)에게 물었다.

"어찌하여 의가 내재적인 것이라고 하는가?"

공도자가 대답했다.

"내가 가지고 있는 공경하는 마음을 행하는 것이기 때문에 내재적인 것이라고 한다."

맹계자가 물었다.

"마을의 어떤 사람이 그대의 맏형보다 한 살이 더 많을 경우 누구를 공경하겠는가?"

공도자가 대답했다. "나의 형을 공경할 것이다."

맹계자가 물었다. "술을 따를 경우 누구에게 먼저 따르겠는가?"

공도자가 대답했다. "마을 사람에게 먼저 따를 것이다."

맹계자가 말했다. "마음속으로 공경하는 대상은 여기에 있는 맏형이지만 실제로 어른으로 대접해야 하는 것은 저기에 있는 마을 사람이라면, 과연 의는 외재적인 것이지 내재적인 것이 아니군."

공도자가 대답을 못하고서 맹자에게 아뢰자 맹자가 다음과 같이 말했다.

"그에게 '그대는 숙부를 공경하는가 동생을 공경하는가?'라고 물어라. 그러면 그는 '숙부를 공경한다'고 할 것이다. 그러면 또 너는 '그대의 아우가 시동[2]으로 있다면 누구를 공경하겠는가?'라고 물어라. 그러면 그는 '동생을 공경할 것이다'고 말할 것이다. 그때 너는 '숙부를 공경한다던 말은 어떻게 된 것인가?'하고 물어라. 그러면 그는 '동생을 공경할 것이라고 한 것은 어디까지나 동생이 시동의 자리에 있기 때문이다'고 할 것이다. 그러면 너도 마찬가지로 '내가 아까 마을 사람에게 먼저 술을 따른다고 한 것은 그가 먼저 술을 따라주어야 할 손님의 자리에 있기 때문이었다. 일상적으로 공경하는 것은 형이고, 일시적으로 공경하는 것은 마을 사람이다'고 말하라."

맹계자가 그 말을 듣고는 다음과 같이 말했다.

"숙부를 공경해야 할 경우에는 숙부를 공경하고 동생을 공경해야 할 경우에는 또한 동생을 공경한다니, 과연 의란 외재적인 것이지 내재적인 것이 아니군."

그러자 공도자가 말했다.

---

2. 시동(尸童)은 제사 지낼 때 죽은 조상의 상징으로 신위(神位)에 세우는 어린 아이를 말한다.

"우리가 겨울철에는 끓인 물을 마시고 여름철에는 찬 물을 마시는데, 그렇다면 마시고 먹는 것도 또한 내재적인 욕구에 의한 것이 아니라 외재적인 것이란 말이군."

孟季子問公都子曰, "何以謂義內也?"

曰, "行吾敬, 故謂之內也."

"鄕人長於伯兄一歲, 則誰敬?"

曰, "敬兄."

"酌則誰先?"

曰, "先酌鄕人."

"所敬在此, 所長在彼, 果在外, 非由內也."

公都子不能答, 以告孟子. 孟子曰, "敬叔父乎? 敬弟乎? 彼將曰, '敬叔父.' 曰, '弟爲尸, 則誰敬?' 彼將曰, '敬弟.' 子曰, '惡在其敬叔父也?' 彼將曰, '在位故也.' 子亦曰, '在位故也. 庸敬在兄, 斯須之敬在鄕人.'"

季子聞之曰, "敬叔父則敬, 敬弟則敬, 果在外, 非由內也."

公都子曰, "冬日則飮湯, 夏日則飮水, 然則飮食亦在外也?"

11·6 인의예지의 선한 본성

공도자가 물었다.

"고자는 '사람의 본성은 선함도 없고 선하지 않음도 없다'고 하고, 어떤 이는 '본성은 선하게도 만들 수 있고 선하지 않게도 만들 수 있다. 그러한 까닭에 문왕과 무왕이 왕이 되면 백성들이 선을 좋아하게 되고, 유왕(幽王)과 여왕(厲王)이 왕이 되면 백성들이 포악함을 좋아하게 된다'[3]고 합니다. 또 어떤 이는 '타고난 본성이 선한 사람도 있고 선하지 않은 사람도 있다. 이러한 까닭에 요(堯)가 임금으로 있는데도 상(象)과 같은 사람이 있고, 고수(瞽瞍)[4]가 아비인데도 순(舜)과 같은 자식이 있었으며, 주(紂)가 조카이자 임금인데도 미자 계와 왕자 비간[5] 같은 어진 사람

---

3. 이 구절에 대해서는 주석가에 따라 이해를 달리하고 있다. 조기는 앞서 제시된 고자의 타고난 본성에는 선도 악도 없다는 성무선무악설에 대한 부연 설명으로 이해하고 있다. 주희의 경우 특별한 언급을 하고 있지 않다. 조기의 견해에 따를 경우 '어떤 이는 (고자의 입장과 같이) 사람의 타고난 본성 자체는 선한 것도 악(惡)한 것도 아니지만 후천적인 영향(예를 들면 문왕이나 무왕과 같은 어진 왕이 다스리느냐 유왕이나 여왕과 같은 포악한 왕이 다스리느냐)에 따라 선하게도 될 수 있고 악하게도 될 수 있다고 한다'는 의미로 해석된다. 이러한 해석은 이 구절 자체만을 두고 볼 때는 가능하지만 전체 맥락에서 볼 때는 타당하지 않다. 왜냐하면 공도자는 여기서 맹자의 성선설과 대비하여 당시에 유포되었던 인간의 본성에 관한 대표적인 세 가지 설들을 각각 열거하고 있기 때문이다. 특히 한대(漢代)의 왕충(王充)은 『논형』(論衡)에서 '주(周)나라 사람인 세석(世碩)은 타고난 본성에는 선도 있고 악도 있으므로, 선한 본성을 길러서 지극하게 하면 선이 자라고 악한 본성을 지극하게 하면 악이 자라게 된다고 생각했다'는 언급을 하고 있다. 따라서 이 구절은 왕충이 소개한 것과 같은 선악혼재설(善惡混在說)을 언급한 것으로 보는 것이 타당하다. 즉 '어떤 사람의 타고난 본성은 (그 속에 선과 악이 함께 들어 있으므로) 후천적인 영향(즉 문왕 같은 어진 왕이 다스리느냐 유왕이나 여왕 같은 포악한 왕이 다스리느냐)에 따라 그 선한 측면이 발현되면 선하게 될 수 있고 그 악한 측면이 발현되면 악하게 될 수 있다'는 의미로 보아야 한다.

4. 상(象)과 고수(瞽瞍)는 「만장 상」에서 등장했던 순임금의 이복 동생과 아버지로 매우 악한 인물들이다.

5. 미자(微子) 계(啓)는 폭정을 일삼았던 은나라 주왕의 형이며, 왕자 비간(比干)은 주왕의 숙부로 모두 어진 인물들이다.

이 있기도 했다'[6]고 합니다. 이제 선생님께서는 '본성은 선하다'고 말씀하시는데, 그렇다면 저들이 다 틀린 것입니까?"

맹자가 말했다.

"사람은 누구나 타고난 바탕[7]대로만 따른다면 선하게 될 수가 있으니, 이것이 곧 내가 말하는 바의 본성이 선하다는 의미이다. 사람이 선하지 않게 되는 것은 타고난 재질의 잘못이 아니다. 측은하게 여기는 마음(惻隱之心)은 사람이라면 누구나 가지고 있고, 부끄러워하는 마음(羞惡之心)은 사람이라면 누구나 가지고 있고, 공경하는 마음(恭敬之心)은 사람이라면 누구나 가지고 있고, 옳고 그름을 판단하는 마음(是非之心)은 사람이라면 누구나 가지고 있다. 측은하게 여기는 마음은 인(仁)이고, 부끄럽게 여기는 마음은 의(義)이고, 공경하는 마음은 예(禮)이고, 옳고 그름을 판단하는 마음은 지(智)이다. 이러한 인의예지는 밖으로부터 나에게 주어진 것이 아니라 내가 본래부터 가지고 있는 것인데, 다만 사람들은 생각하지 않을 뿐이다. 그러므로 공자께서는 '찾으면 얻게 되고, 놓아 버리면 잃게 된다'고 했다. 때로는 사람들 간의 차이가 서로 두 배 또는 다섯 배가 되어 계산할 수도 없게 되는 것은 타고난 재질을 남김없이 실현하지 못했기 때문이다.

―――――――

6. 사람은 태어나면서부터 선한 본성을 지닌 사람과 악한 본성을 지닌 사람으로 나뉜다고 보는 입장이다. 이러한 입장은 당나라 때의 유학자인 한유에 의해 사람의 타고난 본성에는 상·중·하의 세 등급이 있다는 '성삼품설'(性三品說)로 구체화된다.

7. 원문의 '정'(情)을 해석한 말이다. 정은 흔히 감정이나 정욕의 의미로 쓰이지만, 어떤 사물이나 사태의 본질이나 실정을 의미하기도 한다. 여기서는 뒤의 '재질'과 같이 사람이 원래 타고난 본질을 의미하는 것으로 보는 것이 타당할 것이다.

『시경』에서 말하기를 '하늘이 뭇 백성을 내시니, 사물이 있으면 그 사물의 법칙이 있도다. 백성들은 항상된 마음을 가지고 있어서 아름다운 덕을 좋아한다'고 했다. 공자께서는 '이 시를 지은 사람은 도를 알았구나. 사물이 있으면 반드시 그 사물의 법칙이 있게 마련이다. 백성들은 항상된 마음을 가지고 있어서 아름다운 덕을 좋아한다'고 하셨다."

公都子曰, "告子曰, '性, 無善無不善也.' 或曰, '性, 可以爲善, 可以爲不善. 是故文武興, 則民好善, 幽厲興, 則民好暴.' 或曰, '有性善, 有性不善, 是故以堯爲君而有象, 以瞽瞍爲父而有舜, 以紂爲兄之子且以爲君, 而有微子啓·王子比干.' 今曰'性善', 然則彼皆非與?"

孟子曰, "乃若其情, 則可以爲善矣, 乃所謂善也. 若夫爲不善, 非才之罪也. 惻隱之心, 人皆有之, 羞惡之心, 人皆有之, 恭敬之心, 人皆有之, 是非之心, 人皆有之. 惻隱之心, 仁也; 羞惡之心, 義也, 恭敬之心, 禮也, 是非之心, 智也. 仁義禮智, 非由外鑠我也, 我固有之也, 弗思耳矣. 故曰, '求則得之, 舍則失之.' 或相倍蓰而無算者, 不能盡其才者也. 詩曰, '天生蒸民, 有物有則. 民之秉夷, 好是懿德.' 孔子曰, '爲此詩者, 其知道乎! 故有物必有則, 民之秉夷也, 故好是懿德.'"

11·7 사람의 공통적인 마음

맹자가 말했다.

"풍년에는 젊은이들이 대부분 나태해지고[8] 흉년에는 젊은이들이 대부분 포악하게 되는데, 이것은 타고난 재질이 그처럼 다른 것이 아니라 그들의 마음을 빠져들게 하는 것[9]이 그렇게 만드는 것이다.

밀을 파종하여 뿌리고 씨앗을 덮어주는데, 토양이 동일하고 또 심은 시기가 같으면 무럭무럭 자라나서 하지(夏至) 때에 이르러 모두 여물게 된다. 비록 수확량이 다를 수도 있지만, 그것은 곧 토질에 비옥하고 척박한 차이와 비와 이슬이 내려 길러주는 기후조건, 사람의 노력이 달랐기 때문이다.

그러므로 대개 그 종류가 같은 것은 모두 서로 닮게 마련이다. 어떻게 유독 사람의 경우에만 그렇지 않다고 의심할 수 있겠는가? 성인도 나와 같은 부류의 사람이다.

그런 까닭에 용자(龍子)는 '발의 크기를 모르고서 신발을 만들더라도 나는 그것이 삼태기같이 되지 않으리라는 것을 안다'고 했는데, 신발이 서로 비슷한 것은 세상 사람의 발의 크기가 같기 때문이다.

사람의 입은 맛에 대해서 동일한 기호를 가지고 있는데, 미각이 뛰어

---

8. 이 구절은 원문의 '뢰'(賴)를 해석한 것이다. 주희는 '뢰'를 의식이 풍족하여 든든하게 의지할 것이 있어서 선하게 된다고 풀었다. 이것은 흉년이 든 해에 양식이 부족하여 포악하게 되는 것과 대비해서 해석한 것이다. 그러나 그 다음 구절인 '그들의 마음을 빠져들게 하는 것이 그렇게 만드는 것이다'에서 '마음을 빠져들게 하는 것'[陷溺其心者]이라는 부정적인 표현을 염두에 둔다면, 이 구절은 풍년 든 해에는 양식이 넘쳐나서 나태해진다는 의미로 해석을 하는 것이 옳을 듯하다.

9. 그들의 마음을 빠져들게 한다는 것은 곧 흉년이 들어 먹을 거리가 부족하다거나 풍년이 들어 먹을 것이 넘쳐나는 것과 같은 환경적 조건이 마음에 영향을 미치는 것을 가리킨다.

난 요리사 이아(易牙)는 우리의 입이 좋아하는 바를 먼저 체득한 사람이다. 만일 입이 맛을 대함에 있어서 그 타고난 본성이 남과 다르기가 마치 개와 말이 나와 종류가 다른 것처럼 다르다면, 천하의 사람들이 어떻게 음식맛을 좋아함에 있어서 한결같이 이아의 맛을 좇을 수 있겠는가? 맛의 경우에는 세상 사람이 모두 이아(易牙)와 같이 되기를 바라는데, 이는 세상 사람의 미각이 서로 비슷하기 때문이다. 귀도 또한 그러하다. 소리의 경우에는 세상 사람이 모두 청각이 뛰어난 음악가 사광(師曠)과 같이 되기를 바라는데, 이는 세상 사람의 청각이 서로 비슷하기 때문이다. 눈의 경우도 그러하다. 미녀 자도(子都)에 대해서는 천하 사람 누구도 그녀가 아름답다는 것을 모르는 이가 없다. 자도의 아름다움을 모르는 이는 눈이 없는 사람이다.

그러므로 사람들의 입은 맛에 있어서 동일한 기호를 가지고 있고, 귀는 소리에 있어서 동일한 청각을 가지고 있으며, 눈은 색에 있어서 동일한 색감을 갖고 있다고 말할 수 있다. 그런데 사람의 마음의 경우에 있어서만 동일한 바가 없겠는가? 사람들의 마음에서 동일한 바는 무엇일까? 그것은 도리이며 의리이다. 성인이란 우리들의 마음에 동일한 바를 먼저 체득한 분이다. 그러므로 도리와 의리가 우리의 마음을 기쁘게 하는 것은 동물의 고기가 우리들의 입을 기쁘게 하는 것과 같다."

해설

맹자의 성선설은 "사람은 누구나 나면서부터 선한 본성을 지니고 있다"는 말로 요약할 수 있다. 여기서 '누구나'라고 하는 것은 선한 본성의 보편성을 의미하는 것이라면, '나면서부터'라고 하는 것은 선한 본성의 선험성을 의미하는 것이다. 맹자는 이러한 자신의 주장을 다양한 비유를 통해서 설명하고 있다. 그 가운데서 특히 「공손추 상」(3·6)에서는 어린 아이가 우물에 빠져드는 상황[孺子入井]의 비유를 통해 선한 본성의 선험성을 논증하였다. 거기서 맹자는, 누구나 어린 아이가 우물에 빠지려는 것을 목격하는 순간 측은한 마음이 생겨 아무런 계산없이 본능적으로 달려가 구하게 되는 것을 보면, 사람이 가지고 있는 도덕적인 마음은 후천적으로 형성된 것이 아니라 '나면서부터' 지닌 것임을 알 수 있다고 했다.

　여기서 맹자는 선한 본성의 보편성을 비유를 통해 논증하고 있다. 사람들에게는 미각, 청각, 시각과 같은 다양한 감각들이 있다. 그런데 사람이라면 누구나 이아의 요리를 맛있다고 여기고 사광의 음악을 아름답다고 여기며 자도를 아름답다고 여기는 것에서 볼 수 있듯이, 사람의 감각은 모든 사람에게 공통적인 측면이 있다. 이처럼 감각에 공통성이 있듯 마음에도 공통성이 있는데, 그것이 바로 사람이라면 누구나 선을 좋아한다는 점이다. 그래서 모든 사람의 본성은 선하다고 맹자는 말하고 있다.

　孟子曰, "富歲, 子弟多賴, 凶歲, 子弟多暴, 非天之降才爾殊也, 其所以陷溺其心者然也. 今夫麰麥, 播種而耰之, 其地同, 樹之時又同, 勃然而生, 至於日至之時, 皆熟矣. 雖有不同, 則地有肥磽, 雨露之養, 人事之不齊也. 故凡同類者, 舉相似也, 何獨至於人而疑之? 聖人與我同類者. 故龍子曰, '不知足而爲屨, 我知其不爲蕢也.' 屨之相似, 天下之足同也. 口之於味, 有同耆也. 易牙先得我口之所耆者也. 如使口之於味也, 其性與人殊, 若犬馬之於我不同類也, 則天下何耆皆從易牙之於味也? 至於味, 天下期於易牙, 是天下之口

相似也. 惟耳亦然. 至於聲, 天下期於師曠, 是天下之耳相似也. 惟
目亦然. 至於子都, 天下莫不知其姣也. 不知子都之姣者, 無目者
也. 故曰, 口之於味也, 有同耆焉, 耳之於聲也, 有同聽焉, 目之於
色也, 有同美焉. 至於心, 獨無所同然乎? 心之所同然者, 何也? 謂
理也, 義也. 聖人先得我心之所同然耳. 故理義之悅我心, 猶芻豢之
悅我口."

11·8 우산의 나무와 선한 본성의 비유

맹자가 말했다.

"우산(牛山)의 숲은 예전에 아름다웠지만, 큰 나라의 근교에 있기 때
문에 사람들이 도끼로 베어 내니, 계속 아름다울 수 있겠는가? 낮과 밤
으로 자라나고 비와 이슬이 적셔 주어 새싹이 움터 나오지 않는 것은 아
니지만, 또한 소와 양들을 그 곳에다 놓아 먹이니 저렇게 반들반들한 민
둥산이 된 것이다. 사람들이 그 반들반들한 것을 보고서 그곳에는 예전
부터 나무들이 없었다고 생각하지만, 그것이 어찌 산의 본래 성질이겠
는가?

사람에게 있어서도 어찌 인(仁)과 의(義)의 마음이 없겠는가? 사람들
이 선한 마음을 놓쳐 버리게 되는 것 역시 도끼질로 매일매일 나무를 베
어내는 것과 같으니, 어떻게 아름다워질 수 있겠는가? 낮과 밤으로 자
라난 선한 마음과 아침의 맑고 고요한 기에서 드러나는 좋아하고 싫어
하는 바가 다른 사람들의 그것과도 거의 비슷한 선한 본성은 아주 미미
한 상태에 있기 때문에[10] 낮에 저지르는 나쁜 행동에 의해 없어지게 된

다. 없애기를 되풀이하면 밤의 선한 기운이 살아 남을 수가 없고, 밤의 선한 기운이 살아 남을 수 없게 되면 금수와의 거리가 멀지 않게 된다. 사람들이 그가 금수와 같음을 보고서 원래부터 선한 재질이 없었을 것이라고 생각하지만, 그것이 어찌 사람들의 본래 바탕이겠는가?

그러므로 잘 길러주면 어떤 사물도 자라지 않는 것이 없고, 만약 길러주지 않으면 어떤 사물도 없어지지 않는 것이 없다. 공자께서 '붙잡으면 있게 되고, 놓아버리면 없어진다. 드나듦에 일정한 때가 없고 그것이 어디로 가는 지를 알지 못한다'고 하신 것이 바로 마음에 대해 말씀하신 것이다."

해설

사람의 본성은 누구나 나면서부터 선한데도 현실의 사람들 중에 악한 사람이 있게 되는 이유를 설명하고 있다. 사람이 악하게 되는 것은 본성이 악하기 때문이 아니라 선한 본성을 지키고 기르는 후천적인 노력을 하지 않았기 때문이라는 것이다. 앞의 장(11·7)에서는 밀의 비유를 통해 동일한 밀의 씨앗을 심어도 사람에 따라 수확이 달라지는 것을 토양의 비옥도와 기후 조건의 차이 그리고 농사짓는 사람이 기울이는 노력의 차이로 설명했다. 토양의 비옥도나 기후 조건의 차이가 선한 본성을 실현하는 데 영향을 미치는 환경적 요소이다. 여기서는 그러한 환경적 요소 외에 농사짓는 사람의 노력에 해당되는 선한 본성을 지키고 기르는 후천적인 노력의 중요성을 말하고 있다.

---

10. 이 문장은 사람에게 보편적으로 있는 선한 마음은 완전히 실현된 상태가 아니라 씨앗이나 실마리와 같이 미미한 상태로 있다는 의미이다.

孟子曰, "牛山之木嘗美矣, 以其郊於大國也, 斧斤伐之, 可以爲美乎? 是其日夜之所息, 雨露之所潤, 非無萌蘖之生焉, 牛羊又從而牧之, 是以若彼濯濯也. 人見其濯濯也, 以爲未嘗有材焉, 此豈山之性也哉? 雖存乎人者, 豈無仁義之心哉? 其所以放其良心者, 亦猶斧斤之於木也, 旦旦而伐之, 可以爲美乎? 其日夜之所息, 平旦之氣, 其好惡與人相近也者幾希, 則其旦晝之所爲, 有梏亡之矣. 梏之反覆, 則其夜氣不足以存, 夜氣不足以存, 則其違禽獸不遠矣. 人見其禽獸也, 而以爲未嘗有才焉者, 是豈人之情也哉? 故苟得其養, 無物不長, 苟失其養, 無物不消. 孔子曰, '操則存, 舍則亡, 出入無時, 莫知其鄕.' 惟心之謂與?"

11·9 지혜롭지 못한 왕

맹자가 말했다.

"왕이 지혜롭지 못한 것은 이상할 것이 없다. 비록 천하에서 가장 쉽게 자라는 어떤 사물이라도 하루 동안만 햇볕을 쪼이고 열흘 동안 차게 하면 살아 날 수 없다. 내가 왕을 뵙는 것은 매우 드물고, 내가 물러 나오면 왕을 차게 하는 사람들[11]이 다가가니, 왕에게 비록 선한 마음의 싹이 있다한들 내가 어떻게 할 수 있겠는가?

이것은 바둑의 기술은 대단치 않은 기술이지만 마음을 집중하고 뜻

---

11. 차게 하는 사람들이란 왕에게 아첨하여 잘못된 길로 이끌고 선한 마음의 싹이 자라는 것을 막아 버리는 신하들을 가리킨다.

을 지극하게 기울이지 않으면 배울 수 없는 것과 같다. 혁추(奕秋)는 전국을 통털어 바둑을 가장 잘 두는 사람이다. 혁추가 두 사람에게 바둑을 가르치는데, 그 중 한 사람은 마음을 집중하고 뜻을 지극하게 기울여 오직 혁추의 말만을 듣는 반면, 다른 한 사람은 비록 혁추의 말을 듣고는 있어도 오로지 기러기가 날아오면 활과 주살을 당겨서 그것을 쏠 생각을 하고 있다면, 비록 함께 공부하더라도 앞의 사람과 같아질 수 없을 것이다. 이것은 그 사람의 지혜가 앞의 사람보다 못하기 때문이겠는가? 그렇지 않다."

孟子曰, "無或乎王之不智也. 雖有天下易生之物也, 一日暴之, 十日寒之, 未有能生者也. 吾見亦罕矣, 吾退而寒之者至矣, 吾如有萌焉何哉? 今夫奕之爲數, 小數也. 不專心致志, 則不得也. 奕秋, 通國之善奕者也. 使奕秋誨二人奕, 其一人專心致志, 惟奕秋之爲聽, 一人雖聽之, 一心以爲有鴻鵠將至, 思援弓繳而射之, 雖與之俱學, 弗若之矣. 爲是其智弗若與? 曰, 非然也."

11·10 삶보다 더 간절히 원하는 것

맹자가 말했다.

"생선요리도 내가 먹고 싶은 것이고 곰 발바닥요리도 내가 먹고 싶은 것이지만 두 가지를 모두 먹을 수 없다면 나는 생선요리를 버리고 곰 발바닥요리를 택할 것이다. 삶[生]도 내가 원하는 것이고 도의[義]도 내가 원하는 것이지만, 두 가지를 다 가질 수 없다면 나는 삶을 버리고 도의를 택할 것이다.

　삶 역시 내가 원하는 것이기는 하지만, 삶보다 더 간절히 원하는 것이 있기에 구차하게 삶을 얻으려고 하지 않는다. 죽음 역시 내가 싫어하는 것이기는 하지만, 죽음보다 더 싫어하는 것이 있기에 환란을 피하지 않고 죽는 경우가 있다.

　만일 사람들이 삶보다 더 간절히 원하는 것이 없다면 삶을 얻을 수 있는 어떤 방법인들 쓰지 않겠는가? 만일 사람들이 죽음보다 더 싫어하는 것이 없다면 환란을 피할 수 있는 어떤 방법인들 하지 않겠는가? 그러나 나에게 삶보다 더 간절히 원하는 것이 있기 때문에 살 수 있는데도 그 살 수 있는 방법을 쓰지 않는 경우가 있다. 또 나에게 죽음보다 더 싫어하는 것이 있기 때문에 환란을 피할 수 있는데도 그 환란을 피할 수 있는 방법을 쓰지 않는 경우가 있다.

　그러므로 사람에게는 삶보다 간절히 원하는 것이 있으며, 죽음보다 더 싫어하는 것이 있다. 오직 어진 사람만이 이런 마음을 가지고 있는 것이 아니라 사람이라면 누구나 다 이런 마음을 가지고 있는데, 어진 사람은 다만 그것을 잃지 않을 수 있을 뿐이다.

　밥 한 그릇과 국 한 사발을 얻어 먹으면 살 수 있고 얻어 먹지 못하면 죽게 되는 경우에도, 소리지르고 모욕하며 내던져 주면 누구라도 받지 않을 것이고, 발로 차서 주면 거지라도 달가와 하지 않을 것이다. 그러나 사람들은 만 종(鍾)이나 되는 많은 봉록의 경우에는 예의를 따지지 않고 받는다. 만 종의 봉록이 자신에게 무슨 보탬이 있겠는가? 만 종의 봉록을 받는 것은 호화로운 집을 얻고 처첩을 먹여 살리고 자신의 친척들 중에서 궁핍한 사람들이 자신에게서 혜택을 얻도록 하기 위해서일 것이다.

예전에 자신을 위해서는 자신이 죽을지언정 받지 않다가 지금은 아름다운 집을 위해서 받고, 예전에 자신이 죽을지언정 받지 않다가 이제 처첩을 부양하기 위해서 받고, 예전에는 자신이 죽을지언정 받지 않다가 지금은 자신의 친척들 중의 궁핍한 사람들이 자신에게서 혜택을 얻도록 하기 위해서 받는구나. 이것이 과연 그렇게 하지 않을 수 없는 것인가? 이것을 일러 본래의 마음을 잃었다고 한다."

孟子曰, "魚, 我所欲也, 熊掌, 亦我所欲也, 二者不可得兼, 舍魚而取熊掌者也. 生, 亦我所欲也, 義, 亦我所欲也, 二者不可得兼, 舍生而取義者也. 生亦我所欲, 所欲有甚於生者, 故不爲苟得也. 死亦我所惡, 所惡有甚於死者, 故患有所不辟也. 如使人之所欲莫甚於生, 則凡可以得生者, 何不用也? 使人之所惡莫甚於死者, 則凡可以辟患者, 何不爲也? 由是則生而有不用也, 由是則可以辟患而有不爲也. 是故所欲有甚於生者, 所惡有甚於死者. 非獨賢者有是心也, 人皆有之, 賢者能勿喪耳. 一簞食, 一豆羹, 得之則生, 弗得則死, 嘑爾而與之, 行道之人弗受, 蹴爾而與之, 乞人不屑也. 萬鍾則不辨禮義而受之. 萬鍾於我何加焉? 爲宮室之美妻妾之奉所識窮乏者得我與? 鄕爲身死而不受, 今爲宮室之美爲之, 鄕爲身死而不受, 今爲妻妾之奉爲之, 鄕爲身死而不受, 今爲所識窮乏者得我而爲之. 是亦不可以已乎? 此之謂失其本心."

11·11 학문이란 잃어버린 마음을 찾는 것

맹자가 말했다.

"인(仁)은 사람의 마음이고 의(義)는 사람의 길이다. 그 길을 내버려
두고 따르지 않으며 그 마음을 잃어버리고 찾을 줄을 모르니, 슬프도다.
사람들은 닭과 개를 잃어버리면 찾을 줄을 알면서도 마음을 잃어버리고
는 찾을 줄을 모른다. 학문하는 방법은 다른 데 있는 것이 아니라, 자신
의 잃어버린 마음을 찾는 것일 뿐이다."

孟子曰, "仁, 人心也, 義, 人路也. 舍其路而不由, 放其心而不知
求, 哀哉! 人有雞犬放, 則知求之, 有放心, 而不知求. 學問之道無
他, 求其放心而已矣."

11·12 일의 경중을 모르는 사람

맹자가 말했다.

"무명지가 구부러져서 펴지지 않는 경우 아프거나 일에 장애가 되는
것이 아니라 할지라도, 만약 그것을 펴줄 수 있는 사람이 있다면 진나라
와 초나라 사이의 먼 길도 멀다고 여기지 않고 찾아가는 것은 자기 손가
락이 남과 다르기 때문이다. 손가락이 남과 다른 것은 싫어할 줄 알면서
도 마음이 남과 다른 것은 싫어할 줄 모른다면, 이것을 일러 일의 경중
을 알지 못한다고 한다.

孟子曰, "今有無名之指, 屈而不信, 非疾痛害事也, 如有能信之者, 則不遠秦楚之路, 爲指之不若人也. 指不若人, 則知惡之, 心不若人, 則不知惡, 此之謂不知類也."

11·13 자신을 기름

맹자가 말했다.

"만일 두 손이나 한 손 안에 움켜쥘 수 있는 오동나무와 가래나무를 기르려고 할 경우 누구나 그것을 기르는 방법을 안다. 그런데 자기 자신에 있어서는 자신을 기르는 방법을 알지 못한다. 어떻게 자신을 사랑하는 것이 오동나무나 가래나무만도 못한가? 너무도 생각해 보지 않는구나."

孟子曰, "拱把之桐梓, 人苟欲生之, 皆知所以養之者. 至於身, 而不知所以養之者, 豈愛身不若桐梓哉? 弗思甚也."

11·14 대인과 소인의 차이 1

맹자가 말했다.

"사람은 자신의 몸에 대해서 모든 부분을 구별없이 사랑한다. 모든 부분을 구별없이 사랑하기에 모든 부분을 구별없이 기른다. 어느 조그마한 부분의 살이라도 사랑하지 않는 것이 없기 때문에, 어느 조그마한 부분의 살이라도 기르지 않음이 없다. 어떤 사람이 자신의 몸을 기르는 것이 좋은지 나쁜지를 살펴보는 데에 어찌 다른 방법이 있겠는가? 단지 그가 중시하는 부분이 무엇인지를 보면 된다.

몸에는 귀한 부분과 천한 부분이 있으며, 중요하지 않은 부분과 중요한 부분이 있다. 중요하지 않은 부분 때문에 중요한 부분을 해쳐서는 안 되고, 천한 부분 때문에 중요한 부분을 해쳐서는 안된다. 중요하지 않은 부분을 키우는 자는 소인이고, 중요한 부분을 키우는 자는 대인이다. 원예사가 오동나무와 가래나무를 버리고 신대추나무와 가시나무를 기른다면 형편 없는 원예사일 것이다.

자기의 한 손가락만을 기르고 어깨와 등을 잃으면서도 알지 못한다면 돌아볼 줄 모르는 사람[12]이다. 마시고 먹기만 하는 자를 사람들은 천하게 여기는데, 그것은 중요하지 않은 부분은 기르면서도 중요한 부분을 잃어버리기 때문이다.

마시고 먹기만 하는 사람이 더욱 중요한 부분도 잃어버리지 않는다면, 입과 배가 어찌 단지 하찮은 한 부분의 살덩어리에 그치겠는가?[13]"

---

12. 이 구절은 원문의 '낭질인'(狼疾人)을 푼 말이다. '낭질'의 의미에 대해서는 여러가지 해석이 있는데 여기서는 주희의 설을 따랐다. 주희는 낭질을 '이리는 뒤를 돌아보기를 잘 하는데, 쫓겨서 급하게 달아날 때는 뒤를 돌아보지 못한다'는 의미로 풀었다.

13. 입과 배가 어찌 단지 하찮은 한 부분의 살덩어리에 그치겠는가라는 것은 다음과 같은 의미로 이해할 수 있다. 즉 입과 배는 사람이 음식물을 받아들이고 소화해 육체적 생명의 생존을 좌우하는 중요한 부분이다. 그러나 흔히 사람들은 이것만을 생각하고 더욱 중요한 부분(즉 도덕적 마음)이 있음을 생각하지 못한다. 그래서 때로는 입과 배를 채우느라 마음을 해치기도 한다. 그런데 만약 입과 배를 기르면서도 그것보다 더 중요한 부분이 있음을 잊지 않고 기를 수 있다면, 입과 배를 기르는 것은 곧 생명을 존속하게 방법인 동시에 더욱 중요한 부분을 기를 수 있는 바탕이 되기도 한다.

孟子曰, "人之於身也, 兼所愛. 兼所愛, 則兼所養也. 無尺寸之膚不愛焉, 則無尺寸之膚不養也. 所以考其善不善者, 豈有他哉? 於己取之而已矣. 體有貴賤, 有大小. 無以小害大, 無以賤害貴. 養其小者爲小人, 養其大者爲大人. 今有場師, 舍其梧檟, 養其樲棘, 則爲賤場師焉. 養其一指而失其肩背而不知也, 則爲狼疾人也. 飲食之人, 則人賤之矣, 爲其養小以失大也. 飲食之人無有失也, 則口腹豈適爲尺寸之膚哉?"

11·15 대인과 소인의 차이 2

공도자가 물었다.

"다 같은 사람인데 어떤 사람은 대인이고 어떤 사람은 소인인 것은 어째서입니까?"

맹자가 대답했다.

"몸의 중요한 부분을 따르면 대인이고, 하찮은 부분을 따르면 소인이다."[14]

공도자가 물었다.

"다 같은 사람인데 어떤 사람은 중요한 부분을 따르고 어떤 사람은 하찮은 부분을 따르는 것은 어째서입니까?"

맹자가 대답했다.

---

14. 몸의 중요한 부분[大體]이란 마음(도덕적 마음)을 의미하고 하찮은 부분[小體]이란 이목과 같은 감각 기관을 의미한다.

"귀와 눈의 기능은 사고할 수 없기 때문에 외부의 사물에 의해 가리워진다. 외부의 사물이 한 사물에 불과한 감각 기관과 접촉하면 감각 기관은 그것에 의해 이끌려가게 된다. 마음의 기능은 생각하는 것이다. 생각하면 도리를 이해할 수 있고 생각하지 않으면 도리를 이해할 수 없다. 이러한 마음은 하늘이 나에게 준 것이다. 그러므로 먼저 그 중요한 부분을 확고하게 세우면 하찮은 부분들이 그 중요한 부분을 빼앗아가지 못하게 된다. 이것이 대인이 되는 까닭이다.

公都子問曰, "鈞是人也, 或爲大人, 或爲小人, 何也?"

孟子曰, "從其大體爲大人, 從其小體爲小人."

曰, "鈞是人也, 或從其大體, 或從其小體, 何也?"

曰, "耳目之官不思, 而蔽於物, 物交物, 則引之而已矣. 心之官則思, 思則得之, 不思則不得也. 此天之所與我者, 先立乎其大者, 則其小者不能奪也. 此爲大人而已矣."

11·16 하늘이 준 벼슬과 사람이 주는 벼슬

맹자가 말했다.

"하늘이 준 벼슬이 있고 사람이 주는 벼슬이 있다. 인(仁)·의(義)·충(忠)·신(信)의 마음과 선(善)을 좋아하는 것을 게을리하지 않는 마음은 하늘이 준 벼슬이다. 공(公)·경(卿)·대부(大夫) 같은 것은 사람이 주는 벼슬이다. 옛사람들의 경우 하늘이 준 벼슬을 닦았기에 자연히 사람이 주는 벼슬도 따라 왔다. 그러나 오늘날의 사람들은 하늘이 준 벼슬을 닦아서 사람이 주는 벼슬을 구하고, 일단 사람이 주는 벼슬을 얻고 나서는 하늘이 준 벼슬을 내팽개치는데, 그것은 매우 잘못된 것으로 결국은 사람이 주는 벼슬조차도 잃어버리게 될 것이다."

해설

선한 마음은 사람이 나면서부터 지니고 있는 것이라는 점에서 하늘이 준 벼슬이라고 했다. 당시의 사람들이 공·경·대부와 같은 벼슬을 얻기 위한 목적으로 하늘이 준 선한 마음을 닦고 일단 그것을 얻고 나서는 선한 마음을 기르기를 돌아보지 않는 것을 비판하고 있다.

孟子曰, "有天爵者, 有人爵者. 仁義忠信, 樂善不倦, 此天爵也, 公卿大夫, 此人爵也. 古之人修其天爵, 而人爵從之. 今之人修其天爵, 以要人爵, 旣得人爵, 而棄其天爵, 則惑之甚者也, 終亦必亡而已矣."

11·17 진실로 귀한 것은 나에게 있다

맹자가 말했다.

"귀하게 되고 싶은 것은 사람마다 공통된 마음이다. 그런데 사람은 누구나 자신의 몸에 귀한 것을 지니고 있는데, 다만 그것을 생각하지 못할 뿐이다. 남이 귀하게 해준 것은 진실로 귀한 것이 아니다. 조맹이 귀하게 해준 것은 조맹이 천하게 할 수 있다.[15]

『시경』에서 '이미 술로써 취하고 덕으로써 배부르다'고 했는데, 이것은 인의(仁義)의 덕으로 배가 불렀기 때문에 남들이 가진 맛난 고기와 기름진 밥이 부럽지 않고, 좋은 소문과 널리 퍼진 명예가 자신에게 갖추어져 있기 때문에 남들이 가진 아름다운 무늬가 수놓인 옷이 부럽지 않음을 말한 것이다."

해설

사람이라면 누구나 가지고 있는 선한 본성이야말로 진실로 귀한 것이고 소중히 가꾸어야 할 것임을 말하고 있다. 흔히 사람들은 높은 관직을 귀한 것이라고 생각하지만, 그것은 남이 나에게 주는 것이므로 언제든지 빼앗아갈 수도 있는 것이다. 그러니 정말 귀한 것이라고 할 수 없다.

孟子曰, "欲貴者, 人之同心也. 人人有貴於己者, 弗思耳. 人之所貴者, 非良貴也. 趙孟之所貴, 趙孟能賤之. 詩云, '旣醉以酒, 旣飽以德.' 言飽乎仁義也, 所以不願人之膏粱之味也. 令聞廣譽施於身, 所以不願人之文繡也."

11·18 오늘날 인을 실천하는 사람들

맹자가 말했다.

---

15. 조맹(趙孟)은 진(晉)나라의 경(卿)인데, 그와 같은 사람은 경의 지위에 있기에 남들에게 벼슬을 주어서 귀하게 만들 수도 있고 주었던 벼슬을 박탈해서 천하게 할 수도 있다는 뜻이다.

"인(仁)이 불인(不仁)을 이기는 것은 물이 불을 이기는 이치와 같다. 그런데 오늘날 인을 실천하는 사람들은 물 한 잔으로 수레 하나에 가득 실린 땔나무에 붙은 불을 끄려는 것과 같다. 그러고서 불이 꺼지지 않으면 물은 불을 이기지 못한다고 말한다. 이러한 행동은 불인(不仁)에 크게 동조하는 것이니, 결국에는 그가 지닌 얼마되지 않는 어진 마음마저 잃게 될 것이다."

孟子曰, "仁之勝不仁也, 猶水勝火. 今之爲仁者, 猶以一杯水, 救一車薪之火也. 不熄, 則謂之水不勝火, 此又與於不仁之甚者也. 亦終必亡而已矣."

11·19 오곡과 인

맹자가 말했다.
"오곡은 곡식 중에서 좋은 것이기는 하지만 여물지 않으면 비름이나 피만도 못하다. 인(仁)의 가치 역시 여물게 하는 데 달려 있다.

孟子曰, "伍穀者, 種之美者也, 苟爲不熟, 不如荑稗. 夫仁亦在乎熟之而已矣."

맹자가 말했다.

"예가 사람들에게 활쏘기를 가르칠 적에는 반드시 활 줄을 한껏 당기는 것에 뜻을 두도록 하기에, 배우는 자 역시 반드시 활을 한껏 당기기 위해 노력한다. 큰 목수가 사람들을 가르칠 때에는 반드시 콤파스와 곡척을 사용하도록 하기에, 배우는 자 역시 반드시 콤파스와 곡척을 사용하게 된다.

해설

활쏘기와 목공일을 가르치고 배우는 비유를 통해 인을 배우고 실천하는 것에 관해 말하고 있다. 활쏘기에서 중요한 것은 활 줄을 최대한 당기는 것이고 목공일에서 중요한 것은 콤파스와 곡척이라는 연장을 기준으로 사용하는 것처럼, 인을 배우고 실천함에 있어서도 모든 힘을 다 기울이는 노력과 함께 정해진 법도를 따르는 것이 필요하다는 것이다.

孟子曰, "羿之教人射, 必志於彀, 學者亦必志於彀. 大匠誨人, 必以規矩, 學者亦必以規矩."

고자 하

12·1 먹는 문제와 예의

임(任)나라 사람이 맹자의 제자인 옥려자(屋廬子)에게 물었다.

"예(禮)와 먹는 것 중에서 어느 것이 더 중요합니까?"

옥려자가 대답했다.

"예가 더 중요합니다."

다시 임나라 사람이 물었다.

"여색과 예 중에서는 어느 것이 더 중요합니까?"

옥려자가 대답했다.

"예가 더 중요합니다."

임나라 사람이 물었다.

"예를 지켜서 먹을 것을 구하면 굶어죽게 되고, 예를 지키지 않고 먹을 것을 구하면 얻어먹을 수 있는 경우라도 반드시 예를 지켜야 합니까? 또 친영[1]의 예를 갖추면 아내를 얻을 수 없고, 친영의 예를 갖추지 않으면 아내를 얻을 수 있는 경우라도 반드시 친영의 예를 갖추어야 합니까?"

옥려자가 대답하지 못하고 다음날 추나라로 가서 맹자에게 그것에 대해 말하자, 맹자는 다음과 같이 말했다.

"이 질문에 답하는 것이 뭐가 어렵느냐? 밑 바닥의 높낮이는 따지지 않고 끄트머리만을 가지런하게 할 경우 한 치 높이의 나무라도 산처럼 높은 누각보다 더 높게 할 수 있다. 쇠가 새털보다 무겁다는 것이 어찌 혁대의 고리쇠 하나와 수레 하나에 가득 실린 깃털을 비교해서 말하는 것이겠느냐? 먹는 것 중에서 중요한 것과 예 중의 사소한 것을 취해서 비교한다면 먹는 것이 중요할 뿐이기만 하겠느냐? 또 여색과 관련된 중요한 일과 예와 관련된 사소한 일을 취해서 비교한다면 여색이 중요할 뿐이기만 하겠느냐?

너는 가서 이렇게 대답하거라. '형의 팔을 비틀어서 빼앗아 먹는다면 먹을 것을 얻을 수 있고, 팔을 비틀지 않으면 먹을 것을 얻을 수 없는 경우라도 형의 팔을 비틀겠는가? 또 동쪽 집의 담장을 넘어서 그 집의 처녀를 끌고 오면 아내를 얻을 수 있고, 끌고 오지 않으면 아내를 얻을 수 없는 경우라도 끌고 오겠는가?'라고."

任人有問屋廬子曰, "禮與食孰重?"

曰, "禮重."

"色與禮孰重?"

---

1. 친영(親迎)은 혼인의 절차에서 지켜야할 여섯 가지 예(納采, 問名, 納吉, 納徵, 告期, 親迎) 중의 마지막 단계로 오늘날 우리가 이해하는 결혼식이다.

曰, "禮重."

曰, "以禮食, 則飢而死, 不以禮食, 則得食, 必以禮乎? 親迎, 則不得妻; 不親迎, 則得妻, 必親迎乎?"

屋廬子不能對. 明日, 之鄒, 以告孟子. 孟子曰, "於答是也何有? 不揣其本而齊其末, 方寸之木可使高於岑樓. 金重於羽者, 豈謂一鉤金與一輿羽之謂哉? 取食之重者, 與禮之輕者而比之, 奚翅食重? 取色之重者, 與禮之輕者而比之, 奚翅色重? 往應之曰, '紾兄之臂而奪之食, 則得食, 不紾, 則不得食, 則將紾之乎? 踰東家牆而摟其處子, 則得妻, 不摟, 則不得妻, 則將摟之乎?'"

12·2 요순이 되는 것은 자기 하기 나름

조교²라는 인물이 물었다.

"사람은 누구나 요(堯)나 순(舜)과 같은 성인이 될 수 있다고 하는데 사실입니까?"

맹자가 대답했다.

"그렇소."

조교가 물었다.

---

2. 조교(曹交)에 대해 조기는 '조나라 군주의 아우로 교(交)는 이름이다'고 했고, 주희도 그대로 따르고 있다. 그러나 왕응린(王應麟)은 『곤학기문』(困學紀聞)에서 '맹자 때에 이르러 조나라는 이미 없어진지 오래 되었다'고 해서 조기의 설명에 대해 의문을 제기하고 있다.

"제가 듣기로 문왕은 키가 10척[3]이고 탕왕은 9척이었다는데, 지금 저는 키가 9척 4촌이면서도 밥만 축내고 있을 뿐이니 어떻게 하면 좋겠습니까?"

맹자가 대답했다.

"그것이 무슨 상관이 있습니까? 단지 그렇게 되기를 실천하기만 하면 됩니다. 만일 어떤 사람이 오리 한 마리도 이기지 못한다면 그 사람은 힘없는 사람이 될 것이고, 만약 백 균[4]의 무게를 들 수 있다고 한다면 그 사람은 힘센 사람이 될 것입니다. 그렇다면 옛날 오확(烏獲)과 같은 장사가 들던 짐을 들어 올린다면 역시 오확과 같은 사람이 될 뿐입니다.

사람들은 어째서 감당하지 못할까 근심합니까? 문제는 스스로 그렇게 하려고 하지 않는 데 있을 뿐입니다. 천천히 걸어서 어른보다 뒤에 가는 것을 공손하다[弟]고 하고, 빨리 걸어서 어른보다 앞서 가는 것을 공손하지 못하다[不弟]고 하는데, 천천히 걸어 가는 것이 어찌 사람이 할 수 없는 것이겠습니까? 하지 않는 것입니다. 요와 순의 도는 효도와 공손함일 뿐입니다. 그대가 요와 같은 옷을 입고 요가 쓰던 말을 쓰며 요가 했던 행동을 실천한다면 바로 요와 같은 사람입니다. 반대로 당신이 걸이 입었던 옷을 입고 걸이 쓰던 말을 쓰며 걸이 했던 행동을 실천한다면 바로 걸과 같은 사람입니다."

조교가 말했다.

---

3. 당시 1척은 약 16센티미터에 해당하는 길이였다고 한다. 오늘날 1척은 약 31센티미터이다.

4. 균(鈞)은 무게를 재는 단위로 30근(斤)에 해당된다. 따라서 백균은 3,000근이다.

"제가 추나라 군주를 알현하면 관사를 빌릴 수 있을 것이니, 관사에 머물면서 선생님의 문하에서 공부하고 싶습니다."

맹자가 대답했다.

"도란 큰 길과 같으니 어찌 이해하기 어려울 것이 있겠습니까? 사람들이 도를 구하지 않는 것이 문제일 뿐입니다. 그대가 돌아가서 구하려고만 하면 스승은 얼마든지 있을 것입니다."

交問曰, "人皆可以爲堯舜, 有諸?"

孟子曰, "然."

"交聞文王十尺, 湯九尺, 今交九尺四寸以長, 食粟而已, 如何則可?"

曰, "奚有於是? 亦爲之而已矣. 有人於此, 力不能勝一匹雛, 則爲無力人矣. 今曰擧百鈞, 則爲有力人矣. 然則擧烏獲之任, 是亦爲烏獲而已矣. 夫人豈以不勝爲患哉? 弗爲耳. 徐行後長者謂之弟, 疾行先長者謂之不弟. 夫徐行者, 豈人所不能哉? 所不爲也. 堯舜之道, 孝弟而已矣. 子服堯之服, 誦堯之言, 行堯之行, 是堯而已矣. 子服桀之服, 誦桀之言, 行桀之行, 是桀而已矣."

曰, "交得見於鄒君, 可以假館, 願留而受業於門."

曰, "夫道, 若大路然, 豈難知哉? 人病不求耳. 子歸而求之, 有餘師."

12·3 부모에 대한 자식의 원망

공손추가 말했다.

"고자(高子)가 『시경』의 '소반'(小弁)[5]은 소인배의 시이다라고 하던데요."

맹자가 물었다.

"어째서 그렇다고 하더냐?"

공손추는 대답했다.

"어버이를 원망하는 마음을 담고 있기 때문이랍니다."

맹자가 말했다.

"고선생의 시에 대한 평가는 무척이나 고루하구나! 여기에 어떤 사람이 있는데 그와 아무런 관계도 없는 월(越)나라 사람이 활을 당겨 사람을 쏘려고 할 경우 태연히 웃으면서 그렇게 하지 말고 이야기할 것이다. 그것은 다름이 아니라 그를 소원하게 여기기 때문이다. 그러나 자기의 형이 활을 당겨 사람을 쏘려고 할 경우 눈물을 흘리면서 그렇게 하지 말라고 이야기 할 것이다. 그것은 다름이 아니라 그를 친근하게 여기기 때문이다. '소반'에 담긴 원망의 마음은 어버이를 친애하는 마음에서 나온 것이다. 어버이를 친애하는 것은 인(仁)이다. 구선생의 시에 대한 평가는 무척이나 고루하구나!"

---

5. 주나라 유왕이 먼저 신나라의 여자를 후로 얻어서 의구(宜臼)를 낳고 그를 태자로 삼았다가, 다시 포사(褒姒)를 얻어서 백복(伯服)을 낳았는데, 포사를 편애하여 신후를 내쫓고 의구를 폐위했다. 그러자 의구의 사부(師傅)가 의구를 위해 이 시를 지어서 애통한 마음을 전했다고 한다.

공손추가 물었다.

"그렇다면『시경』의 '개풍'[6]에서는 어째서 원망하는 내용이 없습니까?"

맹자가 말했다.

"'개풍'은 어버이의 허물이 작은 경우이고, '소반'은 어버이의 허물이 큰 경우이다. 어버이의 허물이 큰데도 원망하지 않는다면 더욱 더 소원하게 되고, 어버이의 허물이 작은데도 원망한다면 부모로 하여금 자식의 비위를 맞추고 자식을 자극하지 못하게 하는 것이다. 더욱 소원하게 하는 것도 불효이고, 부모가 자식의 비위를 맞추고 자극하지 못하게 하는 것도 불효이다. 공자께서는 '순임금은 지극한 효자로다. 오십이 되어서도 여전히 부모를 사모하였도다'고 하셨다."

公孫丑問曰, "高子曰, '小弁, 小人之詩也.'"

孟子曰, "何以言之?"

曰, "怨."

曰, "固哉, 高叟之爲詩也! 有人於此, 越人關弓而射之, 則己談笑而道之. 無他, 疏之也. 其兄關弓而射之, 則己垂涕泣而道之. 無他, 戚之也. 小弁之怨, 親親也. 親親, 仁也. 固矣夫, 高叟之爲詩也!"

曰, "凱風何以不怨?"

曰, "凱風, 親之過小者也, 小弁, 親之過大者也. 親之過大而不

---

6. '개풍'(凱風)이라는 시는 효자를 찬미하는 내용이다. 위나라에 음란한 풍조가 유행하자 일곱 명의 아들을 둔 홀어미가 집에서 가만히 있지를 못하자, 그 아들들이 홀어머니의 마음이 동요하지 않도록 위로하는 내용이다.

怨, 是愈疏也, 親之過小而怨, 是不可磯也. 愈疏, 不孝也, 不可磯,
亦不孝也. 孔子曰, '舜其至孝矣, 伍十而慕.'"

12·4 이익과 인의

송경[7]이 초(楚)나라로 가는 길에 맹자와 석구(石丘) 땅에서 마주쳤다.
맹자가 물었다.

"선생은 어디로 가려고 하십니까?"

송경이 대답했다.

"내가 듣기에 진(秦)나라와 초나라가 전쟁을 일으켰다고 하니 초나라
왕을 만나서 설득해 전쟁을 그만두게 하려고 합니다. 초나라 왕이 내 말
을 기꺼이 받아들이지 않으면 진나라 왕을 만나 설득해서 전쟁을 그만
두게 하려고 합니다. 두 나라 왕 가운데 나와 뜻이 일치하는 사람이 있
을 것입니다."

맹자가 물었다.

"제가 자세한 내용은 묻지 않겠습니다만, 대체적인 요지를 듣고 싶습
니다. 장차 어떻게 설득하시려고 합니까?"

송경이 대답했다.

---

7. 송경(宋牼)은 전국시대 송나라 사람인데, 『장자』(莊子)에는 송병(宋鈃)으로,
   『한비자』(韓非子)에는 송영(宋榮)으로 기록되어 있다. 그는 욕망을 적게 하
   고[寡欲] 주관적 편견을 배제해 만물의 평등을 깨달아야 함을 주장했으
   며, 침략 전쟁을 반대하고 백성들을 구제하기 위해 일신의 안위를 돌보지
   않은 채 동분서주했던 실천가였다.

"나는 전쟁이 이익이 되지 않는다는 것을 말하려고 합니다."

맹자가 말했다.

"선생의 뜻은 훌륭하지만 선생의 방법은 옳지 않습니다. 선생이 이익을 내세워 진나라와 초나라 왕을 설득시킨다면, 진나라와 초나라의 왕은 이익을 좋아하기 때문에 삼군(三軍)의 군사를 동원하는 것을 중단할 것입니다. 그러면 삼군의 군사들은 동원을 중단하는 것을 반기며 이익을 좋아하게 될 것입니다. 신하 된 자가 이익을 생각해서 그의 임금을 섬기며, 자식 된 자가 이익을 생각해서 그의 아비를 섬기며, 동생된 자가 이익을 생각해서 그의 형을 섬긴다면, 임금과 신하, 아비와 자식, 형과 동생이 결국은 인의(仁義)를 버리고 이익을 생각해 서로를 대하게 될 것입니다. 그렇게 되고서도 망하지 않는 경우는 없습니다.

선생이 인의를 내세워 진나라와 초나라의 왕을 설득한다면 진나라와 초나라의 왕은 인의를 좋아하기 때문에 삼군의 군사를 동원하는 것을 중단할 것입니다. 그러면 삼군의 군사들은 동원을 중단하는 것을 반기며 인의를 좋아하게 될 것입니다. 신하 된 자가 인의를 생각해서 그의 임금을 섬기며, 자식 된 자가 인의를 생각해서 그의 아비를 섬기며, 동생 된 자가 인의를 생각해서 그의 형을 섬긴다면, 임금과 신하, 아비와 자식, 형과 동생이 이익을 버리고 인과 의를 생각해서 서로를 대하게 될 것입니다. 그렇게 되고서도 통일된 천하의 왕이 되지 못하는 자는 없을 것입니다. 그럼에도 불구하고 하필이면 이익을 말씀하십니까?"

해설

『맹자』의 첫 장(1·1)에서 말한 인의와 이익의 대비를 다시 강조하고 있다. 아무리 전쟁을 그치게 하는 것이 시급하다고 해도 이익을 내세워 군주를 설득하면 설사 전쟁은 그치게 할 수 있어도, 이익이 모든 것에 우선하는 가치로 떠받들어짐으로써 결국은 인간관계의 파탄은 물론이고 국가의 멸망이라는 더 큰 화를 불러오게 된다는 것이다.

宋牼將之楚, 孟子遇於石丘. 曰, "先生將何之?"

曰, "吳聞秦楚構兵, 我將見楚王說而罷之. 楚王不悅, 我將見秦王說而罷之. 二王我將有所遇焉."

曰, "軻也請無問其詳, 願聞其指. 說之將如何?"

曰, "我將言其不利也."

曰, "先生之志則大矣, 先生之號則不可. 先生以利說秦楚之王, 秦楚之王悅於利, 以罷三軍之師. 是三軍之士樂罷而悅於利也. 爲人臣者懷利以事其君, 爲人子者懷利以事其父, 爲人弟者懷利以事其兄, 是君臣父子兄弟終去仁義, 懷利以相接. 然而不亡者, 未之有也. 先生以仁義說秦楚之王, 秦楚之王悅於仁義, 而罷三軍之師. 是三軍之士樂罷而悅於仁義也. 爲人臣者懷仁義以事其君, 爲人子者懷仁義以事其父, 爲人弟者懷仁義以事其兄, 是君臣父子兄弟去利, 懷仁義以相接也. 然而不王者, 未之有也. 何必曰利?"

12·5 예물보다 중요한 것은 예의

맹자가 추(鄒)나라에 머물 때 임(任)나라 군주의 동생인 계임(季任)이

임금을 대리해 처수[8]로 있으면서, 예물을 보내어 교제를 청했으나 맹자는 예물을 받기만 하고 답례를 하지 않았다. 또 맹자가 제나라의 평륙(平陸)에 머물 때에 저자(儲子)가 제(齊)나라의 재상으로 있으면서, 예물을 보내 교제를 청했으나 맹자는 받기만 하고 답례를 하지 않았다. 그런데 훗날에 추나라에서 임나라로 가서는 계임을 만나보고, 평륙에서 제나라에 가서는 저자를 만나보지 않았다. 그러자 제자인 옥려자가 좋아하면서 "내가 선생님의 허점을 잡았다"[9]고 했다.

옥려자(屋廬子)가 물었다.

"선생님께서 임나라로 가서는 계임을 만나보셨으면서 제나라에 가서는 저자를 만나보지 않으셨는데, 저자가 제나라의 재상에 불과했기 때문입니까?"

맹자가 대답했다.

"그렇지 않다. 『서경』(書經)에서 '윗사람을 대접함에 있어서는 예의가 중요하다. 그러므로 만약 예의를 갖춘 것이 예물을 갖춘 것보다 못하다

---

8. 처수(處守)는 유수(留守)라고도 하는데, 군주가 조회 등의 업무로 잠시 국외로 나가 자리를 비웠을 때 그를 대신해 정사를 맡아 다스리는 일을 말한다.

9. 원문의 '희왈, 득간(喜曰, 得間)에 대해 주희는 '옥려자는 스승인 맹자가 이렇게 대처한 데에는 반드시 깊은 뜻[義理]이 있었을 것임을 알았으므로 한가한 틈을 얻어서 그것에 대해 물어볼 수 있게된 것을 기뻐한 것이다'라고 풀고 있는데 지나치게 맹자의 권위를 의식한 해석으로 생각된다. 이 구절은 제자인 옥려자가 보기에 빈틈없는 뛰어난 언변과 논리를 갖추고 예의에 철저해서 빈틈이 없을 것 같았던 맹자에게도 '군주의 대리인으로 높은 지위에 있었던 계임(季任)은 찾아가서 만나면서도, 상대적으로 낮은 재상의 지위에 있었던 저자는 만나지 않는' 것과 같이 지위에 따라 사람을 차별하는 인간적인 허점이 있음을 발견하고 쾌재를 부른 것으로 해석해야 한다.

면, 이는 윗사람을 제대로 대접하지 못한 것이다. 왜냐하면 윗사람을 대접하는 데 마음을 쓰지 않았기 때문이다'고 했다. 내가 저자를 만나지 않은 것은 그가 예를 갖추지 못해 대접을 하지 않았기 때문이다."

옥려자는 이 말을 듣고 기뻐했다.[10] 어떤 사람이 그 일에 대해서 묻자, 옥려자는 "계임은 추나라에 갈 수 없었던 반면에 저자는 평륙에 갈 수 있었기 때문이다"[11]고 했다.

孟子居鄒, 季任爲任處守, 以幣交, 受之而不報. 處於平陸, 儲子爲相, 以幣交, 受之而不報. 他日, 由鄒之任, 見季子, 由平陸之齊, 不見儲子. 屋廬子喜曰, "連得間矣." 問曰, "夫子之任見季子, 之齊不見儲子, 爲其爲相與?"

曰, "非也. 書曰, '享多儀, 儀不及物曰不享, 惟不役志于享.' 爲其不成享也."

屋廬子悅. 或問之. 屋廬子曰, "季子不得之鄒, 儲子得之平陸."

---

10. 여기서 표현된 옥려자의 '기쁨'은, 스승인 맹자에게도 사람을 지위에 따라 차별하는 인간적인 허점이 있음을 발견하고 쾌재를 부르면서도 한편으로 실망스러웠던 복합적인 심리 상태가 맹자의 논리 정연한 해명으로 사라지고 한층 더 굳어진 스승에 대한 존경의 마음에서 생겨난 것이다.

11. 당시 계임은 군주를 대신해 송나라를 다스리는 중요한 직책[處守]를 맡고 있었기 때문에, 타국인 추나라에 머물던 맹자를 만나러 올 수 없었다. 그러므로 그가 맹자에게 예물만 보내 사귐을 청한 것은 예에 부합하는 행위였다. 반면에 저자(儲子)의 경우는 맹자가 자신이 재상으로 있던 제나라의 평륙(平陸)에 있었기에 직접 만나러 올 수 있는 상황인데도 그렇게 하지 않고 예물만 보냈다. 이것은 예에 어긋난 행위였다. 맹자가 두사람에게 그처럼 달리 대처한 것은 그러한 이유 때문이라는 것이다.

12·6 현능한 사람의 쓰임새

제나라의 변론가 순우곤(淳于髡)이 물었다.

"명예와 공적을 앞세우는 것은 남을 위하는 것이고, 명예와 공적을 뒤로 하는 것은 자신을 위하는 것입니다. 선생께서는 삼경[12] 중의 한 자리에 있었으면서도 명예와 공적으로 위나 아래에 영향을 미치지 못하고 떠나 버렸는데, 어진 사람은 원래 이렇게 하는 것입니까?"

맹자가 말했다.

"낮은 지위에 있으면서도 자기의 현능함으로써 못난 사람을 섬기지 않은 사람이 백이(伯夷)이고, 다섯 번이나 탕(湯)임금에게 찾아가고 다섯 번이나 걸(桀)임금에게로 나아간 사람은 이윤(伊尹)이며, 더러운 임금이라도 싫어하지 않고 하찮은 관직이라도 마다하지 않은 사람은 유하혜(柳下惠)이다. 이 세 분들은 방법은 달랐지만 지향한 것은 하나였다. 그 하나가 무엇이겠느냐? 인(仁)이다. 군자는 다만 인을 행할 뿐이지, 반드시 그 방법을 같이 할 필요야 있겠는가?"

순우곤이 말했다.

"노나라 무공(繆公) 때에는 공의자(公儀子)가 재상으로 정사를 맡고 자류(子柳)와 자사(子思) 같은 사람이 신하로 있었지만, 노나라는 영토를 매우 많이 빼앗겼습니다. 이렇게 현능한 사람은 나라에 유익함이 없습

---

12. 삼경(三卿)이란 상경(上卿), 아경(亞卿), 하경(下卿)을 가리킨다. 일설에 따르면 상(相), 장(將), 객경(客卿)을 가리킨다고도 한다. 당시 맹자는 제나라에서 정사에 실질적으로 참여했던 것이 아니고 경에 해당되는 대우를 받으며 정치적 자문에 응하는 객경의 지위에 있었다.

니다."

맹자가 말했다.

"우(虞)나라는 백리해(百里奚)를 등용하지 않았기 때문에 망했고, 진
(秦)나라의 목공(穆公)은 그를 등용해 패권을 잡았다. 현능한 이를 등용
하지 않으면 나라가 망하지 어찌 영토가 줄어드는 것에 그치겠는가?"

순우곤이 말했다.

"옛날에 노래를 잘하는 왕표(王豹)가 기수(淇水) 가에 살자 하서(河西)
지방의 사람들이 노래를 잘 불렀고, 노래 잘하는 면구(綿駒)가 고당(高
唐)에 살자 제나라 동쪽 지역의 사람들이 노래를 잘 불렀으며, 화주와
기량의 아내가 남편들이 전사했을 때에 곡을 잘하자 나라의 풍속이 변
했습니다. 안에 있는 것은 밖으로 드러나게 마련입니다. 어떠한 일을 실
행했는데도 그 공적이 없는 경우를 나는 아직 보지 못했습니다. 그러므
로 오늘날엔 현능한 사람이 없는 것입니다. 현능한 사람이 있다면 제가
틀림없이 알아보았을 것입니다."

맹자가 말했다.

"공자께서 노나라의 사구(司寇)가 되었을 때 중용되지 못하고 게다가
제사를 지내고서도 제사 고기가 공자께 전해지지 않자,[13] 공자께서는

---

13. 고대에 모든 제사에는 익힌 고기(燔肉)을 제물로 썼는데, 제사가 끝나고 나
면 제사에 참례한 사람들에게 그것을 나누어 줌으로써 복을 함께 나눔을 나
타내었다. 『사기』의 「공자세가」(孔子世家)에 의하면 공자가 모국인 노나라
에서 사구의 관직을 맡아서 정사에 참여하자 제나라가 그것을 경계하여 미
녀 악사를 보냈는데 당시의 실권자인 계환자가 그것에 빠져 정사를 돌보지
않게 되었다. 이에 제자인 자로가 노나라에서는 공자의 도가 실현될 희망이
없다면서 떠날 것을 권한다. 그러나 공자는 모국인 노나라에 대한 미련을
버리지 못하고 곧 열릴 교제에서 전통적인 예에 따라서 제사 고기를 대부들

쓰고 있던 관도 벗지 않고 떠나 가셨다. 공자를 제대로 알지 못하는 사람들은 제사 고기 때문이었다고 생각했고, 공자를 잘 아는 사람들은 노나라도 예를 지키지 않았기 때문이라고 생각했다. 그러나 공자께서는 사소한 잘못을 빌미삼아서 떠나고자 하셨지 구차하게 떠나려고 하지 않으셨다.[14] 원래 군자의 행동을 보통 사람들은 알지 못하게 마련이다."

淳于髡曰, "先名實者, 爲人也, 後名實者, 自爲也. 夫子在三卿之中, 名實未加於上下而去之, 仁者固如此乎?"

孟子曰, "居下位, 不以賢事不肖者, 伯夷也, 伍就湯, 伍就桀者, 伊尹也, 不惡汙君, 不辭小官者, 柳下惠也. 三子者不同道, 其趣一也. 一者何也? 曰仁也. 君子亦仁而已矣, 何必同?"

曰, "魯繆公之時, 公儀子爲政, 子柳子思爲臣, 魯之削也滋甚. 若是乎賢者之無益於國也!"

曰, "虞不用百里奚而亡, 秦穆公用之而覇. 不用賢則亡, 削何可得與?"

曰, "昔者, 王豹處於淇, 而河西善謳, 綿駒處於高唐, 而齊右善

에게 나누어 준다면 그래도 희망이 있다고 보고 머물 것이라고 말한다. 그러나 공자의 희망과 달리 노나라는 제사가 끝나고도 그러한 예를 따르지 않았던 것이다.

14. 이 구절[孔子則欲以微罪行, 不欲爲苟去]에 대해서는 풀이가 분분하다. 여기서는 주희의 설을 따랐다. 주희는 공자가 모국인 노나라의 군주와 재상의 잘못을 만천하에 드러내고 싶지도 않았고 그렇다고 아무런 이유도 없이 구차하게 떠나는 것도 원하지 않았다고 한다. 그래서 노나라의 실질적인 군주였던 계환자가 미녀에게 빠져 정사를 그르쳤기 때문에 떠나면서도, 제사와 관련된 예라는 상대적으로 사소한 잘못을 빌미로 삼아 떠났다고 한다.

歌, 華周杞梁之妻善哭其夫, 而變國俗. 有諸內必形諸外. 爲其事而無其功者, 髡未嘗覩之也. 是故無賢者也, 有則髡必識之."

曰, "孔子爲魯司寇, 不用, 從而祭, 燔肉不至, 不稅冕而行. 不知者以爲爲肉也, 其知者以爲爲無禮也. 乃孔子則欲以微罪行, 不欲爲苟去. 君子之所爲, 衆人固不識也."

12·7 대부들은 제후에 죄를 지은 자

맹자가 말했다.

"오패[15]는 삼왕[16]에 대해 죄를 지은 자이고 오늘날의 제후들은 오패에 대해 죄를 지은 자들이며, 오늘날의 대부들은 오늘날의 제후에 대해 죄를 지은 자들이다.

천자가 제후에게 가는 것을 순수라고 하고, 제후가 천자에게 조공하는 것을 술직[17]이라고 한다. 순수를 함으로써 봄에는 농사짓는 것을 보살펴 부족한 것을 보충해 주고, 가을에는 수확하는 것을 살펴서 모자라는 것을 도와준다. 천자가 제후의 영토에 들어가서 살펴보았을 때, 토지

---

15. 오패(伍覇)란 춘추시대에 강성한 무력에 의지해 제후들을 통솔하고 실질적인 패권을 행사하던 다섯 제후를 말한다. 오패로는 흔히 제나라의 환공, 진(晉)나라의 문공, 진(秦)나라의 목공, 송나라의 양공, 초나라의 장왕을 꼽는다.

16. 삼왕(三王)은 하나라 때의 우왕, 은나라 때의 탕왕, 주나라 때의 문왕을 가리킨다.

17. 순수(巡授)는 천자가 제후국들을 돌아보는 것이고, 술직(述職)은 제후가 천자에게 와서 직무를 보고하는 것이다. 「양혜왕 하」(2·4)에도 나온다.

가 잘 개척되어 있고 농토가 잘 정리되어 있으며, 늙은이를 봉양하고 현능한 이를 존중하며, 뛰어난 인재들이 관직에 있으면 상을 주는데, 땅을 상으로 준다. 그러나 제후의 영토에 들어가서 살펴보았을 때, 토지가 황폐해져 있고 늙은이를 내버려 두며 어진 이를 기용하지 못하고 있으며, 수탈을 일삼는 자가 관직에 있으면 책임을 묻는다.

조공의 경우 한 번 조공을 오지 않으면 그 작위를 강등하고, 두 번 조공을 오지 않으면 그 영토를 삭감하고, 세 번 조공을 오지 않으면 천자의 군대[六師]를 거기로 출동시켜 제후를 교체한다. 그러므로 천자는 성토하되[18] 정벌하지 않고, 제후는 정벌[19]하되 성토를 하지는 못한다. 그런데 오패는 제후들을 이끌어서 제후를 친 사람들이다. 그러므로 오패는 삼왕에 대해 죄를 지은 자라고 한 것이다.[20]

오패 중에서는 환공이 제일 강성했는데, 규구(葵丘)의 모임[21]에서는 제후들이 소를 제물로 삼아 묶어 놓은채 맹약의 글을 그위에 올려 놓

---

18. 원문에는 '토'(討)라고 되어 있다. 성토(聲討)라는 것은 한 제후가 죄를 범한 경우 천자가 명령을 내려 그 죄를 묻고 다른 제후들을 동원하여 그를 치게 하는 것이다. 따라서 예에 따르면 성토란 높은 지위에 있는 자[천자]가 자신보다 낮은 지위에 있는 자[제후]에게 할 수 있는 행위이다.

19. 원문에는 '벌'(伐)이라고 되어 있다. 정벌[伐]은 천자의 명에 따라 대등한 지위에 있는 제후가 다른 제후를 군대를 동원하여 치는 것을 말한다.

20. 예에 따르면 제후들을 동원해 다른 제후를 치는 것은 천자만이 할 수 있는 것인데도, 오패들은 자신들의 강성한 무력만 믿고 월권을 했으므로 삼왕에 대해서 죄를 지은 자이다는 뜻이다.

21. 규구(葵丘)의 모임이란 춘추시대 노나라 희공 9년(기원전 651년) 제나라 환공이 맹주(盟主)가 되어서 제후들을 이곳에 모아놓고 맹약을 맺은 모임을 말한다.

앗으며 입에 피를 대는 의식[歃血]은 하지 않았다.²² 첫째 조항은 불효한 자는 죽이고, 세자를 바꾸지 않으며, 첩을 정실로 삼지 말라는 것이었다. 둘째 조항은 현능한 이를 존중하고, 인재를 길러 덕이 있는 사람을 표창하라는 것이었다. 셋째 조항은 노인을 공경하며, 어린이를 사랑하며, 손님과 나그네 대접을 소홀히 하지 말라는 것이었다. 넷째 조항은 선비[士]의 관직은 세습하지 않게 하며, 관직은 겸직하지 않게 하며, 선비를 기용할 때에는 반드시 현능한 자를 얻도록 하고, 마음대로 대부를 처형하지 말라는 것이었다. 다섯째 조항은 제방을 아무 데나 쌓지 말고,²³ 이웃 나라가 양곡을 수입하는 것을 거절하지 말며,²⁴ 대부를 어떤 지역에 봉하는 상을 내리고서 보고하지 않는 일이 없도록 하라는 것이었다.²⁵ 또 말하기를 '함께 맹약한 우리들은 일단 맹약을 한 후에는 우호적인 관계로 돌아가야 한다'고 했다. 그런데 지금의 제후들은 모두 이

---

22. 일반적으로 제후들 간에 회맹할 때에는 신성한 맹약의 내용을 지킨다는 뜻으로 희생을 죽여서 그 피를 입에 대는 의식[歃血]을 치렀다. 그러나 규구의 모임에서는 제나라 환공의 위세가 너무나 강성했으므로 제후들이 감히 그 맹약의 내용을 지키지 않을 수 없었던 상황이었으므로, 의식을 간소화해 희생의 피를 입에 대는 의식을 치르지 않았다고 한다.

23. 이 구절의 원문은 '무곡방'(無曲防)이다. 여기서 '방'은 제방(堤防)을 뜻한다. 주희는 '제방을 굽게 만들어 물을 막고 물의 흐름을 거칠게 해서 자기 나라의 작은 이익만을 추구함으로써 이웃 나라에 피해를 주어서는 안된다'는 것으로 풀고 있다. 대체적인 의미는 파악했으나 '곡'(曲)을 '굽다'고 본 것은 잘못이다. 여기서 '곡'의 용법은 '두루하다'[遍] '없는 곳이 없음'[無不] 혹은 '이곳저곳 모두'[處處]를 의미하는 것이다. 당시 제후들은 각기 다투어 곳곳에 제방을 축조함으로써 큰 물이 지면 이웃 나라가 물구덩이가 되고, 가뭄이 들면 물을 독차지해 이웃 나라가 가뭄 피해를 입는 경우가 많았다. 따라서 이 구절은 제방 축조의 남발로 인한 피해를 방지하기 위한 조항이다.

다섯 가지 조항 위반하고 있으므로, 지금의 제후들은 오패에 대해 죄를 지은 자들이라고 한 것이다.

군주의 악행에 거드는 것은 죄가 작지만, 군주의 악행을 앞서서 이끄는 것은 죄가 크다.[26] 지금의 대부들은 모두 임금의 악행을 앞서서 이끌고 있으므로, 지금의 대부들은 지금의 제후들에 대해 죄를 지은 자들이라고 한 것이다."

孟子曰, "伍覇者, 三王之罪人也, 今之諸侯, 伍覇之罪人也, 今之大夫, 今之諸侯之罪人也. 天子適諸侯曰巡狩, 諸侯朝於天子曰述職. 春省耕而補不足, 秋省斂而助不給. 入其疆, 土地辟, 田野治, 養老尊賢, 俊傑在位, 則有慶, 慶以地. 入其疆, 土地荒蕪, 遺老失賢, 掊克在位, 則有讓. 一不朝, 則貶其爵, 再不朝, 則削其地, 三不朝, 則六師移之. 是故天子討而不伐, 諸侯伐而不討. 伍覇者, 摟諸侯以伐諸侯者也. 故曰, '伍覇者, 三王之罪人'也. 伍覇, 桓公爲

---

24. 이웃 나라가 흉년이 들어서 양곡을 구입하고자 할 때에 양곡의 수출을 금지하여 견제하지 말고 적극적으로 협조해 주어야 한다는 조항이다.

25. 주희는 보고하는 대상을 천자라고 보고 '마음대로 국읍(國邑)을 봉해 주고 천자에게 보고하지 않아서는 안된다는 의미이다'라고 풀었지만, 적절하지 않다. 『춘추좌전』의 기록에 의하면 이 맹약을 주도한[盟主] 제나라 환공 자신도 7년전 초구의 땅을 위나라로 봉하고서 천자에게 보고하지 않았기 때문이다. 따라서 여기서 보고하는 자는 맹약에 참여한 제후들이고 보고받는 자는 맹주인 제나라 환공으로 보아야 한다.

26. 군주의 악행을 거든다는 것은 군주의 악행에 대해 간언하지 못하고 그대로 순종하는 것을 말한다. 군주의 악행을 앞서서 이끈다는 것은 적극적으로 나서서 군주를 악행으로 인도하는 것을 말한다.

盛. 葵丘之會諸侯, 束牲載書而不歃血. 初命曰, ‘誅不孝, 無易樹
子, 無以妾爲妻.’ 再命曰, ‘尊賢育才, 以彰有德.’ 三命曰, ‘敬老慈
幼, 無忘賓旅.’ 四命曰, ‘士無世官, 官事無攝, 取士必得, 無專殺大
夫.’ 伍命曰, ‘無曲防, 無遏糴, 無有封而不告.’ 曰, ‘凡我同盟之人,
旣盟之後, 言歸于好.’ 今之諸侯, 皆犯此伍禁, 故曰, ‘今之諸侯, 伍
霸之罪人’也. 長君之惡其罪小, 逢君之惡其罪大. 今之大夫, 皆逢君
之惡, 故曰, ‘今之大夫, 今之諸侯之罪人’也.”

12·8 전쟁보다는 인의를 시행하라

노나라에서 신자[27]를 장군으로 삼으려고 하자, 맹자가 다음과 같이
말했다.

“백성을 교화시키지 않고 전쟁에 쓰는 것을 일러 백성에게 재앙을 입
힌다고 하오. 백성에게 재앙을 입히는 자는 요·순의 시대에는 용납되지
못했소. 비록 단번에 제나라를 싸워 이겨 빼앗긴 남양(南陽) 땅을 되찾
을 수 있다 해도, 그렇게 해서는 안되오.”

신자가 발끈 성을 내며 “그것은 제가 이해하지 못할 말씀입니다”고
하자, 맹자가 말했다.

“내 분명히 그대에게 알려 주겠소이다. 천자의 땅은 사방 각 천리이
니, 천리가 안되면 제후를 대접할 수 없소. 제후의 땅은 사방 각 백리이

---

27. 신자(慎子)의 이름은 활리(滑釐)이다. 청대의 초순은 『맹자정의』(孟子正義)에
    서 신자는 전국시대 법가의 일원인 신도(愼到)와 같은 사람으로 보고 있다.

니, 백 리가 안되면 종묘의 전적(典籍)들을 지킬 수 없소. 주공이 노나라의 제후로 봉해졌을 때 사방 각 백리를 영토로 하였소. 땅이 부족한 것이 아니었지만 백리 정도로 제한했던 것이오. 강태공(姜太公)이 제나라의 제후로 봉해졌을 때 역시 사방 각 백리를 영토로 했습니다. 땅이 부족한 것은 아니었지만 백리 정도로 제한했던 것이오.

오늘날 노나라는 사방 각 백리인 지역이 다섯이나 되니, 그대가 생각하기에 만일 성스러운 천자가 나타난다면 노나라의 땅을 줄여 버릴 것 같소, 아니면 늘려줄 것 같소? 그저 다른 나라에서 덜어서 이쪽 나라에 주는 것조차 어진 사람은 하지 않는데, 어떻게 차마 사람을 죽여 가면서 땅을 늘리려고 할 수 있소이까? 군자는 군주를 섬김에 있어서 군주를 올바른 길로 이끄는 데 힘쓰고 인을 지향해야 합니다."

魯欲使愼子爲將軍. 孟子曰, "不敎民而用之, 謂之殃民. 殃民者, 不容於堯舜之世. 一戰勝齊, 遂有南陽, 然且不可."

愼子勃然不悅曰, "此則滑釐所不識也."

曰, "吾明告子. 天子之地方千里, 不千里, 不足以待諸侯. 諸侯之地方百里, 不百里, 不足以守宗廟之典籍. 周公之於封魯, 爲方百里也. 地非不足, 而儉於百里! 太公之封於齊也, 亦爲方百里也. 地非不足也, 而儉於百里. 今魯方百里者伍, 子以爲有王者作, 則魯在所損乎? 在所益乎? 徒取諸彼以與此, 然且仁者不爲, 況於殺人以求之乎? 君子事君也, 務引其君以當道, 志於仁而已."

12·9 오늘날 군주를 섬기는 자들

맹자가 말했다.

"오늘날 군주를 섬기는 자들은 모두 '나는 군주를 위해서 토지를 개간하고 창고를 가득 차게 할 수 있다'고 한다. 오늘날의 이른바 훌륭한 신하라고 하는 자들은 옛날이라면 백성들의 도적이라고 불렸을 자들이다. 군주가 올바른 도를 향해 가지 않고 인(仁)을 추구하지 않는데도, 그를 부유하게 해 주는 것은 폭군인 걸(桀)을 부유하게 해 주는 것과 같다.

또 '나는 군주를 위해서 다른 나라와 맹약을 맺고, 전쟁을 하면 반드시 이긴다'고 한다. 오늘날의 이른바 훌륭한 신하들은 바로 옛날에는 백성들의 도적이라고 불렸을 자들이다. 군주가 올바른 도를 향해 가지 않고 인을 추구하지 않는데도, 그를 위해 무리하게 전쟁을 하려는 것은 폭군인 걸을 도와주는 것과 같다.

옳지 못한 오늘날의 도를 따르고[28] 오늘날의 풍속을 변화시키지 않는다면, 비록 천하를 준다 하더라도 하루 아침도 지킬 수 없다."

해설

맹자가 중시한 유가적 인의의 원칙은 무시한 채 오로지 군주의 이익을 위해 봉사하던 이들에 대한 비판이다. 주로 당시의 법가와 종횡가 계열의 인물들이다. 이들은 모두 군주를 위해 복무하던 직업적 관료로서

---

28. 당시에 신하들이 군주를 섬기는 방법, 즉 군주를 정도(正道)와 인을 향해 가도록 이끌지 않고 군주의 이익을 위해 토지 개간과 전쟁에 앞장서는 것을 가리킨다.

법가는 토지 개간을 통한 농업생산의 증대와 무거운 세금의 수취를 근간으로 한 부국정책을 시행했고, 종횡가는 합종연횡의 외교를 통해 약육강식의 현실을 주도했다.

孟子曰, "今之事君者曰, '我能爲君辟土地, 充府庫.' 今之所謂良臣, 古之所謂民賊也. 君不鄕道, 不志於仁, 而求富之, 是富桀也. '我能爲君約與國, 戰必克.' 今之所謂良臣, 古之所謂民賊也. 君不鄕道, 不志於仁, 而求爲之强戰, 是輔桀也. 由今之道, 無變今之俗, 雖與之天下, 不能一朝居也."

12·10 적절한 세금의 필요성

백규(白圭)가 물었다.

"나는 20분의 1의 세율을 적용해 세금을 거두고자 하는데 어떻겠습니까?"

맹자가 말했다.

"그대의 방법은 북쪽의 오랑캐 나라인 맥(貊)의 방법입니다. 만 가구나 되는 나라에서 한 사람이 질그릇을 굽는다면 되겠습니까?"

백규가 대답했다.

"안됩니다. 그릇이 쓰기에 부족할 것입니다."

맹자가 말했다.

"오랑캐 나라인 맥에는 오곡이 자라지 않고 오직 기장만 자랍니다. 또 성곽과 주택, 종묘와 제사와 관련된 예법이 없고, 제후들이 서로 예물을 보내고 접대를 하는 일도 없으며, 관직과 관리들도 많지 않기 때문에 20분의 1의 세금을 받아도 충분합니다. 지금 중국에 살면서 인륜[29]을 버리고 관리를 없애는 것이 어떻게 가능하겠습니까? 질그릇의 생산량이 적어도 나라를 다스릴 수 없는데, 하물며 관리가 없어서야 되겠습니까? 요순이 시행했던 십분의 일의 세법보다 적게 하려는 것은 큰 오랑캐나 작은 오랑캐이고,[30] 요순이 시행했던 방법보다 무겁게 하려는 것은 큰 걸(桀)이나 작은 걸(桀)입니다."[31]

해설

맹자가 이상적인 세법으로 생각했던 요순의 십분의 일세를 강조하고 있다. 맹자는 당시 제후들의 가혹한 세금의 수취가 백성들의 안정된 삶을 불가능하게 한다는 점에서 신랄하게 비판했지만, 지나친 세금의 경감에도 반대했다. 그것은 본문에서도 말하고 있듯이 각종의 의식이나 제도와 같이 국가의 통치행위와 관련된 문화적 요소가 존속되기 위해서는 일정한 재정이 필요하다고 생각했기 때문이다.

---

29. 여기서 '인륜'이란 구체적으로 앞에서 제시한 '성곽과 궁실, 종묘와 제사와 관련한 예법'을 말한다.
30. 요순의 십분의 일세보다 더욱 경감된 세금의 수취로서는 예법과 제도의 시행이 불가능하고 그렇게 되면 크고 작은 차이는 있지만 오랑캐와 같아지게 된다는 의미이다.
31. 요순의 십분의 일세보다 과중한 세금의 수취는 백성의 재물을 수탈하는 도둑질에 해당되고 따라서 크고 작은 차이는 있지만 폭정과 수탈을 일삼았던 하왕조의 걸왕과 같아지게 된다는 의미이다.

白圭曰, "吾欲二十而取一, 何如?"

孟子曰, "子之道, 貉道也. 萬室之國, 一人陶, 則可乎?"

曰, "不可, 器不足用也."

曰, "夫貉, 伍穀不生, 惟黍生之. 無城郭宮室宗廟祭祀之禮, 無諸侯幣帛饔飧, 無百官有司, 故二十取一而足也. 今居中國, 去人倫, 無君子, 如之何其可也? 陶以寡, 且不可以爲國, 況無君子乎? 欲輕之於堯舜之道者, 大貉小貉也, 欲重之於堯舜之道者, 大桀小桀也."

12·11 백규의 치수

치수사업을 했던 백규가 말했다.

"제가 물을 다스리는 것은 우임금보다 낫습니다."

맹자가 말했다.

"그대는 잘못을 범했습니다. 우임금은 물을 다스림에 있어서 물의 자연스런 본성을 따라서 다스렸으므로 사해(四海)를 물을 받아들이는 곳으로 삼았습니다.[32] 그런데 지금 그대는 이웃나라를 물을 받아들이는 곳으로 삼습니다.[33] 물이 거꾸로 흘러가는 것을 홍수(洚水)라고 하는데,

---

32. 사해를 물을 받아들이는 곳으로 삼았다는 것은 높은 곳에서 낮은 곳으로 흐르는 물의 자연스런 본성에 따라 물길을 내줌으로써 바다로 흘러들어가게 했다는 의미이다.

33. 이웃 나라를 물을 받아들이는 곳으로 삼는다는 것은 백규의 치수책이 제방을 축조해 물길을 억지로 돌려 이웃 나라로 흘러들어가게 하는 것임을 말한다.

홍수라는 것은 곧 큰 물이 진 것〔洪水〕으로 어진 사람들이 싫어하는 것입니다. 당신은 잘못을 범한 것입니다."

白圭曰, "丹之治水也愈於禹."

孟子曰, "子過矣. 禹之治水, 水之道也, 是故禹以四海爲壑. 今吳子以鄰國爲壑. 水逆行, 謂之洚水. 洚水者, 洪水也, 仁人之所惡也. 吳子過矣."

12·12 군자와 신념

맹자가 말했다.
"군자가 신념이 없다면 어떻게 확고한 태도를 지닐 수 있겠는가?"

孟子曰, "君子不亮, 惡乎執?"

12·13 선을 좋아한 악정자

노나라가 맹자의 제자인 악정자(樂正子)에게 행정을 맡기려 하자, 맹자가 "나는 그 소식을 듣고 기뻐서 잠이 오지 않았다"고 했다.
공손추가 "악정자는 결단력이 있습니까?"라고 묻자, "아니다"고 했다. 또 "지식과 사려가 깊습니까?"라고 묻자, "아니다"고 했다. 또 "견문이 많습니까?"라고 묻자, "아니다"고 했다.

공손추가 "그렇다면 어째서 기뻐서 잠이 오지 않으셨습니까?"라고 묻자, 맹자는 "그의 사람됨이 선(善)을 좋아하기 때문이다"고 했다.

공손추가 "선을 좋아하면 그것만으로 충분합니까?"라고 묻자 맹자가 다음과 같이 대답했다.

"선을 좋아한다면 천하를 다스리기에도 충분한데, 노나라쯤이야 말해 무엇하겠느냐? 만약 선을 좋아하면 천하의 사람들이 모두 천리 길도 가벼운 걸음으로 다가와서 선을 일러주게 된다. 만약 선을 좋아하지 않으면 사람들이 '혼자 잘난 척 할 것임을 내 다 안다'고 할 것이다. 혼자 잘난 척하는 말소리와 얼굴빛은 사람들을 천리 밖에서 막아 버리게 된다. 훌륭한 선비들이 천리 밖에서 머무르고 가까이 오지 않으면 헐뜯고 아첨하며 면전에서 알랑대는 사람들만 다가오게 된다. 헐뜯고 아첨하며 면전에서 알랑대는 사람들과 함께 지내면서 나라가 잘 다스려지기를 바란들, 그것이 가능한 일이겠는가?"

해설

「이루 상」(7·2)에서 "한갓 선한 마음만 가지고서는 좋은 정치를 할 수 없다"며 요순의 법도(어진 정치)라는 구체적인 수단을 함께 갖추어야 함을 말했는데, 여기서는 "선을 좋아한다면 천하를 다스리기에도 충분하다"고 하고 있다. 그러나 이것은 일관성의 결여라기 보다는 말하고 있는 대상에 따른 차별적인 표현이라고 볼 수 있다. 즉, 「이루 상」의 그 말은 유가 집단 밖에 있는 제후를 대상으로 한 것이므로, 선한 마음과 함께 그것을 실현하는 구체적인 수단인 어진 정치의 중요성을 강조한 것인 반면, 여기서는 그것을 익히 알고 있는 제자를 대상으로 한 것이기에 악정자의 인물됨에 대해서만 이야기한 것이다.

魯欲使樂正子爲政. 孟子曰, "吾聞之, 喜而不寐."

公孫丑曰, "樂正子强乎?"

曰, "否."

"有知慮乎?"

曰, "否."

"多聞識乎?"

曰, "否."

"然則奚爲喜而不寐?"

曰, "其爲人也好善."

"好善足乎?"

曰, "好善優於天下, 而況魯國乎? 夫苟好善, 則四海之內, 皆將輕千里而來告之以善. 夫苟不好善, 則人將曰, '訑訑, 予旣已知之矣.' 訑訑之聲音顔色, 距人於千里之外. 士止於千里之外, 則讒諂面諛之人至矣. 與讒諂面諛之人居, 國欲治, 可得乎?"

12·14 군자가 벼슬에 나아가고 물러나는 세 가지 상황

제자인 진자(陳子)가 물었다.

"옛날의 군자는 어떤 경우에 벼슬을 했습니까?"

맹자가 대답했다.

"벼슬길에 나아가는 상황이 세 가지이고, 벼슬에서 물러나는 상황이 세 가지였다. 군주가 그를 맞이함에 공경한 마음을 극진히 하고 예를 갖추면서 자신의 말을 실행할 것 같으면 나아갔다가, 예로써 대하는 태도는 변함이 없지만 건의하는 그의 말을 실행하지 않으면 떠나갔다. 그 다음으로 비록 자신의 말을 실행하지는 않아도 맞이함에 공경한 마음을 극진히 하고 예를 갖추면 나아갔다가, 예로써 대하는 태도가 변하면 떠나갔다. 마지막으로 아침에도 먹지 못하고 저녁에도 먹지 못해 굶주려서 문 밖에도 나갈 수 없는데, 군주가 그것을 듣고서 '내가 비록 큰 문제에 있어서는 그 사람의 도를 실행할 수 없고 또 그 사람의 말을 따르지도 못하지만, 내 땅에서 굶어 죽게 하는 것은 나의 수치이다'고 하면서 구제해 주는 경우 관직을 받아도 되지만, 단지 죽음을 면할 만큼에서 그쳐야 한다."

陳子曰, "古之君子何如則仕?"

孟子曰, "所就三, 所去三. 迎之致敬以有禮, 言將行其言也, 則就之, 禮貌未衰, 言弗行也, 則去之. 其次, 雖未行其言也, 迎之致敬以有禮, 則就之, 禮貌衰, 則去之. 其下, 朝不食, 夕不食, 飢餓不能出門戶. 君聞之曰, '吾大者不能行其道, 又不能從其言也, 使飢餓於我土地, 吾恥之.' 周之, 亦可受也, 免死而已矣."

12·15 하늘이 장차 큰 임무를 내리려 할 때

맹자가 말했다.

"순은 농사를 짓다가 떨쳐 일어났고, 부열(傅說)은 성벽 쌓는 일을 하다가 기용되었고, 교력(膠鬲)은 어물과 소금을 팔다가 기용되었고, 관이

오[34]는 옥리에게 잡혀있다가 기용되었고, 손숙오(孫叔敖)는 바닷가에 살다가 기용되었고, 백리해는 시장에서 살다가 기용되었다.

그러므로 하늘이 장차 큰 임무를 어떤 사람에게 내리려 할 때는 반드시 먼저 그의 마음을 괴롭게 하고 그의 근골을 힘들게 하며, 그의 몸을 굶주리게 하고 그의 몸을 곤궁하게 하며, 어떤 일을 행함에 그가 하는 바를 뜻대로 되지 않게 어지럽힌다. 이것은 그의 마음을 분발시키고 성질을 참을성있게 해 그가 할 수 없었던 일을 해낼 수 있게 도와주기 위한 것이다.

사람은 언제나 잘못을 저지른 후에야 고칠 수 있다. 마음으로 번민을 느끼고 이리저리 생각을 해 보고서야 분발하며, 낯빛으로 분명하게 나타나고 음성으로 터져 나온 후에야 깨닫게 된다.

안으로 군주를 분발시킬 법도있는 가문과 보필하는 선비가 없고, 밖으로 적국과 외환이 없는 나라는 항상 멸망한다. 이로써 근심과 걱정은 사람을 살아나게 하고, 안일한 쾌락은 사람을 죽게 한다는 것을 알 수 있다."

孟子曰, "舜發於畎畝之中, 傳說擧於版築之間, 膠鬲擧於魚鹽之中, 管夷吳擧於士, 孫叔敖擧於海, 百里奚擧於市. 故天將降大任於是人也, 必先苦其心志, 勞其筋骨, 餓其體膚, 空乏其身, 行拂亂其所爲. 所以動心忍性, 曾益其所不能. 人恒過, 然後能改, 困於心,

---

34. 관이오(管夷吳)는 제나라 환공을 보필해 패권을 이루게 한 관중이다. 관중은 제나라 환공과 그의 형인 공자규(公子糾) 사이의 권력 다툼에서 공자규에 가담했다가 실패해 옥에 갇혀있다가 친구인 포숙(鮑叔)의 적극적인 천거로 환공에게 기용되었다. 관포지교(管鮑之交)의 고사로 유명한 인물이다.

衡於慮, 而後作, 徵於色, 發於聲, 而後喻. 入則無法家拂士, 出則無敵國外患者, 國恒亡. 然後知生於憂患而死於安樂也."

12·16 가르침의 방법

맹자가 말했다.

"가르치는 데는 여러 가지 방법이 있다. 내가 탐탁치 않아서 가르치기를 거절하는 것 또한 가르침의 하나이다."

해설

가르치기를 거절하는 것도 가르침의 하나라는 말은 언뜻 보기에 모순되는 것 같다. 그러나 어떤 사람이 가르침을 받을 자격이나 태도를 갖추고 있지 못할 경우, 비록 그가 원하더라도 거절할 수 있다. 이 경우 그로 하여금 배움에 임하는 자신의 태도를 반성하게 만들므로, 가르침을 거절하는 것도 바로 가르침이 된다.

孟子曰, "教亦多術矣. 予不屑之教誨也者, 是亦教誨之而已矣."

진심 상

13·1 마음을 남김없이 실현하는 자

맹자가 말했다.

"자신의 마음을 남김없이 실현하는 자는 자신의 본성을 이해하게 된다. 자신의 본성을 이해하면 하늘을 이해하게 된다. 자신의 마음을 간직하고 자신의 본성을 기르는 것은 하늘을 섬기는 방법이다. 일찍 죽고 오래 사는 것에 개의치 않고 다만 자신의 몸을 닦아서 명을 기다리는 것이 명을 바르게 세우는 방법이다."

해설

맹자는 성선설을 주장하면서 인간에게는 도덕적 본성이 있으며 그것은 하늘로부터 부여받은 것이라고 한다. 즉 하늘의 본성이 개체로서의 인간에 내재화된 것이 도덕적 본성이다. 따라서 인간은 하늘과 본질적으로 동일한 존재이다. 인간이 지닌 도덕적 본성을 인의예지로 규정하고 그것이 외부 사물과의 교섭에서 각기 '측은하게 여기는 마음〔惻隱之心〕·부끄러워 하는 마음〔羞惡之心〕·사양하는 마음〔辭讓之心〕·옳고 그름을 아는 마음〔是非之心〕'으로 나타난다. 이러한 마음들은 도덕적 본성인 인의예지가 드러난 것이라는 점에서 '네가지 단서'〔四端〕라고 부른다. 이처럼 '하늘-하늘에서 부여받은 도덕적 본성-도덕적 본성이 드러난 단서인 마음'이라는 인간에 대한 이해를 전제로 할 때, 본문에서 말하는 내용을 이해할 수 있게 된다. 즉 마음을 남김없이 실현하면〔盡心〕그것의 근원인 본성을 알 수 있고〔知性〕나아가서 본성의 근원인 하늘을 이해할 수 있게 된다.〔知天〕그리고 이처럼 마음을 간직해서〔存心〕본성을 기르는 것〔養性〕은 다름 아닌 하늘을 섬기는〔事天〕는 방법인 것이다. 따라서 부귀와 빈천, 일찍 죽고 오래 사는 것과 같이 내가 어떻게 할 수 없는 것에 안달하거나 동요되지 않고 의연히 존심(存心)을 통한 양성(養性), 혹은 진심(盡心)을 통한 지성(知性)의 노력(그것을 맹자는 수신이라고 했다)에 충실하는 것이 자신에게 주어진 명을 올바로 받아들이는 방법이다.

孟子曰, "盡其心者, 知其性也. 知其性, 則知天矣. 存其心, 養其性, 所以事天也. 殀壽不貳, 修身以俟之, 所以立命也."

13·2 명을 대하는 태도

맹자가 말했다.

"어느 것이든 명(命)이 아닌 것이 없지만, 그 중 올바른 것에 순응해 받아들여야 한다. 그러므로 명을 제대로 이해하는 사람은 위태로운 담장 아래에 서 있지 않는다. 도를 실천하는 데 온 힘을 기울이다가 죽는 것이 명을 바르게 받아들이는 것이다. 죄를 지어 형벌을 받고 죽는 것은 명을 바르게 받아들이는 것이 아니다."

해설

맹자는 인간에게는 주어진 운명이 있다고 본다. 만약 이러한 입장을 극단화하면 인간에게는 주체적인 노력의 여지는 없고 단지 피동적으로 운명을 받아들여야 할 뿐이다. 그러나 맹자는 그러한 운명을 대함에 있어서도 인간의 의지적인 선택과 그에 따른 실천이 있어야 함을 강조한다. 따라서 죽고 사는 것이 어차피 운명에 달려 있다고 해서, 무너질 위험이 있는 담장 아래에 서 있는 것은 운명을 대하는 올바른 태도가 아니다. 또한 어차피 인간은 죽을 운명이기는 하지만 죄를 저질러서 형벌을 받고 죽는 것은 운명을 대하는 올바른 태도가 아니다. 마땅히 실천해야 할 도리를 실천하기 위해 노력하다가 죽는 것이 운명을 바르게 받아들이는 태도이다.

孟子曰, "莫非命也, 順受其正. 是故知命者, 不立乎巖牆之下. 盡其道而死, 正命也. 桎梏死者, 非正命也."

13·3 무엇을 추구할 것인가

맹자가 말했다.

"구하면 얻게 되고 내버려두면 잃어버리게 되는 경우에는 구하는 것이 얻는 데 유익한데, 그것은 구하려는 대상이 내 자신에게 있기 때문이다. 구하는 데 정해진 방법이 있고 얻는 것이 명에 달려 있는 경우에는 구한다 해도 얻는 데에 아무런 유익함이 없는데, 그것은 구하려는 대상이 내 자신의 밖에 있기 때문이다."

해설

인간이 노력하고 추구해야 할 것이 무엇인가에 대해서 말하고 있다. 맹자가 보기에 높은 지위나 부 그리고 오래 사는 것과 같은 것은 우리가 노력한다고 해서 반드시 얻을 수 있는 것이 아니다. 그것은 밖으로부터 나에게 주어지는 것이기 때문이다. 반면에 우리 안에 원래부터 가지고 있는 것이 있다. 도덕적 본성과 그것에 의해 드러난 도덕적인 마음이 그것이다. 맹자는 사람들은 누구나 그러한 본성과 마음을 지니고 있다는 성선설을 확신한다. 그것들은 우리가 노력해서 구하면 간직되게 되고 포기하고 버려두면 없어지게 된다. 그렇다면 인간이 추구해야할 것은 분명해진다. 즉 우리 안에 원래부터 있고 따라서 그것을 구하려는 노력을 하기만 하면 반드시 얻을 수 있는 도덕적 마음이 그것이다. 「고자하」(11·8)에서 공자의 말을 인용하며 말한 "붙잡으면 있게 되고 놓아버리면 사라지게 된다"는 것도 바로 이러한 도덕적인 마음을 간직하고 기르는 노력의 필요성을 강조한 것이다.

孟子曰, "求則得之, 舍則失之, 是求有益於得也, 求在我者也. 求之有道, 得之有命, 是求無益於得也, 求在外者也."

13·4 나에게 갖추어져 있는 만물

맹자가 말했다.

"만물이 다 나에게 갖추어져 있다. 그러므로 자기 내면으로 되돌아가서 내면을 진실되게 하는 것보다 더 큰 즐거움은 없다. 자신의 마음을 미루어 남을 생각하기를 힘써 실천하는 것보다 인(仁)을 구하는 가까운 방법은 없다."

孟子曰, "萬物皆備於我矣. 反身而誠, 樂莫大焉. 强恕而行, 求仁莫近焉."

13·5 보통 사람들

맹자가 말했다.

"어떤 것을 행하면서도 왜 그렇게 해야 하는지 이해하지 못하고, 어떤 것에 익숙해 있으면서도 그 까닭을 알지 못하고, 일생동안 그것을 따라가면서도 도를 알지 못하는 것이 보통 사람들이다."

孟子曰, "行之而不著焉, 習矣而不察焉, 終身由之而不知其道者, 衆也."

13·6 부끄러워하는 마음 1

맹자가 말했다.

"사람은 부끄러워하는 마음이 없어서는 안된다. 부끄러워하는 마음이 없음을 부끄럽게 생각한다면 진정 부끄러워할 것이 없게 될 것이다."

해설

부끄러워하는 마음이란 도덕적으로 옳지 못한 것을 할 때에 느끼는 도덕적 자각인 수치심으로, 무엇이 옳고 그른지에 대한 올바른 판단이 있어야만 가능한 것이다. 맹자는 이 옳고 그름에 대한 판단에 기초해 일어나는 부끄러워하는 마음이 바로 도덕적 인격을 완성해서 더 이상 부끄러워할 것이 없는 경지에 이르는 출발점임을 강조하고 있다.

孟子曰, "人不可以無恥. 無恥之恥, 無恥矣."

13·7 부끄러워하는 마음 2

맹자가 말했다.

"부끄러워하는 것은 사람에게 있어서 중요한 것이다. 임기응변으로 계교를 부리는 자는 부끄러워하는 마음을 쓸 곳이 없다. 부끄러워하는 마음을 지니고 행동함, 부끄러워할 것이 없는 것이 남보다 못하다면 무엇이 남보다 나은 것이 있겠는가?"

孟子曰, "恥之於人大矣. 爲機變之巧者, 無所用恥焉. 不恥不若
人, 何若人有?"

13·8 옛날의 어진 선비들

맹자가 말했다.

"옛날의 어진 왕들은 선(善)을 좋아했기에 자신의 권세를 전혀 염두
에 두지 않았다. 옛날의 어진 선비들이라고 유독 그렇지 않았겠는가?
옛날의 어진 선비들은 자신이 지닌 도를 즐겁게 여기고 남들의 권세를
염두에 두지 않았다. 그러므로 왕이나 귀족이라 할지라도 공경하는 마
음을 극진하게 하고 예를 극진히 갖추지 않으면 그들을 자주 만나볼 수
없었다. 자주 만나볼 수조차 없었는데, 하물며 그를 신하로 삼을 수 있
었겠는가?"

孟子曰, "古之賢王好善而忘勢, 古之賢士何獨不然? 樂其道而忘
人之勢. 故王公不致敬盡禮, 則不得亟見之. 見且由不得亟, 而況
得而臣之乎?"

13·9 자족의 삶을 즐기는 방법

맹자가 송구천(宋勾踐)에게 말했다.

"그대는 인생을 즐기는 것[1]을 좋아하느냐? 내 자네에게 인생을 즐기는 방법에 대해 말해 주겠다. 남이 나를 알아주어도 초연히 자족하고, 남이 나를 알아주지 않아도 또한 초연히 자족하라"고 했다.

구천이 물었다.

"어떻게 해야 초연히 자족할 수 있겠습니까?"

맹자가 대답했다.

"덕을 존중하고 의리를 즐겁게 여기면 초연히 자족할 수 있다. 그래서 선비는 곤궁한 상황에 처해도 의리를 잃어버리지 않고, 출세하더라도 도에서 떠나지 않는다. 곤궁한 상황에 처해도 의리를 잃어버리지 않기에 선비들은 자족함을 얻을 수 있고, 출세해도 도에서 떠나지 않기에 백성들에게서 실망을 사지 않는다. 옛사람들은 자신의 뜻을 이루게 되면 그 은택이 백성들에게 베풀어졌고, 뜻을 이루지 못하면 몸을 닦아서 세상에 자신을 드러내었다. 곤궁한 상황에 처하게 되면 홀로 자신의 몸을 선하게 하고, 출세하게 되면 함께 천하 사람들을 선하게 했던 것이다."

　

孟子謂宋句踐曰, "子好遊乎? 吳語子遊. 人知之, 亦囂囂, 人不知, 亦囂囂."

曰, "何如斯可以囂囂矣?"

曰, "尊德樂義, 則可以囂囂矣. 故士窮不失義, 達不離道. 窮不

---

1. 원문은 '유'(遊)이다. 안달하지 않고 유유자적하게 삶을 살아간다는 의미이다. 주희는 이것을 '제후에게 유세하다'는 뜻으로 풀고, 이 구절 전체를 제후에게 유세하는 방법을 알려주는 내용으로 이해 했는데, 전체 문맥에 부합하지 않는다.

失義, 故士得己焉, 達不離道, 故民不失望焉. 古之人, 得志, 澤加
於民, 不得志, 脩身見於世. 窮則獨善其身, 達則兼善天下."

13·10 보통 백성과 뛰어난 선비의 차이

맹자가 말했다.

"문왕과 같이 덕이 있는 임금이 나타나야만 분발해서 일어날 수 있는
자는 보통의 백성이다. 호걸의 기풍을 지닌 선비는 문왕과 같이 덕이 있
는 임금이 나타나지 않더라도 스스로 분발해 떨쳐 일어날 수 있다."

해설

평범한 사람은 교화와 같은 밖으로부터의 자극이 있어야만 자신의 도
덕적 본성에 대한 자각과 그것을 실현하려는 노력을 하게 되는 반면, 뛰
어난 사람은 그러한 자극이 주어지지 않더라도 스스로 도덕적 본성을
자각하고 실현하려는 마음을 가지게 됨을 말하고 있다.

孟子曰, "待文王而後興者, 凡民也. 若夫豪傑之士, 雖無文王猶興."

13·11 부귀에 초연한 사람

맹자가 말했다.

"권세 높은 한(韓)씨 가문이나 위(魏)씨 가문이 누린 것과 같은 부를

주더라도, 스스로 하찮게 여긴다면 보통 사람보다 월등히 뛰어난 사람
이다."

孟子曰, "附之以韓魏之家, 如其自視欿然, 則過人遠矣."

13·12 백성을 부리는 올바른 방법

맹자가 말했다.

"편안하게 해주기 위한 목적으로 백성들을 부리면[2] 백성들이 비록 수
고스럽더라도 원망하지 않는다. 살리기 위한 목적으로 백성들을 죽인다
면,[3] 비록 죽음을 당하더라도 죽인 사람을 원망하지 않을 것이다."

孟子曰, "以佚道使民, 雖勞不怨, 以生道殺民, 雖死不怨殺者."

---

2. 편안하게 해주기 위한 목적으로 백성들을 부린다는 것은 백성을 부리는 목
   적이 통치자의 사리사욕을 채우기 위해서가 아니라 백성들의 삶을 편안하
   게 해 주기 위한 것이라는 의미이다.
3. 살리기 위한 목적으로 백성들을 죽인다는 것은 사형의 형벌을 시행하는 목
   적이 죄인을 죽이기 위한 것이 아니라, 죄인을 죽임으로써 궁극적으로 사람
   을 죽이는 범죄를 그치게 하려는 데 있음을 말한다.

13·13 왕도와 패도의 차이

맹자가 말했다.

"패도를 시행하는 군주의 백성들은 환호작약하지만, 왕도를 시행하는 군주의 백성들은 느긋하게 자족한다. 죽여도 원망하지 않고, 이롭게 해주어도 그것을 군주의 공으로 돌리지 않는다. 백성들이 날마다 선(善)을 향해 옮겨 가지만 누가 그렇게 하게 하는지 알지 못한다.

군자가 지나가는 곳의 사람들은 감화를 받고, 그가 내면에 간직하고 있는 것은 신묘하여서 위아래로 하늘과 땅과 더불어 작용을 같이 한다. 그런데 어떻게 군자의 역할이 보잘 것 없다고 할 수 있겠는가?"

해설

도덕적 인격을 갖춘 군주인 군자의 왕도정치와 힘에 의존하는 패자의 패도정치를 비교하고 있다. 패도정치는 작위적이고 의도적이며 군주가 자신을 내세우므로, 백성들에게 이로운 정책을 펴면 백성들이 알아차리고 기뻐하는 한다. 반면에 왕도정치는 마치 하늘이 만물을 길러주지만 자신을 내세우지 않고 만물들도 하늘의 존재를 의식하지 못하는 것처럼 자연스러워서 백성들은 군주의 존재조차 의식하지 못한다. 그러므로 그러한 왕도정치의 주체인 군자의 역할은 드러나지 않지만 중요한 것이라고 한 것이다.

孟子曰, "覇者之民, 驩虞如也, 王者之民, 皥皥如也. 殺之而不怨, 利之而不庸. 民日遷善而不知爲之者. 夫君子所過者化, 所存者神, 上下與天地同流, 豈曰小補之哉?"

13·14 명령의 정치와 교화의 정치

맹자가 말했다.

"어진 말로 타이르는 것은 어진 음악이 사람들에게 깊이 스며들어 감화시키는 것만 못하고,[4] 좋은 정령은 좋은 교화가 백성의 마음을 얻는 것만 못하다.[5] 좋은 정령은 백성들이 두려워하고, 좋은 교화는 백성들이 애정을 느끼게 된다. 그러므로 좋은 정령을 시행하면 백성들에게서 재물을 얻게 되고, 좋은 교화를 시행하면 백성들에게서 마음을 얻게 된다."

해설

이상적인 정치는 명령이나 제도나 법령보다는 음악과 교화를 통해 백성을 자발적으로 이끌어 나가는 것임을 말하고 있다. 물론 제도나 법령을 잘 정비하는 것도 좋은 것이기는 하지만, 그보다 더욱 좋은 것은 군주가 덕을 통해 자연스럽게 감화시키고 심복시키는 것이다. 그리고 그것은 재물을 얻는데 그치느냐 마음까지 얻는데 이르느냐 하는 차이를 가져오게 된다.

이와 관련해서 『논어』「위정」(爲政)의 "명령(政)을 통해 백성을 이끌고 형벌(刑)로써 백성을 일사분란하게 하면 백성들이 죄를 지어 법망에 걸려드는 일은 하지 않지만 부끄러움을 모르게 되고, 덕으로써 이끌고 예

---

4. 말(言)은 이렇게 저렇게 하라고 지시하는 것이고, 음악(聲)은 자연스럽게 그렇게 하도록 하는 차이가 있기 때문이다.

5. 정령(政)이란 제도나 명령을 통해 백성들을 다스리는 타율적인 방법이고, 교화(教)란 군주의 덕을 통해 백성들을 감화시키는 자율적인 방법이기 때문이다.

로써 일사분란하게 하면 백성들이 부끄러움도 알게 되고 올바르게 된
다"고 하는 공자의 말도 참고할 만하다.

孟子曰, "仁言, 不如仁聲之入人深也. 善政, 不如善教之得民也.
善政民畏之, 善教民愛之, 善政得民財, 善教得民心."

13·15 타고난 능력과 타고난 지능

맹자가 말했다.

"사람이 배우지 않아도 할 수 있는 것은 타고난 능력[良能]이고, 생각
하지 않아도 아는 것은 타고난 지능[良知]이다. 두세살 난 어린 아이라
도 어버이를 사랑할 줄 모르는 사람이 없고, 성장해서는 형을 공경할 줄
모르는 사람이 없다. 어버이를 친애하는 것이 인이고, 윗사람을 공경하
는 것은 의(義)이다. 그렇게 할 수 있는 것은 다른 이유 때문이 아니라
모든 사람들이 인과 의를 보편적으로 지니고 있기 때문이다."

해설

성선설의 또다른 표현이다. 맹자는 사람은 나면서부터 선한 본성인
인의예지를 지니고 있다고 했는데, 여기서는 그러한 선한 본성뿐 아니
라 도덕적 판단을 하고 실천할 수 있는 능력까지도 원래부터 지니고 있
다고 한다. 그것이 양능과 양지이다. 즉 인간은 도덕적 본성과 함께 도
덕적 판단을 하고 그것을 실천하는 능력을 지닌 존재이다. 따라서 어버
이를 사랑하고 형을 공경하는 것은 후천적인 배움의 결과가 아니라 타

고난 본성의 자연스러운 결과이다.

　　孟子曰, "人之所不學而能者, 其良能也, 所不慮而知者, 其良知
也. 孩提之童, 無不知愛其親者. 及其長也, 無不知敬其兄也. 親
親, 仁也, 敬長, 義也. 無他, 達之天下也."

13·16 순임금의 자질

맹자가 말했다.

"순임금이 깊은 산 속에서 살 때 나무나 돌과 함께 살며 사슴과 멧돼
지와 함께 놀았는데, 산 속에 사는 일반 사람들과 다른 점이 거의 없었
다. 그러나 한 마디의 선한 말을 듣거나 하나의 선한 행위를 보면 곧 그
것을 실천했는데, 마치 강물이 막혔다가 터지는 것처럼 기세가 대단해
서 그 무엇도 막을 수가 없었다."

　　孟子曰, "舜之居深山之中, 與木石居, 與鹿豕遊, 其所以異於深
山之野人者幾希. 及其聞一善言, 見一善行, 若決江河, 沛然莫之
能禦也."

13·17 해서는 안될 것을 하지 않음

맹자가 말했다.

"해서는 안될 것을 하지 않고 욕망해서는 안될 것을 욕망하지 않는 것, 오직 이렇게 하기만 하면 된다."

孟子曰, "無爲其所不爲, 無欲其所不欲, 如此而已矣."

13·18 환난의 의미

맹자가 말했다.

"사람 중에 덕과 지혜, 기술과 지식을 지니고 있는 자는 항상 환난 속에 있다. 오직 외로운 신하와 서자들만이 마음 가짐이 편안하지 않고 환난을 근심하는 것이 깊기 때문에 사리에 통달하게 된다."

해설

역경은 사람을 좌절하게도 하지만 때로는 사람을 완성시키는 계기가 되기도 한다. 아무런 어려움도 없이 안일하면 분발해서 자신의 성취를 이루려는 마음도 생겨나지 않는다. 예를 들면 외로운 신하와 서자들은 군주와 어버이의 사랑을 얻지 못해서 항상 근심 속에 있는데, 그러한 근심은 결국은 그를 분발하게 하여 결국에는 목적한 것을 이루는 힘이 된다는 것이다. "근심과 걱정은 사람을 살아나게 하고, 안일한 쾌락은 사람을 죽게 하다"고 결론을 맺은 「고자 하」(12·15)의 내용과 동일한 맥락이다.

孟子曰, "人之有德慧術知者, 恒存乎疢疾. 獨孤臣孽子, 其操心也危, 其慮患也深, 故達."

13·19 네 부류의 사람들

맹자가 말했다.

"임금을 섬기는 사람이 있는데, 임금을 섬김에 거스르지 않고 기쁘게
해주는 자이다. 사직을 편안하게 하는 신하가 있는데, 사직을 편안하게
하는 것을 기쁨으로 삼는 자이다. 하늘의 백성(天民)이 있는데, 높은 지
위에 올라 자신의 도가 천하에 행해질 만해야 행하는 자이다. 큰 사람
(大人)이 있는데, 자기 몸을 바르게 함으로써 남도 저절로 감화되어 바
르게 되도록 하는 자이다."

해설

여기서 맹자는 네 부류의 사람을 제시하고 그들을 차별적으로 평가
하고 있다. 첫째는 오직 그가 모시는 군주에 대한 충성만을 생각해 그를
기쁘게 하려는 사람이고, 둘째는 사직의 안위만을 생각하는 사람이며,
셋째는 높은 자리에 올라 자신의 도가 실현될 가능성이 있을 경우에 그
것을 실현하는 사람이고, 넷째는 자신의 몸을 올바르게 함으로써 그의
감화를 받아서 모든 존재들이 더불어 감화되게 하는 사람이다. 이 중에
서 맹자가 이상적인 인격으로 생각한 것은 마지막의 경우인데, 이를 맹
자는 대인이라고 부르고 있다. 첫째와 둘째의 경우는 다같이 군주나 한
나라의 신하에 머무는 존재이다. 셋째의 경우는 비록 협애한 한계에서
벗어나기는 했지만 현실에서의 성패에 대한 고려에서 자유롭지 못한 존

재이다. 그러나 마지막의 대인은 한 군주나 나라에 소속되어 있지 않고
현실의 성패에서도 벗어나 있으며, 단지 자신의 존재만으로도 다른 사
람들이 자연히 그 감화를 입게 되는 사람이다.

孟子曰, "有事君人者, 事是君則爲容悅者也. 有安社稷臣者, 以
安社稷爲悅者也. 有天民者, 達可行於天下而後行之者也. 有大人
者, 正己而物正者也."

13·20 군자의 세 가지 즐거움

맹자가 말했다.

"군자에게는 세 가지 즐거움이 있는데, 통일된 천하의 임금이 되는
것은 여기에 끼지 못한다. 부모가 살아 계시며 형제들이 아무런 탈이 없
는 것이 첫번째 즐거움이다. 우러러 봐도 하늘에 부끄럽지 않고 굽어 봐
도 사람들에게 부끄럽지 않은 것이 두번째의 즐거움이다. 천하의 뛰어
난 인재들을 얻어서 가르치는 것이 세번째 즐거움이다. 군자에게는 이
세 가지 즐거움이 있는데, 통일된 천하의 임금이 되는 것은 여기에 끼지
못한다."

孟子曰, "君子有三樂, 而王天下不與存焉. 父母俱存, 兄弟無故,
一樂也. 仰不愧於天, 俯不怍於人, 二樂也. 得天下英才而教育之,
三樂也. 君子有三樂, 而王天下不與存焉."

13·21 군자가 본성으로 삼는 것

맹자가 말했다.

"넓은 영토와 많은 백성은 군자가 바라는 것이기는 하지만 그가 즐겁게 여기는 것은 이러한 것들이 아니다. 천하의 중심에 자리잡고 서서 사방의 백성을 편안하게 하는 것은 군자가 즐겁게 여기는 것이기는 하지만 그가 타고난 본성으로 여기는 것은 이러한 것들이 아니다. 군자가 본성으로 여기는 것은 비록 그의 이상이 천하에 실행되더라도 그 때문에 늘어나지 않고, 그가 아무리 곤궁하게 지내더라도 그 때문에 줄어들지 않는데, 그것은 타고난 분수가 정해져 있기 때문이다.

군자가 본성으로 여기는 것은 인의예지로 마음에 뿌리박고 있다. 그것으로 생겨난 빛은 해맑아서 얼굴에 드러나고 등에 가득 차며 사지에 퍼져 나가서 말이 없어도 사지가 스스로 알아차리게 된다."[6]

孟子曰, "廣土衆民, 君子欲之, 所樂不存焉. 中天下而立, 定四海之民, 君子樂之, 所性不存焉. 君子所性, 雖大行不加焉, 雖窮居不損焉, 分定故也. 君子所性, 仁義禮智根於心, 其生色也, 睟然見於面, 盎於背, 施於四體, 四體不言而喩."

---

6. 말이 없어도 사지가 스스로 알아차리게 된다는 것은 내면의 덕이 몸을 통해 드러남으로써 일거수 일투족의 모든 행위가 그러한 덕에 부합하게 된다는 의미이다. 공자가 '마음이 욕망하는 바대로 행위해도 모든 행위가 도덕적 기준에서 벗어나지 않게 되었다'[從心所欲不踰矩]고 한 70세에 이른 경지가 이러한 것이다.

맹자가 말했다.

"백이는 주왕을 피하여 북해의 바닷가에서 살았는데, 문왕이 떨쳐 일어났다는 말을 듣고서는 고무되어서 말하기를 '어찌 그에게로 돌아가지 않겠는가. 내가 듣기에 서백(西伯)은 늙은이를 잘 봉양하는 분이라고 하였다'고 했다. 또 태공(太公)은 주를 피해 동해의 바닷가에 살았는데, 문왕이 떨쳐 일어났다는 말을 듣고서는 고무되어 '어찌 그에게로 돌아가지 않겠는가. 내가 듣기에 서백은 늙은이를 잘 봉양하는 분이라고 하였다'고 했다. 만일 천하에 늙은이를 잘 봉양하는 사람이 있다면 어진이들은 그를 자신이 귀의할 곳으로 생각할 것이다.

다섯 무(畝) 넓이의 집터 담 밑에 뽕나무를 심고 부녀자들이 누에를 치면, 늙은이들이 충분히 비단옷을 입을 수 있다. 다섯 마리의 암탉과 두 마리의 암돼지를 기르되 번식시킬 시기를 놓치지 않으면, 늙은이들이 충분히 고기를 먹을 수 있다. 백 무 넓이의 밭을 장정이 농사지으면, 여덟 식구의 가족이 충분히 굶주리지 않을 수 있다.

이른바 서백이 늙은이를 잘 봉양했다는 것은 토지와 집터를 제정해 주고 농사짓고 가축치는 것을 가르쳐서, 아내와 자식들이 늙은이를 봉양하도록 이끈 것이다. 사람은 쉰살이 되면 비단옷을 입지 않으면 따뜻하지 않고, 일흔 살이 되면 고기를 먹지 않으면 배부르지 않다. 따뜻하지 않고 배부르지 않은 것을 추위에 떨고 주린다고 한다. 문왕의 백성 중에 추위에 떨거나 주린 늙은이가 없었다고 하는 것은 이것을 말한 것이다."

孟子曰, "伯夷辟紂, 居北海之濱, 聞文王作興, 曰, '盍歸乎來!
吾聞西伯善養老者.' 大公辟紂, 居東海之濱, 聞文王作興, 曰, '盍
歸乎來! 吾聞西伯善養老者.' 天下有善養老, 則仁人以爲己歸矣.
伍畝之宅, 樹牆下以桑, 匹婦蠶之, 則老者足以衣帛矣. 伍母雞, 二
母彘, 無失其時, 老者足以無失肉矣. 百畝之田, 匹夫耕之, 八口之
家可以無飢矣. 所謂西伯善養老者, 制其田里, 教之樹畜, 導其妻
子, 使養其老. 伍十非帛不煖, 七十非肉不飽. 不煖不飽, 謂之凍餒.
文王之民, 無凍餒之老者, 此之謂也."

13·23 양식을 물이나 불처럼 풍족하게

맹자가 말했다.

"밭을 돌보아 주고 세금 거두는 것을 가볍게 하면 백성들을 부유하게
할 수 있을 것이다. 제 철에 맞추어 먹고 예에 맞게 소비를 한다면 재물
을 이루 다 쓰지 못할 정도가 될 것이다. 백성들이 물과 불이 없으면 생
활할 수 없지만 캄캄한 저녁에 남의 집 문을 두드리고 물과 불을 구하면
주지 않는 사람이 없는 것은 물과 불이 풍족하기 때문이다. 성인은 천하
를 다스림에 있어서 콩과 조 같은 곡식을 물과 불처럼 풍족하게 있도록
한다. 콩과 조가 물과 불처럼 풍족한데도 백성 중에 어떻게 어질지 못한
자가 있겠는가?"

孟子曰, "易其田疇, 薄其稅斂, 民可使富也. 食之以時, 用之以
禮, 財不可勝也. 民非水火不生活, 昏暮叩人之門戶, 求水火, 無弗

與者, 至足矣. 聖人治天下, 使有菽粟如水火. 菽粟如水火, 而民焉
有不仁者乎?"

13·24 군자의 도에 대한 추구

맹자가 말했다.

"공자께서 동산(東山)에 올라가 노나라를 작다는 여기셨고, 태산(泰
山)에 올라가 천하를 작다고 여기셨다. 그러므로 바다를 본 사람의 경우
어지간한 강물은 그의 관심을 끌 수 없고, 성인(聖人)의 문하에서 배운
사람의 경우 어지간한 말은 그의 관심을 끌 수가 없다. 물을 보는 데는
방법이 있으니, 반드시 그 물결을 보아야 한다.[7] 해와 달은 빛을 지니고
있어서 그 빛을 받아들일 만한 곳이면 반드시 비춘다. 흐르는 물은 빈
웅덩이를 채우지 않고는 나아가지 않는다.[8] 군자가 도(道)를 추구함에
있어서도 일정한 성취를 이루지 않으면 통달한 경지에 이르지 못한다."

해설

유학의 도에 대한 자부심과 그것을 추구하는 단계적이고 쉼없는 노력
을 말하고 있다. 이미 한없이 넓은 바다를 본 사람에게 강물을 보여주더

---

7. 물결을 보면 그것을 일게 한 물의 깊이와 넓이를 알 수 있다는 의미이다.
8. 물은 비약이나 건너뜀이 없이 반드시 점차적으로 빈 웅덩이들을 채우
   고 나서야 앞으로 흘러 나아감을 말한 것이다. 맹자는 이러한 물의 비
   유를 통해서 학문에 있어서는 비약이란 있을 수 없고 반드시 점차적이
   고 단계적인 성취를 거쳐서 궁극의 경지에 이르러야 함을 말했다.

라도 그의 관심을 끌 수 없듯이 유학의 도를 알게 된 사람에게는 어떠한 학파의 학설을 보여주더라도 관심을 끌지 못한다는 것이다. 또 그러한 유학의 도를 추구함에 있어서는 해와 달이 모든 곳을 비추고 흐르는 물이 반드시 빈 웅덩이를 다 채우고 앞으로 나아가듯 점진적인 성취를 거쳐야한다는 것이다.

孟子曰, "孔子登東山而小魯, 登太山而小天下. 故觀於海者難爲水, 遊於聖人之門者難爲言. 觀水有術, 必觀其瀾. 日月有明, 容光必照焉. 流水之爲物也, 不盈科不行. 君子之志於道也, 不成章不達."

13·25 순임금과 도척의 차이

맹자가 말했다.

"닭이 울면 일어나 부지런히 선을 행하는 사람은 순임금과 같은 부류의 사람이고, 닭이 울면 일어나 부지런히 이익을 추구하는 사람은 도척과 같은 부류의 사람이다. 순임금과 도척의 구별을 알고자 한다면, 그것은 다른 것이 아니라 이익을 추구하는가 선을 추구하는가의 차이이다."

孟子曰, "雞鳴而起, 孳孳爲善者, 舜之徒也, 雞鳴而起, 孳孳爲利者, 蹠之徒也. 欲知舜與蹠之分, 無他, 利與善之閒也."

13·26 양주와 묵자 그리고 자막을 평가함

맹자가 말했다.

"양주(楊朱)는 나만을 위할 것〔爲我〕을 주장해 자신의 터럭 하나를 뽑아 천하를 이롭게 할 수 있다고 하더라도 그렇게 하려고 하지 않았다. 묵자(墨子)는 차별없는 사랑〔兼愛〕을 주장해 정수리가 닳고 발뒤꿈치가 없어지는 한이 있어도 천하를 이롭게 할 수 있다면 그렇게 했다. 노나라의 현자 자막(子莫)은 그 극단의 중간을 붙잡았다. 중간을 붙잡으면 도(道)에 가깝게 된다. 그러나 중간을 붙잡기만 하고 융통성이 없다면 하나에 집착하는 것과 마찬가지이다. 하나에 집착하는 것을 나쁘게 여기는 것은 그것이 올바른 도를 해치며 한 가지만을 내세우고 나머지 백 가지를 버리게 하기 때문이다."

孟子曰, "楊子取爲我, 拔一毛而利天下, 不爲也. 墨子兼愛, 摩頂放踵利天下, 爲之. 子莫執中, 執中爲近之, 執中無權, 猶執一也. 所惡執一者, 爲其賊道也, 擧一而廢百也."

13·27 물질적 조건과 마음

맹자가 말했다.

"굶주린 사람은 어떤 것도 달게 먹고, 목마른 사람은 어떤 것도 달게 마시는데, 이것들은 먹고 마시는 음식의 정상적인 맛을 알지 못한 것으로 굶주림과 목마름이 입과 배를 해쳤기 때문이다. 어찌 사람의 입과 배에만 굶주림과 목마름으로 인한 해가 있겠는가? 사람의 마음에도 그러한 해가 있다. 만약 사람들이 굶주림과 목마름으로 인한 해가 마음의 해가 되지 않게 할 수 있다면[9] 자신의 부귀가 남만 못하다고 근심하지 않을 것이다."

해설

물질적 조건에 동요되지 않는 마음이 도덕적 실천에 중요함을 말하고 있다. 이후 도덕적 실천과 관련한 설명에서 유가들이 늘상 사용하는 설명 구조인 의리/이익, 도덕/욕망 구분의 선구가 되는 구절이다. 맹자는 「공손추 상」(3·2)에서 그러한 의연한 마음을 '부동심'(不動心)이란 말로 설명하고 있다.

孟子曰, "飢者甘食, 渴者甘飲, 是未得飲食之正也, 飢渴害之也. 豈惟口腹有飢渴之害? 人心亦皆有害. 人能無以飢渴之害爲心害, 則不及人不爲憂矣."

13·28 유하혜의 지조

맹자가 말했다.

---

9. 이 구절은 부귀나 빈천과 같은 물질적 조건에 의해 마음이 동요되지 않는 것을 말한다. 흔히 유학에서 가난을 편안하게 여기며 도를 즐겁게 추구하는 마음의 상태(安貧樂道)가 그러한 경우이다.

"유하혜는 삼공(三公)의 직위를 얻기 위해 자신의 지조를 바꾸지는 않았다."

孟子曰, "柳下惠, 不以三公易其介."

13·29 우물 파는 비유

맹자가 말했다.

"인의를 지향해 노력하는 것은 비유하자면 우물을 파는 것과 같다. 우물을 아홉 길이나 되도록 팠더라도 물이 솟아나는 데까지 도달하지 못했으면 우물을 포기한 것이나 마찬가지이다."

해설

도덕 실천을 향한 노력은 그 결실을 얻을 때까지 추구해야 함을 우물을 파는 것에 비유해 설명하고 있다. 우물을 파는 것은 샘물을 얻기 위한 것이다. 따라서 샘물을 얻는 데까지 이르지 못했다면 비록 아홉 길을 파는 노력을 했다 하더라도 그러한 노력은 아무런 의미도 없는 것과 같다.

孟子曰, "有爲者辟若掘井. 掘井九軔而不及泉, 猶爲棄井也."

13·30 요순과 탕무 그리고 오패의 차이

맹자가 말했다.

"요임금과 순임금은 타고난 본성을 자연스럽게 행했고, 탕왕과 무왕은 몸으로 실천했으며, 춘추시대의 다섯 패자들은 인(仁)을 빌어와서 내세웠다.[10] 오랫동안 빌린 채 돌려주지 않았으니, 자신이 그것을 실제로 지니고 있지는 않다는 것을 어떻게 알 수 있었겠는가?"

해설

요순과 탕왕, 무왕 그리고 오패를 들어 과거 군주들을 세 가지 유형으로 크게 대별하고 있다. 맹자는 요순은 타고난 성인으로 자신의 도덕적 본성을 자연스럽게 실현한 이들이고, 탕무는 후천적인 도덕 실천의 노력을 통해서 도덕적 인격을 완성한 이들이며, 다섯 패자들은 실제로는 무력에 의지해 패권정치를 행했으면서도 인을 가장한 군주들로 규정하고 있다.

孟子曰, "堯舜, 性之也, 湯武, 身之也, 伍覇, 假之也. 久假而不歸, 惡知其非有也?"

---

10. 인을 빌어서 내세웠다는 것은 춘추시대의 다섯 패자들이 자신들이 지닌 힘을 바탕으로 사사로운 이익을 추구하면서도 인을 위한 것인 양 표방했다는 의미이다.

13·31 신하에 의한 군주의 추방

공손추가 말했다.

"이윤이 '나는 도리를 따르지 않는 사람을 두고 볼 수 없다'며 태갑(太甲)을 동(桐) 지역에 추방하자 백성들이 크게 기뻐했으며, 태갑이 어질게 변하자 다시 되돌아 오게 하니 백성들이 크게 기뻐했습니다. 어진 사람이 남의 신하가 되어, 군주가 어질지 않으면 원래 내쫓아도 되는 것입니까?"

맹자가 말했다.

"이윤과 같은 뜻이 있다면 그렇게 할 수 있지만, 이윤과 같은 뜻이 없다면 그것은 찬탈하는 것이다."

해설

공손추는 어진 인물로 알려진 이윤의 행적을 들어서 그가 신하로서 군주를 추방한 것이 의리에 부합하는지를 묻고 있다. 이에 대해 맹자는 그가 권력을 차지하기 위한 야심에서 그렇게 한 것이 아니라 천하를 평화롭게 하려는 의도에서 그렇게 한 것임을 밝힘으로써, 신하가 군주를 추방할 수 있는 정당성의 조건을 제시하고 있다. 이것은 「양혜왕 하」(2·8)에서 제시한 역성혁명에 대한 옹호[放伐論]와 호응하는 구절이다.

참고로 이윤이 태갑을 동 지역에 추방한 사건의 전말은 「만장 상」(9·6)에 상세하게 언급되고 있다.

公孫丑曰, "伊尹曰, '予不狎于不順.' 放太甲于桐, 民大悅. 太甲賢, 又反之, 民大悅. 賢者之爲臣也, 其君不賢, 則固可放與?"

孟子曰, "有伊尹之志, 則可, 無伊尹之志, 則簒也."

13·32 군자의 사회적 기여

공손추가 물었다.

"『시경』에서는 '하는 일 없이 밥 먹지 않는다'고 했는데, 어째서 군자는 농사를 짓지 않으면서 밥을 먹습니까?"

맹자가 대답했다.

"군자가 어느 나라에 머무는데, 그 나라의 임금이 그를 기용하면 나라가 편안하고 부유하며 존귀하고 번영하게 되며, 청년들이 그를 따르면 효성스럽고 공경스러우며 충성스럽고 믿음성이 있게 된다. 하는 일 없이 밥을 먹지 않는 것으로 이보다 더 큰 것이 어디에 있느냐?"

해설

공손추가 『시경』의 구절을 인용해 자신이 속한 지식인 집단인 유가의 사회적 역할과 기여에 대해서 물은 것에 대한 맹자의 대답이 제시되고 있다. 이미 앞에서 본 대로 당시에는 농업생산과 같은 노동도 하지 않으면서 제후국을 순례하는 유가에 대해 무위도식한다는 적지 않은 비판이 있었다. 공손추의 질문은 그러한 비판을 의식한 것이다. 이에 대해 맹자는 농업생산과 같은 육체 노동만이 노동이 아니라 정신 노동도 노동이며 오히려 그러한 정신 노동을 통한 사회적 기여가 중요함을 역설하고 있다.

이 문제에 대한 상세한 맹자의 변론은 「등문공 상」(5·3)에서 자급 자족적 농업생산과 육체노동의 중요성을 역설하는 허행의 제자이자 농가(農家)의 일원이었던 진상(陳相)과의 대담을 통해 제시되고 있다. 여기서 맹자는 특유의 뛰어난 말솜씨로 육체 노동〔勞力〕과 정신 노동〔勞心〕의 구분과 그에 따른 사(士)·농(農)·공(工)·상(商)이라는 사회적 분업의 필요성을 논증하고, 정신노동을 담당한 유가가 수행하는 사회적 역할의 중요성을 강조하고 있다.

公孫丑曰, "詩曰, '不素餐兮', 君子之不耕而食, 何也?"
孟子曰, "君子居是國也, 其君用之, 則安富尊榮, 其子弟從之, 則孝弟忠信. '不素餐兮', 孰大於是?"

13·33 선비의 일

제나라의 왕자 점(墊)이 물었다.
"선비〔士〕는 어떤 일을 합니까?"
맹자가 대답했다.
"뜻을 숭상합니다."
다시 점이 물었다.
"뜻을 숭상한다는 것은 무엇을 말하는 것입니까?"
맹자가 대답했다.
"인의를 추구하는 것일 뿐입니다. 한 사람이라도 죄없는 사람을 죽이는 것은 인(仁)이 아니며, 자기 것이 아닌데 취하는 것은 의(義)가 아닙니다. 선비는 어떤 곳에 머물겠습니까? 인이 바로 그 곳입니다. 선비는 어떤 길을 걸어 가겠습니까? 의가 바로 그 곳입니다. 인에 머물고 의를 따른다면 대인으로서 할 일이 갖추어지게 됩니다."

王子墊問曰, "士何事?"

孟子曰, "尙志."

曰, "何謂尙志?"

曰, "仁義而已矣. 殺一無罪, 非仁也, 非其有而取之, 非義也. 居惡在? 仁是也, 路惡在? 義是也. 居仁由義, 大人之事備矣."

13·34 사소한 의로움을 지킨 중자

맹자가 말했다.

"중자[11]는 의로운 것이 아니면 제나라를 주더라도 받지 않을 것이라고 사람들 누구나 믿고 있지만, 그가 행한 것은 밥 한 그릇과 국 한 사발을 의롭지 않다고 거절하는 정도의 사소한 의로움이다. 사람에게 있어서 친척과 군신 그리고 상하 간의 의리를 망각하는 것보다 큰 죄는 없다.[12] 그가 사소한 의로움을 지켰다고 해서 제나라를 주는 것과 같은 큰

---

11. 중자(仲子)는 진중자(陳仲子)로, 제나라의 청렴한 인물이다. 「등문공 하」(6·10)에 진중자의 행적과 그에 대한 맹자의 비판이 상세하게 제시되어 있다.

12. 맹자가 친척과 군신 그리고 상하의 도리를 부정했다고 비판한 것은 중자가 그의 형이 제나라의 경으로 있는 것을 수치스러워해 형과 어머니를 떠나 홀로 살았기 때문이다.

경우에도 그렇게 할 것이라고 믿는 것이 어찌 옳은 일이겠는가?"

孟子曰, "仲子, 不義與之齊國而弗受, 人皆信之, 是舍簞食豆羹
之義也. 人莫大焉亡親戚·君臣·上下. 以其小者信其大者, 奚可哉?"

13·35 천하와 어버이의 경중

제자인 동응이 물었다.

"순임금이 천자였을 때 고요(皐陶)가 사법을 담당하는 관리로 있었는
데, 만약 순의 아버지인 고수(瞽瞍)가 살인을 했다면 어떻게 했을까요?"

맹자가 대답했다.

"체포했을 것이다."

동응이 물었다.

"그렇다면 순임금은 저지하지 않았을까요?"

맹자가 대답했다.

"순임금이 어떻게 그것을 저지했겠느냐? 고요에게는 직책상 시행해
야 할 물려받은 법이 있었다."

다시 물었다.

"그렇다면 순임금은 어떻게 했을까요?"

맹자가 대답했다.

"순임금은 천하를 헌신짝처럼 버리고, 몰래 아버지를 등에 업고 도망
쳐 바닷가에 살면서 죽을 때까지 즐거워하면서 천하를 잊었을 것이다."

　여기서는 공적인 규범인 법을 지킬 의무와 사적인 규범인 인륜을 지킬 의무가 충돌할 경우에 있어서의 선택의 문제를 제시하고 있다. 유가에서는 인륜을 중시하지만 객관적인 사회적 규범의 필요성도 인정한다. 그런데 현실에서는 그 두 가지가 충돌하는 상황이 일어날 수 있다. 그러한 상황에서 유가는 순임금과 같은 선택을 공적인 규범인 법을 정면으로 부정하지 않으면서도 사적 규범인 인륜을 지키는 방법으로 권하고 있다. 이는 『논어』에서 아들이 아버지를 절도죄로 관가에 고발할 정도로 자신이 다스리는 곳의 백성들이 올곧다〔直〕고 자랑하는 관리에게, 진정한 올곧음은 아버지를 고발하는 것이 아니라 그 아버지를 업고 도망가는 것이라고 말한 공자의 생각과도 일치하는 것이다.

　桃應問曰, "舜爲天子, 皐陶爲士, 瞽瞍殺人, 則如之何?"
　孟子曰, "執之而已矣."
　"然則舜不禁與?"
　曰, "夫舜惡得而禁之? 夫有所受之也."
　"然則舜如之何?"
　曰, "舜視棄天下, 猶棄敝蹝也. 竊負而逃, 遵海濱而處, 終身訢然, 樂而忘天下."

13·36 환경의 중요성

　맹자가 범(范) 땅에서 제나라로 갈 때에 제나라 왕의 아들을 바라보고는 감탄하며 말했다.

"저렇게 처한 환경이 사람의 기상을 변화시키고 봉양하는 것이 몸을 변화시키다니, 환경이란 얼마나 중요한가! 그 역시 다 같은 사람의 자식이 아닌가?"

또 말했다.

"왕자가 사는 집과 타는 말과 수레, 입는 의복이 대체로 남과 같은데 왕자가 저와 같은 것은 거처하는 환경이 그렇게 한 것이다. 그렇다면 천하의 넓은 집[13]에 거처할 경우 어떠하겠는가? 노나라의 임금이 송나라로 가서 질택(垤澤)이라는 성문에서 사람을 부르자 문지기가 '이 분은 우리 임금이 아닌데도 어쩌면 그렇게 음성이 우리 임금과 비슷할까?'라고 말했다고 한다. 그것은 다름이 아니라 거처하는 환경이 서로 비슷했기 때문이다."

孟子自范之齊, 望見齊王之子. 喟然嘆曰, "居移氣, 養移體, 大哉, 居乎! 夫非盡人之子與?"

孟子曰, "王子宮室·車馬·衣服多與人同, 而王子若彼者, 其居使之然也, 況居天下之廣居者乎? 魯君之宋, 呼於垤澤之門. 守者曰, '此非吾君也, 何其聲之似我君也?' 此無他, 居相似也."

---

13. 천하의 넓은 집[天下之廣居]이란 인을 가리킨다. 「등문공 하」(6·2)에 자세한 언급이 있다.

13·37 예의 형식과 내용

맹자가 말했다.

"사람을 대함에 먹여주기만 하고 사랑하지 않는다면 짐승으로 사귀는 것이요, 사랑하기만 하고 공경하지 않는다면 짐승으로 기르는 것이다. 공경하는 마음은 예물을 보내기 전에 이미 갖추어져 있어야 하는 것이다. 공경한다면서도 그 실질이 없을 경우[14] 군자는 헛된 형식적 예에 얽매이지 않는다."

孟子曰, "食而弗愛, 豕交之也, 愛而不敬, 獸畜之也. 恭敬者, 幣之未將者也. 恭敬而無實, 君子不可虛拘."

13·38 타고난 형체와 용모의 실현

맹자가 말했다.

"사람의 형체와 용모는 타고난 것인데, 오직 성인이라야 타고난 형체와 용모를 그대로 실현시켜 낼 수 있다."

해설

맹자는 사람이 타고난 형체와 용모를 온전히 실현시켜 내는 것은 내

---

14. 공경한다면서도 그 실질이 없을 경우란 공경하는 형식적 예인 폐백은 갖추었지만 실제로는 공경하는 마음이 없는 경우를 말한다.

면적 인격의 수양을 통해서 가능하다고 본다. 앞의 13·20에서 말한 "군자가 본성으로 삼는 인의예지는 마음에 뿌리박고 있다. 그것이 드러난 빛은 해맑아서 얼굴에 나타나고 등에 가득 차며 사지에 퍼져 나간다"는 것이 바로 그러한 의미이다.

孟子曰, "形色, 天性也, 惟聖人, 然後可以踐形."

13·39 장례 기간에 관하여

제나라 선왕(宣王)이 장례 기간을 단축하려고 했다.
공손추가 물었다.
"일년[朞]의 상이라도 치르는 것이 안하는 것보다는 낫겠지요?"
맹자가 대답했다.
"너의 말은 마치 어떤 사람이 자기 형의 팔을 비틀자 그대가 '좀 살살 비트시오'라고 말하는 것과 같다. 이런 경우에는 효제(孝悌)의 도리를 가르쳐야 할 따름이다."
왕자 중에 그의 어머니가 죽은 자가 있었는데, 그의 스승이 그를 위해서 수 개월의 장례 기간이라도 지킬 수 있도록 해 줄 것을 청했다.[15]
공손추가 물었다.

---

15. 정실 왕비의 위세 때문에 왕자가 정실 왕비가 아닌 생모의 삼년상을 치를 수가 없게 되자 그의 스승이 왕에게 수 개월의 상기만이라도 지킬 수 있도록 해달라고 청했다고 한다.

"이러한 경우는 어떻습니까?"

맹자가 대답했다.

"이것은 왕자가 삼년의 상을 다 마치려고 해도 할 수 없는 경우이므로 비록 하루를 더 지킨다 하더라도 안 하는 것보다는 낫다. 앞서의 경우는 누가 삼년의 상기를 지키는 것을 금지하지 않는데도 상기를 지키지 않는 것에 대해 말한 것이다."

齊宣王欲短喪.

公孫丑曰, "爲朞之喪, 猶愈於已乎?"

孟子曰, "是猶或紾其兄之臂, 子謂之姑徐徐云爾. 亦敎之孝弟而已矣."

王子有其母死者, 其傅爲之請數月之喪.

公孫丑曰, "若此者, 何如也?"

曰, "是欲終之而不可得也, 雖加一日愈於已. 謂夫莫之禁而弗爲者也."

13·40 군자가 사람을 가르치는 다섯 가지 방식

맹자가 말했다.

"군자가 사람을 가르치는 방식은 다섯 가지이다. 때맞춰 내리는 단비와 같이 사람을 교화시키는 방식이 있고, 덕을 이루어 주는 방식이 있고, 재능을 완전히 실현하도록 해주는 방식이 있고, 묻는 말에 대답해주는 방식이 있고, 직접 가르치지는 않지만 간접적으로 감화를 받게 하는 방식이 있다. 이 다섯 가지가 군자가 사람을 가르치는 방식이다."

孟子曰, "君子之所以教者伍, 有如時雨化之者, 有成德者, 有達財者, 有答問者, 有私淑艾者. 此伍者, 君子之所以教也."

13·41 도를 가르치는 방법

공손추가 물었다.

"도가 높고 아름답기는 하지만 마치 하늘에 오르는 것 같아서 그곳에 미치지 못할 듯합니다. 어째서 도를 사람들이 미칠 수 있도록 만들어서 날마다 부지런히 노력하도록 하시지 않습니까?"

맹자가 대답했다.

"큰 목수는 서툰 목수를 위해 먹줄 치는 법을 고치거나 없애지 않고 활쏘기의 명수인 예(羿)는 활쏘는 데 서툰 사람을 위해서 활줄을 당기는 적절한 법도를 바꾸지 않는다. 군자는 사람을 가르침에 활쏘기를 가르치는 사람이 활줄을 잡아당기고도 화살을 쏘지는 않지만, 생동감있게 실제 쏘는 듯이 하는 것과 같이 한다. 중도(中道)를 지키고 서 있으면, 능력있는 사람은 그대로 따라 한다."

해설

공손추의 물음은 어쩌면 유가의 주장들에 대한 당시의 일반적인 반응을 의식한 것인지도 모르겠다. 당시 맹자가 만난 제후들의 대답은 한결같이 "참 좋은 말씀이기는 하지만 비현실적인 것 같습니다"는 식이었다. 지나치게 현실과 괴리된 이상론이라는 것이다. 그도 그럴 것이 유가들은 예라는 전통적인 질서 대신 힘의 논리가 지배하는 약육강식의 현실에서 경제력이나 무력보다는 인의라는 도덕적 원리를 중시해야 한다고 강조했기 때문이다. 따라서 유가의 주장은 번번이 받아들여지지 않았고 그 때마다 맹자와 그의 제자들은 그들의 이상을 받아들여 줄 다른 제후들을 찾아 나서는 여행길에 오르곤 했다. 공손추의 물음은 이러한 현실 상황에서 나왔을 법하다. 공손추는 선생인 맹자가 말하는 도가 고원하고 이상적이기는 하지만, 오히려 그 때문에 당시 제후를 비롯한 일반인들이 실천하기에는 어려움이 있으므로 일반인들의 '눈 높이'에 맞추어 내릴 것을 건의한 것이다. 이러한 건의에 대한 반응은 본문에 나온 그대로이다.

이미 앞의 「등문공 하」(6·2)에도 이러한 문제에 대한 논의가 보인다. 여기서 맹자는 현실에 영합해 자신의 정당한 원칙을 버리는 것을 '아녀자의 도'(姜婦之道)라고 하고 부귀의 유혹이나 빈천의 어려움, 권력의 위세에도 굴복하지 않고 의연하게 도를 실천하는 인물을 대장부라고 정의하고 있다. 이 본문을 바로 이어서 나오는 구절(13·42)의 내용도 동일한 맥락에서 이해하면 되겠다.

公孫丑曰, "道則高矣美矣, 宜若登天然, 似不可及也. 何不使彼
爲可幾及而日孶孶也?"

孟子曰, "大匠不爲拙工改廢繩墨, 羿不爲拙射變其彀率. 君子引
而不發, 躍如也. 中道而立, 能者從之."

13·42 도에 임하는 태도

맹자가 말했다.

"천하에 도가 있으면 그 도를 자신의 몸을 통해 실천하고, 천하에 도가 없으면 도를 추구하여 자신을 희생한다. 나는 자신의 도를 희생해가며 남을 따랐다는 것은 들어본 적이 없다."

孟子曰, "天下有道, 以道殉身, 天下無道, 以身殉道. 未聞以道殉乎人者也."

13·43 배우는 이의 마음가짐

공도자가 물었다.

"등경이 선생님의 문하에 들어와 있으니 예로써 대해주어야 할 것 같은데, 그의 물음에 대답을 안하신 것은 어째서인지요?"[16]

맹자가 대답했다.

"자신의 신분이 높음을 내세워서 묻고, 자신의 재능을 내세워서 묻고, 자신의 나이 많음을 내세워서 묻고, 자신의 공로를 내세워서 묻고,

---

16. 등경(滕更)은 등나라 왕의 동생이라는 높은 신분으로 맹자에 문하에 들어와 제자로서 배움을 청했다. 그래서 공도자는 신분에 맞게 예우해 주어야 할 것 같은데도, 맹자가 그의 물음에 대답을 들려주지 않는 이유가 궁금해서 이렇게 물은 것이다.

자신이 가르치는 이와 특별한 연고가 있음을 내세워서 묻는 것이 모두 대답을 들려주지 않는 경우이다. 등경에게는 그 중 두 가지가 있었다."[17]

해설

배우는 자는 마음을 비우고 겸손한 태도를 가져야 함을 말한다. 선생은 나이나 많거나 신분이 높기 때문에 선생이 된 것이 아니라 먼저 깨달았기 때문에 선생인 것이다. 따라서 그에게 가르침을 청하는 자는 자신이 지닌 어떠한 배경도 내세워서는 안되고 오직 배우고자 하는 겸손한 마음을 지녀야 한다.

참고로 앞의 「고자 하」(12·16)에서 맹자는 가르침의 방법에는 여러가지가 있는데 물음에 답을 들려주지 않는 것, 즉 '가르치기를 달가워 하지 않는 것'도 역시 가르침의 한 방법이라고 했다. 그것은 배우는 이가 배움에 임하는 자신의 태도를 반성하게 하는 계기를 부여하기 때문이다.

公都子曰, "騰更之在門也, 若在所禮. 而不答, 何也?"
孟子曰, "挾貴而問, 挾賢而問, 挾長而問, 挾有勳勞而問, 挾故而問, 皆所不答也. 騰更有二焉."

---

17. 등경은 자신의 신분과 재능을 내세웠다는 뜻이다.

13·44 과불급의 문제

맹자가 말했다.

"그만두어서는 안 되는 경우인데도 그만두는 사람은 어떤 경우에서도 그만둘 것이고, 후하게 대우해야 할 사람에게 각박하게 대하는 사람은 어떠한 경우에서도 각박하게 대할 것이다. 나아가는 데 성급한 사람은 물러나는 데도 성급하다."

孟子曰, "於不可已而已者, 無所不已, 於所厚者薄, 無所不薄也. 其進銳者, 其退速."

13·45 친애함〔親〕, 어질게 대함〔仁〕, 사랑함〔愛〕의 구분

맹자가 말했다.

"군자는 사물에 대해 그것을 아끼기는 하지만 인(仁)으로 대하지는 않고, 백성에 대해서는 인으로 대하지만 친애하지는 않는다. 친척을 친애하고 백성들을 인으로 대하며, 백성들을 인으로 대하고 사물을 아낀다."

해설

여기서 맹자는 도덕적 정감을 친애함, 어질게 대함, 사랑함의 세 가지로 제시하고, 그것들은 각기 적용되는 대상이 달라야 함을 말하고 있다. 친애함은 혈연적 관계에 있는 사람을 대상으로 한 것이고, 인으로 대함은 혈연적 관계가 아닌 다른 사람을 대상으로 한 것이며, 아끼는 것은 동물과 식물 등의 사물을 대상으로 한 것이다.

묵자는 이처럼 대상에 따라 차별적인 도덕적 정감을 적용하는 것이 세상의 싸움과 혼란의 원인이라고 유가를 비판하면서 차별없는 사랑[兼愛]을 실천할 것을 주장했다. 그러나 유가들은 오히려 묵가의 이러한 보편적인 사랑은 가장 자연스럽고 절실한 양상으로 발현되는 혈연적 관계에 기초한 것이 아니기에, 마치 원천이 없는 물이 이내 말라버리게 되는 것과 같다고 비판한다. 그래서 맹자를 포함한 유가들은 도덕적 정감의 적용을 누구나 자연스럽게 느끼는 가까운 혈연에 대한 감정을 바탕으로 파급하고 확대 적용해갈 것을 주장한다. 그것이 곧 친친(親親), 인민(仁民), 애물(愛物)의 단계적인 확대 적용이다.

맹자가 「양혜왕 상」(1·7)에서 말한 "내 집안의 공경하는 마음을 바탕으로 삼아서 남의 집 어른에게 적용하고, 내 집안의 어린 아이를 사랑하는 마음을 바탕으로 삼아서 남의 집 어린 아이에게 적용해야 한다"고 하는 것이 바로 그 의미이다.

孟子曰, "君子之於物也, 愛之而弗仁, 於民也, 仁之而弗親. 親親而仁民, 仁民而愛物."

13·46 일의 선후와 경중

맹자가 말했다.

"지혜로운 사람은 알지 못하는 것이 없으나 힘써야 할 일을 급하게 여긴다. 어진 사람은 사랑하지 않음이 없으나 어진 이를 친애함을 서두르는 데 힘쓴다. 요순과 같은 지혜로도 만물을 두루 알지 못한 것은 먼저 힘써야 할 것을 급하게 여겼기 때문이다. 요순과 같은 어진 마음으로도 모든 사람을 다 사랑하지 못한 것은 어진 이를 친애하는 것을 급하게 여겼기 때문이다. 3년상을 실행하지 않으면서도 시마나 소공과 같은 상례를 자세하게 살피고,[18] 밥을 마구 퍼먹고 국을 흘리고 소리내서 마시면서도 마른 고기를 이빨로 끊어서 먹어서는 안된다고 하는 것[19]을 일러 힘써야 바를 모른다고 한다."

孟子曰, "知者無不知也, 當務之爲急. 仁者無不愛也, 急親賢之爲務. 堯舜之知而不徧物, 急先務也. 堯舜之仁不徧愛人, 急親賢也. 不能三年之喪, 而緦小功之察, 放飯流歠, 而問無齒決, 是之謂不知務."

---

18. 시마(緦麻)는 상복을 삼개월 동안 입는 상례이고, 소공(小功)은 상복을 오개월 동안 입는 상례인데, 삼년상에 비한다면 상복의 예 중에서 가벼운 경우이다. 따라서 삼년상을 제대로 지키지도 못하는 사람이 시마와 소공의 상례를 자세하게 이해하려고 하는 것은 일의 경중을 헤아리지 못하는 것이다.

19. 밥을 마구 퍼먹거나 국을 흘리고 소리내서 마셔서는 안된다는 것은 식사 때에 지켜야 할 중요한 예절이다. 그에 비해서 물기가 있는 부드러운 고기는 이빨로 끊어서 먹지만 포와 같은 마른 고기는 손으로 찢어서 먹어야지 이빨로 끊어서 먹어서는 안된다는 것은 상대적으로 덜 중요한 예의이다. 이처럼 큰 예절도 지키지 못하면서 상대적으로 사소한 예절을 따지는 것 역시 일의 경중을 헤아리지 못하는 것이다.

진심 하

14·1 양혜왕의 어질지 못함

맹자가 말했다.

"어질지 못하구나, 양혜왕이여! 어진 사람은 자신이 사랑하는 대상으로써 자신이 사랑하지 않는 대상에까지 영향을 미치게 하고, 어질지 않은 사람은 자신이 사랑하지 않는 대상으로써 자기가 사랑하는 대상에까지 영향을 미치게 한다."

공손추가 물었다.

"무슨 말씀이신지요?"

맹자가 대답했다.

"양혜왕은 토지 때문에 자기의 백성들을 상하게 하고 전쟁을 일으켰다가 크게 패했는데, 또다시 전쟁을 일으키려고 하면서 패할까 두려워서 자신이 사랑하는 자식까지 내몰아서 희생시켰다. 이것을 일러 자기가 사랑하지 않는 대상으로써 자기가 사랑하는 대상에까지 영향을 미치게 한다고 한 것이다."

孟子曰, "不仁哉, 梁惠王也! 仁者以其所愛及其所不愛, 不仁者
以其所不愛及其所愛."
公孫丑曰, "何謂也?"
"梁惠王以土地之故, 糜爛其民而戰之, 大敗, 將復之, 恐不能
勝, 故驅其所愛子弟以殉之. 是之謂以其所不愛及其所愛也."

14·2 『춘추』의 전쟁

맹자가 말했다.
"『춘추』에 실린 것 중에서 의로운 전쟁은 없다. 단지 어느 한 나라가
다른 한 나라보다 상대적으로 나은 경우는 있다. 정벌이라는 것은 윗사
람이 아랫사람을 공격하는 것이니, 동등한 제후국끼리 서로 정벌해서는
안된다."

해설
『춘추』는 춘추시대의 사건들을 기록한 역사서이다. 따라서 제후들간
의 전쟁에 관한 기사들이 자주 등장한다. 맹자는 그러한 전쟁들 중 어떤
것에 대해서도 정당성을 부여하지 않고 있다. 맹자가 밝히고 있듯이 전
통적인 예에 따르면 정벌[征]이라는 것은 지위가 높은 자(천자)가 낮은
자(제후)에 대해 책임을 묻기 위해서 행하는 것이다. 그런데 『춘추』에 기
록된 전쟁들은 한결같이 동등한 지위에 있는 제후가 다른 제후를 친 것

이므로, 예에 어긋나는 것이고 정당성을 지닐 수 없다고 본 것이다.

　孟子曰, "春秋無義戰. 彼善於此, 則有之矣. 征者上伐下也, 敵國不相征也."

14·3『서경』을 전적으로 믿어서는 안된다

맹자가 말했다.
"『서경』의 내용을 전적으로 믿는다면 오히려 책이 없는 것이 낫다. 나는 『서경』의 「무성」 중에서 두 세 구절만을 받아들일 뿐이다. 어진 사람은 천하에 그를 대적할 이가 없는 법인데, 지극히 어진 사람이 지극히 어질지 못한 사람을 정벌하는 과정에서, 어떻게 죽은 사람의 피가 강물을 이루어 절구공이를 띄우는 것과 같은 일이 있었겠는가?"

해설
「무성」(武成)은 『서경』 중의 한 편으로 무왕이 은나라의 마지막 왕인 주왕을 치고 돌아와서 그 전말을 쓴 것이다. 맹자는 기본적으로 전쟁에 반대한다. 정확하게 말하면 유혈 전쟁의 필요성을 부정한다. 그것은 덕을 지닌 군주가 어진 정치를 펼치게 되면 자연히 천하 백성들의 마음을 얻게 되기 때문이라고 생각했기 때문이다. 맹자는 무왕이 은나라를 친 것은 바로 그처럼 덕있는 자가 폭군을 제거하고 도탄에 빠진 백성을 구원한 해방 전쟁이었다고 본다. 따라서 피가 절구공이를 띄울 정도로 죽은 자들이 많았다는 '무성'의 기록은 잘못된 것이며, 『서경』의 내용도 전적으로 신뢰할 수 있는 것은 아니라고 평가한 것이다.

孟子曰, "盡信書, 則不如無書. 吳於武成, 取二三策而已矣. 仁人
無敵於天下. 以至仁伐至不仁, 而何其血之流杵也?"

14·4 정벌은 바로 잡는 것이다

맹자가 말했다.

"어떤 사람이 '나는 전쟁에서 진을 치는 법에 뛰어나고 작전에 뛰어
나다'고 한다면 그것은 큰 죄이다. 군주가 인을 좋아하면 천하에 그를
대적할 자가 없게 된다. 그가 남쪽 지역을 정벌하면 북쪽 지역의 오랑
캐가 불평을 하고, 동쪽 지역을 정벌하면 서쪽의 오랑캐가 원망을 하면
서 '어째서 우리들을 나중으로 돌리는가?'라고 할 것이다. 무왕이 은나
라를 정벌할 적에 병거(兵車)가 3백 량이었고 날쌘 전사들이 3천 명이었
다. 무왕이 은나라 백성들에게 '두려워하지 말라, 너희들을 편안하게 해
주려는 것이지 너희 백성들을 적으로 삼으려는 것이 아니다'고 하자 은
나라 백성들은 머리가 땅에 닿을 정도로 이마를 조아렸다. 정벌(征)의
말뜻은 바로 잡는다(正)는 것이다. 모든 사람이 자신들을 바로 잡아 주
기를 바라는데, 어째서 전쟁이 필요하겠는가?"

孟子曰, "有人曰, '我善爲陳, 我善爲戰.' 大罪也. 國君好仁, 天
下無敵焉. 南面而征北狄怨, 東面而征西夷怨, 曰, '奚爲後我?'武
王之伐殷也, 革車三百兩, 虎賁三千人. 王曰, '無畏! 寧爾也, 非敵

百姓也.' 若崩厥角稽首. 征之爲言正也. 各欲正己也, 焉用戰?"

14·5 기술의 전수

맹자가 말했다.

"목수와 수레바퀴와 수레를 만드는 기술자는 다른 사람에게 규구[1]의 사용법을 가르쳐 줄 수는 있어도 그를 뛰어난 기술자가 되게 할 수는 없다."

해설

기술에 비유해서 설명했지만, 기술 뿐 아니라 학문이나 덕성의 수양에 있어서도 마찬가지이다. 다른 사람이 방법을 일러 주고 이끌어 줄 수는 있어도 뛰어난 경지에 오르는 것은 전적으로 배우는 자의 부단한 실천 노력에 달려 있다.

孟子曰, "梓匠輪輿能與人規矩, 不能使人巧."

14·6 외적 조건에 동요하지 않은 순임금

맹자가 말했다.

---

1. 규구(規矩)는 목수가 사용하는 연장의 일종이다. 규는 원을 그리는 콤파스와 같은 것이고, 구는 네모난 모양을 그리는 데 쓰는 것이다.

"순임금이 마른 밥을 먹고 야채를 먹을 적에는[2] 마치 그렇게 일생을 마칠 듯했다. 그러나 천자가 되고 나서 무늬 있는 옷을 입고 거문고를 타며 두 명의 부인이 시중을 들었는데, 본래부터 그것들을 가지고 있었던 듯했다."

해설

성인은 곤궁한 지경에 처하든 존귀한 자리에 오르든 외부적인 조건과 상황에 따라서 마음이 동요되지 않음을 말한 것이다.

孟子曰, "舜之飯糗茹草也, 若將終身焉. 及其爲天子也, 被袗衣, 鼓琴, 二女果, 若固有之."

14·7 남의 아버지를 죽이는 것

맹자가 말했다.

"나는 이제서야 남의 아버지를 죽이는 것이 얼마나 심각한 일인가를 알겠도다. 남의 아버지를 죽이면 남도 또한 자기의 아버지를 죽일 것이고, 남의 형을 죽이면 남도 또한 자기의 형을 죽일 것이다. 그럴 경우 자기가 직접 아버지와 형을 죽인 것은 아니지만 그렇게 한 것이나 다를 것이 없다."

---

2. 순(舜)이 아직 천자에 오르기 전 역산(歷山)에서 농사짓고 살던 시절 보잘 것 없는 음식을 먹고 살았음을 말한다.

아버지를 죽인 원수와는 같은 하늘 아래 살지 않고 형을 죽인 원수와는 같은 나라 안에 살지 않는다는 말이 있다. 고대의 법에서는 비록 사적인 죄의 징벌을 허용하지는 않았지만 근친의 복수를 위한 살인이나 상해의 경우는 대폭적인 감형을 적용했으므로, 그러한 복수가 흔히 있었다.

孟子曰, "吾今而後知殺人親之重也. 殺人之父, 人亦殺其父, 殺人之兄, 人亦殺其兄. 然則非自殺之也, 一間耳."

14·8 포악한 행위를 위한 관문

맹자가 말했다.

"옛날에 국경의 관문을 설치한 것은 포학한 행위를 막기 위해서였는데, 오늘날 국경에 관문을 설치하는 것은 포학한 행위를 하기 위해서이다."

해설

국경의 관문은 원래 통행자 중에서 수상한 자가 있는지를 살펴서 그가 저지를 난폭한 행위를 막기 위한 목적으로 세워지고 운용되었던 반면, 당시는 제후들이 통행자들에게서 세금을 거두어 자신의 이익을 취하기 위한 목적으로 운영되고 있음을 비판한 내용이다. 「이루 하」(2·5)에서도 관문에 대해서 "관문에서 감시만 하고 세금을 거두지 않으면 천하의 여행자들이 모두 기뻐하면서 그 길을 통해 드나들려고 할 것이다"

고 해서 관세를 폐지할 것을 주장하고 있다.

孟子曰 "古之爲關也, 將以禦暴, 今之爲關也, 將以爲暴."

14·9 처자에게서조차 행해지지 않는 도

맹자가 말했다.

"자신이 도를 행하지 않으면 처자에게서조차도 도가 행해지지 않고, 사람을 도로 부리지 않으면 처자에게서조차도 명령이 행해지지 않는다."

해설

모든 것을 한 개인의 도덕적 인격의 수양[修身]에서 출발해서 이를 확대 적용시켜 나가는 유가적 사유의 특징을 보여주는 내용이다. 사적인 차원의 인간 관계이든 사회적 차원의 통치 행위든 모두 개인의 도덕적 정당성을 확보하고 그러한 정당성에 기초해서 적용할 때 올바르게 행해질 수 있다는 것이다. 『논어』「자로」에서 "자신이 정당하지 않으면 비록 명령을 내린다 하더라도 따르지 않는다"[其身不正, 雖令不從]는 것과 동일한 이치를 말하고 있다.

孟子曰, "身不行道, 不行於妻子, 使人不以道, 不能行於妻子."

14·10 덕을 완벽하게 갖춘 사람

맹자가 말했다.

"이익을 완벽하게 갖춘 사람은 흉년도 그를 죽일 수 없고, 덕을 완벽하게 갖춘 사람은 사특한 세상도 그를 혼란하게 할 수 없다."

해설

이익[利]이 『맹자』에서는 대체로 의리와 대비되는 부정적인 의미로 쓰이고 있다. 그러나 여기서는 평소에 덕을 완벽하게 갖추게 되면 난세에도 흔들림없이 자신을 지킬 수 있다는 주장을 전달하기 위한 하나의 비유로 쓰였다.

孟子曰, "周于利者, 凶年不能殺, 周于德者, 邪世不能亂."

14·11 부귀를 가볍게 여기는 마음

맹자가 말했다.

"명예를 좋아하는 사람은 천승의 나라라도 사양할 수 있지만, 그가 진정 부귀를 가볍게 여기는 사람이 아니라면 밥 한 그릇과 국 한 사발에서도 본색이 낯빛으로 드러난다."

해설

진정으로 부귀를 초개같이 여기는 사람이 아닐 경우 명예를 얻기 위한 의도로 천승의 나라를 사양할 수는 있지만 오히려 작은 이익이 달린 것에서조차도 자신의 본색을 드러내게 된다는 말이다.

孟子曰, "好名之人, 能讓千乘之國, 苟非其人, 簞食豆羹見於色."

14·12 정치의 세 가지 요체

맹자가 말했다.

"어질고 현능한 사람을 신임하지 않으면 나라가 텅비게 된다.[3] 예의
와 의리가 없으면 상하의 관계가 어지러워지게 된다.[4] 정사를 돌보지 않
으면 재정이 부족하게 된다."

孟子曰, "不信仁賢, 則國空虛. 無禮義, 則上下亂. 無政事, 則財
用不足."

---

3. 전국시대는 제후국들 사이의 왕래가 비교적 자유로웠다. 제후들이 덕이 있
　　고 능력이 있는 인물을 신뢰하고 중요할 경우 그러한 인재들이 그곳으로 몰
　　려들게 되며, 그것을 통해 안정된 정치가 이루어지면 백성들이 다른 나라로
　　부터 모여들었다.

4. 예의(禮)와 의리(義)는 유가에서 사회 질서를 가능하게 하는 행위 규범으로
　　중시한다. 특히 인(仁)이 유가적 사회에서 화합과 일체를 실현하는 역할을
　　했던 반면, 예(禮)는 차별과 구분을 실현하는 역할을 수행했다.

14·13 어진 자만이 천하를 얻는다

맹자가 말했다.

"어질지 못한데도 제후국을 얻는 경우는 있었지만, 어질지 못한데도 천하를 얻은 경우는 없었다."

해설

씨족 공동체인 주나라의 봉건제를 유지하던 기본 원칙은 '친척에 대한 우대'[親親]였다. 따라서 비록 덕을 가진 인물이 아니라도 주나라 왕실과 친척인 경우 천자에 의해 제후로 임명될 수가 있었다. 또 맹자가 살던 전국시대는 제후국의 경이나 대부 등이 세력을 키우다가 제후의 지위를 찬탈하는 경우도 흔히 있었다. 그러나 맹자는 천하를 얻기 위해서는 반드시 천명을 받아야 하고, 천명을 받기 위해서는 백성의 마음을 얻어야 하며 백성의 마음을 얻기 위해서는 어진 정치를 실천해야 한다고 보았다. 물론 주나라의 천하 통일 과정에서 이미 '천명은 고정적이지 않아서[天命靡常] 덕이 있는 자에게로 옮겨다닌다'는 관념이 등장한다. 특히 맹자 당시인 전국시대 중엽은 분열의 국면이 심화되면서 동시에 통일의 기운도 생겨나던 시기였다. 따라서 맹자는 이른바 전국시대의 일곱 강자[戰國七雄] 중에서 천하를 얻는 최종적인 승자는 반드시 어진 덕을 지닌 사람일 것임을 강조한 것이다. 비록 짤막한 내용이지만 『맹자』 전체에 일관되는 핵심적인 주장을 담고 있다.

孟子曰, "不仁而得國者, 有之矣, 不仁而得天下, 未之有也."

14·14 백성은 사직이나 군주보다 귀하다

맹자가 말했다.

"백성이 귀하고 사직은 그 다음이고 군주는 하찮다. 그러므로 백성의 마음을 얻으면 천자가 되고, 천자의 마음을 얻으면 제후가 되고, 제후의 마음을 얻으면 대부가 된다. 제후가 사직을 위태롭게 하면 제후를 바꾼다. 이미 살진 희생을 마련하고 제물로 바친 곡식이 정결하며 때에 맞게 제사를 지냈는데도, 가뭄이 들거나 물난리가 나면 사직의 신을 바꾼다."

해설

맹자의 민본사상을 보여주는 것으로 역성혁명(放伐論)의 주장과 호응하는 내용이다. 군주의 권위가 무엇보다 중시되던 현실에서 과감하게 이러한 주장을 할 수 있었다는 점에서 적어도 당시에는 '진보적인' 견해라고 할 수 있다. 물론 이 말을 뒤짚어 보면 군주를 위한 통치술에 대한 언급으로도 이해할 수 있다. 즉 통치자가 권력을 안정적으로 누리기 위해서는 백성의 마음을 잘 헤아려야 한다는 식으로, 그럼에도 불구하고 백성은 군주의 소유물이고 통치란 곧 백성을 압박하고 수탈하는 것이라고 보던 전국시대의 일반적인 상황에서 맹자의 이러한 주장은 비록 '개량적'이라고 하더라도 여전히 빛나는 일면이 있다.

孟子曰, "民爲貴, 社稷次之, 君爲輕. 是故得乎丘民而爲天子, 得乎天子爲諸侯, 得乎諸侯爲大夫. 諸侯危社稷, 則變置. 犧牲既成, 粢盛既潔, 祭祀以時, 然而旱乾水溢, 則變置社稷."

14·15 성인은 백세의 스승

맹자가 말했다.

"성인은 백세의 스승이니, 백이와 유하혜가 그와 같은 분이다. 그러므로 백이의 풍모를 들은 사람 중에 탐욕스러운 자는 청렴하게 되며 나약한 자는 뜻을 세우게 된다. 유하혜의 풍모를 들은 사람은 각박한 자는 돈후하게 되고 편협한 자는 너그러워진다. 그들이 백세의 위에서 분발하면 백세 뒤에 그들의 풍모를 들은 사람들 중 감화를 받아 떨치고 일어나지 않는 이가 없다. 성인이 아니고서야 이와 같이 할 수 있겠는가? 그러니 직접 성인에게서 훈도를 받은 사람은 어떻겠는가?"

孟子曰, "聖人, 百世之師也, 伯夷·柳下惠是也. 故聞伯夷之風者, 頑夫廉, 懦夫有立志. 聞柳下惠之風者, 薄夫敦, 鄙夫寬. 奮乎百世之上, 百世之下, 聞者莫不興起也. 非聖人而能若是乎? 而況於親炙之者乎?"

14·16 인(仁)은 사람이 추구하는 도

맹자가 말했다.

"인이라는 것은 사람[人]이라는 뜻이다. 인과 사람을 합쳐서 말하면 도(道)가 된다."

해설

맹자는 인을 사람이 나면서 지닌 것으로 사람을 사람답게 하는 본질적인 덕성으로 본다. 따라서 인은 곧 사람다움의 본질이며, 사람이 추구해야할 길[道]인 것이다.

孟子曰, “仁也者, 人也. 合而言之, 道也.”

14·17 모국을 떠나는 태도

맹자가 말했다.

“공자께서 노나라를 떠나실 적에는 ‘더디고 더디구나 내 발걸음이여’라고 했는데, 그것이 모국을 떠나는 태도이다. 또 제나라를 떠날 적에는 밥지으려고 물에 담겼던 쌀을 건져서 떠나셨는데, 그것이 타국을 떠나는 도리이다.’”

孟子曰, “孔子之去魯, 曰, ‘遲遲吾行也.’ 去父母國之道也. 去齊, 接淅而行, 去他國之道也.”

14·18 공자가 진나라와 채나라 사이에서 곤란을 당한 이유

맹자가 말했다.

“공자가 진(陳)나라와 채(蔡)나라 사이에 있는 지역에서 곤란을 당하신 것은 두 나라의 군주나 신하와의 교분이 없었기 때문이다."

해설

『논어』「위령공」에 나오며 『사기』「공자세가」에 자세한 설명이 보인다. 초나라의 초빙을 받아서 초나라로 가던 길에 진나라와 채나라의 대부들이 공자가 그들의 잘못을 비판함으로써, 자신들에게 돌아올 불이익을 염려해서 공자 일행을 포위하고 위협한 사건이다. 맹자는 공자가 그러한 곤란을 당한 이유가 진나라나 채나라의 군주나 신하들이 모두 무도해서 평소에 그들과 친분을 가지지 않았기 때문이라고 보았다.

孟子曰, "君子之戹於陳蔡之閒, 無上下之交也."

14·19 사람들의 비난

맥계가 "저는 사람들에게서 많은 비난을 받습니다"고 하자 맹자는 다음과 같이 말했다.

"문제될 것이 없소이다. 선비에게는 더욱 구설수가 많습니다. 『시경』에서 '근심으로 가득 차니 뭇 소인들에게서 노여움을 사도다'고 했는데, 공자께서 그런 분이었습니다. 또 '그들의 노여움을 없애지는 못했으나 명성을 잃지도 않았다'고 했는데, 문왕이 그분이었습니다."

貉稽曰, "稽大不理於口."

孟子曰, "無傷也. 士憎玆多口. 詩云, '憂心悄悄, 慍于群小.' 孔子也. '肆不殄厥慍, 亦不隕厥問.' 文王也."

14·20 현자와 오늘날의 사람

맹자가 말했다.

"현자는 자기의 밝은 것으로 남을 밝게 하는데, 오늘날의 사람들은 자기의 어두운 것으로 남을 밝게 하려고 한다."

孟子曰, "賢者以其昭昭, 使人昭昭, 今以其昏昏, 使人昭昭."

14·21 마음을 막는 띠풀

맹자가 제자인 고자에게 말했다.

"산 언덕에 발자국이 난 틈바구니도 지속적으로 왕래하면 길을 이루게 되지만, 잠깐 동안이라도 왕래하지 않으면 띠풀이 자라 막히게 된다. 지금 띠풀이 자라나 그대의 마음을 막고 있구나."

孟子謂高子曰, "山徑之蹊閒, 介然用之而成路, 爲閒不用, 則茅塞之矣. 今茅塞子之心矣."

14·22 우임금과 문왕의 음악

고자가 말했다.

"우임금의 음악이 문왕의 음악보다 나은 것 같습니다."

맹자가 물었다.

"무슨 근거로 그렇게 말하는가?"

고자가 대답했다.

"종을 매다는 고리가 닳아서 끊어질 듯하기 때문입니다."

맹자가 말했다.

"그것이 어떻게 충분한 근거가 될 수 있겠느냐? 성문 아래에 난 바퀴 자국이 단지 몇 마리 말의 힘으로 만들어진 것이겠느냐?"

해설

고자는 우임금때부터 전해 오는 종의 고리가 많이 닳은 것은 우임금의 음악이 문왕의 음악보다 훌륭해서 자주 연주된 결과인 것 같다고 묻고 있다. 고자의 물음에 대해 맹자는 그런 표면적인 것만 보고 우열을 판단해서는 안된다고 충고하고 있다. 길에 난 수레바퀴 자국이 오랜 시간에 걸쳐 수 많은 수레들이 지나간 결과이다. 마찬가지로 우임금의 시대는 문왕의 시대보다 훨씬 오래되었으므로 당연히 많이 닳은 것일 뿐이므로 그것이 우임금의 음악이 문왕의 음악보다 훌륭했음을 의미하는 것은 아니다.

高子曰, "禹之聲, 尙文王之聲."

孟子曰, "何以言之?"

曰, "以追蠡."

曰, "是奚足哉? 城門之軌, 兩馬之力與?"

14·23 되지 않을 일은 하지 않는다

제나라에 흉년이 들었을 때 맹자의 제자 진진이 말했다.

"나라 사람들은 모두 선생님께서 다시 한 번 당⁵ 지역에 있는 창고의 곡식을 풀도록 건의할 것이라고 생각하는데, 다시 한 번 그렇게 해서서는 안될 것 같습니다."

맹자가 말했다.

"다시 그렇게 한다면 풍부와 같은 사람이다. 진(晉)나라의 풍부라는 자는 범을 잘 때려 잡았는데 나중에는 착한 선비가 되었다. 그후 그가 들에 나갔는데, 여러 사람들이 범을 쫓고 있었다. 범이 산모퉁이를 등지고 버티고 있자 아무도 감히 가까이 가지 못하다가 멀리서 풍부를 발견하고는 달려가서 그를 마중했다. 풍부가 팔을 휘두르면서 수레에서 내리자 여러 사람들은 모두 기뻐했지만 선비들은 그를 비웃었다."

해설

이미 불가능하게 된 일을 다시 하려고 하면 남들의 비웃음을 살 수 있음을 풍부의 일화를 통해 설명하고 있다. 맹자는 일찍이 제나라에서 그의 이상인 왕도정치를 실현하기 위해 제나라 왕을 설득하는 노력을 한

---

5. 당(棠)은 당시 제나라의 큰 도시로 양곡을 비축하는 창고가 있었던 곳이다.

적이 있었다. 아마 그 즈음 제나라에 흉년이 들자 왕에게 건의를 해서 당 지역의 창고에 비축한 양곡을 백성들에게 풀도록 한 적이 있었던 것 같다. 그러나 제나라 왕의 그런 정책은 마지못해 행한 일회적인 일로 그쳤고 이후 맹자의 바람처럼 왕도정치가 시행될 희망은 보이지 않았다. 그리고 맹자도 제나라에서 왕도정치의 실현을 불가능함을 깨닫고 포기 했던 것이다.

齊饑. 陳臻曰, "國人皆以夫子將復爲發棠, 殆不可復."

孟子曰, "是爲馮婦也. 晉人有馮婦者, 善搏虎, 卒爲善士. 則之 野, 有衆逐虎. 虎負嵎, 莫之敢攖. 望見馮婦, 趨而迎之. 馮婦攘臂 下車, 衆皆悅之, 其爲士者笑之."

14·24 본성과 명의 차이

맹자가 말했다.

"입이 좋은 맛을 추구하고 눈이 좋은 색을 추구하고 귀가 좋은 소리를 추구하고 코가 좋은 냄새를 추구하고 사지가 안일함을 추구하는 것은 본성〔性〕에 속하지만, 그것을 실현하는 것은 명(命)에 달려 있으므로 군자는 그것을 본성이라고 부르지 않는다. 부자간에 인(仁)이 있고 군신간에 의(義)가 있고 손님과 주인간에 예(禮)가 있고 지혜가 현자에게 갖추어지고 성인이 천도와 하나가 되는 것은 모두 명에 속하지만, 그것을 실현하는 것은 본성에 달려 있으므로 군자는 그것을 명이라고 부르지 않는다."

해설

성선론적인 입장에서 기존의 본성과 명에 대한 정의를 뒤집어 새롭게 정의하고 있다. 사람의 이목구비나 사지가 지닌 욕망을 사람이 타고난 본성[性]이라고 하는 전통적인 입장에 대해, 그러한 것을 실현하느냐 못하느냐는 것은 내 자신의 주체적인 노력이 아니라 외부적인 명에 달린 것이므로 그것을 성이라고 불러서는 안된다고 한다. 반면에 인간 관계에서의 인의예지나 지혜나 성인됨과 같은 것은 비록 그 가능성이 하늘에서 부여된 것이라는 점에서는 명이라 볼 수 있지만 오히려 그것이 나의 내면에 갖추어져 있고 또 그것을 온전히 실현해 내는 것은 전적으로 주체의 노력 여하에 달려 있다. 즉 내가 노력하면 반드시 실현할 수 있지만 포기하거나 노력을 게을리 하면 실현할 수 없는 것이다. 따라서 그것들은 명이 아니라 사람이 지닌 성이라고 해야 한다는 것이다.

맹자는 「진심 상」(13·3)에서도 성과 명을 주체가 지니고 있는 것인가 아니면 밖에 있는 것인가 그리고 주체의 노력에 의해 얻을 수 있는가 그렇지 않은가에 따라 구분하고 사람이 추구해야 할 것은 그가 내면에 지니고 있고 따라서 노력하면 반드시 얻을 수 있는 성(性)이라고 설명하고 있다.

孟子曰, "口之於味也, 目之於色也, 耳之於聲也, 鼻之於臭也, 四肢於安佚也, 性也, 有命焉, 君子不謂性也. 仁之於父子也, 義之於君臣也, 禮之於賓主也, 智之於賢者也, 聖人之於天道也, 命也, 有性焉, 君子不謂命也."

호생불해가 물었다.

"악정자는 어떤 사람입니까?"

맹자가 대답했다.

"선한 사람이며 믿음성이 있는 사람이다."

다시 물었다.

"무엇을 선하다고 하고, 무엇을 믿음성이 있다고 하는 것인지요?"

맹자가 대답했다.

"사람들이 좋아할 만한 것을 선하다[善]고 하고, 그러한 선한 것을 자신의 몸에 실제로 지니고 있는 것을 믿음성이 있다[信]고 한다. 선한 것을 자신에게 가득 채우고 있는 것을 아름답다[美]고 하고, 가득 채우고 있어서 밖으로 광채가 드러나는 것을 위대하다[大]고 한다. 위대하게 되고 다시 여기서 변화하여 그 자취를 알 수 없는 것을 성스럽다[聖]고 하며, 성스러워서 알 수 없는 것을 신묘하다[神]고 한다. 악정자는 앞의 두 경지 가운데에 있고, 뒤의 네 가지의 경지보다는 아래에 있다."

浩生不害問曰, "樂正子, 何人也?"

孟子曰, "善人也, 信人也."

"何謂善? 何謂信?"

曰, "可欲之謂善, 有諸己之謂信. 充實之謂美, 充實而有光輝之謂大, 大而化之之謂聖, 聖而不可知之之謂神. 樂正子, 二之中, 四之下也."

14·26 이단에서 유가로 돌아온 자를 대하는 태도

맹자가 말했다.

"묵자(墨子)의 설에서 빠져 나오면 반드시 양주(楊朱)의 설로 돌아가고, 양주의 설에서 빠져 나오면 반드시 우리 유가의 설로 돌아온다. 유가로 돌아오면 그대로 받아주면 될 뿐이다. 오늘날 양주나 묵자와 이론적 논쟁을 하는 사람들은 마치 달아난 돼지를 쫓듯이 해서 이미 울타리로 들어왔는데도 다시 따라가서 다리를 묶는다."

해설

묵자의 설과 양주의 설 그리고 유가의 설이 경합하던 당시의 상황을 제시하고 '이단'(異端)인 묵자나 양주의 설에서 빠져 나와 유가로 돌아온 사람들을 받아들이는 태도에 대해서 말하고 있다. 이미 이단의 잘못을 깨닫고 유가로 되돌아 왔으면 그대로 받아들여야지 과거 이단에 빠졌던 잘못을 가혹하게 추궁하는 것은 달아났다가 다시 우리로 돌아온 돼지의 다리를 묶는 것과 같다는 것이다.

孟子曰, "逃墨必歸於楊, 逃楊必歸於儒. 歸, 斯受之而已矣. 今之與楊墨辯者, 如追放豚, 旣入其苙, 又從而招之."

14·27 적절한 과세 정책

맹자가 말했다.

"세금을 부과하는 방법에는 직물을 거두는 것과 곡물을 거두는 것 그리고 노동력을 징발하는 것이 있다. 군자는 그 세 가지 중 한 가지만을 적용하고 나머지 두 가지는 완화해 준다. 그중의 두 가지를 동시에 적용하면 백성들이 굶주려 죽는 일이 있고, 그중의 세 가지를 동시에 적용하면 부모와 자식이 흩어지게 된다."

해설

맹자가 주장하는 왕도정치의 출발은 백성들에게 경제적인 안정을 보장해 주는 것이다. 경제적인 안정을 위한 정책의 핵심은 정전제를 통해 항상적인 생업의 기반을 마련해 주는 것과 적절한 세금의 부과이다. 맹자는 극단적인 세금의 경감은 국가의 재정을 약화시켜 인간의 사회적 삶에 불가결한 문화적 의식들을 불가능하게 한다는 점에서 반대하며 적절한 세금의 징수가 필요함을 인정한다. 당시 제후들의 가혹한 수취를 생각하면 맹자가 제시하는 방안 자체가 대폭적인 세금의 경감을 의미한다.

孟子曰, "有布縷之征, 粟米之征, 力役之征. 君子用其一, 緩其二. 用其二而民有殍, 用其三而父子離."

14·28 제후의 세 가지 보배

맹자가 말했다.
"제후의 보배는 셋이 있는데, 토지와 백성과 정치이다. 주옥을 보배로 여기는 사람은 재앙이 틀림없이 그의 몸에 미칠 것이다."

孟子曰, "諸侯之寶三, 土地, 人民, 政事. 寶珠玉者, 殃必及身."

14·29 대도(大道)를 듣지 못한 사람의 재주

분성괄이라는 인물이 제나라에서 벼슬을 하고 있었는데, 맹자가 "분성괄은 죽을 것이다"고 했다. 과연 분성괄이 살해되자 제자가 "선생님께서는 어떻게 그 사람이 살해당할 것을 아셨습니까?"라고 물었다. 맹자는 "그의 사람됨이 약간의 재주는 있지만 군자의 대도(大道)를 듣지 못했으니 자신의 몸을 죽이기에 충분하다"고 했다.

해설
유가에서는 사람됨을 평가함에 있어서 재주나 기술보다는 덕을 중시한다. 그래서 '덕이 근본되는 것이고 재능은 말단적인 것이다'〔德本才末〕는 말을 한다. 덕이 없는 재능이나 가치의식이 결여된 재능은 마치 고삐가 풀린 소와 같이 방향성을 상실하게 되어 남에게 해를 끼치는 것은 물론이고 스스로를 파괴하는 원인이 된다.

盆成括仕於齊.

孟子曰, "死矣, 盆成括!"

盆成括見殺, 門人問曰, "夫子何以知其將見殺?"

曰, "其爲人也小有才, 未聞君子之大道也, 則足以殺其軀而已矣."

14·30 배우는 자에 대한 맹자의 태도

맹자가 등나라에 가서 상궁(上宮)에서 유숙했다. 창문 위에 만들다 만 신발이 있었는데, 집주인이 찾아도 찾을 수가 없었다.

어떤 사람이 묻기를 "선생님의 제자들이 신을 감추다니 이럴 수 있습니까?"라고 하자, 맹자가 "그대는 이 사람들이 신을 훔치러 왔다고 생각하는가?"라고 했다. 그러자 그는 "아닙니다. 선생님께서 교과 과정을 개설해 떠나가는 사람을 붙잡지 않고 오는 사람을 막지 않으십니다. 진실로 배우려는 마음을 가지고 오면 그를 받아들일 뿐입니다"고 했다.

해설

상궁에서의 일화를 통해서 가르침에 관한 맹자의 태도를 보여주고 있다. '어떤 사람'의 말에서 맹자는 배우려는 자의 신분이나 지위 같은 엄격한 선발의 기준을 적용하지 않고 오직 배우려는 마음이 있으면 누구나 제자로 받아들였고 떠나는 사람은 억지로 붙잡지 않았음을 알 수 있다. 겉으로 드러나 있지는 않지만 '어떤 사람'의 말에는 제자를 받아들임에 '배우려는 마음'이 유일한 기준이므로 제자들 중에는 혹 신발을 훔치는 제자도 있을 수 있지 않겠는가라고 묻고 있다.

孟子之滕, 館於上宮. 有業屨於牖上, 館人求之弗得. 或問之曰, "若是乎從者之廋也?"

曰, "子以是爲竊屨來與?"

曰, "殆非也. 夫子之設科也, 往者不追, 來者不拒. 苟以是心至, 斯受之而已矣."

14·31 도덕적 실천의 방법

맹자가 말했다.

"사람들에게는 모두 차마 하지 못하는 일이 있는데, 그것을 거리낌 없이 하는 일에까지 확충해서 적용하는 것이 인(仁)이다. 사람들에게는 모두 하지 못하는 일이 있는데, 그것을 거리낌 없이 하는 일에까지 확충해서 적용하는 것이 의(義)이다.

사람이 남을 해치고 싶어하지 않은 마음을 확충한다면 인은 이루 다 실행할 수 없을 정도로 많아지게 되고, 사람이 벽에 구멍을 뚫고 담장을 넘어 남의 물건을 훔치는 짓을 하지 않으려는 마음을 확충한다면 의는 이루 다 실행할 수 없을 정도로 풍부하게 된다. 남들이 자기에게 '네깐 것, 네깐 것' 하며 멸시하는 것을 당하고 싶어하지 않는 마음을 확충하면 어떤 경우에도 의롭지 않음이 없게 된다.

선비가 말을 해서는 안 되는 경우인데도 말한다면[6] 그것은 말을 하는 것으로써 남에게 영합해서 자신의 이익을 꾀하는 것이다. 말을 해야 할 경우인데도 말하지 않는다면[7] 그것은 침묵함으로써 남에게 영합하여 자신의 이익을 꾀하는 것이다. 이런 것들은 모두 벽에 구멍을 뚫고 담장을 넘어 남의 물건을 훔치는 것과 같은 종류이다."

---

6. 말을 해서는 안 되는 경우인데도 말한다는 것은 불의한 행위를 정당화하거나 옹호하는 말을 하는 경우를 가리킨다.
7. 말을 해야 할 경우인데도 말하지 않는다는 것은 불의한 행위를 비판하지 않고 침묵해 버리는 경우를 가리킨다.

　유가에서 도덕적 실천의 기본적인 방법은 부분적인 것으로부터 전체적인 것으로, 가까운 것으로부터 먼 것으로 확대해서 적용하는 것이다. 「양혜왕 상」(1·7)에서 나온 것처럼 군주가 희생으로 쓰기 위해 끌려가며 두려움에 떠는 소를 볼 때 느낀 측은한 마음을 단서로 삼아서 그가 평소에 정치를 행함에 아무런 거리낌 없이 백성들에게 재물을 수탈하고 전쟁의 사지로 몰아가던 일에까지 확대 적용하게 되면 그것이 바로 어진 정치의 실천으로 나타나게 된다. 이것은 정치적인 영역에서 뿐 아니라 개인의 일상적인 영역에서도 동일하다. 내가 어떤 하나의 사건에서 우연히 느꼈던 도덕 의식을 단서로 삼아서 다른 모든 일의 경우에도 확대 적용하면 결국 인의(仁義)의 도덕의식에 철저해지게 된다.

　孟子曰, "人皆有所不忍, 達之於其所忍, 仁也. 人皆有所不爲, 達之於其所爲, 義也. 人能充無欲害人之心, 而仁不可勝用也. 人能充無穿踰之心, 而義不可勝用也. 人能充無受爾汝之實, 無所往而不爲義也. 士未可以言而言, 是以言餂之也. 可以言而不言, 是以不言餂之也. 是皆穿踰之類也."

14·32 군자의 말과 몸을 지키는 태도

　맹자가 말했다.
　"말이 비근하면서도 그 속에 담긴 뜻이 심원한 것이 좋은 말이고, 몸을 지키는 것이 간략하면서도 그 효과가 넓게 베풀어지는 것이 좋은 방법이다. 군자의 말은 늘상 보는 가까운 것들을 대상으로 하지만⁸ 도가 그 가운데 있다. 군자는 자신의 몸을 지킴에 자신의 몸을 닦음으로써 천하를 태평하게 한다. 사람들의 폐단은 자기 밭은 버려 두고 남의 밭의 김을 매는 것이니, 남에게 요구하는 것은 무겁고 스스로에게 책임지우는 것은 가볍기 때문이다.”

해설

진리 혹은 도라는 것은 고원하고 초월적인 것이 아니다. 그것은 어디까지나 우리가 일상적으로 만나는 대상들 속에 있다. 그러므로 유가에서는 흔히 '날마다 쓰는 사물들 가운데에 도가 있다'〔日用事物之道〕거나 '먹고 마시며 남녀간에 사랑하는 가운데에 도가 있다'〔飮食男女之道〕고 한다. 또 유가의 중요한 경전 가운데 하나인 『중용』에서는 이것을 “높고 밝은 도를 추구하되 일상의 사물들을 통해서 추구해 가야 한다”〔極高明而道中庸〕는 명제로 제시하고 있다. 그렇다면 진리는 멀리서 찾을 것이 아니라 가까이에서 찾아야 하고, 진리에 대한 언급 역시 그것이 지향하는 바는 심원해야 하지만 구체적인 설명은 비근한 일상의 사건과 사물을 대상으로 해야 한다. 그런데 나에게서 가장 가까운 것은 나 자신이므로 결국 진리는 내 자신의 내면으로 돌아가서 찾아야〔反求諸己〕 한다. 사

---

8. 늘상 보는 가까이 있는 것을 대상으로 한다는 것은 원문의 '불하대'(不下帶)를 푼 것이다. 불하대란 허리띠 아래로 내려가지 않는다는 말이다. 주희의 해석을 참고하면, 옛사람들은 시선을 항상 허리띠 위를 향하게 했으므로 그것이 눈앞에서 항상 보는 매우 가까운 곳이란 의미를 지닌다고 한다. 따라서 허리띠 아래로 내려가지 않는다는 것은 가까운 곳을 벗어나지 않는다는 의미이다.

람들이 저마다 자신의 내면으로 돌아가서 자신의 마음을 닦게 되면 그
것이 천하의 안정이라는 넓고 큰 일로 이어지게 된다. 맹자는 추구해야
할 진리가 내 속에 있는데도 밖으로 찾아나서는 것을 "자기 밭은 버려
두고 남의 밭의 김을 매는" 격이라고 비판하고 있다.

孟子曰, "言近而指遠者, 善言也, 守約而施博者, 善道也. 君子之
言也, 不下帶而道存焉. 君子之守, 修其身而天下平. 人病舍其田而
芸人之田, 所求於人者重, 而所以自任輕."

14·33 군자는 이름이나 명예를 추구하지 않는다

맹자가 말했다.

"요임금과 순임금은 타고난 본성을 자연스럽게 실현한 사람이고, 탕
왕과 무왕은 후천적인 노력을 통해서 타고난 본성을 회복했다. 모든 행
위가 예에 부합하는 것은 뛰어난 덕이 지극한 것이다. 죽은 사람에게 곡
하는 것은 산 사람들에게 보이기 위한 것이 아니다. 덕을 실현하고 간사
하지 않는 것은 작록(爵祿)을 구하기 위한 것이 아니다. 말을 함에 신의
를 지키는 것은 나의 행위가 옳다는 것을 알리기 위한 것이 아니다. 군
자는 법도에 따라 행하여 천명(天命)을 기다릴 뿐이다."

해설

먼저 군자의 인격을 성취한 요임금과 순임금, 탕왕과 주왕을 제시하고
그들이 이른 경지를 모든 행위가 예에 부합하는 것으로 설명하고 있다. 이

는 『논어』에서 공자가 자신이 지나온 삶을 되돌아 보면서 70세의 자신을 "마음이 하고자 하는 대로 행위해도 법도에서 벗어남이 없었다"[從心所欲 不踰矩]라고 표현한 그러한 경지일 것이다. 맹자는 이러한 경지를 추구하는 인물을 군자라 부르고 군자는 모든 행위에 있어서 오직 옳기 때문에 그것을 행하는 것이지 명성이나 이익을 목적으로 그렇게 하는 것이 아니라고 한다. 「이루 하」(8·11)의 "대인은 말을 함에 있어서 꼭 남들의 신뢰를 얻으려고 하지 않고, 행위함에 꼭 그에 상응하는 성과를 얻으려고 하지 않고, 오직 그것이 옳기에 행한다"는 말도 이것과 동일한 의미이다.

孟子曰, "堯舜, 性者也, 湯武, 反之也. 動容周旋中禮者, 盛德之至也. 哭死而哀, 非爲生者也. 輕德不回, 非以干祿也. 言語必信, 非以正行也. 君子行法, 以俟命而已矣."

14·34 제후에게 유세할 때의 자세

맹자가 말했다.

"대인[9]에게 유세할 때는 그를 내려다 봐야지 그의 드높은 위세를 염

---

9. 대인(大人)은 당시의 제후와 같은 귀족을 가리킨다. 『맹자』에서 대인은 도덕적 인격을 지닌 사람을 의미하기도 하고 여기에서처럼 제후를 의미하기도 한다. 이것은 전통적으로 제후를 포함한 지배계급을 의미하는 '대인'이라는 전통적인 개념에 '도덕적 인격'이라는 새로운 내용을 추가한 것이다. 이러한 맹자의 의도는 그가 주장한 왕도정치의 주체로서 도덕적 인격을 지닌 왕이라는 새로운 인격을 강조하기 위한 것이다.

두에 두어서는 안된다. 그의 집은 높이가 몇 길이나 되고 서까래가 몇 자나 되지만, 나는 내 뜻을 이루더라도 그렇게 하지 않을 것이다. 그에게는 사방 열 자가 되는 상에 음식이 가득 차려 있고, 시중드는 여자가 수백명이지만, 나는 내 뜻을 이루더라도 그렇게 하지 않을 것이다. 그는 즐겁게 마시고 말을 몰아 사냥하며 뒤에 천승의 수레를 따르게 하지만, 나는 내 뜻을 이루더라도 그렇게 하지 않을 것이다. 그에게 있는 것은 모두 내가 하려 하지 않는 것이지만 나에게 있는 것은 모두 옛날부터 전해오는 법도인데, 내가 무엇때문에 그를 두려워하겠는가?"

해설

맹자의 기상을 엿볼 수 있는 구절이다. 유세(遊說)란 맹자를 포함한 당시의 지식인들이 자신들의 이념과 주장을 현실 정치에 반영시키기 위해 제후들을 찾아다니며 설득하던 것을 말한다. 이 구절은 아마도 맹자가 제자들에게 제후와 접견해서 유가의 이념을 설득할 때 가져야 할 태도에 대해 충고하는 내용일 것이다. 제후들은 비록 부귀영화를 지니고 있지만 유가는 그러한 것들을 하찮게 볼 뿐 아니라 전통문화 전승이라는 막중한 사명을 자신의 임무로 삼은 주체이므로 제후들에게 '기죽을' 필요가 없이 의연하게 대하라는 내용이다.

孟子曰, "說大人, 則藐之, 勿視其巍巍然. 堂高數仞, 榱題數尺, 我得志, 弗爲也. 食前方丈, 侍妾數百人, 我得志, 弗爲也. 般樂飲酒, 驅騁田獵, 後車千乘, 我得志, 弗爲也. 在彼者, 皆我所不爲也, 在我者, 皆古之制也, 吾何畏彼哉?"

14·35 마음을 기르는 방법

맹자가 말했다.

"마음을 기르는 방법으로는 욕망을 적게 하는 것 보다 더 좋은 것이 없다. 사람됨이 욕망이 적으면서도 본래의 선한 마음을 보존하지 못하는 경우가 있기는 하지만 드물고, 사람됨이 욕심이 많으면서도 본래의 선한 마음을 보존하는 경우가 있기는 하지만 드물다."

해설

맹자는 사람에게는 타고난 선한 본성이 있고 그것이 드러나는 마음 역시 선하다고 한다. 따라서 도덕적인 수양이란 바로 이러한 선한 마음을 길러서 크게 실현시켜 내는 것이다. 그런데 그러한 수양에 장애가 되는 것이 욕망이다. 욕망이란 이목구비와 같은 우리의 감각기관이 밖의 사물을 대상으로 한 작용이다. 귀가 소리를 듣고자 하고, 눈이 사물의 모습을 보고자 하고, 입이 음식을 먹고자 하고, 코가 향기를 맡고자 하는 것이 모두 욕망의 작용이다. 욕망이란 사람이 육체를 지니고 있는 한 없을 수는 없다. 그러한 작용이 없다면 육체가 존속될 수 없기 때문이다. 그렇지만 그러한 욕망이 지나칠 경우 도덕적인 수양에 장애가 된다. 크고 작은 차이는 있지만 사람들이 늘상 경험하는 도덕적인 갈등의 상황은 바로 욕망과 마땅한 도리 사이의 갈등이라고 할 수 있다. 예를 들면 혼잡한 버스에서 노인에게 내 자리를 양보할 것인가 말 것인가의 갈등, 업자가 주는 뇌물을 받을 것인가 하는 공직자의 갈등 등이 그것이다. 여기서 편하게 쉬고 싶은 내 몸의 욕망, 좀 더 물질적으로 풍요롭게 살고 싶은 내 몸의 욕망에 어떻게 대처하느냐에 따라서 결과는 달라지게 된다. 맹자는 바로 그러한 점에 주목해서 도덕적 수양에 있어서 욕망의 절제와 처리가 중요한 관건임을 말한 것이다. 「고자 상」(11·15)에서는 이 문제를 대체(大體)와 소체(小體)의 개념을 중심으로 구체적으로 다루고 있다.

孟子曰, "養心莫善於寡欲. 其爲人也寡欲, 雖有不存焉者, 寡矣, 其爲人也多欲, 雖有存焉者, 寡矣."

14·36 증자의 효성

증석이 고욤을 좋아했으므로 아들인 증자[10]가 차마 고욤을 먹지 못하였다.

공손추가 물었다.

"회나 불고기와 고욤 중 어느 것이 더 맛있습니까?"

맹자가 대답했다.

"회나 불고기가 더 맛있다."

공손추가 물었다.

"그렇다면 증자는 어째서 회나 불고기는 먹고 고욤은 먹지 않았습니까?"

맹자가 대답했다.

"회나 불고기는 모든 사람들이 공통적으로 좋아하는 것이지만 고욤

---

10. 증자는 공자의 제자 중에서 효성으로 이름이 높았던 인물이다. 아버지인 증석이 생전에 고욤을 좋았으므로 아버지가 죽은 후에 고욤을 보아도 차마 그것을 먹지 못했다고 한다.

은 아버지인 증석만이 좋아했던 것이기 때문이다. 이것은 이름은 부르기를 피하고[11] 성은 부르기를 피하지 않는 것과 같으니, 성은 공통적인 것이지만 이름은 그 사람만의 특수한 것이기 때문이다."

曾晳嗜羊棗, 而曾子不忍食羊棗.
公孫丑問曰, "膾炙與羊棗孰美?"
孟子曰, "膾炙哉!"
公孫丑曰, "然則曾子何爲食膾炙而不食羊棗?"
曰, "膾炙所同也, 羊棗所獨也. 諱名不諱姓, 姓所同也, 名所獨也."

14·37 네 가지 유형의 인물들

만장이 물었다.

"공자께서 진(陳)나라에 계실 때 '어찌 돌아가지 않겠는가! 내 고향의 선비들은 품은 뜻이 크되 실제 일의 실천에는 소홀하며 진취적이고 처음에 먹은 마음을 잊지 않는다'고 하셨습니다. 공자께서 진나라에 있으면서 왜 노나라의 품은 뜻이 큰 선비[狂士]들을 생각하셨습니까?"

맹자가 대답했다.

"공자께서는 '중용의 도리[中道]에 부합하는 선비를 얻어서 더불어 사귀지 못할 것 같으면, 반드시 품은 뜻이 크되 실제 일의 실천에는 철저하

---

11. 이것은 옛날의 예에 따르면 임금이나 스승 그리고 아버지 등과 같이 존귀한 이의 이름은 함부로 부르지 않고 피하는 것[忌諱]을 말한다.

지 못한 인물[狂者]이나 지조가 있어 악을 행하지는 않되 소심한 인물[獧者]을 얻을 일이다. 품은 뜻이 크되 실제 일의 실천에는 철저하지 못한 자는 진취적이고, 지조가 있어 악을 행하지는 않지만 소심한 자는 아무 일이나 거리낌 없이 하지 않는다'고 하셨다. 공자께서 어찌 중용의 도리에 부합하는 인물을 얻기를 바라지 않았겠느냐? 그런 인물들을 반드시 얻을 수는 없었기 때문에 그 다음가는 인물을 생각하셨던 것이다."

만장이 물었다.

"감히 묻겠습니다만, 어떠해야 품은 뜻은 크되 실제 일의 실천에는 철저하지 못한 인물이라고 할 수 있습니까?"

맹자가 대답했다.

"금장과 증석 그리고 목피 같은 사람이 바로 공자께서 말씀하신 품은 뜻은 크되 실제 일의 실천에는 철저하지 인물들이다."

만장이 물었다.

"어째서 이들을 품은 뜻은 크되 실제 일의 실천에는 철저하지 못한 인물이라고 하는지요?"

맹자가 대답했다.

"지향하는 바가 지나치게 커서 말만 했다 하면 '옛사람들은 어떠했는데, 옛사람들은 어떠했는데'라고 하지만, 그의 행동을 살펴보면 그가 말한 바를 다 실천에 옮기지 못하기 때문이다. 품은 뜻이 크되 실제 일의 실천에는 철저하지 못한 인물도 얻지 못할 경우에는 청렴하지 않은 것을 가까이 하지 않는 선비를 얻어서 더불어 사귀고자 하셨는데 지조가 있어서 악행을 저지르지 않되 소심한 인물이 그러하니, 이는 또 품은 뜻은 크되 실제 일의 실천에는 철저하지 못한 인물 다음 가는 것이다."

만장이 물었다.

"공자께서 '내 문앞을 지나가면서 내 집에 들어 오지 않는다 하더라도 내가 섭섭하게 생각하지 않을 사람은 자기 고장에서 행세하는 선비인 향원(鄉原)이다. 향원은 덕을 해치는 자이다'고 하셨는데, 어떠해야 그를 향원이라고 부를 만합니까?"

맹자가 대답했다.

"그는 '어째서 원대한 것을 지향해서 말은 실천을 고려하지 않고 실천은 말을 돌아보지 않으면서, 말만 했다 하면 '옛사람들은 어떠했는데, 옛사람들은 어떠했는데'라고 하는가?[12] 또 어째서 행동함에 거리낌 없이 나아가지 못하고 외로움을 자처하는가? 이 세상에 났으면 이 세상에 맞추어 살아가고 남들이 선하다고 하면 될텐데'[13]라고 하면서 속내를 감추고 세속에 영합하니 이러한 자가 바로 향원이다."

만장이 물었다.

"한 고장의 사람들이 모두 신실하다고 칭찬한다면 어느 곳에 가더라도 신실한 사람이 되지 않을 턱이 없는데도, 공자께서 덕을 해치는 자라고 하신 것은 어째서입니까?"

맹자가 대답했다.

"비난하려고 해도 지적할 것이 없고 꼬집으려 해도 꼬집을 만한 것이 없으며, 세상의 흐름에 동화되고 더러운 세상에 영합하여 평소에는 충성스럽고 믿음성이 있는 듯하고 행동함에 청렴결백한 것 같으며, 뭇 사람들이 그를 좋아하면 스스로 옳다고 여기지만, 그런 자와는 더불어 요

---

12. 품은 뜻은 크되 실제 일의 실천에는 철저하지 못한 인물[狂者]를 조롱하는 말이다.
13. 지조가 있어 불선을 행하지 않지만 소심한 인물[獧者]을 조롱하는 말이다.

순의 도에 들어갈 수 없다. 그러므로 공자께서는 덕을 해치는 자라고 하신 것이다.

공자께서 '비슷한 듯하지만 아닌 것〔似而非〕을 미워하노라. 가라지를 미워하는 것은 곡식의 싹을 어지럽힐까 염려하기 때문이다. 잔재주가 뛰어난 자를 미워하는 것은 의로움을 어지럽힐까 염려하기 때문이다. 말이 번드르한 입을 가진 자를 미워하는 것은 믿음성을 어지럽힐까 염려해서이다. 감정의 절제가 없는 정(鄭)나라의 음악을 미워하는 것은 올바른 음악을 어지럽힐까 염려하기 때문이다. 자주색을 미워하는 것은 붉은 색을 어지럽힐까 염려하기 때문이다. 향원을 미워하는 것은 덕을 어지럽힐까 염려하기 때문이다'고 하셨다.

군자는 올바른 법도를 회복할 뿐이다. 올바른 법도가 바르게 되면 일반 백성들이 선을 향해 나아가려는 마음을 일으키고, 서민들이 선을 향해 나아가려는 마음을 일으키면 사특함이 없어지게 된다."

해설

『논어』에 나오는 공자의 말을 인용해 네 가지 유형의 인물들에 대해 평가하고 있다. 첫째는 중용의 도리에 부합해서 지나침도 모자람도 없는 인물이다. 이러한 인물은 도를 지향해 품은 뜻이 원대할 뿐 아니라 도를 향해 나아가는 실천에 있어서도 진취적이고 치밀한 인물이다. 둘째는 품은 뜻은 크되 실제 일의 실천에는 철저하지 못한 인물〔狂者〕이다. 셋째는 지조가 있어서 악을 행하지는 않되 소심한 인물〔獧者, 狷者〕이다. 광자(狂者)는 실천의 철저함에서는 부족함이 있고 견자(狷者)는 과감하게 나아가는 진취성에 있어서는 부족함이 있다.

현실적으로 중용의 도리에 부합하는 인물을 얻기는 쉽지 않다. 그러므로 맹자는 광자(狂者)나 견자(狷者)가 각기 부족한 면이 있기는 하지만 더불어 도에 나아갈 수 있는 인물이며, 중용의 도리에 부합하는 인물 대신 차선으로 선택될 수 있다고 평가하고 있다. 넷째는 자기 고장에서 행세하는 향원(鄉原)이다. 향원은 광자의 원대한 포부도 없고 견자가 지닌 실천의 철저성도 없으면서 도리어 이들을 비난한다. 또 위선적인 처세로 도덕적인 것처럼 꾸며 좋은 평판을 구하며 세속에 영합하는 인물이다. 맹자는 이러한 인물을 공자의 말을 빌어 사이비 즉 '비슷한 듯하지만 아닌 자'이며 덕을 해치는 자라고 평가하고 있다.

萬章問曰, "孔子在陳曰, '盍歸乎來! 吳黨之士狂簡, 進取, 不忘其初.' 孔子在陳, 何思魯之狂士?"

孟子曰, "孔子'不得中道而與之, 必也狂獧乎! 狂者進取, 獧者有所不爲也'. 孔子豈不欲中道哉? 不可必得, 故思其次也."

"敢問何如, 斯可謂狂矣?"

曰, "如琴張·曾晳·牧皮者, 孔子之所謂狂矣."

"何以謂之狂也?"

曰, "其志嘐嘐然, 曰, '古之人, 古之人'. 夷考其行而不掩焉者也. 狂者又不可得, 欲得不屑不潔之士而與之, 是獧也, 是又其次也."

"孔子曰, '過我門而不入我室, 我不憾焉者, 其惟鄉原乎! 鄉原, 德之賊也.'" 曰, "何如, 斯可謂之鄉原矣?"

曰, "'何以是嘐嘐也? 言不顧行, 行不顧言, 則曰, '古之人, 古之人'. 行何爲踽踽涼涼? 生斯世也, 爲斯世也, 善斯可矣.' 閹然媚於世也者, 是鄉原也."

萬章曰, "一鄉皆稱原人焉, 無所往而不爲原人, 孔子以爲德之賊,何哉?"

曰, "非之無擧也, 刺之無刺也, 同乎流俗, 合乎汙世, 居之似忠信, 行之似廉潔, 衆皆悅之, 自以爲是, 而不可與入堯舜之道, 故曰 '德之賊也'. 孔子曰, '惡似而非者. 惡莠, 恐其亂苗也. 惡佞, 恐其亂義也. 惡利口, 恐其亂信也. 惡鄭聲, 恐其亂樂也. 惡紫, 恐其亂朱也. 惡鄕原, 恐其亂德也.' 君子反經而已矣. 經正, 則庶民興, 庶民興, 斯無邪慝矣."

14·38 도의 단절을 탄식함

맹자가 말했다.

"요임금과 순임금으로부터 탕왕에 이르기까지가 오백여 년인데, 우임금과 어진 신하 고요는 요임금과 순임금의 도를 직접 보아서 알았고 탕왕은 들어서 알았다. 탕왕으로부터 문왕에 이르기까지가 오백여 년인데, 어진 신하 이윤과 내주는 탕왕의 도를 직접 보아서 알았고 문왕은 들어서 알았다. 문왕으로부터 공자에 이르기까지가 오백여 년인데 어진 신하 태공망과 산의생은 직접 보아서 알았고 공자는 들어서 알았다. 공자로부터 지금에 이르기까지가 백여 년으로 성인의 시대로부터 떨어진 거리가 이처럼 멀지 않고 성인이 살던 곳도 이처럼 아주 가깝지만,[14] 성인의 도를 계승할 사람이 없으니 끝내 그렇게 할 사람이 없을 것인가?"

---

14. 이 구절은 맹자의 모국인 추나라가 공자의 모국인 노나라와 매우 가까웠다를 말한다.

해설

『맹자』를 마무리하는 구절로서 유가의 도가 전승된 계보를 제시하면서 면면히 이어진 도가 공자이래로 단절될 위기에 처해 있음을 염려하는 내용으로 채워져 있다. 「등문공 하」(6·9)의 "양주와 묵자의 설이 천하를 가득 채우고 있다"는 말에서 알 수 있듯 맹자는 유가의 도가 양주와 묵자의 설에 의해 단절될 위기에 처해 있다고 보고, 이들을 내치고 유가의 도를 떨쳐내는 것을 자신의 사명으로 삼았다. 그가 이른바 이단을 배척하고 제후들에게 유가의 이념을 유세하는 데 열정적인 노력을 기울인 것은 이러한 위기의식과 호교의식(護敎意識) 때문이었다. 그런데 맹자의 염려와 달리, 이후 유학은 한대에 최초로 여타의 학파를 물리치고 통치이념으로 채택된 이래 청의 멸망에 이르기까지 다소의 기복은 있었지만 가장 영향력있는 학파의 자리를 지켰다.

孟子曰, "由堯舜至於湯, 伍百有餘歲, 若禹·皐陶, 則見而知之, 若湯, 則聞而知之. 由湯至於文王, 伍百有餘歲, 若伊尹·萊朱, 則見而知之, 若文王, 則聞而知之. 由文王至於孔子, 伍百有餘歲, 若太公望·散宜生, 則見而知之, 若孔子, 則聞而知之. 由孔子而來至於今, 百有餘歲, 去聖人之世, 若此其未遠也, 近聖人之居, 若此其甚也, 然而無有乎爾, 則亦無有乎爾."

슬기바다 02

맹자(孟子)

초판 제1쇄 발행일	1999년 12월 30일
개정판 제1쇄 발행일	2005년 04월 11일
신개정판 제1쇄 발행일	2023년 05월 22일

지은이	맹자(孟子)
옮긴이	박경환
발행인	이지연

발행처	도서출판 홍익
출판등록번호	제 2020-000321 호
출판등록	2020년 08월 24일
주소	경기도 고양시 백석동 1324 동문굿모닝타워2차 927호
대표전화	02-323-0421
팩스	02-337-0569
메일	editor@hongikbooks.com

ISBN	979-11-91805-15-4 (04140)
	979-11-91805-07-9 (세트)